普通高等教育汽车类专业系列教材

车载网络及信息技术

秦贵和　张洪坤　编

机 械 工 业 出 版 社

本书较全面地介绍了汽车上总线网络和信息系统的最新技术，涉及计算机网络、嵌入式系统以及信息安全等技术在车辆工程中的应用。本书主要介绍相关的基本概念和基础知识，综述车载总线网络和信息技术；CAN、FlexRay、MOST 这 3 种当前比较重要的车载总线网络标准；车载以太网的相关内容；一些典型的车载信息装置与技术；车联网的基本概念、基本结构以及应用；车载信息安全问题和发展状况，并概述与车载信息安全相关的技术。

本书既适合车辆工程等专业的学生和教师使用，也适合广大汽车技术研发人员阅读参考。

编辑服务微信号：13070116286。

图书在版编目（CIP）数据

车载网络及信息技术/秦贵和，张洪坤编．—北京：机械工业出版社，2017.6（2025.9 重印）

ISBN 978-7-111-56647-2

Ⅰ.①车…　Ⅱ.①秦…②张…　Ⅲ.①汽车-计算机网络-高等学校-教材　Ⅳ.①U463.67

中国版本图书馆 CIP 数据核字(2017)第 085787 号

机械工业出版社（北京市百万庄大街 22 号　邮政编码 100037）
策划编辑：何士娟　责任编辑：何士娟　陈瑞文
责任校对：佟瑞鑫　封面设计：张　静
责任印制：张　博
北京机工印刷厂有限公司印刷
2025 年 9 月第 1 版第 7 次印刷
184mm×260mm · 16 印张 · 381 千字
标准书号：ISBN 978-7-111-56647-2
定价：59.90 元

电话服务　　　　　　　　　　　网络服务
客服电话：010-88361066　　　机　工　官　网：www.cmpbook.com
　　　　　010-88379833　　　机　工　官　博：weibo.com/cmp1952
　　　　　010-68326294　　　金　　书　　网：www.golden-book.com
封底无防伪标均为盗版　　　机工教育服务网：www.cmpedu.com

前　言

随着车辆信息化的不断发展，汽车上开始使用越来越多的信息获取、通信、处理、存储以及应用技术，包括面向车辆内电子控制和信息单元连接的体域网及各种信息获取处理和应用的装置与技术。这些技术和相应的装置，具有一般信息技术与信息装置的性质，也具有车载环境的特点，衍生出了车载网络和车载信息技术，是当今提升车辆各种性能指标的主要手段之一。随着社会对车辆性能需求的不断提高，车载网络和信息技术以及相应的装置也越来越复杂，在车辆工程和车辆技术以及运用中的作用也越来越重要。通信和信息技术在车辆以及交通领域中的飞速发展，对车辆行业形成了一个巨大冲击。车载信息技术对于车辆技术的重要性也被车辆行业广泛接受，已经不仅是车辆技术的一个重要部分；随着车辆智能化和网联化的不断深入，甚至有成为车辆技术中最重要部分的趋势。这种趋势是社会信息化发展在车辆和交通领域中的体现。

车载网络与信息技术是计算机网络、嵌入式系统以及信息安全等技术在车辆工程中的应用；为实现“网联智能车”的目标，机器视觉、人工智能等理论与技术也越来越多地出现在车辆工程中。这些技术一方面提升了车辆固有属性下的功能和性能指标水平，另一方面也拓展了车辆的功能和性能指标范畴，将使车辆从建造到使用产生革命性变化。

本书编写的出发点是对现在车载网络与信息技术进行一个概述，力求对这一领域进行一个较全面的介绍。第一章简要介绍一些相关的基本概念和基础知识，综述了车载总线网络和信息技术；第二章、第三章、第四章分别介绍了CAN、FlexRay、MOST这3种当前比较重要的车载总线网络标准；第五章介绍了车载以太网的相关内容；第六章介绍了一些典型的车载信息装置与技术；第七章介绍了车联网的基本概念、基本结构以及应用；第八章介绍了车载信息安全问题和发展状况，并概述了车载信息安全相关技术。

本书在编写过程中，得到了第一汽车集团技术中心矫雪明总监、四平德科电子有限公司宋连彬总工程师的指导和帮助，在资料收集及技术咨询等方面得到了崔茂源博士、周时莹博士、和为民博士、陈筠翰博士、于赫博士的支持和帮助，在此对他们表示诚挚的感谢。

车载网络和信息技术一直在迅速发展。在本书编写过程中，总有说时迟那时快的感觉；更由于作者学识和水平所限，书中难免有错误和疏漏，恳请读者批评指正。

本书配备教学课件，选用本书作为教材的教师可在机械工业出版社教育服务网（www.cmpedu.com）注册后免费下载。

编　者

目　录

第一章 概 论

车载网络与信息技术是计算机网络通信、嵌入式系统以及信息安全理论与技术在车辆工程中的应用，是社会信息化发展在交通和汽车领域的体现。这些技术一方面提升了汽车固有的功能水平和性能指标，另一方面也拓展了汽车的功能和性能指标，也是汽车智能化的重要基础。

第一节 汽车通信及信息技术

一、汽车通信及信息技术的发展

传统上汽车是一个机械系统，随着信息技术的发展以及应用的不断深入，汽车上使用了越来越多的电子与信息技术，几乎所有的总成和系统都成为机电信息一体化系统，并出现了越来越多的基于信息技术的功能和装置，车载信息系统和信息技术是汽车新技术最重要的部分之一。汽车上新的技术增长点几乎无一不与电子技术和信息技术相关。越来越多的车载电子与信息系统催生了车载网络通信技术，而基于互联网络的物联网的发展，必然产生实现车－车、车－路、车－人、车－服务中心等互联的车联网络，使得一辆汽车成为全球互联网络中的一个移动网络部分，如图 1-1 所示。随着汽车智能化的发展，以及汽车智能控制和智能感知水平的提高，汽车自主工作的能力将不断提高。

1. 车载网络技术发展

随着汽车电子技术的不断发展，汽车上的电子装置越来越多，而且增长很快。随着电子部件价格的降低，电子技术向低档车延伸的速度也很快。现在，汽车上每一个总成几乎都是机械、电子和信息一体化装置，在系统中，电子和信息部分所起的作用也越来越重要，以至于有人认为汽车正在由一个拥有大量的电子技术与装置的机械系统转变为一个由一定机械装置支撑的电子信息系统。车上电子信息装置的不断增加，使连接这些装置的电子线路迅速膨胀。所以，在电子装置不断增加的情况下有效地实现其互联成为一个必须要解决的问题。使用传统的点到点的平行连接方式，显然无法摆脱这种困境，基于串行信息传输的网络结构成为一种必然的选择。

另一方面，随着汽车电子化的深入，以网络通信为基础的线控技术（Control By Wire，CBW）将在汽车上普遍应用，这是对网络技术需求的另一个原因。所谓线控就是用电子信息的传送取代过去由机械、液压或气动的系统连接的传动部分，如换档连杆、节气门拉索、转向机传动机构、制动油路系统等。线控技术不仅是这些连接方式的变化，而且包括操纵机构和操纵方式的变化以及执行机构的变化（电气化）。线控技术的广泛应用将形成一种全新的汽车结构。图 1-2 所示是线控过程的基本原理，操纵意图通过人机接口转换为电信号传到执行机构，由执行机构控制功能装置；传感器感知功能装置状态，通过电信号传给人机接口，反馈给驾驶人。线控系统在人机接口、执行机构和传感机构之间，以及与其他的系统之间要进行大量的信息传送，基于串行通信的网络技术是实现这种通信功能的最佳结构。线控技术要求网络的实时性要好、可靠性要高，而且一些线控部分要求具有冗余的“功能实现”，以保证出现故障时仍可实现这个装置（总成）的基本功能（Fail - Operational）。就像现在的 ABS（Antilock Brake System，制动防抱死系统）和动力转向一样，在线路故障时仍具有制动和转向的基本功能。这就要求用于线控的网络数据传输速度高、时间特性好（通信事件发生的时间是确定的）、可靠性高且具有必要的冗余技术，这也是汽车网络的特点。

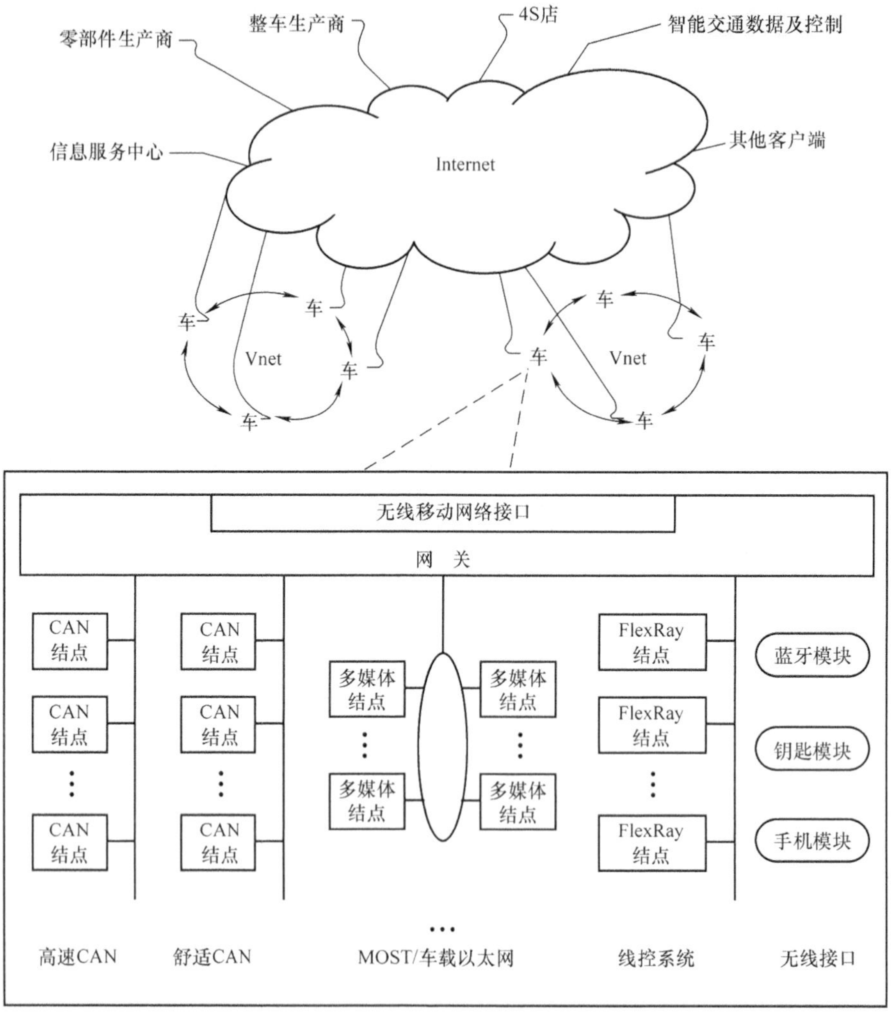

图 1-1　车联网络示意图

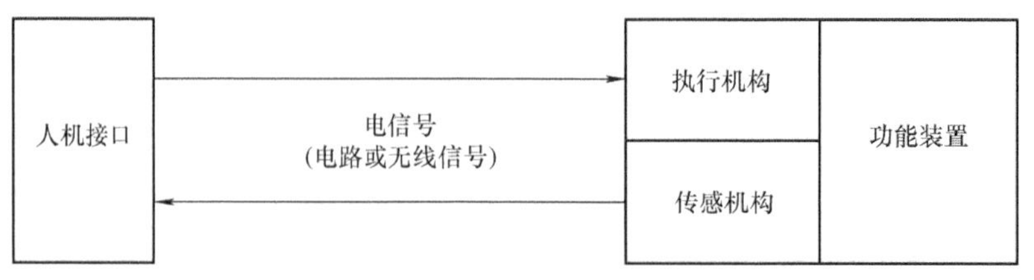

图 1-2　线控过程示意图

汽车上使用网络，最根本的原因是计算机网络以及基于这种网络实现的各种事物互联互通的社会需求，智能交通系统体系下的互联智能车辆的发展趋势，势必使汽车成为互联网上的一个（或多个）端点或移动的网络。在智能交通体系中，一辆汽车应当具有接收和提供相关信息的功能，如接收定位信号、提供地理信息服务、接收管理信息、发送本车状态信息、进行安全服务请求等。随着智能交通体系朝向物理信息一体化发展的趋势，车辆的远程访问、远程操控、基于网络获取的多信息与车辆控制的结合，以及自主智能运行等功能，也将不断提高。要完成这些功能的需求，需要很强的通信能力、计算能力和数据的共享功能，这也是计算机网络最基本的功能。基于计算机网络的通信以及基于这种能力的新技术和应用，已经是车辆最重要的关键技术之一，并且发展迅速，正在改变着汽车的“基因”。

目前车辆上，信息服务部分往往与车上媒体系统共用一个网络，即媒体与信息网，而控制部分有相对独立的网络。随着物理信息一体化，车载网络的分工不断被打破和重组，信息流和控制流的载体网络或将整合。

早期的车载网络没有发展自身的通用网络标准，而是采用一些现有的常规标准，如UART（Universal Asynchronous Receiver/Transmitter）。汽车生产厂家也主要是沿用汽车技术的传统发展模式，根据需要和自己以往的基础来开发网络系统，较少与外部合作，开放性很差。汽车网络系统和应用网络的控制与信息单元往往有多种不同的来源，依地区或厂家的不同，有不同的规范。但是，网络技术本身具有依赖于标准的特点。为了降低安装费用、提高设计和维护的方便性，必然要求车载网络形成和采用行业标准，并和信息与电子产业密切合作形成一个开放结构。随着合作信心的增加和合作产生的收益的增加，这种在汽车行业内，与电子元器件和信息技术公司合作，采用开放式标准的趋势越来越明显。在汽车上连接到网络上的产品，如传感器、执行机构、控制单元等，可能来自很多不同行业的厂商，这种标准化有利于不同部件或装置生产厂家的产品的集成，也有利于设计、装配和维护的可操作性。有了统一的标准，设计时可以为尚未存在的装置或可替代的装置留出接口，最明显的是汽车软件接口（现在汽车上嵌入系统硬件的水平足以支持相对独立的软件，应当把这些软件看作一种汽车上的部件或总成）。这种标准化产生了所谓的开放结构（Open Architecture），即一定的技术标准和对这个标准的认可和遵从。

车载网络真正在车上应用是从20世纪80年代开始的。在20世纪90年代，车身网络和连接一些电控单元的控制网络，包括故障诊断系统，在不同车型上开始广泛应用。应用最广泛、支撑技术和元器件最丰富的标准是CAN（Controller Area Network）和SAE J1850。在20世纪90年代，车上媒体网络、线控系统网络和智能交通系统网络仍处于早期阶段，在网络协议、支撑软硬件技术和元器件等方面多处于试制性阶段。一些大的汽车公司出于技术的原因和集团利益方面的原因，对网络协议标准有不同的选择。线控系统网络协议主要有两个选择：一个是TTP/C（Time Triggered Protocol，SAE Class C，即满足SAE C级网络的时间触发协议），目前有Audi、Volkswagen、Honeywell和Delphi等倾向于选用这个协议作为线控网络的协议标准；另一个是FlexRay，这是一种既支持时间触发访问方式，又支持事件触发访问方式的协议，目前有BMW、Motorola、Philips半导体公司、Bosch和GM等倾向于选用这个协议作为线控网络的协议标准。为了弥补CAN事件触发访问方式在实时控制应用中的缺陷，Bosch也推出了支持时间触发访问方式的CAN协议TTCAN。对于专用的车载媒体网络，在一些高档车上使用了MOST（Media Oriented System Transport）标准。

随着车载电子控制和信息装置以及信息服务需求的不断增加，对更好、更快、更可靠的车载网络设施的需求也在不断增长。尤其是多媒体信息，以及电子地图、Internet 网络信息等在汽车上的应用，总线网络已经很难满足带宽以及信息传输形式的需求，在此背景下，支持多媒体以及高数据传输的车载网络技术开始出现，车载以太网就是其中的典型代表。

车载以太网继承了以太网（Ethernet）传输速度快、可扩展性强的优点，一经提出就受到了广泛的关注。车载以太网标准的制定及普及促进团体“OPEN（One – Pair Ether – Net）Alliance SIG”的成员在迅速增加。

OPEN Alliance SIG 迅速壮大的背景是汽车行业有更多使用车载以太网的趋势。以太网已于 2008 年前后开始在车辆故障自诊断（OBD）方面实现了实用化，今后会在提高实时性、确保故障时的安全性、降低成本以及提高数据传输速度的同时，进一步扩大应用范围。以太网的应用范围可能会扩展到将车载 AV 设备的影像传输（信息）系统、车身系统、控制系统、安全系统及信息系统等各个系统的网关连接起来的主干网络。目前已有一些基于以太网的车载网络标准出现，并不断完善，展开应用，主要有面向信息及媒体的 AVB（Audio Video Bridging）和具有很好实时特性的 TTE 体系。

车载网络的应用，不仅涉及汽车上各个电子装置的硬件连接，网络相关软件必然要成为每一个控制单元软件中的一部分。汽车上软件系统很快就会成为一个相对独立的部分，它与汽车（上的电子系统）的关系，会逐渐发展成像现在计算机软件与硬件系统的关系一样。车上的应用系统，将可以直接调用嵌入式操作系统中的网络功能服务程序和其他一些通用服务功能软件（或固件）。汽车上软件的设计在汽车设计中将与发动机设计、底盘设计或车身设计等一样重要。

虽然目前车载网络技术已经得到了较广泛的应用，但对于进一步的需求来看还有很多工作要做。目前尚没有满足成本低、性能非常可靠、具有容错能力、时间特性好（包括实时性和事件响应时间的可确定性）和可扩展性好的网络系统。由于车载网络应用的层次和目的变化很大，不同的层次或目的对网络性能的要求有很大差异。汽车本身对价格非常敏感，如果用性能高的网络系统覆盖低层次的应用，则成本上无法接受。所以，汽车上将有多个不同层次的网络标准。这决定了汽车上的网络将是一个多层互联网结构。

2. 车载信息技术发展

车载信息系统（In – Vehicle Infotainment）是基于计算机、卫星定位、网络通信、电子及控制等技术，为汽车提供安全、环保、舒适及娱乐性功能和服务的软硬件系统。它已经是现代汽车的组成部分，并在汽车工程及汽车运用中起到越来越重要的作用。

车载信息系统可以划分成 4 个层面，从高到低依次是客户层、服务层、通信层和车载层。当前电子信息技术在车辆上主要用于车辆安全系统，网络、通信、导航系统，移动多媒体系统和人机交互系统等。

（1）车辆安全系统

通过应用电子信息技术，使车辆实现高智能化，极大地改善车辆人机系统的安全性，避免事故的发生，减轻伤害的程度。

1）自适应巡航控制系统：自适应巡航控制系统通过控制车辆，在设定所希望的较低交通行驶速度之后，用雷达、声呐或激光波束对前方路面进行扫描，必要时自适应巡航控制系统将自动减少节气门开度，降低档位，甚至实施制动，以保持安全车距。奔驰 S 级 2000 款是世界上第一个配用自适应巡航控制系统的车辆，之后其他公司也都推出了自己的自适应巡航控制系统。

2）防撞警告系统和撞车通告系统：其工作原理与自适应巡航控制系统很像，利用雷达、声呐和激光波束扫描潜在障碍，在存在撞车事故的危险时，发出警告信号，并采取自动制动操作。与 GPS 接收机结合使用，撞车通告系统还可以给救助机构提供车辆的精确位置信息。

3）集成安全系统：该系统由 50 项技术构成，包括电子设备、微控制器、传感器等已经或即将推出的技术与产品，该系统凭借先进的电子技术和集成专业，着眼于驾驶的各个环节，如帘式头部气囊、安全带预张紧和过张紧装置、自适应能量吸收转向柱、主动膝部护膝等，调动车辆上的所有安全因素，从而为车上人员提供全面、全程防护。

4）被盗车辆寻回系统：这种技术提供了一种基于自动车辆跟踪的反盗窃方法。一些被盗车辆寻回系统需要车主授权才能起动发射机进行自动车辆跟踪，而其他系统则在车辆遭到入侵或未经允许被开走时，自动启动发射器进行车辆跟踪。

（2）网络、通信、导航系统

1）网络、通信系统：该系统在驾驶人眼不离前进方向、手不离转向盘的情况下，通过笔记本式计算机和无绳电话接收网络新闻、电子邮件和其他信息，并通过声控传达给驾驶人。人们只要触动转向盘上的按钮即可启动，这种车载网络通信可通过两种方式，一是通过数字式显示器来阅读邮件文本，另一种是将文本文件转换为语音文件的形式，以电子语音的方式来读出邮件内容，邮件回复或以音频文件的形式发出，或通过语音识别系统将其转换为文本文件后再发送。

2）电子导航系统：车载导航系统的 GPS 导航功能突出，可以帮助驾驶人在错综复杂的城市交通道路网中及时、迅速地到达目的地，运用多层引导式菜单方便地按地区、城市、设施功能分类选定目标，导航系统立刻测算出最短的行车路线，并以线条展示在二维或三维电子地图上，一旦汽车起动，代表汽车实时位置的标志会自动沿着已设定的路线行进。当遇到前方道路堵车或有意外情况需要改变行车路线时，卫星导航系统会自动复位，并于数秒后自动设置新的行车路线，重新恢复导航功能。

3）实时交通信息咨询系统：实时交通信息咨询系统是一种适于熟知交通线路的人所使用的车辆导航设备。现有多种方法传送实时交通信息，依靠经音响系统收听实时交通信息的 RDS 系统已有很长的时间，现在已经有公司在因特网上推出了可在离开办公室或家之前，利用计算机进行查询的实时交通信息跟踪服务。目前正在研制中的最先进的实时交通咨询系统是车载导航系统发送数字脉冲信息，或显示在区域地图上，或用来推算其他可行路线。

（3）移动多媒体系统

移动多媒体技术主要用于开发后排座椅娱乐系统，这种后排座椅音响 - 图像技术包括全彩屏幕、游戏设备、DVD 播放机、电源、CD 机、录像机和放唱机。移动多媒体技术还体现在智能无线产品、远程通信设备和信息处理产品等方面，其中包括提供语音识别系统，支持多种语言，使驾驶人不用手动操作智能信息/娱乐系统，从而腾出双手控制转向盘，还能将因特网的功能集成到车辆中，使人在车上就可以上网浏览、收发邮件、进行股票交易，同时采用“即插即用”的方式使汽车消费者可以方便快捷地更新他们的多媒体产品，享受更丰富的全新服务。

（4）人机交互系统

最经典的车上人机交互系统就是汽车仪表和各种车上装置的操控系统。随着车辆信息化的不断提高，驾驶人获得的信息和获得信息的方式都有很大变化，基于各种新的数字显示技术的仪表总成和新的信息推送方式在车上不断涌现，操控方式也由原来的各种开关按钮发展出触摸屏、语音等方式。

未来车载信息技术的高度发展和优越性既体现在车载功能和车载软硬件技术上，更体现在创造全新的用户体验上。汽车将会成为各种信息功能丰富的移动装置，是信息技术又一个应用前景广阔的领域。信息技术的发展水平和其在汽车工业领域应用的状况，决定着在未来世界汽车行业竞争中的地位。车载信息技术将成为汽车技术整体水平的一个重要标志，也将成为智能汽车技术的基础。

二、车载网络介绍

SAE（Society of Automotive Engineers，汽车工程师协会）按照车载网络系统的性能由低到高划分为 A 级、B 级、C 级网络。随着导航、多媒体、安全系统在汽车上的应用，对网络的可靠性和带宽提出了更高的要求，沿袭 SAE 的分类方式又加入了 D 级、E 级网络，见表 1-1。

表 1-1 车载网络分类

网络分类	位传输速率	应用范围	主流协议
A 级	<10kbit/s	只需传输少量数据的场合（如刮水器的开闭控制）	LIN
B 级	10～125kbit/s	信号多、实时性低的单元（如车灯和车窗控制）	低速 CAN
C 级	0.125～1Mbit/s	实时性高的控制单元（如发动机和 ABS 等）	高速 CAN
D 级	0.25～400Mbit/s	数据量大、对带宽要求高的多媒体系统（如导航和多媒体系统）	IDB－1394、MOST、车载以太网 AVB
E 级	10Mbit/s	实时性和安全性要求非常高的系统（如安全气囊）	FlexRay、车载以太网 TTE

1）A 级网络主要应用于要求价格低，数据传输速度、实时性、可靠性要求较低的情况，如车身系统的车门窗和行李箱网络系统。A 级网络也作为一些传感器级和执行器级别的底层局部连接总线使用。

2）B 级网络用于对数据传输速度要求较高的系统，包括一些车身控制系统、仪表板、低档的实时控制系统以及故障诊断系统（OBD）等。

3）C 级网络主要用于可靠性和实时性要求较高的系统，如高档的发动机和动力传动系的实时控制系统，以及线控系统等。

4）D 级网络主要面向多媒体、导航系统等领域。目前，D 级网络的主流协议有 IDB－1394、MOST、车载以太网 AVB 等。

5）E 级网络主要应用于安全性、实时性要求更高的控制系统，主流网络有 FlexRay、车载以太网 TTE 等。

局部互连网络（Local Interconnect Network，LIN）是在 1998 年由汽车生产商 Audi、BMW、DaimlerChrysler、Volvo 和 Volkswagen 与元器件生产厂 Motorola 以及开发工具公司 VCT（Volcano Communications Technologies）联合发起的一个汽车低端网络协议。LIN 标准中不仅定义了通信协议，而且定义了开发工具接口和应用软件接口（API）。它的目标是提供廉价的底层传感器和执行器级的局部网络标准。LIN 共同体（LIN Consortium）不仅提出协议标准，而且包括开发工具以及 API 标准的方式，为汽车设计用户提供了方便，为以后汽车网络标准化工作提供了一个模式。LIN 的协议标准以串行通信接口（Serial Communication Interface，SCI）为基础，物理层适应汽车故障诊断标准 ISO 9141，满足车辆环境下的电磁兼容（Electro - Magnetic Compatibility，EMC）和静电放电（Electrostatic Discharge，ESD）要求。传统上使用 LIN 总线网络的部分，越来越多地被低速 CAN 网络取代。

由 Bosch 提出的 CAN 标准最早在欧洲汽车上被广泛采用。后来，包括美国、日本的汽车公司也使用它作为 B 级或 C 级车载网络。CAN 是目前应用最广泛的汽车网络标准之一，它也被很多其他行业采用。

MOST 和车载以太网 AVB 是面向车载多媒体系统连接的标准。由于媒体信息音像的传输数据量大，所以比车上的控制网络要求具有更高的传输速度（带宽），一般要求光纤或同轴电缆作为物理层媒介，考虑到成本等因素也大量使用双绞线。

FlexRay 和车载以太网 TTE 标准提供了时间触发车载网络标准，从实时性和安全性上更适合车载线控系统。

无线局部通信技术在汽车车身控制系统或媒体系统中有一些应用，如基于蓝牙技术（Bluetooth）的车载装置等。

车载以太网保留了以太网传输速度快、可扩展性强的特点。未来车载以太网信号传输速度可提高至 1Gbit/s。在扩展性方面，当支持通信设备及消费类产品常用的 TCP/IP 时，在通信以及应用功能上与外部网络设备及网络服务的连接非常方便。随着协议在车载应用需求方面的不断完善，会在车载控制与信息系统中得到越来越多的应用。

由于车辆的种类繁多，而且车载网络技术也在不断发展，应用于车辆上的网络系统有多种标准。如果包括飞机、船只、农机以及其他独立行走和运载的工具，即这些与汽车有一些共同特点（长途移动、相对独立、自带动力源）的车辆系统网络，则网络标准不下几十种。这些网络有很多应用在不同的领域，如 CAN，在汽车、非公路车辆（Off - Road Vehicle）、飞机等领域都有应用。表 1-2 所示是一些车辆类系统应用的网络系统标准。

表 1-2　车载网络标准

协议	机构	应用领域	介质	访问方式	数据域长度/bit	位速率/(kbit/s)
ABUS	VW	控制	单线	竞争	16	500
APC	Ford	媒体	双绞线	CSMA/CA	64	9.6
AUTOLAN	General Inst	控制	双绞线	主/从	0 ~ 64	4000
BEAN	Toyota	控制	单线	CSMA/CD	8 ~ 88	10
CAN	Bosch	控制	双绞线	竞争	0 ~ 64	1000
CCD	Crysler	传感器总线	双绞线	CSMA/CR	无限制	≈7.8
DAN	Alfa Romeo	仪表板	双绞线	主/从	8	9.6
DSI	Motorola	传感器总线	双线	主/从	16	5

（续）

协议	机构	应用领域	介质	访问方式	数据域长度/bit	位速率/（kbit/s）
IVMS	Nissan	控制	双绞线	Polling	16	≈27.8k
J1850 PWM	SAE	控制	双线	CSMA/CR	8～64	41.6
J1850 VPW	SAE	控制	单线	CSMA/CR	8～64	10.4
J1939	SAE	控制	双绞线	竞争	0～64	1000
MML	Delphi	多媒体	光纤	主/从	2048	110，000
MOST	Most Co－op	多媒体	光纤	TDMA	480	150，000
PALMNET	Mazda	控制	双绞线	竞争	32 或 64	1000
TTE	TTTech	实时控制	双通道	TDMA	128	100，000
VAN	Renault & PSA	控制	双绞线	竞争	0～64	1000
FlexRay	协议联合体	控制	双通道	FTDMA	96	10，000
车载以太网	OPEN Alliance SIG	多媒体	双绞线、光纤等	CSMA/CD	12，000	1，000，000

三、车载网络及信息系统特点

汽车要求安全、使用方便、操作简捷、性能可靠，对价格敏感；汽车的应用环境可能又很恶劣，所有可能的道路、电磁以及气候环境几乎都可以遇到。根据汽车的这些使用要求，汽车上的系统设计应当考虑这样一些因素。

1）温度范围一般要求在－40 ～125℃。

2）油、水、盐雾、尘土以及可能遇到的化学腐蚀物质的影响。

3）机械振动、颠簸、冲击的影响。

4）电磁兼容问题，系统必须有承受外来电磁干扰的能力，并且不能对环境造成电磁干扰（家庭环境的电磁场为 $3V \cdot m^{-1}$，工厂环境的电磁场为 $10V \cdot m^{-1}$，汽车环境的电磁场可能大于 $200V \cdot m^{-1}$）。

5）环境保护问题，工作中的释放物（包括声、光、电磁、油和气等）必须满足环保要求，以及部件和整车报废时的处理问题。

6）可能的故障和误操作，如电源反接、线头脱落、短路/断路、摩擦等，造成的损失应尽量小。

7）发生事故时的保护措施或对安全的影响应充分考虑。

8）任何部件必须保证高的可靠性，在要求的使用周期内发生故障的概率足够小。

9）批量生产的成本。

车载网络系统还应当考虑以下因素：

1）结点与总线的连接接头的电气与机械特性以及连接头数量。

2）网络系统和应用系统的评估与性能检测方法。

3）容错和故障恢复问题。

4）实时控制网络的时间特性。

5）网络布线的生产工艺性和使用维护过程中的安全性。

6）网络上结点的增加与软硬件更新（可扩展性）。

7）通信协议及信息安全。

第二节 计算机网络与通信技术介绍

一、计算机网络基础知识

1. 计算机网络

自计算机网络（Computer Network）技术出现以来，有多种定义。总体来看，计算机网络是具有资源共享和通信功能的计算机系统的集合体。随着计算机科学技术与计算机应用的发展，资源共享和网络通信的含义也在不断丰富，如资源共享由数据资源共享、存储系统共享发展到分布计算以及协同工作。而计算机网络中的“计算机”的概念也不再像以往那样突出（因为已经没有不使用计算机的系统了）。网络的终端有很多并非是传统概念上的计算机或终端设备，可能是嵌入到冰箱中的一个基于微处理器的控制模块，也可能是埋在交通路口路面下的一个智能传感器。

汽车上的网络是按一定的通信协议连接的一些控制单元或智能装置（带协议控制器的传感器、执行机构或接口），控制信号和传感器信号通过网络传送到目的系统。随着车载信息系统的不断增加和功能的增强，面向这些需求的车载网络不断引入，带宽不断增加。

2. 计算机网络分类

计算机网络有多种分类方法。

按网络范围或网络上终端的距离，计算机网络分为广域网和局域网。广域网的覆盖范围大、距离远。局域网一般是在一个特定的局部单位内连接的网络。多个局域网又可以通过网关（Gateway）连接在一起构成互联网络。网关是连接不同网络能实现不同网络协议转换的设备。汽车上的网络是多个局部网络的互联结构，而且这些网络具有不同的结构，所以是一个混杂互联网络。

按用途的不同，计算机网络分为公共网络和专用网络。公共网络是向社会开放的网络体系。专用网络是一个部门或行业的网络体系。车载网络属于专用网络，传统上使用一个封闭的网络，但随着与互联网络的连接，越来越开放。

按网络拓扑结构，计算机网络分为星形网、总线型网、环形网和混合网络。

1）星形网络以一台中心处理机为中心与每一台入网机器有一个物理连接链路。特点是构造容易，通信功能简单，可以根据需要由中心处理机安排网络访问优先权或时间，中心处理机负载重，扩充困难，线路利用率低，可靠性对中心机敏感。在车载网络的应用目标和环境下，这种结构较少成为整车网络的拓扑结构，可以在一个部件、总成或局部上使用。

2）总线型网络由一条总线连接入网计算机。特点是信道利用率高，分时访问总线，网络长度和网络结点数受传输延时、驱动能力以及访问机制的限制，适合于传输距离较短、结点数不是很多的情况。汽车上的网络采用这种结构较多，尤其是低端网络。CAN 总线是典型的总线型结构网络。

3）环形网络中的入网计算机通过网络接口部件连到一个环形物理链路中。特点是信息在网络中传输的最大时间固定，实时性好；每个结点只与其他两个结点有物理连接，传输机制简单；一个结点故障可能影响整个网络，可靠性较差；网络扩充要调整整个网络的访问机制，比较复杂。由于汽车上的线控技术要求使用实时性好的网络系统，有一些车载网络系统支持这种结构，采用冗余通道提高可靠性。

二、计算机网络协议

1. 通信协议与功能

在通信中，任何一个可以作为信息发送或接收的个体称为通信的实体，如终端、用户程序等。一个系统，如一个电控单元，可以包含一个或多个通信实体。当两个实体进行通信时，为了能够互相理解对方，必须按照一定的约定或规则进行信息交换。在两个（或多个）实体之间控制信息交换的规则和约定就是通信协议。一个协议通常从语法、语义和定时3个方面进行约定。语法确定通信双方“如何讲”，定义传输的信息格式，相当于说明语言中语句的格式。语义确定通信双方之间“讲什么”，对请求、执行的功能等进行解释，包括识别结果的处理，相当于对一个语句含义的说明。定时规则说明事件发生的顺序、速度匹配、同步规则等。

系统中通信控制部分（包括软件和硬件）的功能就是根据协议完成通信处理过程，一般包括数据的拆分与重装、数据标记、同步处理、错误检测、容错处理、错误信令以及网络访问控制等。数据拆分是把要传输的数据拆成一些数据块，按照协议要求构成发送的信息格式（信息帧）；数据重装是在接收到数据信息帧后，从中提取出有效数据并恢复原来的数据报文的过程。数据标记对发送的数据进行编号或特征描述，以便在传输和接收时进行处理。同步处理保证发送和接收端在时间上的一致性。错误检测判定传输过程和传输的信息是否发生错误；发生错误时对错误进行纠正的能力称为容错能力。当一个网络结点判定传输中出现错误时应在网络上发布这个错误消息，错误信令规则定义发布错误消息的操作过程。网络访问控制处理网络媒体使用的分配、竞争的仲裁等过程。

2. 计算机网络协议分层结构

从20世纪70年代开始，随着计算机通信网络技术和应用的发展，网络标准化的要求越来越强烈。1983年ISO（International Organization for Standardization）推出了网络开放系统（OSI）基本参考模型的国际标准ISO 7498。这是一个概念化的规范，没有工程实施细节。这里“开放”的含义是指向社会公开，并且受到广泛的遵从和支持。如图1-3所示，ISO 7498把网络通信系统按功能划分为七个层次。一个实际的网络标准并不一定具有全部七层的定义。在每一层的定义中都应至少给出服务定义和协议规范。服务定义给出网络系统这一层应提供的服务（完成的功能）；协议规范给出要得到和提供这种服务应遵循的约定。

图1-3　七层结构

OSI 的底层协议指网络层、数据链路层和物理层，它们实现的是面向通信的功能。汽车上的网络系统主要解决通信问题，一般只定义 OSI 结构中的底层协议，应用系统在底层之上直接设计应用层。随着应用的不断深入和车上电控单元功能的提高，将来可能会引入更高层的协议。

网络中真正存在的连接只有物理层，其他层的连接是虚拟的。物理层是计算机网络的基础，它定义了信号传输线和硬件接口的信号编码方式、电气特性、机械特性以及对应的功能。电气特性主要包括信号电压（电流）、信号传输速度、信号波形、传输距离、电路的电气极限参数等；在汽车网络中还要特别注意电磁兼容特性、抗静电干扰能力以及与电气特性相关的安全指标（如短路、断路可能出现的对恶性后果的防护措施）。物理信号功能包括信号时序、信号采样、逻辑电平以及编码。机械特性包括插接器标准、线缆机械强度、硬件材质等。汽车上的网络系统对物理层的要求是比较严格的，除符合一般计算机网络的功能要求外，还必须满足汽车上电子和电气系统的各种安全性和可靠性要求，以及环保指标要求和技术指标的要求。

数据链路层的功能是相邻结点间在各种物理层的通信环境下，都能向高层提供一条无差错的、可靠的传输通道，保证数据通信的正确性，其主要任务是管理数据的传输。数据链路层的功能包括数据链路的建立和拆除、数据链路的管理、帧的界定和同步、流量控制、错误检测与恢复、信息顺序控制以及信息标识等，它是底层协议的核心。

网络层的关键是路由选择（中继），即信息在网络层次上传输时由一个结点接收转发时的路径选择。网络层提供的服务有网络寻址、网络连接、流量控制、网络层管理等。一般在一个局域网中，信息以广播方式发送，不需要网络层。汽车网络中存在不同的局域网互联时，多由应用系统完成信息的转发，如采用双 CAN 控制器的电控单元。

三、局域网络（LAN）

1. 局域网络的概念

局域网络是在一个有限区域内连接的计算机网络，一般这个区域具有特定的职能，通过这个网络实现这个系统内的资源共享和信息通信。连接到网络上的结点可以是计算机、基于微处理器的应用系统或智能装置。局域网络一般的数据传输速度为 $10^2 \sim 10^5$ kbit/s，传输距离为 100 ~ 2500m，误码率低。

汽车上的网络应当是局域网与现场总线（Field Bus）之间的一种结构。数据传输速度一般为 $10 \sim 10^3$ kbit/s，传输距离在几十米的范围。

2. 局域网络的结构

物理层的信号传输介质、网络的拓扑结构和介质访问控制协议决定了一个局域网络的性质和功能。信号传输介质和网络拓扑结构在很大程度上决定了局域网络的数据传输速度、传输距离以及结点数等指标。局域网络一般采用总线型结构、环形结构和星形结构。

总线型结构中，结点分时使用传输介质向网络上发送信息，发送的信息可以被所有结点接收到，一般是由信息携带的目的地址决定最后哪个结点接收这个信息。由于同一时间只能有一个结点发送信息，要有一套总线使用权的分配机制。为了消除信号反射等传输线效应，在总线两端要加入匹配阻抗。

环形结构中信息是点到点传输，可以采用令牌方式。星形结构适合于在较小的范围内使用；在汽车上可以作为底层网络的拓扑结构。

3. 局域网络的分类

局域网络一般被划分为三大类，即一般局域网（Local Area Network，LAN）、高速局域网（High Speed LANs，HSLN）和计算机化分组交换机（Computerized Branch Exchange，CBX），主要特性见表1-3。

表1-3 局域网络分类与主要特性

特性	一般局域网	高速局域网	计算机化分组交换机
传输介质	双绞线、同轴电缆、光纤	CATV 同轴电缆	双绞线
拓扑结构	总线型、星形、环形	总线型	星形
传输速度/Mbit/s	1～20	50	9.6～64
传输距离/km	25	1	1
转接技术	报文分组	报文分组	线路转接
结点数	100～1000	10	100～1000

LAN是当今使用最多的局域网之一。1980年，IEEE制定了LAN的一个标准IEEE 802。HSLN速度高、传输距离短，主要提供计算机房中设备之间I/O通道的连接。美国国家标准局（American National Standards Institute，ANSI）的ANSX3T9.5委员会制定了HSLN的标准。CBX是一种数字专用分组交换机，用于处理声音和数据的转接，采用电路交换信息传送方式。

四、无线网络

21世纪以来，轻型移动设备（如手机和平板电脑等）日渐普及，其数量已经逐渐超过了固定设备（如台式机和服务器等）。由于有线网络在空间上的局限性，无线网络的使用起到了关键作用。无线网络是指使用无线电技术进行信号传输的计算机网络，无线网络与有线网络的用途十分类似，最大的不同在于传输媒介的不同。无线网络消除了有线网络对接入设备空间位置的限制，同时也节省了光纤、电缆等有线传输介质的铺设成本。这就意味着人们可以以更简单的方式、更低廉的价格来接入网络。无线网络的出现对计算机网络的普及起到了重要的推动作用，也使移动的车辆与外部的网络，以及车-车之间、车-路之间、车-人之间的网络连接得以实现。

1. 无线网络的基本组成元素

无线网络既包括允许用户建立远距离无线连接的数据网络，也包括用于近距离信息传输的局域网和广域网。无论是哪种网络，都由以下3种基本元素组成。

1）无线网络用户。无线网络用户是指具备无线通信功能的设备，这些设备可以是带无线网卡的计算机、笔记本式计算机，也可以是带Wi-Fi功能的手机和平板电脑，带通信模块的各种设备等都可以接入，包括车载的各种无线通信装置。

2）无线连接。无线连接是指无线网络用户与基站之间建立的数据传输通道。依据不同的无线通信协议建立起来的连接具有不同的传输距离和速率。

3）基站。基站是指为无线网络用户提供数据传输服务的通信设施。基站可以将无线网络用户连接到更大的网络中，无线网络用户通过基站接收和发送数据包，基站将用户的数据包传输到上层网络，并由上层网络转发到目的网络，再到连接对象设备。根据不同的无线通信协议，基站的覆盖范围和名称也是不同的。Wi - Fi 的基站被称为接入点（Access Point），它的覆盖范围一般是几十米；手机通信使用的基站通常称为蜂窝塔，其覆盖范围为几千米到几十千米。无线网络用户只有通过基站才能接入上层网络，与其他网络终端实现信息交换。除了以上形式，无线网络用户还可以通过自组网（Ad - hoc Networks）形式与其他网络用户实现信息传输。它的特点是无须有基站和上层网络的支持，用户自身具备网络地址指派、路由选择及类似域名解析等功能。一个局域的车 - 车之间可以建立自组网络。在网络中，每辆车都有自己独特的标识，每辆车既是数据的产生者，也是网络中的一个传送结点和数据的使用者。

2. 无线网络的分类

依据无线网络的覆盖范围及使用协议的不同，无线网络一般分为以下 4 类。

1）无线广域网（Wireless Wide Area Networks）。连接信号可以覆盖整个城市或国家。其信号传播途径主要有两种：一种是通过地面相邻基站传播信号，另外一种是通过卫星传播信号。无线广域网主要包括 2G、2. 5G、3G 和 4G 系统。区别于 1G 网络，2G 网络是数字制式的，不仅能够进行传统的语音通信、收发短信和各种多媒体短信，还可以支持一些无线应用协议，进行窄带数据通信。常见的 2G 无线通信系统有两种——GSM 系统和 CDMA 系统。3G 网络主要是在 2G 的基础上发展了高带宽的数据通信，并提高了语音通话安全性。3G 一般的数据通信带宽都在 500kbit/s 以上。目前 3G 常用的有 3 种标准——WCDMA、CD-MA2000、TD - SCDMA，传输速度相对较快，可以很好地满足手机上网等需求，不过播放高清视频较为吃力。4G 网络是集 3G 与 WLAN 于一体，并能够传输高质量视频图像的技术产品。4G 系统能够以 100Mbit/s 的速度下载，上传的速度也能达到 20Mbit/s，并能满足几乎所有用户对于无线服务的要求。

2）无线城域网（Wireless Metropolitan Area Networks）。基站信号可以覆盖整个城市。微波存取全球互通（Worldwide Interoperability for Microwave Access，WiMAX）是实现无线城域网的主要技术。WiMAX 在空旷地域的覆盖范围可达 112. 6km，非空旷区域也可达到 40km。WiMAX 的传输带宽可以达到 75Mbit/s。

3）无线局域网（Wireless Local Area Networks）。无线局域网可在一个局部区域内（如办公楼、咖啡厅、餐厅）为用户提供网络接入服务。无线局域网有两种模式：一种是无线网络用户通过基站（接入点）接入上层网络；另一种是无线网络用户通过自组网方式相互传递信息。IEEE 802. 11 的一系列协议是针对无线局域网制定的规范，多数 802. 11 协议的覆盖范围可以达到几十米，网速在 11 ~ 100Mbit/s 之间。

4）无线个人局域网（Wireless Personal Area Networks）。在更小的范围内（10m）以自组织模式在用户之间建立无线通信连接。常用的技术包括蓝牙技术和红外传输技术。蓝牙技术覆盖范围约为 30m，带宽为 1Mbit/s；红外技术覆盖范围在 1m 左右，带宽通常为 100kbit/s。

五、计算机网络通信中的一些基本概念

1. 结点、介质、协议

网络上的结点（Node）是网络活动的核心组成部分，包括终端结点和中间结点。终端结点一般是网络连接的应用系统或设备，它们利用网络发送或接收信息；中间结点一般提供

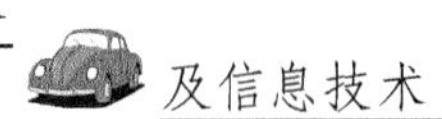

信息的转送服务、信息流量控制等网络服务功能。

网络介质这里指连接网络结点的信息传输载体，如双绞线、光纤、同轴电缆、红外线以及无线电波等。

协议是网络中信息表示和信息传输控制所遵循的规则。

2. 信息传送过程与调制

数字信息的传送可以按“0”和“1”的某种电平定义直接传送，也可以转化（调制）为模拟信号传送。通过模拟信号传送的基本过程如图1-4所示，要发送的数据先送入调制器转换为易于在媒体中传输的形式并发送到介质上，接收端接收到信号后先解调，再把提取出的数据传送给终端。

图1-4　数字通过模拟信号传送的基本过程

常用的调制方式有以下几种：

1）调幅。传输的数据中“0”和“1”位由信号的幅值表示，如在一个位的时间中，幅值小表示“0”，大的表示“1”，如图1-5a所示。

2）调频。“0”和“1”由信号的频率表示，如在一个位的时间中，低频率表示“0”，高频率表示“1”，如图1-5b所示。

3）调相。“0”和“1”由信号的相位表示，如在一个位的时间中，信号相位为-180°表示“0”，相位为0°表示“1”，如图1-5c所示。

发送端由要发送的位产生调制的信号，接收端根据信号的状态恢复为“0”或“1”。

3. 编码和传输速度

数字网络中传输的是“0”和“1”的序列。信息由“0”和“1”的一定组合表示，这就是编码，例如，ASCII码用7位二进制数对常用的符号进行编码，传送一个符号就是传送对应的一个7位二进制码。单位时间传输的信息表明网络传输的速度，一般用单位时间传输的二进制位数表示。单位时间传输的二进制位数称为比特率（Bit Rate），单位为bit/s（Bit Per Second）。

当传送的信息以字符为单位时，称为面向字符的传输。如果以位为信息的最小单位，也就是每次传送的信息看作一个二进制位序列，则称为面向位的传输。

4. 同步与异步串行通信

串行通信有同步和异步两种基本方式。异步传输方式中，每一个字符（或信息单位）的传送与其他字符（或信息单位）无关，在开始时有一个起始发送标志位，结束时有一个终止标志位。异步传输方式的控制比较简单，传输速度比较慢。

同步传输方式中，数据传输前先通过同步措施建立发送和接收端的时间同步，然后连续发送数据块。同步传输方式速度高，但传输控制比较复杂。

5. 介质的多路复用

当多个用户使用一条介质线路时，线路资源的分配方式有频分方式（Frequency Division Multiplexer，FDM）、时分方式（Time Division Multiplexer，TDM）和码分方式（Code Division Multiplexer，CDM）。

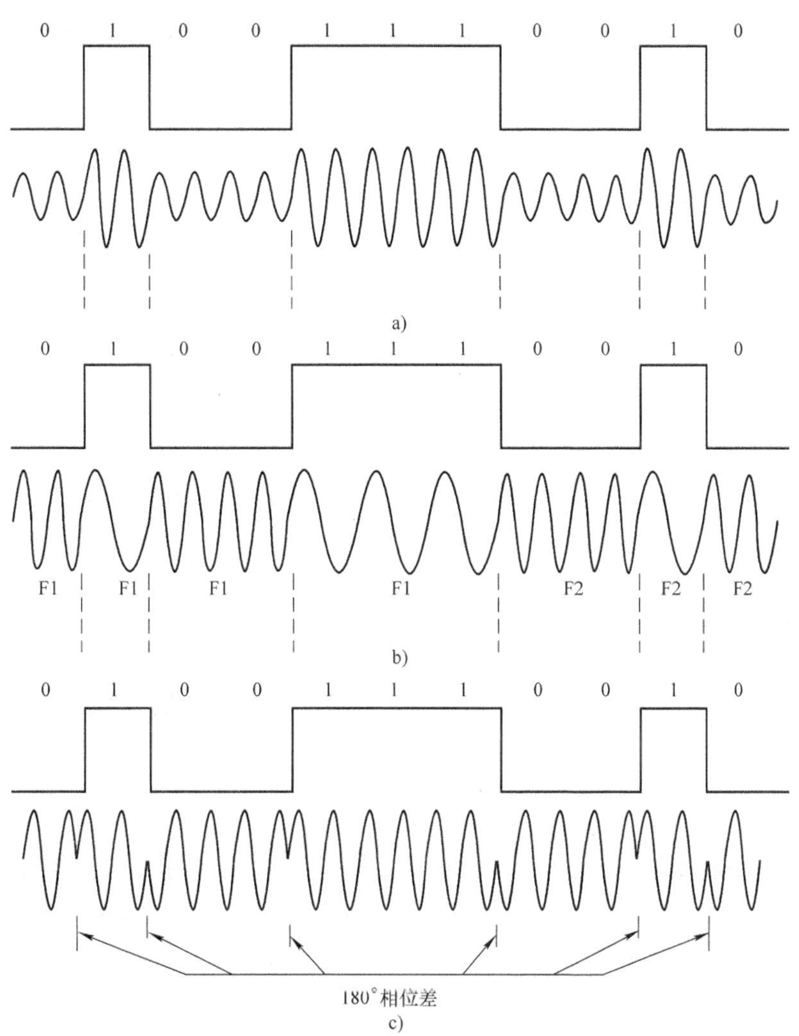

图 1-5 信号调制方式

a）调幅方式 b）调频方式 c）调相方式

FDM 方式中，不同用户使用不同的频率范围在一条线路上传送信息，每个用户占用一个特定的频带。由于频率不同，互相之间不会干扰。

TDM 方式中，用户分时轮流使用通信线路，按照一定的算法确定轮换的次序和每个用户的使用时间。在一个特定的时间段内，线路由一个用户独占。

CDM 方式中，不同的用户使用不同的信息编码机制，使用相同编码机制的通信双方能够互相交流而不受其他用户的影响。

6. 计算机网络信息传送方式

计算机网络信息的传送分为电路交换、报文交换和分组交换 3 种方式。

（1）电路交换方式

电路交换是指两台正在通信的计算机使用一条实际的物理链路传输信息，在整个通信中始终使用这条线路，其他机器在此期间不能使用这个信道。这种通信方式与公共电话的通信方式是一样的。电路交换传输过程包括建立链路（相当于电话拨号）、数据传输（通话）、释放链路（挂断电话）。电路交换方式的特点如下：

1）由于通信时双方完全占用这条链路，通信过程具有很高的实时响应特性。

2）通信两端具有一条物理链路，传输的信息可以不缓存，传输延时可以忽略。

3）物理信道不能共享，容易产生“堵塞”。

4）在物理链路释放前，即使双方没有信息传送，其他设备也不能使用这条链路，浪费信道容量。

5）通信布线复杂。

（2）报文交换方式

报文交换方式是，当发送方有数据发送时，就将数据按照一定的格式构成一个数据块（数据报或报文）发送出去，相邻的转接交换机收到这个报文后先存储这个报文，当这个报文传输所需要的链路空闲时就将它转发出去，直到这个报文到达接收端，这种方式即“存储—转发”方式，这种方式与信件的邮递过程相似。报文交换具有以下特点：

1）通信双方无须独立占用一条物理链路，线路利用率高。

2）一个信息可以多点发送。

3）不同速率之间的设备可以进行通信。

4）传输的信息（报文）中必须指明接收端地址，增加了数据传输量。

5）由发送到接收的延迟大，而且时间离散度高，很难准确预测延时，实时性差。

6）转接交换机需要较大的存储容量。

（3）分组交换方式

分组交换的基本过程与报文交换一样。只是在发送时，把要传送的数据划分为一些小的数据块（分组），把这些小数据块按照一定的格式包装后发送出去。接收端收到这些数据后再把它们组合到一起，恢复原来的数据报文。这个过程就像把一个汽车拆成散件，把这些散件打成邮包邮寄到目的地后再组装成一个汽车的过程一样。由于分组交换每个传送单位较小，可以缓解报文传输方式延迟大的缺点，在有多个由发送端到接收端路径的网络中有利于提高线路利用率。但数据的拆装过程增加了处理的复杂性，数据分组包装也增加了非有用数据的传输量。分组交换的特点如下：

1）由于可以同时利用网络上所有可能的通路，线路利用率明显高于电路交换和报文交换。

2）可以实现多点的同时收发通信。

3）通信可靠性高，网络上一个结点或线路的故障不会造成通信的中断。

4）附加数据传输量大，有效数据比率低。

5）分组交换需要一套网络上设备共同遵循的操作规程（通信协议）。

7. 网络介质的访问方式

网络介质访问方式指网络上结点获取传输介质使用权的方式。

（1）载波监听多路访问（Carrier Sense Multiple Access，CSMA）

当一个结点要发送数据时，首先监听介质上是否有信号在传输；如果没有，就开始发送信息；如果介质上有信号在传输，即介质忙，则按照一定的算法确定一个等待时间后再监听介质状态。当两个或多个结点同时开始发送就会出现冲突，CSMA 方式必须对冲突进行仲裁，以判定哪一个结点获得介质访问权。载波监听多路访问/冲突检测（CSMA/CD，其中CD是Collision Detection）访问方式在发送时继续监测信道上的状态，判断是否发生冲突，当出现冲突时，中止发送并进行处理。冲突的检测方式有两种：一种是发送时，同时接收介质信号状态并与发送的数据位进行比较，两者不同时说明发生了冲突；另一种是检测介质上的信号强度，当介质上的信号强度达到只有两个以上发送器发送信号的强度时，说明发生了冲突。冲突后的处理方法有多种方式，如在CAN中，采用的是检测到冲突的结点就退出发送状态，转入接收状态，待这个信息发送结束，并等待一定的延时后再启动发送过程。

（2）令牌环方式（Token Ring）

令牌环方式一般在环形网络中应用，也可以通过给总线型网络中的结点依次编号形成一个逻辑环形结构的方式在总线型网络中应用。所谓令牌是一个特殊标记，在网络上没有信息传送时它在网络上从一个结点到下一个结点依次传递，哪个结点得到令牌时它就可以通过介质发送信息。

8. 网络访问的触发方式

按照结点访问网络的触发方式，网络协议可以分为基于时间触发的通信协议和基于事件触发的通信协议。

在时间触发协议（Time Triggered Protocol，TTP）中，按一定规则安排每个结点发送信息的时刻和信息发送的延续时间。这种方式信息传送延时抖动（Jittering）小，实时性好。它的一个特点是网络事件发生的时间可以预知，比较适合车上控制网络系统。

在事件触发协议（Event Triggered Protocol，ETP）中，结点在需要发送信息或请求发送信息时才启动网络访问过程，否则处于接收状态。在一个结点要发送信息时，可能有信息在占用总线，或有高级的信息要发送；所以，使用这种方式，结点从有数据要发送到接收结点接收到数据的延时有很大的不确定性，实时性差。在控制网络中使用这种协议，当系统比较复杂时，评估控制操作的响应时间比较困难。

9. 信号传输介质

传输介质有有线和无线两种基本类型。目前车上使用的都是有线网络，无线网络还在探索中。表1-4给出了一些传输介质的参数。双绞线成本低，数据传输速度低，传输距离短，非常适合汽车网络的情况，也是汽车网络使用最多的介质。光纤在电磁兼容等方面有独特的优点，而且数据传输速度比较高，传输的距离远，在汽车网络上有很好的应用前景，尤其是一些要求传输速度高的车载网络，如车上信息与多媒体网络。

表1-4 网络传输媒体

媒体	信号类型	最大数据传输率/Mbit/s	最大传输距离/km	网络结点数
双绞线	数字	1～2	0.1	几十个
同轴电缆	数字	10	0.185	几百个
同轴电缆（75Ω）	数字	50	1	几十个
同轴电缆（75Ω）	FOM模拟	20	10	几千个
同轴电缆（75Ω）	单信道模拟	50	1	几十个
光纤	模拟	100	1	几十个

第三节　车载嵌入式系统

车载的电子控制和信息系统，尤其是基于嵌入式操作系统的车载信息系统，是典型的嵌入式计算机系统。在设计及应用上，它具有一般嵌入式系统专用、小型等性质，又具有车载系统移动和可靠等特点。

一、嵌入式系统

车载电子控制以及车载信息系统是典型的嵌入式系统。通用的嵌入式系统定义是：控制、监视或辅助设备运行，完成既定功能的软硬件系统。嵌入式系统是以应用为中心，以计算机技术为基础，软硬件可裁剪，适应应用系统对功能、可靠性、成本、体积、功耗等要求严格的专用计算机系统。无论是哪种定义，都说明了嵌入式系统是软件和硬件的结合体。

嵌入式系统通常由微处理器、硬件设备、嵌入式操作系统和客户应用软件组成。最常见的嵌入式系统是控制程序存储在 ROM 中的嵌入式控制单元。嵌入式系统几乎可应用于所有的装置和系统中，从手机、照相机、MP3、电视、机顶盒，到汽车、轮船、火箭、卫星、宇宙飞船，再到楼宇、道桥、坝体等。嵌入式设备的应用领域和数量已经远远超过了传统计算机系统，可以说，嵌入式系统影响着人类生活的方方面面。目前，一个汽车上会有大小几十个嵌入式系统单元，而且数量在不断增加。

相比一般的通用计算机系统，嵌入式系统有如下几个显著特点。

1）系统内核小。由于嵌入式系统一般是应用于小型电子装置的，系统资源相对有限，所以内核比传统的操作系统要小得多。例如，Enea 公司的 OSE 分布式系统，内核只有 5K，与 Windows 的内核简直没有可比性。

2）专用性强。嵌入式系统的个性化很强，其中的软件系统和硬件的结合非常紧密，一般要针对硬件进行系统的移植，即使在同一品牌、同一系列的产品中也需要根据系统硬件的变化和增减不断地进行修改。同时针对不同的任务，往往需要对系统进行较大更改，程序的编译下载要和系统相结合，这种修改和通用软件的“升级”完全是两个概念。

3）系统精简。嵌入式系统一般没有系统软件和应用软件的明显区分，不要求其在功能设计及实现上过于复杂，这样一方面利于控制系统成本，同时也利于实现系统安全。

4）高实时性的系统软件。高实时性的系统软件（OS）是嵌入式软件的基本要求。而且软件要求固态存储，以提高速度；软件代码要求高质量和高可靠性。

5）嵌入式系统开发需要的开发工具和环境。嵌入式系统与外部的交互，依据其应用需求设置，自身一般不具备系统开发的人机交互界面，即使设计完成以后用户通常也不能对其中的软件进行修改，必须使用专用的一套工具和环境才能进行开发。

二、车载嵌入式系统设计的一般步骤

车载嵌入式系统包括控制系统和信息系统，目前几乎都是连接在车载网络上的网络化嵌入式系统。基于网络的控制系统的设计，不仅要考虑每个控制单元的自身控制功能，而且要考虑单元之间的通信问题，其一般设计步骤包括需求分析、系统描述与仿真、局部设计、软件设计、系统集成和系统测试。

1. 需求分析

需求分析是根据要实现的工程目标分析系统应当具有的结构、应实现的功能、应达到的指标。在基于网络的控制系统中，要确定需要布置几个结点；每个结点要完成的功能分配，包括分配控制功能和信号采集功能；定义在网络中需要发送的数据、状态等信息；确定每个信息的发送结点和接收结点；确定应用层故障处理方案等。需求分析是整个设计的基础。

2. 系统描述与仿真

在系统的需求分析基础上，进行系统静态和动态工作过程的详细描述，包括确定结点间的连接方式；确定通信协议；确定信息传送的调度（Schedule）方案；确定网络的数据传输速度；定义信息帧格式以及优先级；对各个结点的输入/输出信号进行详细的描述。

这一步的目的，一是构成一个系统的详细定义，二是对系统进行仿真。很多支持基于网络或数据总线的分布式控制系统开发的工具具有仿真功能，如 Vector 公司的 CAN 系统开发工具、VCT（Volcano Communication Technologies）公司的 LIN 系统开发工具等都具有系统的仿真功能。要进行仿真，必须对系统有一个详细的描述。一些开发工具支持基于 C 语言或其专用语言的系统描述，根据用这些语言给出的描述文件，可以对系统进行仿真。文件通过仿真过程，评估系统的性能是否达到要求，发现系统存在的问题。在此基础上对系统的相关部分进行调整。通过仿真确定系统的构成和工作策略细节后，进行系统的详细设计和实现过程。

3. 局部设计

待系统的构成和工作过程详细的方案确定后，开始由下向上的具体实现过程。局部设计主要是各个结点的设计、物理传输介质的确定以及确定布线方案和连接方式，其核心是结点的设计。结点的设计包括结点自身的测试以及控制功能和通信功能的设计。按一般控制单元设计方法设计结点时，把通信部分看作系统的输入和输出接口，核心控制功能与通信部分之间只是按一定的方式交换数据；数据的更新速度、采集的实时性等由通信控制器接口和相关软件完成。硬件上，当具有独立的通信控制器接口时（包括单片机中嵌入的通信控制器接口），主要根据结点自身的功能来确定其他接口类型和数量、存储器类型和容量以及 CPU 速度等指标。当通信控制过程也由结点主机负担时，要考虑通信过程占用的资源，包括 CPU 时间、附加的存储容量和总线驱动器间的接口等。

这一部分的设计还包括通信过程和控制过程出现故障时的处理。通信过程的故障处理虽然在很多通信协议中都有规定，但应用层设计中必须能够识别这些故障，并具有在不同的故障情况下的应急处理措施。例如，在汽车控制系统中，应达到在通信故障时结点仍可以完成其基本控制功能。

每个控制或数据采集任务的时间安排和实时性，除了结点的硬件、软件在设计时要考虑外，与通信调度方案很有关系。由于控制系统中有很多绝对实时性任务（Hard Real Time Task），为保证这些任务的时间要求，会使网络通信带宽的使用效率降低，因此要有足够的带宽余量。

在结点设计和调试中，可以利用开发工具的仿真功能，每个结点设计完成后，可以接入仿真网络，对这个结点单元进行性能的测试和纠错等工作。

4. 软件设计

结点的功能主要依靠其内部运行的软件来实现，局部设计完成之后，需要进行结点的软件设计。软件设计主要完成任务的划分、调度，任务间的通信，系统初始化等工作。

任务划分的主要依据是系统完成的功能之间的关系。一般来说，联系紧密的任务可以进行合并。例如，相关的I/O操作可以划分到一个任务中，合并联系紧密的任务可以共用这些资源，减少时间消耗。

任务的调度必须满足各个任务的实时性要求，软实时要求尽快完成任务，时间的短暂延迟是可以接受的，硬实时要求任务在规定的时限内完成，因此采用可抢占式优先级任务调度策略。这就需要在软件设计过程中针对不同结点的任务实时性要求，选择最优的任务调度策略。

任务之间如何通信也需要在软件设计阶段加以考虑，基于操作系统的应用开发可以使用操作系统提供的任务间通信方式。

软件设计必须考虑的一个关键问题是系统的初始化，系统开始运行之前，系统关键部件需要进行初始化操作。初始化的一般顺序是：硬件检测及初始化工作模式，设置输入/输出接口部分的初始状态，初始化系统工作基本数据结构及数据（如中断矢量表），初始化应用功能状态及初始数据，建立基本的任务管理环境，开始任务管理运行。

车载嵌入式系统软件的设计和开发需要遵循一定的规范。统一的汽车软件设计规范有利于车辆电子系统软件的交换和更新，提高不同车型软件设计的通用性，降低新车型开发难度，提高成本效率。国际上比较通用的汽车软件平台设计标准有 Autosar 和 OSEK 等。Autosar（AUTomotive Open System Architecture）是汽车开放系统架构的缩写，它是一个致力于建立汽车软件标准的联盟，其成员包括汽车制造企业、零部件制造商和软件开发商等。Autosar为汽车工业开发定义了一个开放的、标准化的软件架构，参照此架构开发的汽车系统具有更好的通用性和互换性。Autosar 界面的标准化以及供应商通用工具软件的应用将促进汽车工业的进一步发展。Autosar 有以下 3 个目标：

1）建立与硬件平台无关的软件分层架构。

2）提供应用架构方法论，指定软件架构堆叠方案，并将软件架构部署到电控单元（ECU）中。

3）提供统一的汽车软件接口，方便软件的替换和重用。

车载系统的信息安全越来越重要，在软件设计阶段，应当充分考虑所设计系统的信息安全需求，并进行适当的设计。

5. 系统集成

系统的各个局部设计完成后，进行系统的集成工作。虽然局部已经进行过各种调试，但连接后仍要进行在系统环境下的测试。一般分为两个阶段，第一阶段是控制系统连接后，在仿真的被控系统环境下的调试和运行，这时被控系统是一个物理的（如试验台架）或半物理的系统（只是信号意义上仿真被控系统），主要调试功能是否能实现、逻辑关系是否正确、运行过程在各种工况下是否与设计目标一致等。第二阶段是在实际被控系统环境下的试验，这时系统被应用于实际被控系统，在各种典型被控系统状态下控制系统工作，测试控制系统的性能。在此基础上进行整个系统的试运行。

基于网络通信的分布式控制系统设计一般比较复杂，适当地开发仿真调试工具对于提高工作效率和保证系统性能是必不可少的。

6. 系统测试

系统集成工作完成后，为了验证系统是否满足设计需求、质量是否可靠，需要对系统进行测试。常用的软件测试方法可以分为静态测试和动态测试两种。

静态测试是通过静态分析系统进行软件测试的方法的总称，主要是通过对软件需求文档、设计文档和源代码进行逻辑分析来判断软件质量。静态测试可以为后续的动态测试提供方向，并为测试用例的设计提供依据。静态测试的主要内容有结构设计审查、编码质量评测、代码逻辑评测等。

动态测试是通过运行一些测试用例来判断软件是否符合要求。动态测试必须使用测试用例，其原理是对比指定测试用例的运行结果和预期结果的差异，对软件的正确性、可靠性和健壮性做出度量。

测试又有白盒测试和黑盒测试两种。白盒测试是指依据程序内部构造，设计测试用例，检测程序内部是否按照既定的方式工作。黑盒测试则不考虑程序内部构造，通过观察程序对于特定输入是否能输出预期结果来判断其正确与否。相对于白盒测试，黑盒测试更简单、直接，但无法获取程序出现问题的准确位置。在实际生产过程中，白盒测试和黑盒测试需要搭配使用，才能兼顾测试的效率和准确性。

嵌入式系统具有专用性，所以和通用软件系统的测试策略有区别。嵌入式系统软件的开发环境和运行环境不同，开发环境是一种仿真环境，所以即使在开发机上程序运行正确，也不能保证其在目标机上的正确性。因此，嵌入式系统的测试可以分为在开发环境下的测试和目标机测试两个环节。由于目标机测试成本较高、难度较大，并且有一些系统会存在潜在的危险性，因此在仿真环境先进行了充分测试之后才在目标机上进行测试。

为了实现测试效率的最大化，规避目标机测试的瓶颈，车载嵌入式系统目标机的测试多数采用仿真测试的方法进行。车载嵌入式系统的测试多数在仿真平台进行，为了使仿真环境更接近实际车辆环境，采用硬件在环（HIL）开发测试平台测试，只有最终确定测试结果和最后的系统测试才会在实车上进行。这样做可以减少实车测试时间、提高安全性、提高测试效率、降低成本。

三、车载总线网络设计开发基本过程

车载总线是连接车载电子与信息系统的通信网络。整车车载电子与信息系统的设计包括网络结构设计，以及作为网络结点的电子信息单元支持网络连接的软硬件设计。

1. 网络设计和仿真

网络系统的设计主要包括以下几个方面。

1）组建开发团队，明确分工。

2）详细的功能需求分析，根据需求确定通信标准以及驱动电路，并准备这种网络的开发调试工具。

3）掌握所使用标准协议规范和驱动接口电路的使用，学习使用相应的开发调试工具。

4）根据结点的特性、数量、分布等设计结构。

5）构建网络仿真系统。

6）确定网络媒介、接插件、匹配电路等。

7）通信协议的具体描述，包括协议标准中没有规定部分的详细定义。

2. 结点设计实现

对各个功能结点进行设计以及软硬件的实现。除了结点电控单元的应用功能外，要支持网络连接，结点设计实现要考虑以下几个方面。

1）协议栈在结点上的具体实现方案设计。

2）确定结点的性能指标以及测试标准。

3）根据选定的网络接口电路完成结点的驱动硬件及软件设计。

4）实现结点，并在开发仿真平台上调试、测试。

5）根据调试和测试结果完善结点。

3. 网络集成

网络结构以及结点等设计实现之后，要进行网络的系统集成，把结点连接成整体网络。网络集成以及测试主要考虑以下几个方面。

1）确定系统的测试标准。

2）构建网络测试实验环境。

3）物理网络集成连接。

4）网络及结点的功能测试和性能测试。

5）系统改进及完善。

第二章　控制器局域网

CAN总线在Bosch公司推出后，由于其具有可靠性高、性能价格比高、适应性好等优点，被广泛应用到车辆控制、工业控制、移动机械、交通控制、机器人、智能建筑、医疗系统以及嵌入式网络等领域。CAN结点的数量从20世纪90年代中期开始直线上升。以往较少使用CAN的北美和亚洲大汽车生产商也转向使用CAN来构成汽车上的网络系统，使CAN结点数量增加的趋势更加强劲。随着市场需求的增加，各大电子元器件厂商也不断推出新型的CAN产品。很多高档微控制器（单片机）也都支持CAN控制器接口。

第一节　CAN的基础知识

一、控制器局域网简介

控制器局域网（Controller Area Network，CAN）是一个支持分布式实时控制的串行通信网络，主要用于嵌入式控制器的通信系统及智能装置的开放通信系统。20世纪80年代，由于电子系统在汽车上的应用不断普及，车上的控制单元（ECU）不断增加，Bosch公司提出了最初用于汽车电子装置互联的控制器局域网串行通信总线系统。之后，CAN被汽车行业和控制领域广泛应用，它已经成为ISO和SAE标准。CAN有CAN 1.0 、CAN 1.2、CAN 2.0A和CAN 2.0B等版本。CAN 2.0A以及以下版本使用标准格式信息帧（11位标识符），CAN 2.0B使用扩展格式（29位标识符）。CAN 2.0A及以下版本接收到扩展格式信息时认为出现错误。CAN 2.0B又分为“被动”CAN 2.0B（CAN 2.0B Passive）和“主动”CAN 2.0B（CAN 2.0B Active）两种。“被动”CAN 2.0B能够处理标准格式信息，接收时忽略扩展格式的信息帧，但并不认为是错误；“主动”CAN 2.0B能够接收发送标准格式信息和扩展格式信息。CAN系统中，协议功能多数由硬件完成，这个硬件称为CAN控制器（CAN Controller）。根据功能，CAN控制器又被分为“全CAN控制器（Full CAN Controller）”和“基本CAN控制器（Basic CAN Controller）”。“基本CAN控制器”实现CAN信息传送控制的最基本功能，一般只具有一个发送寄存器和一个或两个接收寄存器，只能按照接收寄存器存放的标识符进行接收过滤，适合于在低速系统或信息类型较少的系统中应用。“全CAN控制器”实现完整的通信过程控制和接收过滤功能。使用“全CAN控制器”系统的速度、总线负载和信息类型都可以大大增加。

现在，欧洲几乎所有的轿车都使用了基于CAN的系统；欧洲以外的大汽车厂家也广泛使用CAN，其中包括通用公司和福特公司。在CAN出现后，有很多控制总线或局域网以CAN为基础或为其底层协议。

SAE按CAN不同的通信速率把它分为3个级别：高速CAN，主要用于车上动力传动系控制系统和底盘的控制系统；中速CAN，主要用于车身系统；低速CAN，主要用于车上媒体系统控制（并非用于媒体信息传送）及仪表板。现在很多汽车产品供货商都提供支持

CAN 的相关产品，包括 ECU、微控制器、接口元器件都有支持 CAN 协议的产品，为 CAN 的广泛应用提供了坚实的基础。但随着车上网络系统应用范围的不断扩大和应用层次的深入，也发现了 CAN 的一些局限性。

二、CAN 的基本特点

CAN 总线有如下特点：

1）高速串行数据接口功能。CAN 支持从几千到 1Mbit/s 的数据传输速率。

2）使用廉价物理介质，CAN 可以使用屏蔽或非屏蔽的双绞线、同轴电缆以及光纤作为网线。

3）数据帧短，短数据帧有利于减小延时，提高实时性；但降低了有效数据传输率。

4）反应速度快，发送时不需要等待令牌，对请求反应迅速。

5）多站同时发送，优先级高的数据获取总线。

6）错误检测和校正能力强，保证了系统的可靠性。

7）无破坏基于优先权的仲裁。

8）通过接收滤波的方式实现多地址帧传送。

9）具有远程数据请求功能。

10）具有全系统数据兼容性。

11）具有丢失仲裁或出错的帧自动重发功能。

12）能判别暂时错误和永久性错误结点，具有故障结点自动脱离功能。

13）基于事件触发的发送方式，信息传送延时离散度高，有出现长延时的可能。

三、CAN 的一些基本概念

CAN 定义了 ISO/OSI 网络开放系统模型的最低两层，即数据链路层和物理层，主要是数据链路层。在不同的 CAN 版本中对分层的定义有一些区别。CAN 1.2 的分层结构如图 2-1a所示，数据链路层又分为传输层（Transfer Layer，TL）和目标层（Object Layer，OL）。目标层完成下列功能：

1）获取从应用层传来的发送数据。

2）从传输层寻找要使用的数据。

3）提供与应用层相关的硬件接口。

CAN 2.0 的分层结构如图 2-1b 所示，是按 ISO/OSI 模型对 CAN 结构的描述。数据链路层又分为逻辑链路控制（Logical Link Control，LLC）和媒体访问控制（Medium Access Control，MAC）两个子层。LLC 层完成下列功能：

1）为数据发送以及远程数据请求传送服务。

2）判定是否已接收到信息。

3）提供恢复管理和超载处理。

CAN 2.0 的 MAC 层（与 CAN 1.2 TL 层对应）是 CAN 的核心，主要定义了传输协议，包括信息帧格式、仲裁方式、应答信号、错误检测、错误信令和故障限制等。MAC 层的约定是固定的。LLC 层（对应 CAN 1.2 OL 层）的设计有很大的自由度。

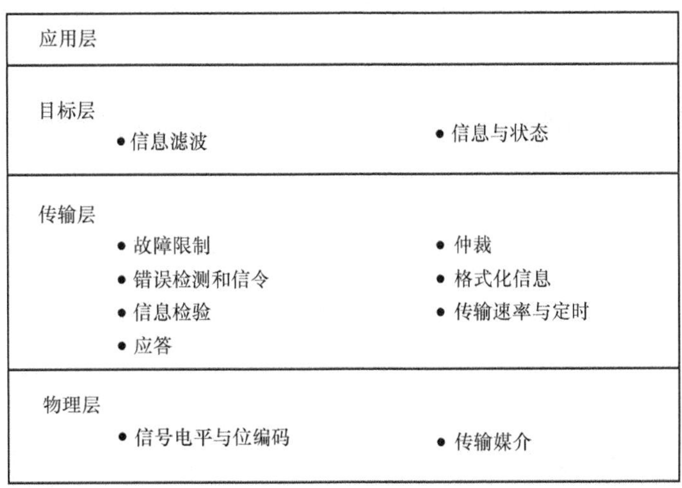

a)

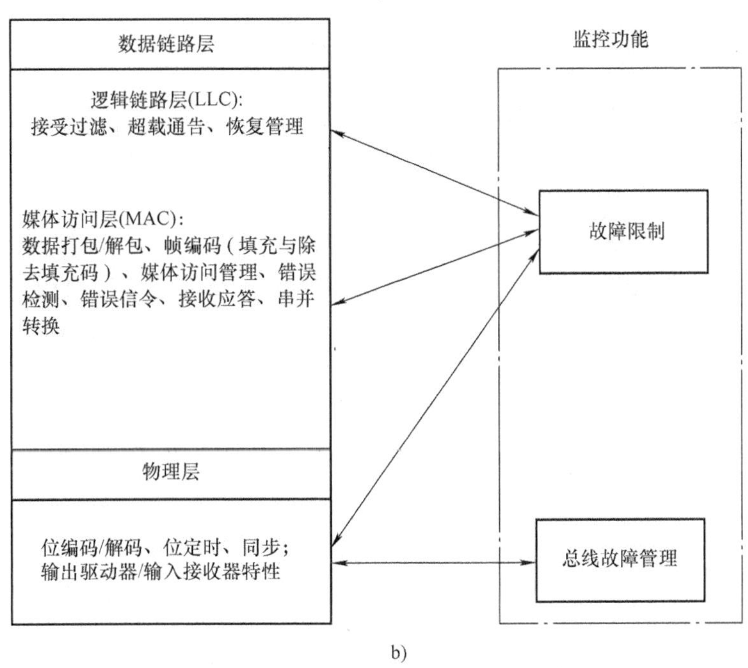

b)

图 2-1 不同版本的 CAN 分层结构

a）CAN 1.2 分层结构 b）CAN 2.0 分层结构

物理层实现结点间的物理信号传送，主要定义网络的电气特性。CAN 网络可以采用多种不同的物理层协议。Bosch CAN 几乎没有对物理层定义。同样是基于 CAN 的网络，不同的网络物理层可能有很大的差别，但同一网络上的所有结点的物理层必须是相同的。物理层的协议主要根据要求的数据传输率、成本和可靠性决定。

下面主要说明与 CAN 媒体访问控制层（传输层）有关的一些概念和特征。

1）信息：CAN 总线上的信息以一定的格式发送，当总线空闲时，任何一个网络上的结点都可开始发送信息。

2）信息的路由：CAN 网络中，结点不使用任何站点地址信息，由接收结点根据信息的特征判断是否接收这帧信息。所以，CAN 网络有很多基于这个传输方式的特点。

3）标识符：要传送的信息有特征标识符（ID，Identifier，是数据帧的一个域），它给出的不是目标结点地址，而是这个信息（数据帧）的特征。信息以广播方式向网络上发送，所有结点都可以接收。结点接收到一帧信息后，通过标识域判定是否接收这帧信息的数据。

4）数据一致性：由于通过标识域识别数据，所以网络上同时可以有任意多个结点接收应用传送的数据。配合错误处理和再同步功能，这也保证了系统数据的一致性。

5）信息传输率：不同的 CAN 系统可以有不同的数据传输率，同一网络上的结点传输速率必须是兼容的。

6）优先级：由发送数据的标识域判定数据占用总线的优先权级别。启动发送后，先发送标识符，由标识符决定信息优先权，标识符小优先权高（参照第 9）条和第 15）条）。

7）远程数据请求：一个结点通过向网络上发送一个远程帧请求需要的数据；能提供数据的结点接收到远程帧后发送远程帧请求的数据，返回的数据帧与远程帧拥有相同的标识域。

8）仲裁：当总线空闲时，任何结点都可以发送信息，出现竞争时，具有最高优先权的信息获得总线的使用权。

9）仲裁过程：发送时，结点不断监听总线状态，判别是否与发送的位一致，如果一致，则继续发送；否则（发送“隐性”位，总线为“显性”）丢失仲裁，从下一位开始停止发送。

10）错误检测与可靠性：为了保证可靠性，CAN 采用了发送/监听的位错误检测、帧数据的 CRC 校验、位填充技术（每 5 位相同极性的连续位，插入一个补位）、帧格式检验等故障检测方法。这些措施使 CAN 具有识别全局错误、发送端的局部错误、一帧信息 中 5 个以内的随机错误、一帧信息中 15 个以内的突发性错误，以及一帧中任何奇数个错误的能力，使 CAN 错误漏报率小于 4.7×10^{-11}。

11）错误信令与恢复时间：当结点检测出错误时，错误信息被标记并向网络上发送，发送过程自动终止并重发。如果没有新的错误，从检出错误到开始重发的最大延时为 29 个位时段。

12）故障界定（Confinement）：CAN 结点能区分瞬时扰动引发的故障与永久性故障。坏结点将被关闭。

13）CAN 网络结点数量：理论上 CAN 网络上的结点没有数量限制，实际应用中受限于总线上的信号传输延时和电气负载能力。

14）同步：CAN 结点间采用单串行线连接，数据和同步信号都由这个通道承担。信息发送时有起始同步信号，传输过程中接收结点进行再同步。

15）总线状态：总线有“显性”和“隐性”两个状态，当总线上有一个或多个结点发送“显性”位时，总线处于“显性”状态。例如，采用线与逻辑，“显性”状态为逻辑“0”电平，“隐性”状态为逻辑“1”电平。但 CAN 协议并没有具体定义这两种状态的实现规范。

16）应答：所有接收结点对正确接收的信息给出应答，对不一致的信息进行标记。

17）休眠态与唤醒：为了降低功耗，CAN 设备可以被置于休眠状态，这时它没有任何内部活动并与总线驱动断开。休眠态的设备可以被内部或总线事件唤醒。一旦被唤醒，内部功能启动，传输层要直到与总线同步（检测到 11 个连续的隐性位）后才参与总线活动。

18）发送端与接收端：当一个结点启动一个信息的发送过程时，它称为发送端，这个状态直到总线空闲或这个结点丧失仲裁为止；当一个结点不是发送端，而且总线不是空闲状态时，则为接收端。

19）信息有效性：对于发送端，如果直到发送完一帧数据的终止域都没有出错，则这帧数据是有效的；对于接收端，在一帧数据最后一位之前没有错误，则认为这帧数据有效。

20）位流编码：一个帧中，起始域、仲裁域、控制域、数据域和 CRC 域的二进制位流通过位填充方式编码，每当发送端检测到连续的 5 个相同位时自动插入一个补位。而一帧中其他的域不使用填充位。故障帧和超载帧也不使用填充位。二进制位采用非归零（NRZ）编码，所以位电平不是“显性”就是“隐性”。

第二节　CAN 总线物理层

一、CAN 物理层特点

物理层定义了物理数据在总线上各结点间的传输过程，主要是连接介质、线路电气特性、数据传输的编码/解码、定时以及同步的实施标准。Bosch CAN 基本没有对物理层进行定义，但基于 CAN 的 ISO 标准对物理层进行了定义。设计一个 CAN 网络时，物理层有很大的选择余地，但必须保证 CAN 协议中媒体访问层非破坏性位仲裁的要求，即出现竞争时有高优先权标识符的数据获取仲裁的原则，所以要求物理层必须支持 CAN 中隐性位和显性位的状态特征。在没有结点发显性位时总线处于隐性状态，总线空闲时处于隐性状态，在有一个或几个结点发送显性位时，则覆盖隐性状态，使总线处于显性状态。在这个基础上，物理层主要取决于传输速率的要求。从物理结构上看，一个 CAN 结点的构成如图 2-2 所示。

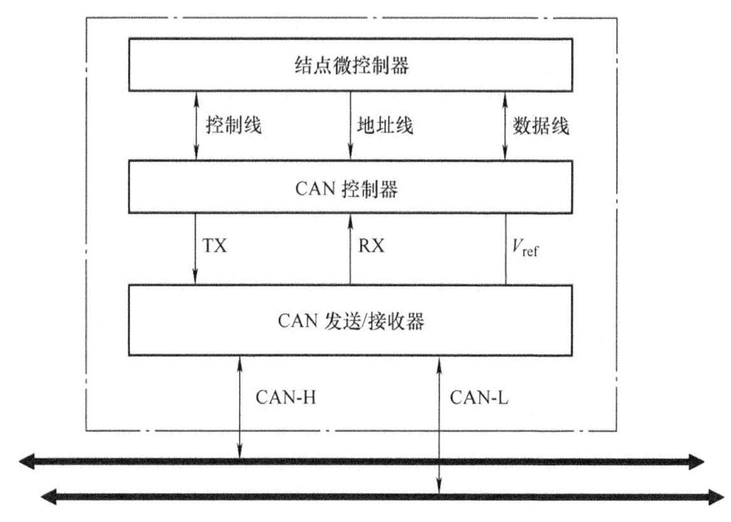

图 2-2　CAN 总线结点的构成

在 CAN 网络中物理层从功能上又可以分为 3 层，如图 2-3 所示。

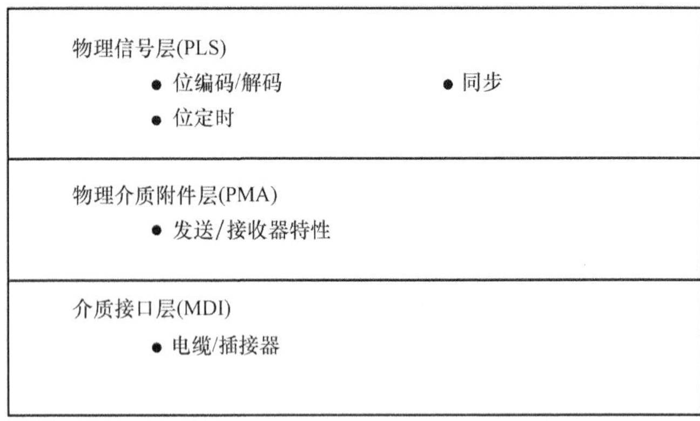

图 2-3 CAN 物理层的功能

CAN 物理层中，PLS（Physical Signaling）子层的功能主要由 CAN 控制器芯片完成，PMA（Physical Medium Attachment）子层的功能主要由 CAN 发送器/接收器电路完成，MDI（Medium Dependent Interface）子层主要定义了电缆和插接器的特性。目前，很多支持 CAN 的微控制器内部嵌入了 CAN 控制器和发送/接收电路。PMA 和 MDI 两层有很多不同的国际、国家或行业的实施标准，也可以自行定义，目前比较流行的是 ISO 11898 定义的高速 CAN 发送/接收器标准。

二、PLS 层

1. 编码/解码

CAN 总线使用非归零制编码方式，它在传送连续同极性位时，接收端没有可用于再同步的信号沿，所以 CAN 协议中规定发送数据时采用位填充，即在发送时，最多可以有 5 个连续的同极性位。如图 2-4 所示，如果要发送的位流中有 5 个或以上同极性位时，每发送 5 个同极性位则填充一个补位，其中“r”表示隐性位，“d”表示显性位。

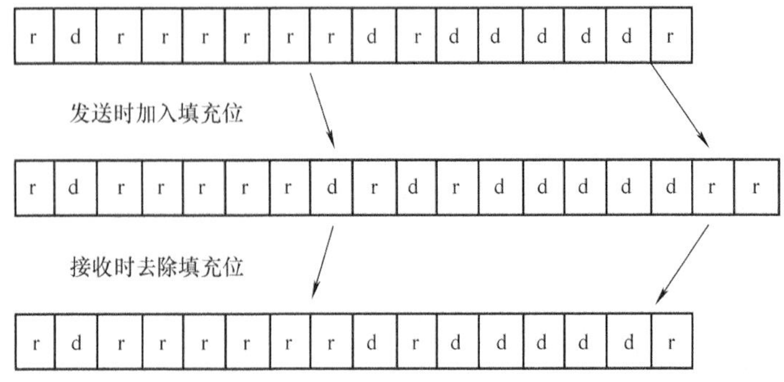

图 2-4 位填充规则

由于采用位填充，实际线路的传输效率可能会降低，图 2-5 所示是最坏的情况，这时，每发送 N 位，最多可能插入（$N-1$）/4 个填充位。

在接收端，填充位被剔除。

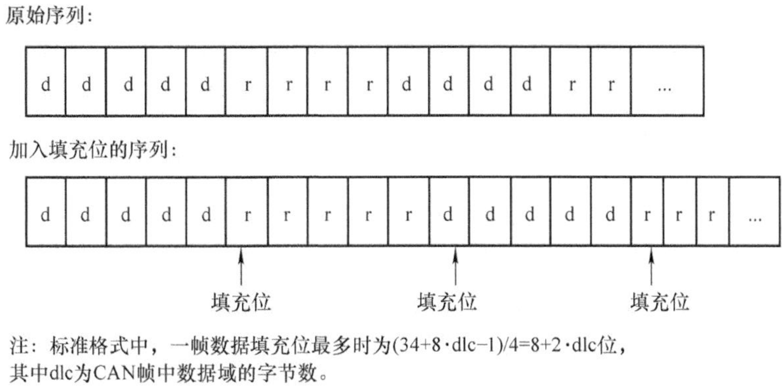

原始序列：
d d d d d r r r r d d d d r r ...
加入填充位的序列：
d d d d d r r r r r d d d d d r r r ...
填充位
填充位
填充位
注：标准格式中，一帧数据填充位最多时为(34+8·dlc−1)/4=8+2·dlc位，
其中dlc为CAN帧中数据域的字节数。

图 2-5　填充位最多的情况

2. 位定时与结点间的同步

如图 2-6 所示，一个位的传输时间分为 4 个时间段。CAN 中所有时间都是以所谓的时间基准单元（Time Quantum，TQ）为单位的，它由 CAN 结点的时钟频率通过一个可编程的分频器后得到，这部分功能在 CAN 控制器中完成。信号从发送到接收端的路径和延时如图 2-7 所示，一个位的时间关系是在发送时确定的，当信号通过物理电路到达接收端时，由于接收结点在网络上的位置不同、延时不同以及各自使用独立时钟等原因，要保持数据的一致性，需要一个再同步（Resynchronization）处理。

一个位时间
同步段
传播段
周期1段
周期2段
SYNC-SEG
PROP-SEG
PHASE-SEG1
PHASE-SEG2

图 2-6　位时间的结构

发送结点
接收结点
光耦
光耦
光耦
光耦
发送/接收器
发送/接收器
信号的软同步传输
信号的硬同步传输

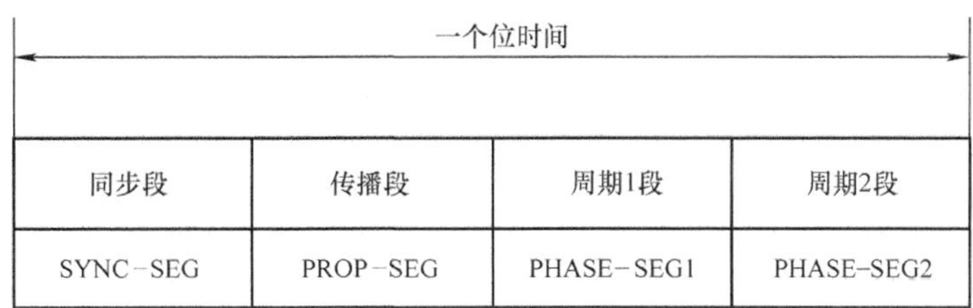

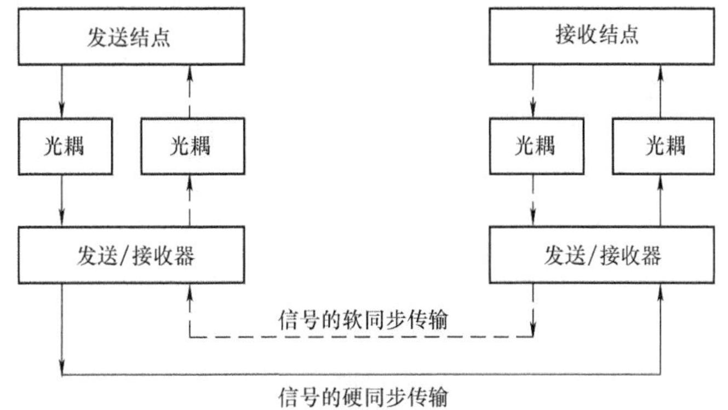

图 2-7　信号传输的过程

信号传输总的时间延迟 T_p 包括 CAN 控制器延时 T_C（约为 40 ~ 140ns）、发送/接收器延时 T_t（约为 120 ~ 250ns）和电缆延时 T_1（约为 5ns），如果使用耦合器（隔离器），还要包括这部分的延时，则光电耦合器延时 T_o（Opto - coupler）约为 40 ~ 140ns。由于存在应答过程，实际延时应当是这些延时总和的两倍：

$$T_p = 2(T_C + T_t + T_1 + T_o)$$

设计时应当保证这些延时小于位传输时的 PROG - SEG 段的时间长度。

由于上述原因，不同结点上的信号会产生相位移（信号沿时刻不同），CAN 控制器再同步就是用于补偿这个相位差。如图 2-8 所示，如果一个信号沿应当在 SYNC - SEG 出现，在低速（与接收端比较）发送器情况中，也就是这个沿在 PROG - SEG 段才被检测到，那么，接收端会把 PHASE - SEG1 段增加一个最大的再同步调节宽度（Resynchronization Jump Width，RJW）。

在高速发送器情况中，如图 2-9 所示，这个沿在 PHASE - SEG2 之前就检测到了，这时接收端会把 PHASE - SEG2 段减小一个最大 RJW。

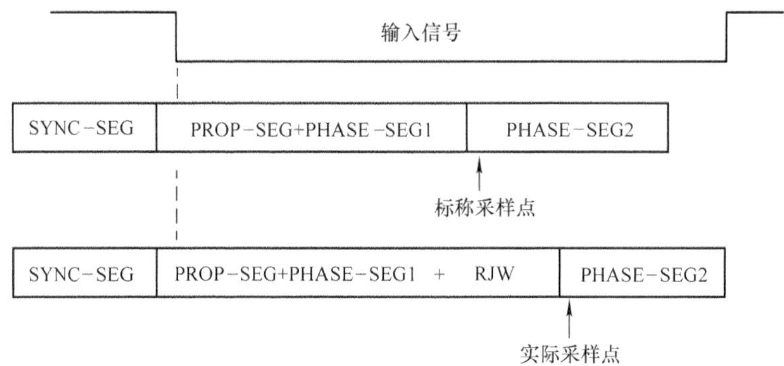

图 2-8 再同步情况 1

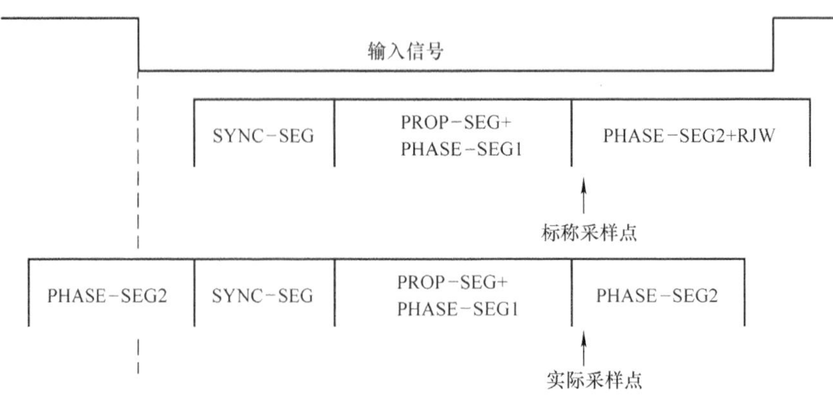

图 2-9 再同步情况 2

在一个位时间内只允许有一次再同步操作。

三、发送/接收器

Bosch CAN 没有发送/接收器以及以下各层的标准，ISO 标准中对发送/接收器制定了相应标准。当发送/接收器在两条线的 CAN 网络上发送信号时，一条线称为 CAN－HIGH，另一条称为 CAN－LOW，两条线上是差动信号，具体电平和特性取决于适用的标准或设计规范。

1. ISO 11898－2

一个适用于 ISO 11898－2 的网络结构如图 2-10 所示，发送/接收器与总线通过两条线（CAN－HIGH，CAN－LOW）连接，总线两端有 120Ω 的吸收电阻。

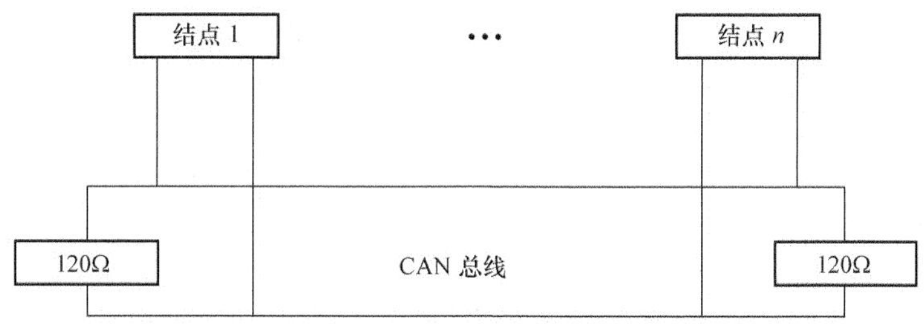

图 2-10　ISO 11898－2 标准网络

一个 ISO 11898－2 兼容的总线结点结构如图 2-11 所示，CAN 控制器可以嵌入到微控制器中，它通过串行口与 CAN 发送/接收器电路连接。参考电压 V_{ref} 为 0.5V_{cc}，发送/接收器使用 +5 V 电源 V_{cc}。发送/接收器在输入状态时，通过输入电阻上的电流状态检测总线，当总线为显性状态时，有电流流过电阻，在总线为隐性状态时，没有电流流过电阻；输出驱动时，输出显性位时打开驱动晶体管，驱动总线上的接收结点，输出隐性位时驱动晶体管关断。

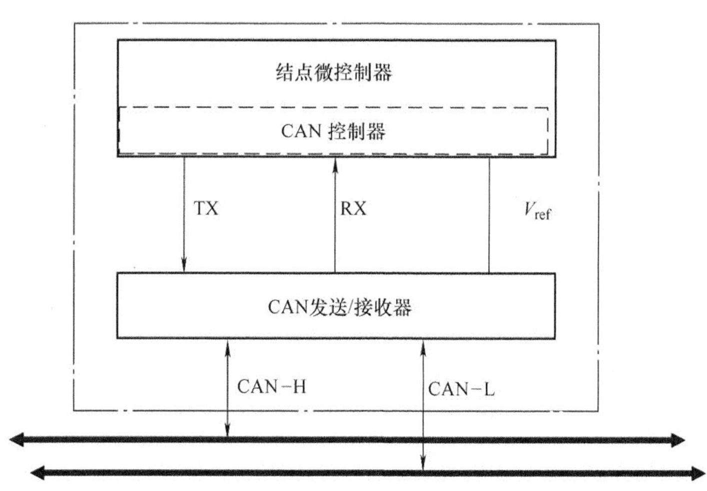

图 2-11　ISO 11898－2 结点的构成

总线上的接收结点，在 CAN－HIGH 与 CAN－LOW 的差值小于 0.5V 时，认为总线是隐性状态；如果 CAN－HIGH 与 CAN－LOW 的差值大于 0.9V，则认为是显性状态，图 2-12 所示是总线状态的一个例子。一般 CAN－HIGH 的标称取值（单位为 V）有 2.0、2.5、2.75、3.0、3.5、4.5，CAN－LOW 对应的取值（单位为 V）为 0.5、1.5、2.0、2.25、2.5、3.0。

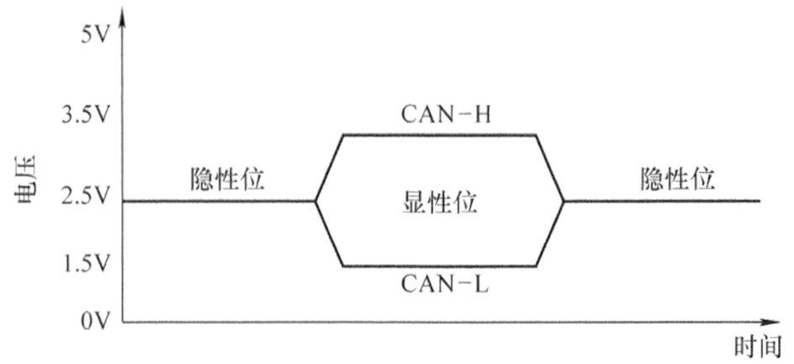

图 2-12　显性状态与隐性状态（一）

如图 2-13 所示，由 CAN 控制器到发送/接收器的信息是通过有向信号传输的（通过 TX 和 RX 连接），而发送/接收器通过总线传输的是无向信号（通过 CAN－H 和 CAN－L 连接）。发送/接收器在发送时同时监测总线状态并返回给 CAN 控制器，但有延时。

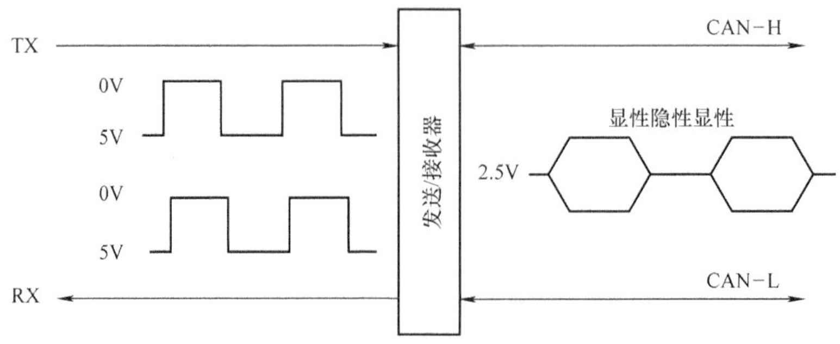

图 2-13　显性状态与隐性状态（二）

由于采用差动方式，CAN 总线对电磁干扰不敏感。如图 2-14 所示，因为 CAN－H 和 CAN－L 绞在一起，同样的干扰在两条线上产生的影响相同，互相抵消，使差值保持不变。

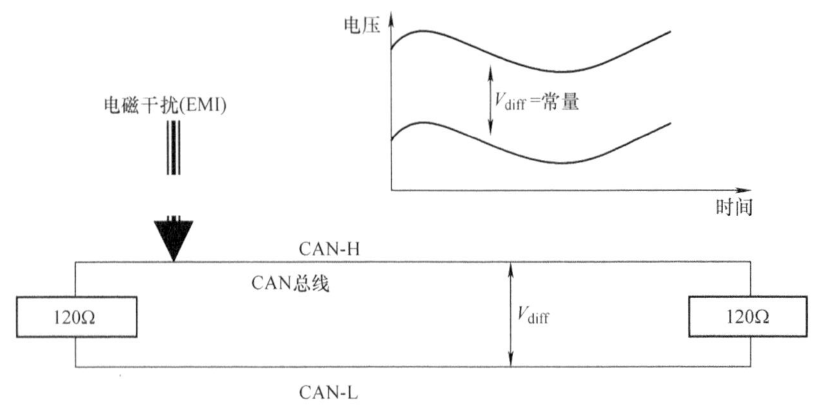

图 2-14　有电磁干扰时的情况

2. SAE J2284

SAE 推荐了一个用于动力传动系统控制器连接的标准 SAE J2284，其特性如下：

1）支持 CAN 2.0B 兼容的 CAN 控制器。

2）标准 11 位标识符长度。

3）与 ISO 11898 发送/接收器兼容。

4）最大结点数为 16 个 ECU。

5）最高传输速率 500kbit/s。

6）总线采用非屏蔽双绞线。

7）最大桩线长度（Stub Length）为 1m。

8）最小 ECU 间距离为 0.1m，最大 ECU 间距离为 40m。

SAE J2284 位定时参数见表 2-1。

表 2-1　SAE J2284 位定时参数

参　　数	最小值/ns	常值/ns	最大值/ns
标称位时间	1990	2000	2010
媒体延时	0		220
ECU 延时	100		390
时间基准单位			200

3. ISO 11992

ISO 11992 是对总线故障具有容错能力的发送/接收器标准之一。这个标准最初是为货车或大客车设计的，具有很高的抗高频辐射干扰和地电平漂移（可达 6V）的能力；缺点是需要附加一些电路和额外的功耗。其显性位 CAN－H 为 18V、CAN－L 为 9V；隐性位 CAN－H 为 9V、CAN－L 为 18V。图 2-15 所示为 ISO 11992 的总线电平说明。

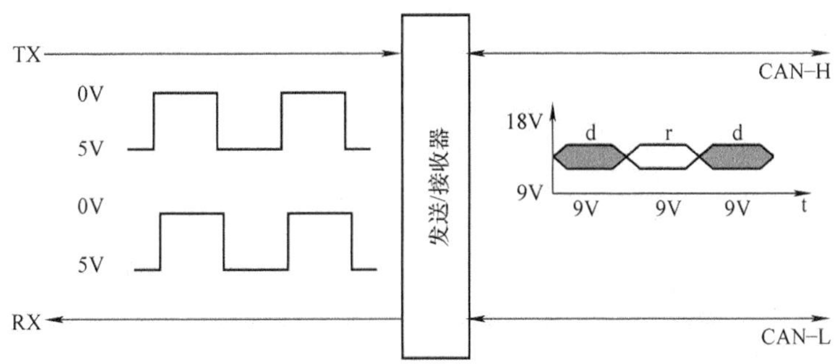

图 2-15　ISO 11992 总线电平

图 2-16 所示是一个有容错能力的发送/接收器结构。它提供差动发送能力，但当有故障发生时，它可以切换为一个单线发送/接收器。在设计适应的故障情况中，所有结点可以继续通信，但信/噪比降低。一旦故障解除，它会自动恢复差动传输。它最早由 Daimler－Benz 与另外一些乘用车和货车公司提出，这个方案将成为 ISO 11898－3。总线上信号的电平定义如图 2-17 所示，其显性位 CAN－H 为 3.6V、CAN－L 为 1.4V，隐性位 CAN－H 为 0V、CAN－L 为 5V。适用这一标准的发送/接收器见表 2-2。

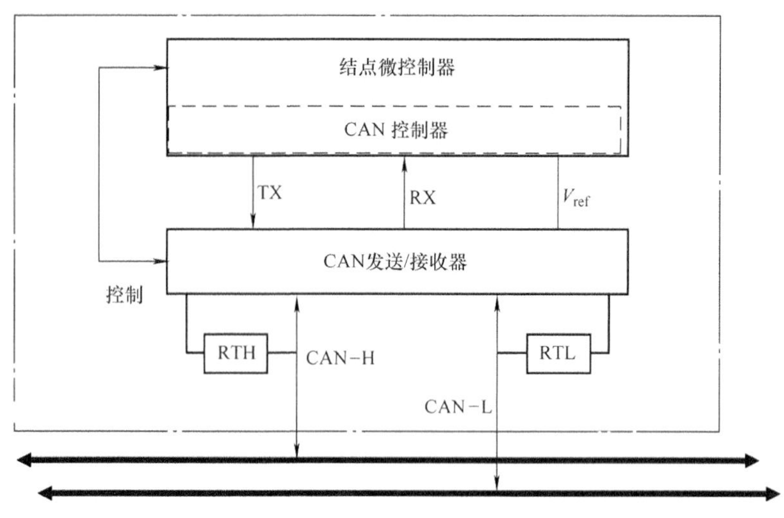

图 2-16　容错发送/接收器

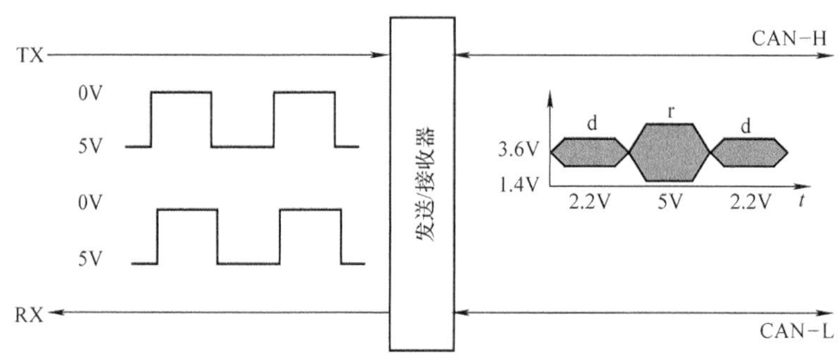

图 2-17　容错信号电平

表 2-2　容错发送/接收器

控制器类型	Motorola	Philips	Siemens	ST Micro
独立发送/接收器	MC33388	TJA1054	TEL6252	—
嵌入式发送/接收器	MC33389	TJA1060	TEL6260	U435

另外，ISO－TC22－SC3－WG1 也是一个具有容错能力的发送/接收器标准，它主要用于车身网络。

四、总线及插接器

不同的网络标准对网络连接总线和插接器可能有特定的要求，在构建网络时，如果选用的网络有自己的总线和插接器标准，则应当适应这个标准。Bosch CAN 对总线电缆和插接器没有具体标准，ISO 或其他一些标准中对总线电缆和插接器制定了一些标准。ISO 11898 规定总线电缆应为阻抗 120Ω 的屏蔽或非屏蔽双绞线，标称线延迟 5ns/m，总线两端各接一个 120Ω 的电阻。线延长电阻（Length－Related Resistance）为 70Ω/m。在这样的特性支持下，网络可达到 1Mbit/s 的传输率。表 2-3 列出了适用 ISO 11898 －2 标准的总线电缆的直流参数。

表 2-3 适应 ISO 11898 －2 标准的总线电缆的直流参数

总线长度/m	电缆		端点电阻/Ω	最大波特率/(kbit/s)
	线电阻/（Ω/m）	总线截面积/mm^2		
0～40	70	0.25～0.34 AWG23，AWG22	124	1000 (总线长度 40m)
40～300	<60	0.34～0.60 AWG22，AWG20	127	500 (总线长度 100m)
300～600	<40	0.50～0.60 AWG20	150～300	100 (总线长度 500m)
600～1000	<26	0.75～0.80 AWG18	150～300	50 (总线长度 1km)

为了减小电缆线上的衰减，端点电阻应适当大于 ISO 11898 －2 中规定的标准值。在设计中还必须考虑插接器的参数；在计算线路上的电压降时，可按每使用一个类似 9 针 D 型插头的结点，大约引入 5～20Ω 的传输电阻计算。连接 CAN 网络时，电缆线的线径也是应当考虑的参数。表 2-4 是在：

1）32 个结点时，RW <21Ω；

2）64 个结点时，RW <18.5Ω；

3）100 个结点时，RW <16Ω；

条件下，适用于 PC82C250/1 CAN 发送/接收器的电缆截面积推荐值。选用这些参数时要满足地电平漂移不应引起大于 2V 的电压降的条件。

表 2-4 CAN 总线电缆截面积推荐值 （单位：mm^2）

长度/m	结点数		
	32 个结点	64 个结点	100 个结点
100	0.25	0.25	0.25
250	0.34	0.50	0.50
500	0.75	0.75	1.00

总线电缆允许的长度与结点特性以及传输速率等参数有关。实际可使用的长度取决于以下因素：

1）总线上结点和回路引起的延迟。

2）不同结点的时钟误差引起的定时误差（以时间基准单位计）。

3）由于电缆电阻和结点输入电阻引起的信号幅值下降。

图 2-18 所示是使用 ISO 11898 兼容的发送/接收器和电缆时，数据传输率与总线最大可用长度的对应关系。表 2-5 是没有使用光电耦合器时，传输速率与实用总线长度的参考对照表。当总线信号要传输的距离超出最大允许值时，可以通过使用中继器或网桥来增加传输距离。

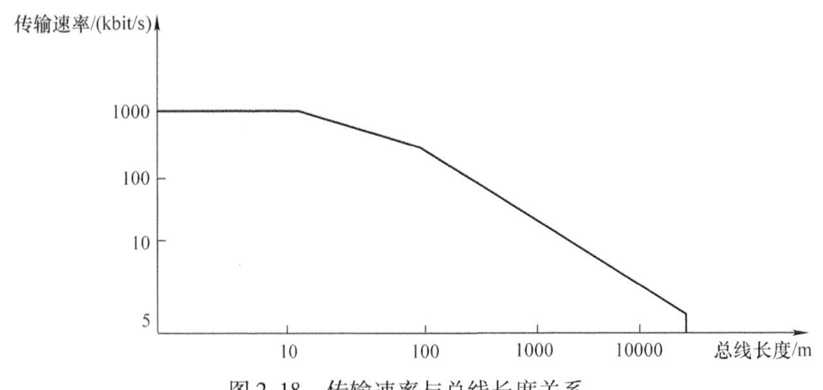

图 2-18　传输速率与总线长度关系

表 2-5　实用总线长度与传输速率对照

传输速率/(kbit/s)	总线长度/m	标称位时间/μs
1000	30	1
800	50	1.25
500	100	2
250	250	4
125	500	8
62.5	1000	20
20	2500	50
10	5000	100

由传输速率和电缆参数可以估算电缆可用长度。无终点匹配时长度的计算如下：

$$L_d \leqslant t_{prop-seg}/(50 \times t_p)$$

式中，t_p 为电缆单位长度上的延迟（ns/m）；$t_{prop-seg}$ 为位时间域 PROG－SEG 段的长度(ns)。有端点匹配时，总线长度可以增加约 5 倍，但任何部分的电缆长度原则上都是越短越好。

五、CAN 网络的结构

网络的结构对系统的特性有很大影响，CAN 网络一般采用总线结构，但又有多种具体连接方式。在一定的应用环境下，CAN 网络结构选择的原则是：在同样的硬件参数下，尽量提高网络的电磁兼容性。另外，为实现一些特定情况的要求，有时需要采用一些特殊结构，如无线连接等。CAN 网络基本结构如图 2-19 所示。为了提高电磁兼容性，还可以采用图 2-20 所示的一些结构。

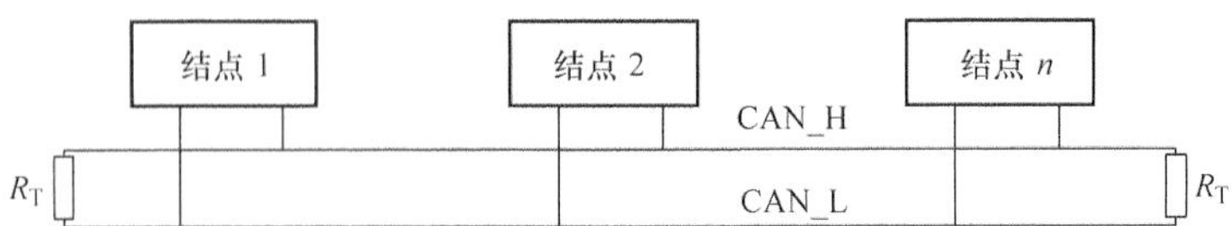

图 2-19　CAN 基本结构

在网络的实际连接中，如果需要使用非单线结构，如有 3 个分支的星形结构，可以考虑使用多终端结构，这时终端电阻也对应增加，但一定要保证总的电阻值符合发送/接收器输

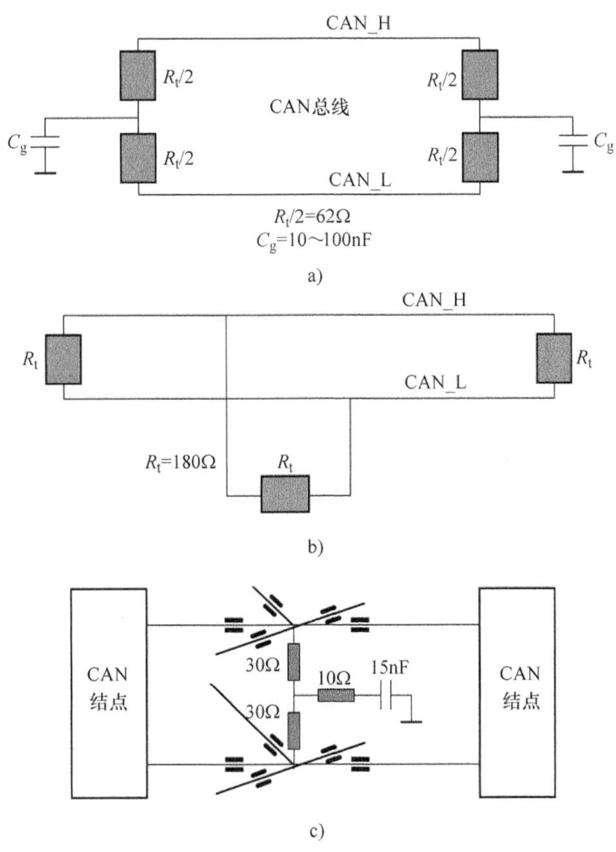

图 2-20　其他 CAN 结构

a）终端分解结构　b）多终端结构　c）单端点结构

注：R_t 为端点匹配电阻，C_g 为端点电容。

出驱动的要求。

图 2-21 所示是一个利用电源线进行联网的方案，有两种通过电源线传输数据信号的方法，一种是基带传输，另一种是调制传输。

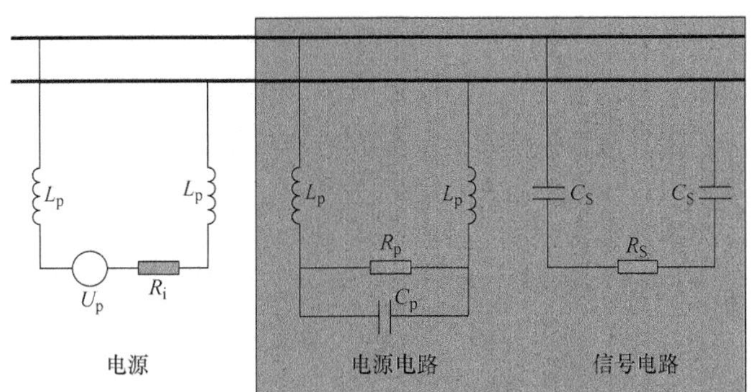

图 2-21　通过电源线连网

U_p—电源　R_i—电源内阻　L_p—系统电源滤波电感　C_p—系统电源电容

R_p—系统电源电阻　C_s—信号隔直电容　R_s—信号电路电阻

在一些情况下，必须使用无线传输，或者使用无线传输有很大的优越性。典型的情况是在两个相对运动的子系统间进行连接，如吊车等。图 2-22 所示是适应于这种情况的一种简单结构；它把 CAN 网络在适当的地方打开，然后加入一对无线 CAN 网桥，通过这对结点实现无线连接的两部分的通信。实现这种无线连接的媒体可以是电磁波和红外线等。

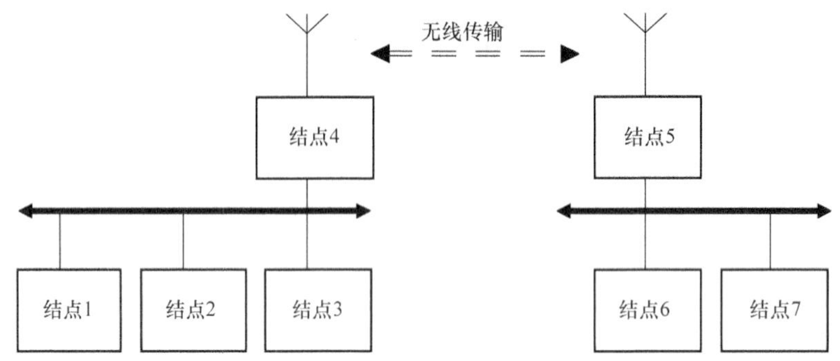

图 2-22　CAN 无线传输结构

第三节　数据链路层

CAN 的数据链路层是其核心内容，其中 LLC 完成接收过滤、超载通知和管理恢复等功能，MAC 子层完成数据打包/解包、帧编码（填充与除去填充码）、媒体访问管理、错误检测、错误信令、接收应答、串并转换等功能。这些功能都是围绕信息帧传送过程展开的。

CAN 定义了 4 种不同的信息帧。

1）数据帧：传送从发送端到接收端的数据。

2）远程帧：由总线上一个结点发出，请求发送与这帧有相同标识符的数据帧。

3）错误帧：一旦某个结点发现错误，就发出一个错误帧。

4）超载帧：用于请求在下一个数据帧或远程帧到来之前加入延时。

数据帧和远程帧与前一个帧之间都会有一个隔离域，即帧间间隔。

1. 数据帧

数据帧有 7 个不同的位域，如图 2-23 所示，7 个位域依次是起始域（SOF）、仲裁域、控制域、数据域、CRC 校验码域、应答（ACK）域和帧结束。

起始域为一个显性位，标志一个数据帧或远程帧开始。在 CAN 同步规则中，当总线空闲时（处于隐性状态），一个由隐性到显性的变化沿表示一个帧起始的硬同步。SOF 也可以在传送挂起或帧间间隙结束时接收到，所以 CAN 也能在这些状态时进行硬同步。

如图 2-24 所示，仲裁域由标识符和 RTR 位构成。不同的 CAN 版本标识域长度有所区别。标准 CAN 格式为 11 位，ID28 ~ ID18；扩展 CAN 格式为 29 位，ID28 ~ ID0。IDE（Identifier Extension）位为显性位表示数据帧为标准格式，IDE 位为隐性位，表示数据帧为扩展格式。在扩展格式中，SRR（Substitute Remote Request）位为隐性。仲裁域传输的顺序为从最高位到最低位，其中最高 7 位不能全为隐性位。RTR 为远程传送请求位，在数据帧中为显性，远程帧中为隐性，它是区别数据帧与远程帧的标志。

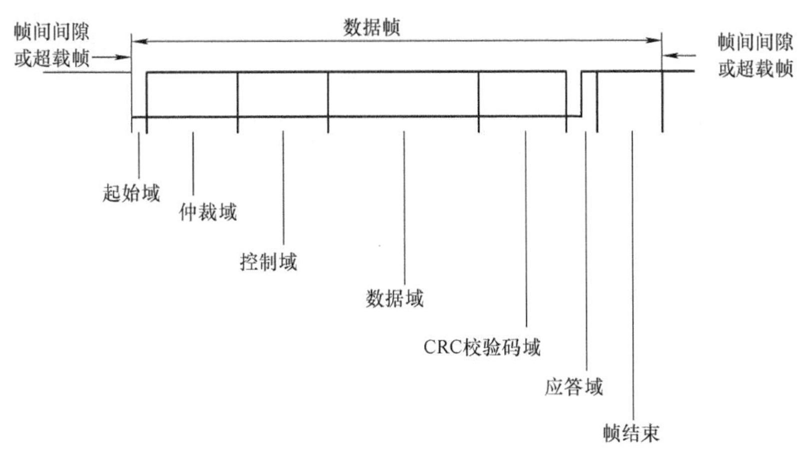

图 2-23　数据帧格式

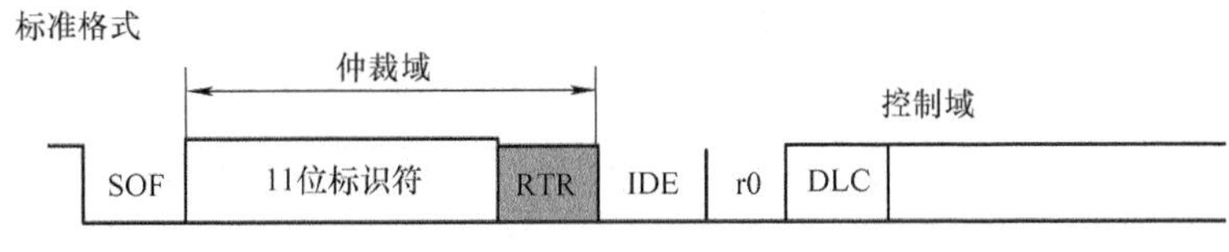

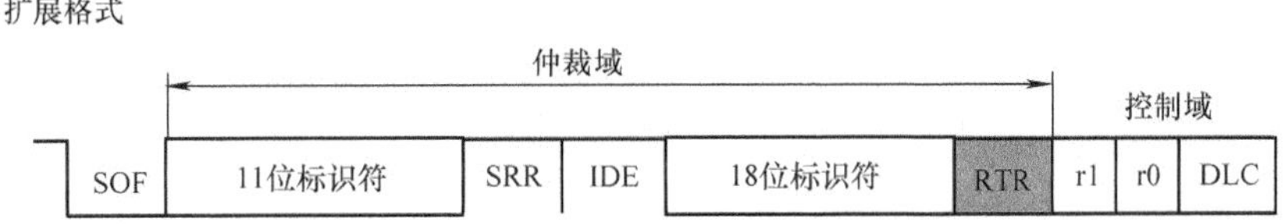

图 2-24　仲裁域

扩展格式与标准格式的控制域基本一致，如图 2-25 所示。标准格式中，控制域包括数据长度码（Data Length Code，DLC），IDE 位和 r0 位，这两位都是显性位。扩展格式中，控制域包括 DLC 和两个保留位 r1、r0，r1、r0 发送时必须为显性位。DLC 给出数据段的字节数，其定义见表 2-6。DLC 为 0～7 时表示对应的字节数，为其他值时表示数据段的长度为 8 个字节。由于编码超过 8 后数据都为 8 字节，DLC 在 9～15 范围内的编码可以用于一些特殊的目的，如给出数据的特征描述。

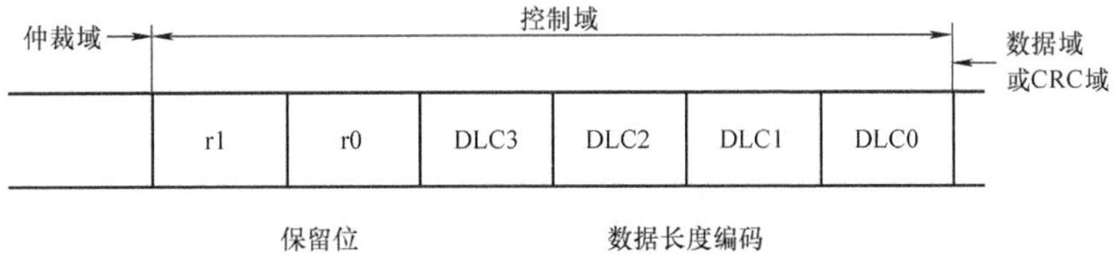

图 2-25　控制字域格式

表 2-6 数据长度编码

数据长度	数据长度编码（DLC）			
	DLC3	DLC2	DLC1	DLC0
0	D	D	D	D
1	D	D	D	R
2	D	D	R	D
3	D	D	R	R
4	D	R	D	D
5	D	R	D	R
6	D	R	R	D
7	D	R	R	R
8	R	D	D	D

注：其中 D 表示显性位，R 表示隐性位。

数据域给出要传送的数据；CAN 标准格式中，一个帧中数据的长度为 0 ~ 8 个字节；CAN 扩展格式中，可以使用更长的数据域。数据发送时，高位在前低位在后。数据域长度可以为 0，这时往往通过仲裁域传递特定的信息。

如图 2-26 所示，CRC 校验域由 CRC 序列和 CRC 界定符构成。CRC 序列是这帧信息的校验码，它的计算过程是：首先由从起始域到数据域的所有二进制位，在最低位补上 15 个 0 作为系数构成特征多项式，再由生成多项式

$$x^{15}+x^{14}+x^{10}+x^{8}+x^{7}+x^{4}+x^{3}+1$$

去除特征多项式得到的余数多项式，这个余数多项式的系数就是 CRC 序列值。CRC 界定符是在 CRC 序列后的一个隐性位，标志 CRC 校验域结束。

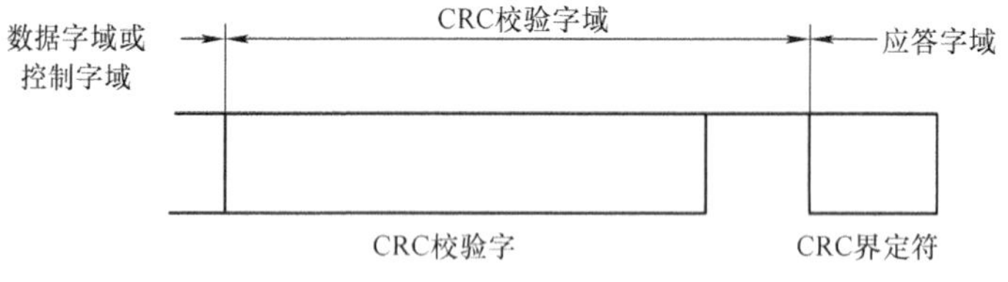

图 2-26 CRC 校验域格式

应答域（Acknowledge，ACK）由两部分构成。如图 2-27 所示，在 ACK 时间片，发送结点发送两个隐性位；已经正确接收在这之前总线上数据的结点，在这期间发送一个显性位，其含义是已经正确接收了一帧数据。这时，总线被接收结点强置为显性状态，发送结点检测到这个状态就知道传送的数据至少已经被一个结点正确接收。ACK 界定符是一位隐性位，标志应答域结束。

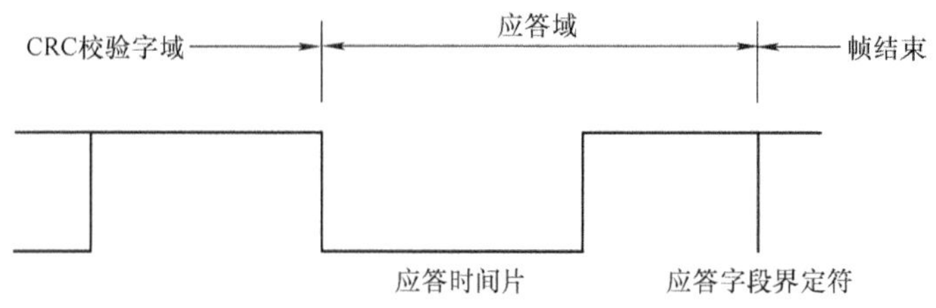

图 2-27 应答域格式

帧结束域（End of Frame，EOF）是任何数据帧和远程帧之后连续的 7 个隐性位，它是一帧的结束标志。

2. 远程帧

如图 2-28 所示，远程帧由 6 个域构成。与数据帧相比，RTR 位为隐性，没有数据域，数据长度编码域可以是 0～8 的任何值，这个值是远程帧请求发送的数据帧的数据域长度。当具有相同仲裁域的数据帧和远程帧同时发送时，由于数据帧的 RTR 为显性，所以数据帧获得仲裁，发送远程帧的结点可以直接接收数据。

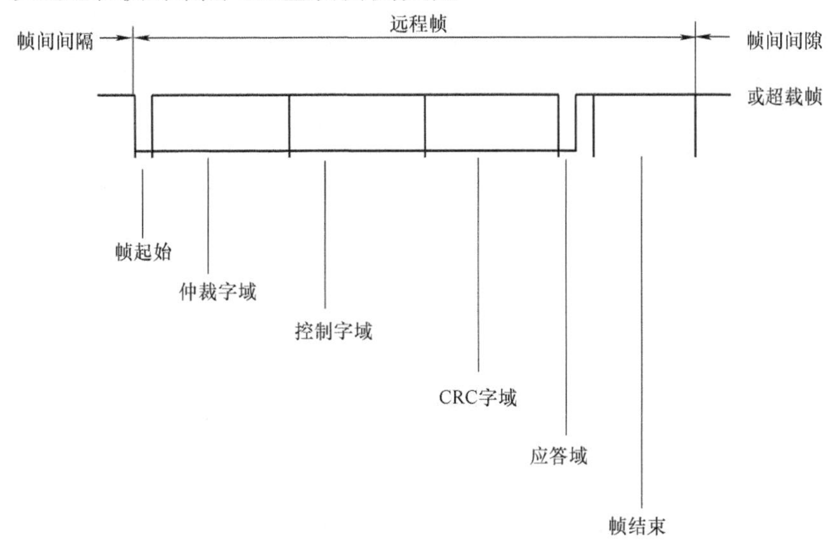

图 2-28　远程帧格式

3. 故障帧

如图 2-29 所示，故障帧有两个域，一个是不同结点发出的错误标志的重叠域，第二个为界定符。一个结点有两种形式的错误状态，即故障激活状态和故障接收状态。故障激活标识含有 6 个连续的显性位，故障接收标识有 6 个连续的隐性位。一个检测到错误的故障激活结点，通过发送故障激活标识向网络上发布故障信令。由于有 6 个连续的相同位，这个消息格式违背位填充规则，结果网络上的其他结点就会检测到一个错误，并且开始发送故障标志。故障接收结点通过发送故障接收标识发送故障消息。故障接收结点等 6 个连续位后，开始发送故障接收标志。当检测到这 6 个连续的位后，结束发送故障标志。故障界定符域是连续的 8 个隐性位，在发送故障标志后，每个结点都发送隐性位并监听总线状态，直到收到隐性位之后再传送 7 位隐性位，标志一个错误信令过程的结束。

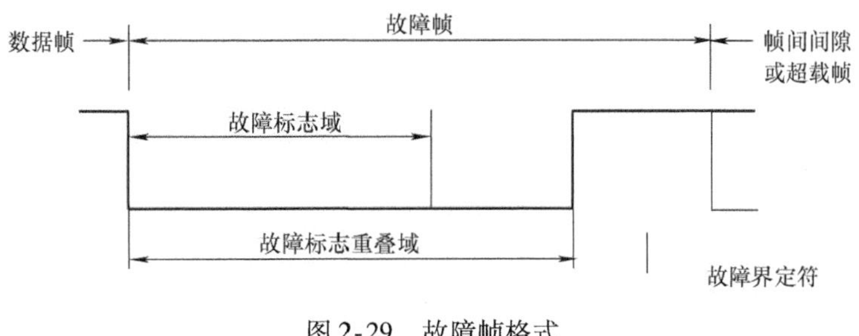

图 2-29　故障帧格式

4. 超载帧

如图 2-30 所示，超载帧由超载标志和界定符两位构成。有两种所谓超载，它们都导致发送超载帧。一是接收端要求推迟下一数据帧或远程帧的发送，第二种情况是在间休时域的第一、第二位时域检测到一个显性位。对于扩展 CAN，还包括另外一种情况，如果一个 CAN 结点在错误界定符或超载界定符的第 8 位（最后一位）采样到一个显性位，则发送超载帧。第一种情况导致的超载帧，只允许在一个预知的间休时域的第一位时刻开始发送；而第二种情况则在检测到显性位后隔一个位开始发送。一次最多可以使用两个推迟发送的超载帧。

超载标志由 6 个显性位构成，与故障激活标志一样。它的出现，破坏了间隔时域，结果导致所有结点检测到超载情况，开始发送一个超载标志。当间隔时域的第三位时段内检测到显性状态，结点将认为这是一个帧起始位。

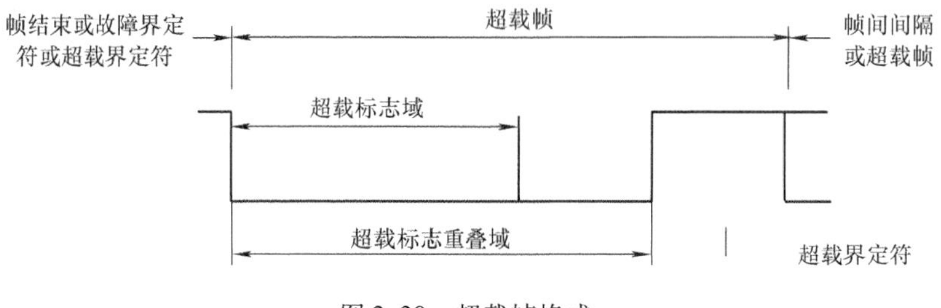

图 2-30　超载帧格式

超载界定符由 8 个隐性位组成，与故障界定符一样。在发出超载标志后，结点监听总线状态，直到出现一个显性到隐性的变化标志超载周期结束。在这个域时间内，原结点已经完成了超载标志的发送，而且开始发送另外 7 个隐性位。

5. 帧间间隔

如图 2-31a 所示，数据帧和远程帧与前一个信息帧间有一个称为帧间间隔（Interframe Space）的时间域。而超载帧和故障帧与前一个帧间没有这个间隔。帧间间隔有间休（Intermission）域和总线空闲（Bus Idle）两个时域，对于原来正处于发送请求的故障接收结点，还包括传送挂起（Suspend Transmission）时域。对于上一个信息的发送端的错误接收结点帧间间隔如图 2-31b 所示。

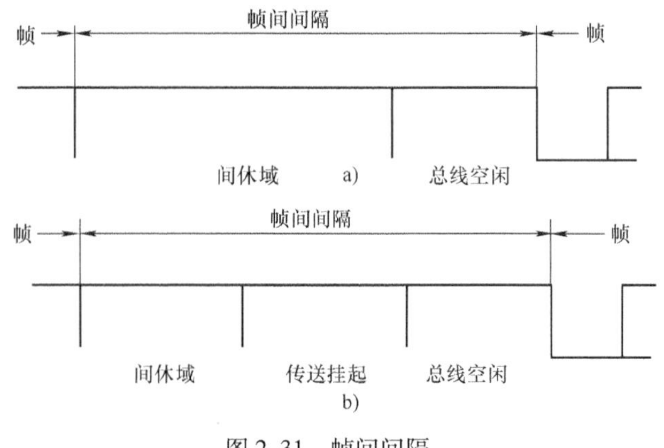

图 2-31　帧间间隔

间休域由 3 个隐性位组成，在这个时间域，任何结点不得发送数据帧和远程帧，但可以发送超载信息。在 CAN 2.0 中，如果一个结点在等待发送一个信息，而且它在间休时域的低 3 位处检测到一个显性状态，它将认为是一个帧的起始位；这时，它不是转换为接收端，也不再发送自己的起始位，而是在下一个位域，开始发送它的标识符的第一位，去竞争总线。

总线空闲状态可以持续任意长时间。这时表示总线上没有信息传送，总线处于空闲状态，任何结点都可以访问总线。在间休域后的第一位时域就可以启动发送，这时总线上的一个显性状态表示一个帧发送开始。

CAN 结点还有一种状态称为发送挂起。它是指故障接收结点在发送了一些信息后，在开始发送下面信息或检测到总线空闲之前，要发送 8 个隐性位再加上间休域，如果这时有另外一个结点开始了一个发送，那么这个结点就转入接收状态，原来的发送被挂起。

CAN 的不同版本，对信息帧格式的定义有所不同，如果一个 CAN 控制器不仅支持标准格式，还可以接收某一种帧格式的信息，则称为与这种格式相容。

6. 错误处理

CAN 定义了 5 种互不包含的错误，具体如下。

1）位错：当一个结点发送一个位时，同时监听总线状态；当监听到的状态与发送的位不同时，确定为位出错。但当在发送仲裁域、填充位或应答域时，发送隐性位而监听到显性状态时不认为是出错。发送故障接收标志时，检测到显性位也不认为是出错。

2）填充错：当检测到连续的 6 个相同位时，确定为填充错。

3）CRC 校验错：当计算的 CRC 校验码与接收到的 CRC 序列不同时，确定为 CRC 校验错。

4）格式错：当一个固定的域含有不合法的值时，确定为格式错。

5）应答错：当发送端在应答域内监听不到显性位时，确定为应答错。

当一个结点发生位错、填充错、格式错以及应答错时，在下一个位时间开始发送故障标志；而发生 CRC 校验错时，在应答界定符后开始发送故障标志。

出现错误时，CAN 处理错误的步骤如下：

1）检测是本地（Local）错误还是远程（Global）错误。

2）发送错误标志（广播错误状态）。

3）当错误为本地错误时，接着发送一个错误标志覆盖时域，之后再发送错误界定符。

4）所有结点废弃传送的信息。

5）每个结点进行错误计数。

6）信息自动重传。

如果发生错误后没有更高级的信息传送，则出错废弃的信息最大在 31 个位的时间后重传。

7. 故障状态

CAN 结点定义了 3 种故障状态，即“故障激活”状态、“故障接收”状态和“总线脱离”状态，其转换关系如图 2-32 所示。

一个故障激活结点可以正常进行网络通信，在有错误发生时发送故障激活标志。故障接收结点可以参与网络通信，在检测到错误时发送故障接收标志。总线脱离结点不允许再对总

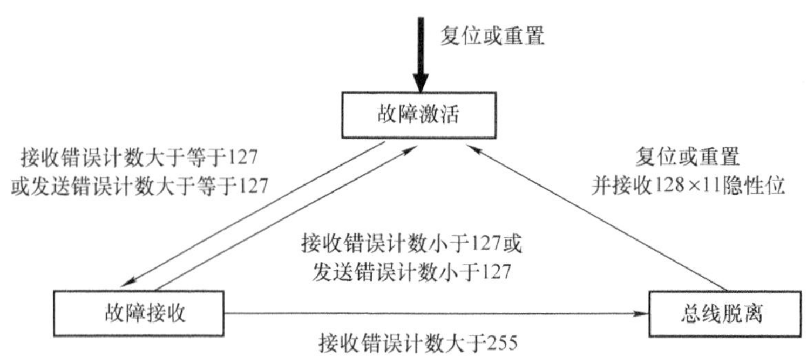

图 2-32　故障状态转换关系

线有任何影响，即输出驱动被关闭。结点通过错误计数界定故障状态，计数规则与错误状态的关系如下：

1）当一个结点作为接收端检测到一个错误时，接收错误计数加 1，但在发送应答错误标志和超载标志时的位错不计数。

2）当一个结点作为接收端，在发送故障标志后检测到的第一位为显性位，接收错误计数加 8。

3）当一个结点作为发送端发送故障标志时，发送错误计数加 8。当发送端是故障接收状态，而且检测到一个应答错误时，以及由于在仲裁域发生填充错，从而使填充位在 RTR 位前导致的发送隐性位监听到显性位时不计数。

4）发送端在发送一个错误激活标志或超载标志时，检测到位错，则发送错误计数加 8。

5）接收端在发送应答或错误激活标志或超载标志时，检测到位错，则接收错误计数加 8。

6）在错误激活标志或超载标志传送时，检测到连续的第 14 个显性位，或在错误接收标志传送时，检测到第 8 个连续的显性位，而且每增加 8 个连续的显性位时，每个发送端发送错误计数加 8，接收端接收错误计数加 8。

7）在正确发送一帧时，发送错误计数减 1，如果已经为 0 则不计数。

8）在正确接收一帧时，如果接收错误计数在 1 ~ 127 之间，则减 1，大于 127 时置为 119 ~ 127 之间的值；如果为 0，则不计数。

9）一个结点发送错误计数等于或大于 127，或接收错误计数等于或大于 127，这个结点为错误接收状态，一个错误引起结点为故障接收状态时，使结点发送故障激活标志。

10）当一个结点发送错误计数大于等于 255 时，被置为总线脱离状态。

11）当一个故障接收结点的发送故障计数和接收故障计数都小于 127 时，它成为故障激活状态。

12）当一个总线脱离结点的错误计数被置为 0，在总线上检测到 128 个 11 位连续隐性位后，可以转为故障激活状态。

一般把错误计数大于 96 作为总线干扰严重的标志。当总线上只有一个结点在活动时，它不会被置为总线脱离状态。

8. 位定时

位定时是一个位时间域中的时间关系。一个位的时间长度取决于传输速率。

标称传输速率（Nominal Bit Rate，NBR）是在没有再同步状态下，一个理想发送端每秒发送的二进制位数。

标称位时间长度（Nominal Bit Time，NBT）为

$$NBT = 1/NBR$$

标称位时间长度又被分为如下时间段：

1）同步时间（Synchronization Segment，SYNC_ SEG）。

2）传播时间（Propagation Time Segment，PROG－SEG）。

3）缓存时间段1（Phase Buffer Segment 1，PHASE－SEG1）。

4）缓存时间段2（Phase Buffer Segment 2，PHASE－SEG2）。

各段在一个位时间中的位置如图2-33所示。

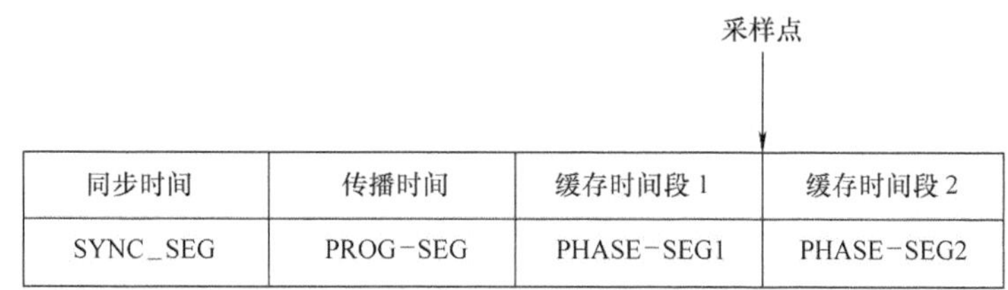

图2-33　位时间段

SYNC－SEG段用于同步总线上的各个结点，在这个时间段中出现位值的沿跳变。

PROP－SEG段用于补偿物理层信号传输的延时，它至少应不小于总线延时、输入比较器延时和输出驱动延时总和的两倍。

PHASE－SEG1段和PHASE－SEG2段用于补偿跳变沿状态错误，根据再同步情况适当选择其长度。

采样点（Sample Point）是读取总线状态并确定其代表的值的时刻，它处于PHASE－SEG1时间段中。

信息处理时间（Information Processing Time，IPT）是从采样点开始用于处理采样信号的时间。

这里的时间基准单位是时间基准单元（Time Quantum，TQ），它是由振荡器周期产生的固定时间长度，可以通过编程设定为不同的振荡器周期倍数。它是CAN所有活动的最小时间单元。

位时间中，各时间段长度都以TQ为单位计算：

1）SYNC－SEG段是1个TQ。

2）PROP－SEG段是1～8个TQ。

3）PHASE－SEG1段可编程设为1～8个TQ。

4）PHASE－SEG2段取PHASE－SEG1和IPT两者中的最大值。

信息处理时间一般小于等于两个TQ。

标称位时间长度必须通过编程设定为8～25个TQ范围内的值。

由发送端根据位各时间段的时间关系发送数据时的同步称为硬同步（Hard Synchronization），同步沿在SYNC－SEG段。

信号在传送中由于延时等原因可能引起时间的误差，为了补偿传输中造成的同步差异，对同步信号进行调整，称为再同步（软同步）。对同步点进行一次调节的时间的 TQ 数称为再同步跳变宽度（Resynchronization Jump Width，RJW）。

同步信息可以通过传送的位由一个状态到另一个状态的跳变的时刻进行推算。但是，当采用非归零（NRZ）编码，连续发送相同位时，就无法得到这样的同步信息；CAN 采用位填充规则来弥补这个缺点，为接收端的再同步提供条件。在 CAN 中，两个跳变间的最大时间为 29 个 TQ。

再同步根据位跳变沿位置错误状态进行同步关系调整。跳变沿的位置错误 E 定义为跳变沿与 SYNC－SEG 的相对位置长度的 TQ 数。其符号 S 定义如下：

1）如果跳变沿在 SYNC－SEG 中，则 $S=0$。

2）如果跳变沿在采样点之前，则 $S>0$。

3）如果跳变沿在采样点之后，则 $S<0$。

当 E 小于等于再同步跳变宽度的编程值时，不采取再同步调整；如果 E 大于再同步跳变宽度，则：

1）如果 $S>0$，PHASE－SEG1 加长 RJW。

2）如果 $S<0$，PHASE－SEG2 减小 RJW。

硬同步和再同步是 CAN 同步的两种方式，它们遵循如下规则：

1）在一个位时间内只适应一种方式。

2）只有在前一个采样点检测到的值与在一个跳变沿后的值不同时，这个跳变沿才用于同步。

3）在总线空闲时，总是采用硬同步。

4）所有适合情况 1）和情况 2）的跳变沿可以用于再同步；但在 S 为正时，由隐性到显性的跳变不用于同步。

第四节　CAN 应用系统

一、CAN 结点的结构

CAN 的结点就是车上的各种控制器单元或智能装置。在使用 CAN 总线时，除了控制器自身功能外还要考虑连入 CAN 总线的软硬件设计。要连入 CAN 总线，首先就要确定使用什么样的 CAN 控制器。如图 2-34 所示，CAN 控制器接口有集成的和独立的两种形式。因为芯片本身价格低，而且设计印制电路板容易、电路板面积小，所以使用集成的 CAN 接口器件成本低。因为微控制器是通过内部总线对 CAN 接口进行读写访问的，使用集成的 CAN 控制器，微控制器对 CAN 控制器的读写时间明显要比使用独立 CAN 控制器的系统要少。而微控制器对独立 CAN 控制器接口是通过串行口或外部总线进行读写访问的，所以速度比较慢。使用集成 CAN 控制器的系统比使用独立 CAN 控制器的系统有更高的可靠性。

使用集成 CAN 控制器接口和使用独立的 CAN 控制器接口，对应的软件设计耗费基本一致，但软件的可再用性有所不同。独立的接口可以适用于多种不同的 CPU，为一个系统开发的软件可以适用于其他系统，即使是 CPU 不同的系统。而为一个集成的 CAN 接口开发的

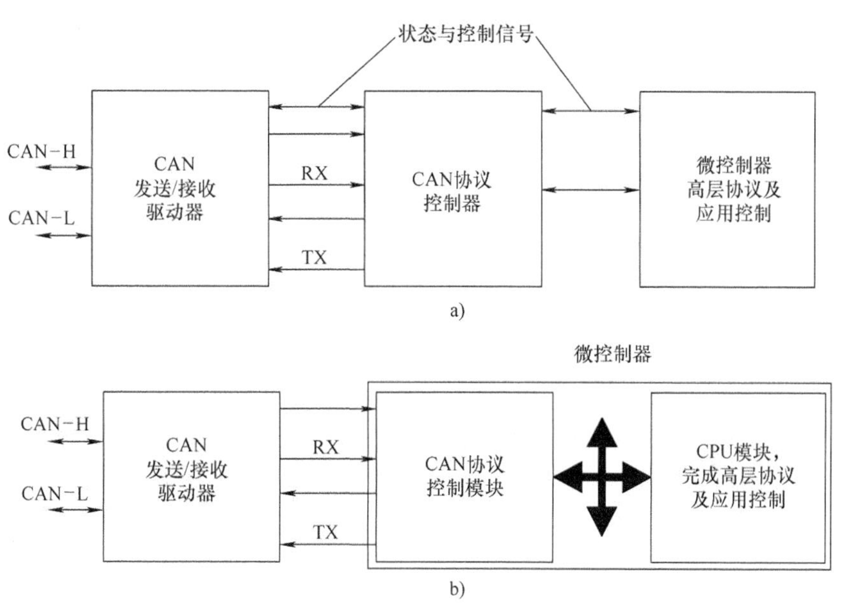

图 2-34　CAN 接口

a）独立的 CAN 接口　b）集成的 CAN 接口

软件往往很难在其他的系统中应用，使软件的开发工作效率降低。绝大多数独立的 CAN 控制器都具有不同的工作模式，以便与不同类型的微控制器连接，所以适应性较强。

目前的发展趋势是把 CAN 接口、发送/接收器与微控制器集成到一个芯片，这样就构成了所谓单芯片 CAN 结点，如图 2-35 所示，即一个芯片加上一点辅助电路构成的控制单元。这种结构比较适合功能较简单的控制单元。

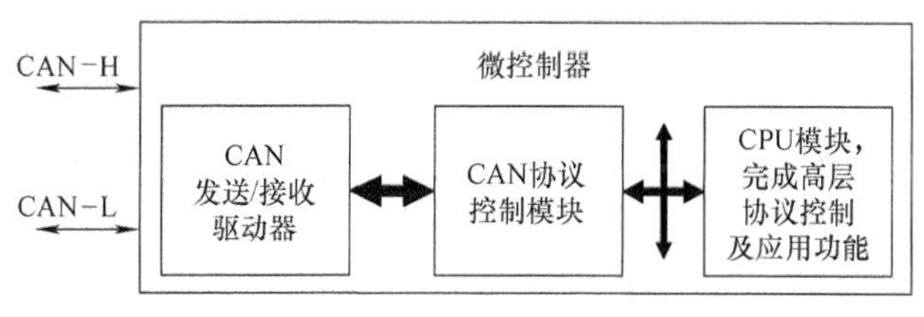

图 2-35　单芯片 CAN 结点

二、CAN 控制器结构

如图 2-36 所示，CAN 控制器包括实现 CAN 协议的控制电路、CPU 接口、接收/发送缓存器和硬件接收过滤电路。

协议控制器是 CAN 控制器的核心，它完成数据解包、帧编码、错误检测、错误信令、应答、位编码以及同步等 CAN 协议要求的功能。

接收过滤电路完成对接收到的信息进行甄别的功能。使用硬件过滤可以大大减轻 CPU 进行过滤处理的运算负担。

接收和发送缓存器实现 CPU 与 CAN 控制器之间的数据传输速度匹配，如图 2-37a 所

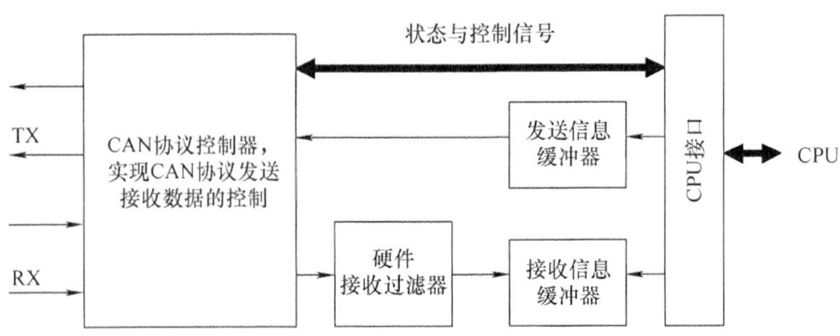

图 2-36　CAN 控制器结构

示，标准格式缓冲寄存器至少应能存放一帧信息中的标识符域、控制域和数据域的位。如果使用扩展格式，缓存器的结构如图 2-37b 所示。

ID 10	ID 9	ID 8	ID 7	ID 6	ID 5	ID 4	ID 3
ID 2	ID 1	ID 0	RTR	DLC3	DLC2	DLC1	DLC0
数据字节1							
数据字节2							
数据字节3							
数据字节4							
数据字节5							
数据字节6							
数据字节7							
数据字节8							

a)

控制位				ID 28	ID 27	ID 26	ID 25
ID 24	ID 23	ID 22	ID 21	ID 20	ID 19	ID 18	IDE
ID 17	ID 16	ID 15	ID 14	ID 13	ID 12	ID 11	ID 10
ID 9	ID 8	ID 7	ID 6	ID 5	ID 4	ID 3	ID 2
ID 1	ID 0	SRR	RTR	DLC3	DLC2	DLC1	DLC0
数据字节1							
数据字节2							
数据字节3							
数据字节4							
数据字节5							
数据字节6							
数据字节7							
数据字节8							
其他信息							

b)

图 2-37　缓冲寄存器结构

a）标准格式　b）扩展格式

在不同的 CAN 控制器中，CPU 接口、接收/发送缓存器和硬件接收过滤电路有所不同。CAN 控制器中有一种串行连接 I/O 器件 SLIO（Serial Link I/O）。如图 2-38 所示，这是一种不可编程的 CAN 控制器，实际是带有 CAN 控制器的一个接口电路。它可以把本地通过 I/O 或 A/D 接口获得的数据，通过 CAN 总线发送到远处的控制单元，或者通过 CAN 总线接收远处传来的控制信号，再通过接口输出控制。这种器件非常适合用于传感器和执行器与网络的连接。

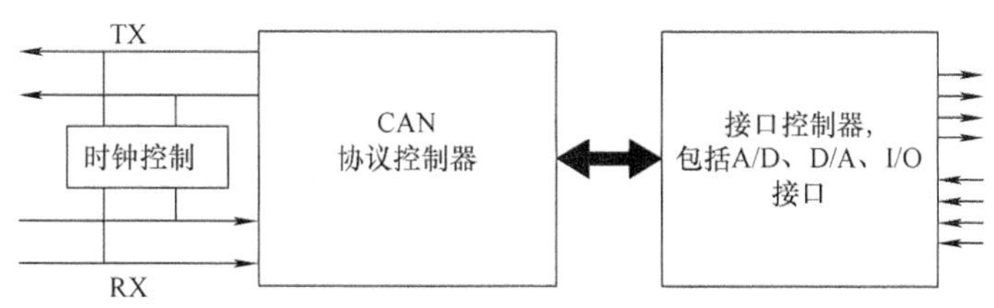

图 2-38　串行连接 I/O 器件

随着车上网络越来越复杂，有一些情况需要实现不同网络间的连接，也就是需要网关。为了支持这种结构，一些厂家推出了双 CAN 结构的微控制器，如图 2-39 所示，即在一个结点上的微控制器与两个 CAN 控制器相连，这两个 CAN 控制器分别连入不同的 CAN 网络，这两个网络可以采用不同的通信协议。网关功能可以由图 2-39a 给出的硬件方式完成，也可以由图 2-39b 给出的软件方式完成。硬件方式中，网关功能由专门的硬件完成。所谓软件方式指网关功能由结点微处理器的程序完成。这种结点不仅要存储接收的信息帧，还要存储转发的信息帧，所以要求较大的存储容量。通过这种结构可以实现不同 CAN 网络间的信息传送。这些网络的标识符、帧格式、波特率等可以是不同的，转发时由这个结点重新配置帧格式。这种结点的 CAN 控制器可以通过一个可重新配置的 FIFO 存储区实现从一个控制器（网络）到另一个控制器（另一个网络）的数据传送。

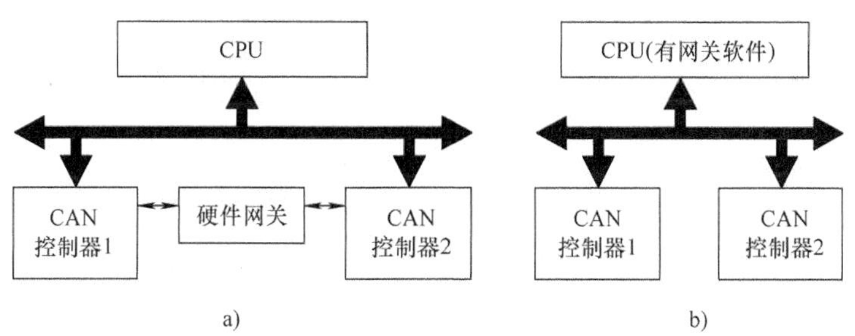

图 2-39　双 CAN 控制器结构

如图 2-40 所示，对于要转发的信息，一个 CAN 控制器接收的数据过滤后送入 FIFO；另一个 CAN 控制器发现 FIFO 不空时就取出信息并赋予新的标识符后发送到新的网络。

当两个网络使用不同的波特率时，CAN 网关控制器必须使用独立于总线的定时逻辑。

三、CAN 结点的信息处理

CAN 系统中，一个结点往往就是一个控制单元。对于使用带中间缓冲寄存器的 CAN 控制器的结点，当控制单元的微控制器要通过 CAN 发送信息时，通过与 CAN 控制器的接口把信息写入发送缓冲寄存器，这个信息通过 CAN 协议控制逻辑包装后向总线上发送。控制单

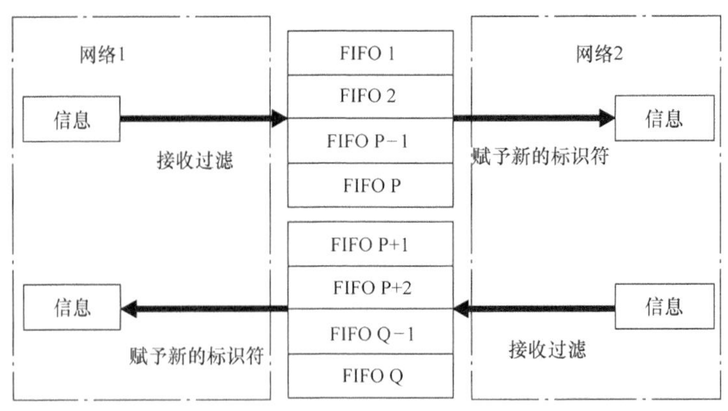

图 2-40　网关结点的信息存储

元的微控制器接收信息时，CAN 控制器截获每一个总线上的信息送入过滤电路，如果判定为本结点要接收的信息，则送往接收缓冲寄存器，这时，结点微控制器就可以读取这个信息。

最简单的带中间缓冲寄存器的 CAN 控制器有一个发送缓冲寄存器和两个接收缓冲寄存器。由于只有一个发送缓冲寄存器，有可能发生所谓的内部优先级倒置问题（Inner Priority Inversion）。当一个具有较低优先级的信息送入发送缓冲寄存器时，可能由于总线忙而不能发送出去，处于等待状态；这时，由于发送缓冲寄存器被占用，可能使得本结点的微控制器无法发送一个具有高优先级的信息。为了避免这种情况的发生，现在，有一些 CAN 控制器采用图 2-41 所示的多发送缓冲寄存器结构，由内部仲裁判定出发送缓冲寄存器中优先级最高的信息送到 CAN 协议控制逻辑。

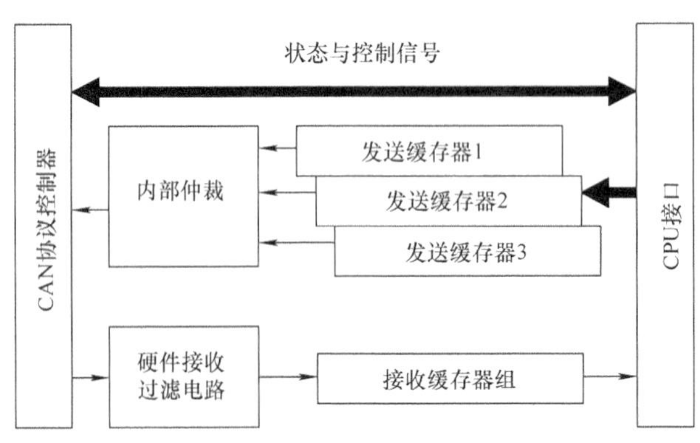

图 2-41　多发送缓冲寄存器结构

数据接收时，若输入缓冲寄存器容量小，也有可能由于结点的微控制器速度不够而丢失信息，即原有信息还没有取走，新的信息到来后覆盖了原有信息。现在的 CAN 控制器一般都使用 FIFO 寄存器队列，可以缓存几十个字节或更多的数据。当队列满时 CAN 控制器会发出超载中断。

为了更灵活地处理发送和接收的信息，CAN 控制器也采用一种目标（Object）存储器结构。如图 2-42 所示，它使用一个双口存储器作为发送和接收的缓冲寄存器，接收的信息存放到一个固定的存储区，只有当一个与其标识符一致的信息（使用同一存储区的信息）到来时才会被冲掉。显然这种结构中，存储区是与信息类别（或目标）相对应的，对信息类别数量有限制。现在的控制器可接收的信息类别（目标数）一般是 16 ~ 64 个。

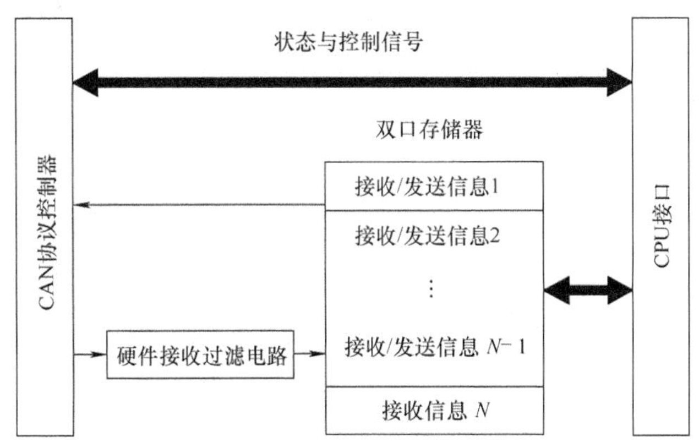

图 2-42　使用双口存储器的发送/接收缓冲寄存器结构

如图 2-43 所示，有时在信息传送时会发生所谓的外优先级倒置现象（Outer Priority Inversion）。当一个结点要发送存在不同缓冲寄存器中的一组具有高优先级的信息时，如果两个信息帧间的间隔大于 CAN 协议定义的最小时间，另外一个结点就有可能在这时开始一个低优先级信息的发送，而使高优先级的信息被阻。为了避免出现外部优先级倒置现象，CAN 结点在发送连续的信息帧时应尽量缩短内部处理时间，使帧间的间隔保持最小的允许范围。

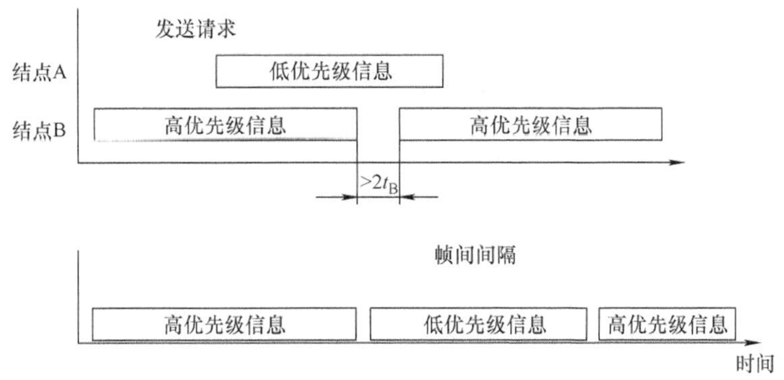

图 2-43　外部优先级倒置

注：t_B 为位时间。

为了易于处理这种被分割传送的数据块，一些 CAN 控制器支持一种缓冲寄存器的分组结构。在缓冲寄存器存储区内，具有相同或连续标识符的数据分为一组，存放在连续的缓冲寄存器单元中，每组数据的大小可以不同。

对于远程帧，各种 CAN 控制器的处理有些不同。使用接收缓冲寄存器或 FIFO 的 CAN 控制器的结点，由微控制器处理远程帧的回复；使用标准存储信息格式（Standard Message Storing）的 CAN 控制器自动回复远程帧；使用高级存储信息格式（Advanced Message Storing）的 CAN 控制器可以选择自动回复远程帧或由微控制器处理远程帧的回复。

对于数据长度码（DLC）大于 8 的情况，CAN 控制器也有一些不同的处理方法。一种常用的方法是传送 8 字节数据和 DLC；即无论 DLC 是多少，数据域的长度为 8 字节；另一种方法是传送 8 字节数据，DLC 强置为 8；还有一种处理方式是一旦检测到非法 DLC（大于 8）则拒绝传送数据。在进行 CAN 控制器选择时要注意这些区别。如果要使用 DLC 编码大于 8 的帧传输特殊信息，要保证 CAN 控制器能够传送 DLC 大于 8 帧，并且不修改 DLC 的值。

四、CAN 信息接收过滤

由于 CAN 使用广播式信息发送，各结点根据总线上的信息特征判断是否接收，所以信息过滤是 CAN 控制器的一个最基本功能。所谓过滤（Filter）就是判断接收到的信息是否为本结点感兴趣的信息，是，则送入接收缓冲寄存器；否则，这个信息被滤掉。完成这个功能的部件（软件或硬件）称为过滤器。为了减轻结点微控制器的负担，几乎所有的 CAN 控制器都具有硬件接收过滤功能。

实现过滤器的方法很多。最简单的方法是对接收的信息帧标识符域中感兴趣的位进行按位匹配；这些位与给定的编码完全匹配时接收信息，否则放弃这个信息。现在很多 CAN 控制器都使用可编程的多级接收过滤器；如图 2-44 所示，通过硬件编程，它可以提供更灵活的过滤算法。

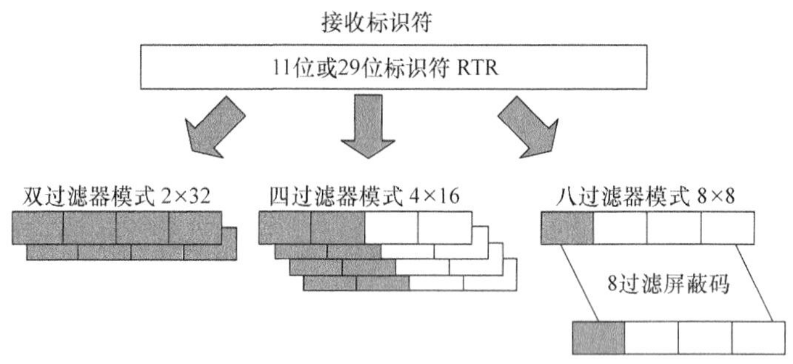

图 2-44　多级接收过滤

在全 CAN（Full CAN）控制器中，还使用一种一对一的匹配过滤，如图 2-45 所示，CAN 控制器对每一个接收缓冲寄存器设定一个标识符匹配码。在这种结构中一般有一两个接收缓冲寄存器可以接收标识符域是任何值的信息，称为基本 CAN 选项（Basic CAN Option），它可以支持软件过滤策略。

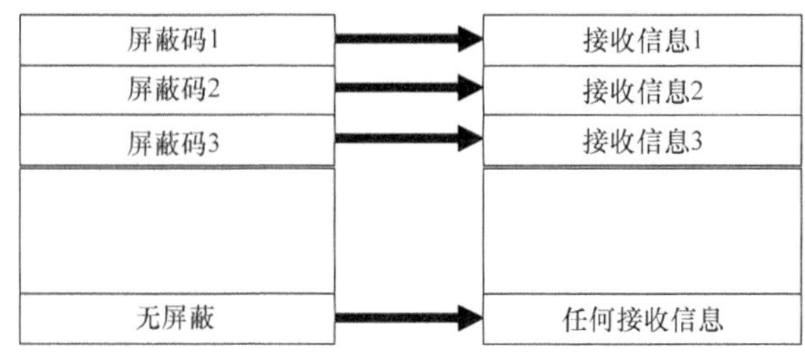

图 2-45　一对一匹配过滤

第五节 典型 CAN 元器件

一、典型 CAN 接口及与 CPU 的连接

1. CAN 控制器 Intel 82527

Intel 82527 是按照 CAN 协议实现串行通信的控制器，它可由硬件实现信息发送、信息接收、接收信息过滤、发送搜索、中断逻辑等功能。由于总线通信功能主要由硬件完成，大大降低了 CAN 结点主机的通信处理负担。Intel 82527 支持 CAN 2.0A 和 CAN 2.0B 标准，可以发送/接收标准格式信息和扩展格式的信息，是比较典型的独立 CAN 控制器。Intel 82527 的功能和引脚兼容 Intel 82526 CAN 控制器。

在构成 CAN 应用系统时，Intel 82527 被用作结点主控制器实现通信功能的一个接口，并通过发送/接收驱动器连到 CAN 总线上。

Intel 82527 具有以下基本功能和特性：

1）支持 CAN 2.0 协议标准，包括标准格式和扩展格式。

2）适应标准格式和扩展格式标识符的可编程全局接收过滤屏蔽。

3）具有 15 个 8 位信息对象缓存模块，其中 14 个为发送/接收缓冲存储器，以及 1 个屏蔽码可编程的接收缓冲存储器。

4）具有多种 CPU 接口模式，包括 8 位地址/数据复用模式、16 位地址/数据复用模式、8 位同步非复用模式、8 位异步非复用模式和串行接口模式（Serial Peripheral Interface, SPI）。

5）传输速率可编程。

6）时钟输出可编程。

7）灵活的中断结构。

8）灵活的状态接口。

9）可编程的输出比较器。

10）两个 8 位双向 I/O 接口。

11）PLCC44 或 QFP44 封装。

12）引脚与 Intel 82526 兼容（引脚 9、30、44 有所不同，这些引脚在 Intel 82526 中用作片选，在 Intel 82527 中用作接口）。

13）使用环境温度为 -40 ~ 125℃。

当使用独立 CAN 控制器及总线驱动器构成 CAN 结点时，必须适当地连接 CAN 控制器、总线发送/接收驱动器和结点单元的微控制器（或 CPU）。CAN 控制器必须能与结点微控制器匹配。对于可以适应多种类型微控制器的 CAN 控制器，要正确设定 CAN 控制器的 CPU 连接模式。对于使用外部数据、地址总线的连接，除了模式选择外，硬件上主要是复位信号、中断请求、时钟、电源、地址/数据线和状态控制线的连接以及电平和时序的兼容。

图 2-46 所示是 M68HC11 与 Intel 82527 的一种典型连接，Intel 82527 的 CS 可以有别的连法，但对应的接口地址不同。由于微控制器 M68HC11 属于非 Intel 的 8 位微控制器，与 Intel 82527 连接时，应当使用非 Intel 8 位地址/数据多路复用模式。模式和逻辑连接应满足：

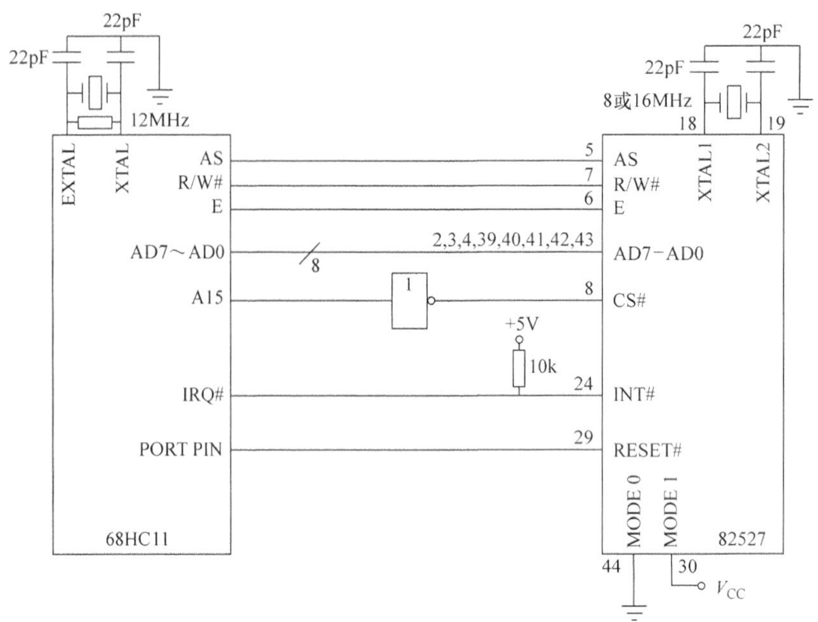

图 2-46　M68HC11 与 Intel 82527 的一种典型连接

1）Intel 82527 应当工作在模式 2。

2）Intel 82527 与 M68HC11 的 AS、R/W、E、AD7 - AD0 应当对应连接。

3）Intel 82527 的 INT 脚应当与 M68HC11 的 IRQ 脚连接。

4）Intel 82527 的 RESET 应当与 M68HC11 的复位电路相连或连到它的一个接口引脚上。

5）Intel 82527 的 CS 由 M68HC11 高位地址线译码得到。

6）在设计中还必须考虑时序关系。

7）当总线频率高于 1.43MHz，对于低速的寄存器要进行双读，Intel 82527 中除寄存器 02H、04H 和 05H 外都属于低速存储器。

8）在模式 2 时，Intel 82527 的 t_{AVSL} 和 t_{CLSL} 分别是 7.5ns 和 20ns。

9）复位时，Intel 82527 的 RESET 脚有效电平必须持续 1ms 以上。

10）由于 Intel 82527 模式 2 隐含设置 MCLK = SCLK/2，所以复位后应当重新设置为 MCLK = SCLK，M68HC11 进行读写时使用 MCLK 为时钟。

要使用 CAN 总线，在应用系统的软件中应当正确初始化 CAN 控制器和设计应用层的通信协议。

图 2-47 和图 2-48 所示是两种典型的 Intel 82527 与 MCS51 的连接。在图 2-47 所示的方案中，两个芯片各自使用独立的时钟。如果 Intel 82527 使用 16MHz 的时钟，应设置 SCLK = XTAL/2；如果使用 8MHz 的时钟，应设置 SCLK = XTAL。在图 2-48 所示的方案中，MCS51 的时钟由 Intel 82527 的 CLOCKOUT 提供，Intel 82527 的 CLOCKOUT 的默认频率值为 XTAL。

MCS51 与 Intel 82527 相连构成 CAN 结点时应遵循以下原则：

1）Intel 82527 应当工作在模式 0。

2）Intel 82527 与 MCS51 的同名引脚 ALE、WR、RD、AD7 - AD0 分别相连。

3）Intel 82527 的 INT 脚与 MCS51 外中断输入引脚（如 INT0）相连。

4）Intel 82527 的 RESET 脚与 MCS51 的一个接口引脚相连，或通过 RC 电路产生复位

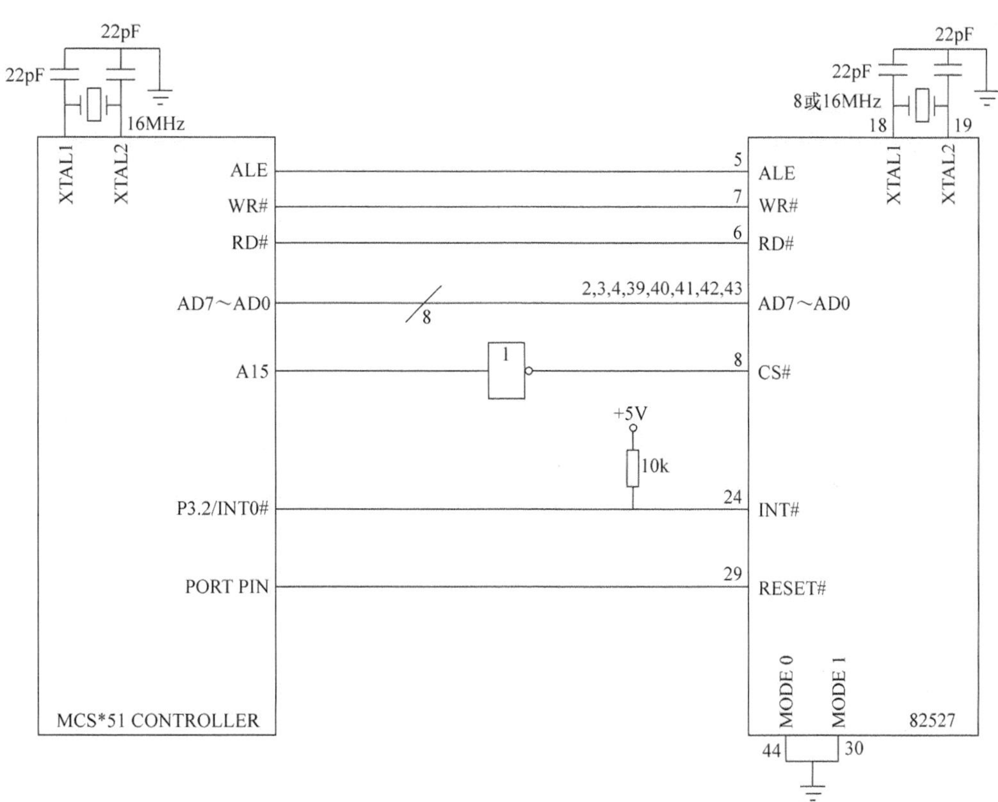

图 2-47　MCS51 与 Intel 82527 的连接方案 1

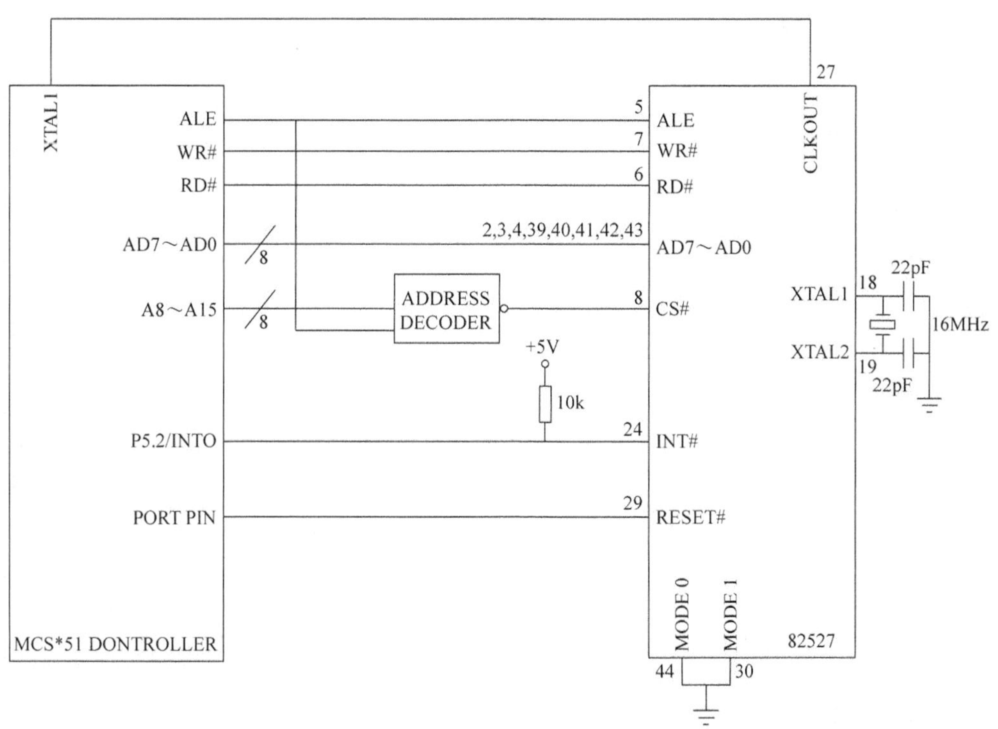

图 2-48　MCS51 与 Intel 82527 的连接方案 2

信号。

5）Intel 82527 的 CS 与 MCS51 高位地址线直接或通过译码器相连。

6）访问低速存储器时应当双读。

7）Intel 82527 的地址信号至少要比 CS 信号提前 12.5ns 有效，CS 信号比 ALE 信号要提前 10ns。

8）Intel 82527 RESET 信号在电源有效后，至少应再保持低电平 1ms。

9）Intel 82527 的 MCLK 设置为 MCLK = SCLK。

2. CAN 总线控制器 SJA1000

SJA1000 是 Philips 公司生产的适合汽车环境和一般工业系统环境的独立 CAN 控制器，是 PCA82C200（Philips 公司早期生产的一种支持基本 CAN 的独立控制器芯片）的换代产品，它的软件和硬件与 PCA82C200 兼容。SJA1000 支持 CAN 2.0B，而且具有一些新的特性，应用非常广泛，是比较典型的独立 CAN 控制器。

SJA1000 有两种操作模式：基本 CAN 模式（与 PCA82C200 完全兼容）和具有很多扩展功能的 Peli CAN 模式。SJA1000 具有以下基本特点。

1）引脚与独立 CAN 控制器 PCA82C200 兼容。

2）电气指标兼容 PCA82C200。

3）具有与 PCA82C200 兼容的软件模式。

4）扩展了的接收缓存器（64 字节的 FIFO）。

5）支持 CAN 2.0B 标准。

6）支持 11 位标准标识符格式和 29 位扩展的标识符格式。

7）传输速率可达 1Mbit/s。

8）PeliCAN 模式功能扩展：

① 可以读写故障计数器。

② 可编程设置故障告警错误计数上限。

③ 最新故障码登记。

④ 每一个 CAN 总线错误都可触发中断。

⑤ 具有位置描述（在哪一位上丧失仲裁）的仲裁丧失中断。

⑥ 具有非重发发送方式。

⑦ 具有只听模式（Listen Mode，只监听总线，不做响应）。

⑧ 支持热接插（软件驱动的位速率检测）功能。

⑨ 扩展的接收过滤（4 字节编码，4 字节屏蔽码）。

⑩ 具有接收自身发送的信息功能。

9）24MHz 时钟频率。

10）支持多种微控制器接口模式。

11）CAN 输出驱动配置可编程。

12）适应汽车使用环境温度：-40～125℃。

具体芯片引脚排列与方案如图 2-49 和图 2-50 所示。

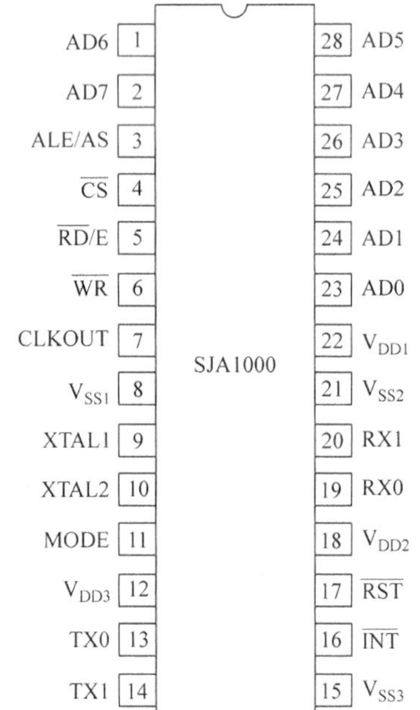

图 2-49　SJA1000 引脚排列

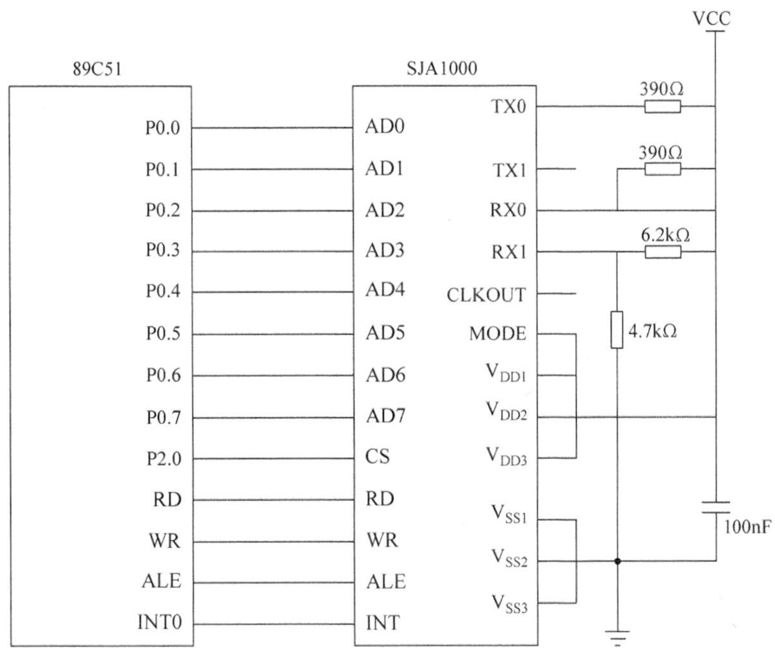

图 2-50　89C51 与 SJA1000 连接方案

二、CAN 总线发送/接收驱动器

总线发送/接收驱动器（Transceiver）实现总线控制器与总线之间的接口功能，完成信号形式的转换和总线驱动功能。设计 CAN 结点时，实现总线发送/接收驱动功能有两种形式，一个是选用带有总线驱动功能的总线控制器，另一个是使用独立的总线发送/接收驱动器。表 2-7 所示是 Bosch 的 CF150C 系列 CAN 总线发送/接收驱动器产品，其中 CF150C 是最基础的器件。

表 2-7　Bosch CAN 总线发送/接收器产品

性能	型号				
	CF150	CF151	CF160	CF161	CF173/CF175
是否满足 ISO 11898	是	是	是	是	是
保护功能	-5～36V 短路保护	-5～36V 短路保护	过热保护	过热保护	短路保护
供电电压/V	5	5	5	微控制器 3；总线 5	微控制器 3；总线 5
环境温度/℃	-40～110	-40～125	-40～125	-40～125	-40～125
封装	SOIC8	SOIC8	SOIC8	SOIC8	SOIC8
兼容情况	—	完全兼容 CF150C	引脚 1～4、6、7 与 CF150C 兼容	引脚 1～4、6、7 与 CF150C 兼容	2002 年 9 月推出产品
其他功能	有高/低速模式	有高/低速模式	有复位功能、改进的 EMC 性能、只有高速模式、无外部线圈	无复位功能、改进的 EMC 性能、只有高速模式、无外部线圈	只有高速模式、支持 42V 电源、有唤醒功能、杰出的 EMC 性能

CF150C 是双向 CAN 发送/接收器，它支持最高 5000kbit/s 的传输速度。CF150C 的基本特性如下：

1）与 ISO/DIS 11898 标准兼容。

2）差动输出。

3）发送电路具有 -5 ~ 36V 的短路保护，有自动检测和关断功能。

4）具有降低射频和电磁干扰的能力。

5）有 500kbit/s 和 250kbit/s 两种可调节的信号跳变沿斜率控制（Slope Control）。

6）具有高抗干扰的差动输入能力。

7）共模输入电压范围为 -5 ~ 12V。

图 2-51 所示为利用 CF150C 作为总线接口器件构成 CAN 网络的结构图。

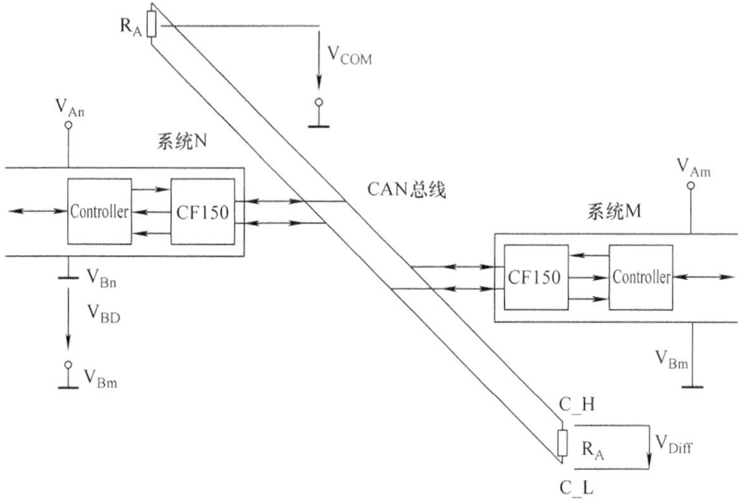

图 2-51　基于 CF150C 的 CAN 网络

表 2-8 所示是一些较常用的 CAN 总线发送/接收驱动器。

表 2-8　总线发送/接收驱动器

生产商	系列	性　　能
Philips	AU5790D	单线 CAN 发送/接收器；用于车上网络的 CAN 控制器与单线总线的接口；高速传输模式，传输速率为 83kbit/s；低射频干扰（RFI）；汽车环境下的短路保护功能；地悬浮（Loss Of Ground）保护功能；过热保护功能；支持网络低功耗状态下的通信功能
Philips	PCA82C250	主要用于车上高速 CAN 网络的控制器与总线间的接口。与 ISO/DIS 11898 兼容；传输速率为 1Mbit/s；具有抗汽车环境下瞬态干扰和总线保护能力；具有降低射频干扰（RFI）的信号变化率调节功能；过热保护功能；低电流待机模式；断电时不影响总线状态；可连接 110 个结点
Philips	PCA82C251	主要用于货车和客车上的 CAN 控制器与总线间的接口。差动发送/接收信号；1Mbit/s 的传输速率；适应 24V 系统，与 ISO 11898 -24V 完全兼容；具有降低射频干扰（RFI）的信号变化率调节功能；过热保护功能；对 24V 系统的地及电源短路保护功能；低电流待机模式；断电时不影响总线状态；可连接 110 个结点；高抗电磁干扰能力

（续）

生产商	系列	性　能
Philips	PCA82C252	具有容错功能的 CAN 发送/接收器，主要用于乘用客车上的低速 CAN 网络中控制器与总线间的接口；差动发送信号，当有故障时自动转入单线发送或接收方式，故障消除后自动恢复差动传输；125kbit/s 传输速率；具有降低射频干扰（RFI）的信号变化率调节功能；总线故障管理功能；过热保护功能；对 12V 系统的地及电源短路保护功能；低电流待机模式；断电时不影响总线状态；可连接 15 个结点；可以使用非屏蔽电缆；支持低功耗模式和休眠以及唤醒工作模式；高抗电磁干扰能力
Philips	TJA1050	高速 CAN 发送/接收器 PCA82C250 的换代产品。与 ISO 11898 完全兼容；1Mbit/s 的传输速率；极低的电磁发射（EME）；具有高抵抗共模干扰的差动接收电路；断电时不影响总线状态；具有发送禁止工作方式和发送显性位超时检测功能；针对汽车环境的总线插件保护；输入兼容 3.3V 设备；过热保护功能；对地及电源短路保护功能；可连接 110 个结点
Philips	TJA1053	具有容错功能的 CAN 发送/接收器。基于 PCA82C252 的改进产品，主要用于乘用客车上的低速 CAN 网络中控制器与总线间的接口；可连接 32 个结点；可以使用非屏蔽电缆；发送显性位超时检测功能；差动发送信号，当有故障时自动转入单线发送或接收方式，故障消除后自动恢复差动传输；125kbit/s 的传输速率；具有降低射频干扰（RFI）的信号变化率调节功能；总线故障管理功能；过热保护功能；对 12V 系统的地及电源短路保护功能；低电流待机模式；断电时不影响总线状态；支持低功耗模式和休眠以及唤醒工作模式；高抗电磁干扰能力；针对汽车环境的总线保护
Philips	TJA1054	具有容错功能的 CAN 发送/接收器。与 PCA82C252 和 TJA1053T 引脚兼容，这两种芯片可以直接由 TJA1054T 取代。主要的改进如下： ① CANL 和 CANH 匹配优化减小了射频干扰（RFI） ② 改进了电磁兼容性能，尤其在低功耗模式下 ③ 在故障模式时的唤醒能力 ④ 扩展了故障管理能力
Infineon	TLE 6272	传输速率为 1Mbit/s；极高的 EMC 性能；极低静态电流的电压调节器；具有上电和带电复位；输出对地和电源的短路保护；反极性保护；过热保护；过载和短路保护
Infineon	TLE 6250	传输速率为 1Mbit/s；适应汽车环境的极高的 EMC 性能；高 ESD 保护（CANH 和 CANL 6kV）
Infineon	TLE 6252	传输速率为 125kbit/s；极高的 EMC 性能；极低静态电流的电压调节器；具有上电和带电复位；对 12V 供电系统地和电源的短路保护；反极性保护；过热保护；过载和短路保护；待机和休眠状态电流消耗低；优化的 EMI；特性差动发送信号，当有故障时自动转入单线发送或接收方式，故障消除后自动恢复差动传输；适应汽车环境总线保护
Infineon	TLE 6254	传输速率为 125kbit/s；待机和休眠状态电流消耗低；支持仅接收工作模式；优化的 EMC 性能；唤醒信号双向有效；电源故障报警；扩展的故障管理功能和容错功能；极低静态电流的电压调节器；具有上电和带电复位；对 12V 供电系统地和电源的短路保护；反极性保护；过热保护；过载和短路保护；优化的 EMI；特性差动发送信号，当有故障时自动转入单线发送或接收方式，故障消除后自动恢复差动传输；适应汽车环境总线保护

（续）

生产商	系列	性　　能
Infineon	TLE 6255	为GM开发的汽车单线CAN总线发送/接收器。传输速率为33kbit/s；极高的EMC性能；高速模式下的传输速率为100kbit/s；电源电压5.5～28V；休眠状态电流为30μA；4kV ESD保护；过热保护；过载和短路保护；唤醒信号双向有效；地悬浮保护；输出显性位定时功能
Texas	SN75LBC031	与ISO/DIS 11898兼容；传输速率为500kbit/s；50mA输出驱动能力；适应的输入/输出电压范围宽；过热保护功能；可选择适应汽车环境和汽车标准参数的产品

三、其他CAN器件

1. 独立CAN控制器

目前，有适应各种不同需求或性能的CAN控制器芯片，包括独立的和嵌入微控制器的CAN控制器、CAN总线发送/接收驱动器以及串行连接I/O器件。同类的CAN器件，各公司的产品或不同型号的产品参数有所不同，结构也可能有一些区别，但基本原理和基本功能是一样的。

表2-9所示是一些常用的独立CAN控制器产品。

表2-9　独立CAN控制器

生产商	系列	性　　能
Philips	SJA1000	支持11位、29位标识符；传输速率为1Mbit/s；24M时钟；多种CPU接口模式；使用环境温度为-40～125℃；支持CANB2.0；与PCX82C200兼容
Bosch	CC750	支持CAN 2.0 Part A，B；可编程的传输速率；15个8字节信息目标模块（14个发送/接收（Tx/Rx）缓存器，1个Rx缓存器）；对标准的和扩展的标识符可编程以实现全局屏蔽；串行CPU接口（与Intel 82527串行接口方式兼容）；SOIC16-W封装
Bosch	CC770	支持CAN 2.0 Part A，B（包括扩展帧格式）；可编程的传输速率；15个8字节信息目标模块（14个发送/接收（Tx/Rx）缓存器，1个Rx缓存器）；对标准的和扩展的标识符可编程以实现全局屏蔽；两个8位并行I/O接口；支持并行的8位、16位Intel或Motorola微控制器接口，同步串行接口；与Intel 82527功能和引脚兼容；PLCC44封装
Bosch	TTCAN	支持CAN 2.0 Part A，B和TTCAN（ISO 11898-4）；传输速率为1Mbit/s；可编程的传输速率；32个信息目标模块；可编程的信息目标FIFO；支持事件同步时间触发的通信方式；每个信息目标屏蔽码可编程；支持并行的8位、16位微控制器接口和同步串行接口；PLCC44封装
Infineon	SAE 81C90/91	支持CAN 2.0 Part A（part B passive）；传输速率可达1Mbit/s；16个信息目标模块；标识符可编程；具有并行和串行两种CPU接口；可重新配置的输出模式；可编程的时钟输出；两个8位并行I/O接口；PLCC44封装
Infineon	SAK 82C900	两个独立的CAN 2.0B结点控制器；支持CAN 2.0 Part B；硬件实现网关功能；32个信息目标模块；硬件FIFO；可对每一个信息目标进行接收过滤；灵活有效的中断功能；具有并行和串行两种CPU接口；片内时钟；具有时钟分频器和时钟输出引脚；具有休眠和唤醒工作模式；具有通过CAN控制的I/O接口；适应汽车环境温度-40～125℃；PDSO28封装

（续）

生产商	系列	性　　能
Microchip	MCP2510	支持 CAN 2.0 B；3 个发送缓存器，2 个接收缓存器；6 个屏蔽码，2 个全局屏蔽码；串行 CPU 接口（SPI）；PDIP/SOIC18，TSSOP20 封装
Toshiba	TC190C580	支持 CAN 2.0A；14 个发送/接收（Tx/Rx）缓存器，1 个 Rx 缓存器；15 个屏蔽码，1 个全局屏蔽码
Philips	82C200	支持 CAN 2.0A；多种与 CPU 的接口模式；可编程的传输速率；可编程时钟输出；可编程的输出驱动器模式

2. 嵌有 CAN 控制器的微控制器（单片机）

由于 CAN 网络被广泛应用于基于微控制器的系统中，所以多数微控制器生产商都开发了具有 CAN 控制器接口的微控制器芯片，把 CAN 控制器以接口形式直接集成到微控制器中。使用集成在微控制器中的 CAN 控制器，应用中避免了硬件上的连接设计，应用的其他过程与独立 CAN 控制器一样。表 2-10 所示是一些主要的嵌有 CAN 协议控制器的微控制器产品。

表 2-10　嵌有 CAN 协议控制器的微控制器

生产商	系列	性　　能
Fujitsu	MB90548G	1 个 CAN 2.0B 接口；16 位 CPU；16 个发送/接收（Tx/Rx）缓存器；16 个屏蔽码，2 个全局屏蔽码；128KB 掩膜 ROM；4KB RAM；2 个 UART；A/D 接口；有外部总线接口；QFP100 封装
Fujitsu	MB90594	2 个 CAN 2.0B 接口；16 位 CPU；16 个发送/接收（Tx/Rx）缓存器；16 个屏蔽码，2 个全局屏蔽码；256KB 掩膜 ROM；6KB RAM；3 个 UART；A/D 接口；四路步进电动机驱动接口；QFP100 封装
Fujitsu	MB90F443G	3 个 CAN 2.0B 接口；16 位 CPU；16 个发送/接收（Tx/Rx）缓存器；16 个屏蔽码，2 个全局屏蔽码；128KB 闪存；6KB RAM；2 个 UART；A/D 接口；有外部总线接口；QFP100 封装
Infineon	C167	1 个 CAN 2.0B 接口；16 位 CPU；14 个发送/接收（Tx/Rx）缓存器，1 个双 Rx 缓存器；15 个屏蔽码，1 个全局屏蔽码；32KB ROM；11KB RAM；四路 PWM
Infineon	C515C	1 个 CAN 2.0B 接口；8 位 CPU；14 个发送/接收（Tx/Rx）缓存器，1 个双 Rx 缓存器；15 个屏蔽码，1 个全局屏蔽码；64KB OTP；11KB RAM；32KB 或 64KB ROM；四路 PWM
Intel	AN87C196	1 个 CAN 2.0B 接口；16 位 CPU；14 个发送/接收（Tx/Rx）缓存器，1 个双 Rx 缓存器；15 个屏蔽码，1 个全局屏蔽码
Micronas GmbH	CDC0806E	1 个 CAN 2.0B 接口；8 位 CPU；16 个发送/接收（Tx/Rx）缓存器；16 个屏蔽码，1 个全局屏蔽码
Micronas GmbH	CDC1650F	2 个 CAN 2.0B 接口；16 位 CPU；16 个发送/接收（Tx/Rx）缓存器，16 个屏蔽码，1 个全局屏蔽码
Micronas GmbH	CDC3207G	3 个 CAN 2.0B 接口；32 位 CPU；每个 CAN 接口有：32 个发送/接收（Tx/Rx）缓存器、132 个屏蔽码、1 个全局屏蔽码

（续）

生产商	系列	性　能
Motorola	68HC（7）05X32	1 个 CAN 2.0A 接口；8 位 CPU；1 个发送缓存器，2 个接收缓存器，1 个 8 位全局屏蔽码；32KB ROM
Motorola	68HC08AZ32A	1 个 CAN 2.0B 接口；8 位 CPU；3 个发送缓存器，2 个接收缓存器，1 个 32 位全局屏蔽码或 2 个 16 位全局屏蔽码或 4 个 8 位全局屏蔽码
Motorola	68HC912DG128	2 个 CAN 2.0B 接口；16 位 CPU；3 个发送缓存器，2 个接收缓存器，2 个 32 位全局屏蔽码或 4 个 16 位全局屏蔽码或 8 个 8 位全局屏蔽码
Motorola	MC9S12DP256	5 个 CAN 2.0B 接口；16 位 CPU；3 个发送缓存器，4 个接收缓存器，2 个 32 位全局屏蔽码或 4 个 16 位全局屏蔽码或 8 个 8 位全局屏蔽码
Motorola	MPC565（SPANISH OAK）	3 个 CAN 2.0B 接口；32 位 CPU；48 个发送/接收缓存器，48 个全屏蔽码，9 个全局屏蔽码。1MB 闪存
NEC	PHOENIX - μPD703116	1 个 CAN 2.0B 接口；32 位 RISC（V850E）；32 个发送/接收缓存器；64 个屏蔽码，4 个 29 位屏蔽码；128KB 掩膜 ROM，6KBRAM，7 个 16 位定时/计数器；2 个 FCAN；2 个 CSI；3 个 UART；2 个 8 通道 10 位 AD；144 针 QFP 封装
NEC	SCAN - μPD703077Y	2 个 CAN 2.0B 接口；32 位 RISC（V850E）；32 个发送/接收缓存器；64 个屏蔽码，4 个 29 位屏蔽码；256KB 掩膜 ROM，16KBRAM，8 个 16 位定时/计数器；2 个 FCAN；4 个 CSI；2 个 UART；1 个 I^2C；12 通道 10 位 AD；100 针 QFP 封装
Philips	P8XC592/8	1 个 CAN 2.0A 接口；8 位 CPU；1 个发送缓存器，2 个接收缓存器，1 个 8 位全局屏蔽码
Philips	XA - C3	1 个 CAN 2.0A 接口；16 位 CPU；32 个发送/接收缓存器；32 个屏蔽码，1 个全局屏蔽码。硬件实现 CANopen、DeviceNet 和 OSEK 的传输层协议
Texas Instruments	TMS320LF2406	1 个 CAN 2.0B 接口；16 位 DSP；6 个发送/接收缓存器；2 个屏蔽码，1 个全局位屏蔽码；32KB 16 位闪存；2.5KB 16 位 RAM；十六路 10 位 A/D；十六路 PWM；支持 QEP、SCI、SPI
Toshiba	TMP94FY53F	1 个 CAN 2.0B 接口；32 位 CPU；15 个发送/接收缓存器和 1 个接收器；15 个屏蔽码，1 个全局位屏蔽码；256KB 闪存
Toshiba	TMPR3903BF	1 个 CAN 2.0B 接口；32 位 CPU；30 个发送/接收缓存器和 2 个接收器；30 个屏蔽码，2 个全局位屏蔽码；用于驾驶人信息与通信系统的模拟图像控制器

第六节　CAN 网络

一、CAN 结点

如图 2-52 所示，CAN 总线系统网络结点主要由微处理器 P89C51、CAN 控制器 SJA1000、CAN 收发器 TJA1050 和其他外围器件构成。

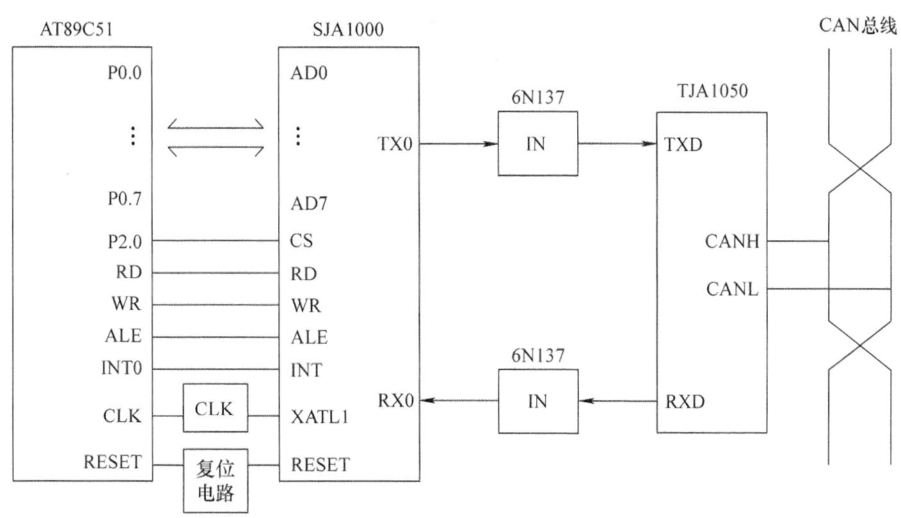

图 2-52 CAN 结点硬件结构

二、CAN 结点的初始化

一个 CAN 结点必须适当地设置 CAN 控制器的寄存器，初始化后才能使其进行通信工作。在 CAN 控制器复位后进行初始化，复位有 3 种基本形式：一是上电复位；二是硬件复位；三是软件复位，即运行期间通过给 CAN 控制器发送一个置 1 复位请求位的复位请求。

由于需要被配置的寄存器仅在复位模式中可写，所以初始化的第一步便是进入 SJA1000 的复位模式。在开始对 SJA1000 各个配置寄存器进行设定之前，主控制器通过读复位模式请求标识来检测 SJA1000 是否进入复位模式。因为单片机的上电复位时间和 SJA1000 的复位时间总是有偏差的，所以单片机要等待 SJA1000 完成上电复位后才能对其进行配置。SJA1000 的初始化在复位模式下主要完成以下寄存器的配置（各个寄存器的相关位具体含义及引脚定义请参考《SJA1000 数据手册》）。

1. 时钟分频寄存器（CDR）的设置

它的内容是控制 SJA1000 的 CLKOUT 频率、屏蔽 CLKOUT 引脚、TX1 上的专用接收中断脉冲、接收比较通道和 BasicCAN 模式与 PeliCAN 模式的选择。此寄存器的值不受软件复位的影响。它的具体配置及功能描述见表 2-11。

表 2-11 时钟分频寄存器

BIT 7	BIT 6	BIT 5	BIT 4	BIT 3	BIT 2	BIT 1	BIT 0
CAN 模式	CBP	RXINTEN	(0)	时钟关闭	CD. 2	CD. 1	CD. 0

注：BIT4 不能被写，读值总为 0。

在本例中，设置 SJA1000 处于 PeliCAN 模式、禁止时钟输出、禁止专门的接收中断输出、禁止 SJA1000 内部输入比较器，所以在初始化时钟分频寄存器时，应该在复位模式下向它写入 0XC8。

2. 模式寄存器（MOD）的设置

它的内容是用来设置 CAN 控制器 SJA1000 的行为模式，具体配置及功能描述见表 2-12。

表 2-12 模式寄存器说明

位	符号	名称	值	功能
MOD. 7	—	—	—	保留
MOD. 6	—	—	—	保留
MOD. 5	—	—	—	保留
MOD. 4	SM	睡眠模式	1	睡眠模式
			0	唤醒模式
MOD. 3	AFM	验收滤波器模式	1	选择单滤波模式
			0	选择双滤波模式
MOD. 2	STM	自检模式	1	自检模式
			0	正常模式
MOD. 1	LOM	只听模式	1	只听模式
			0	正常模式
MOD. 0	RM	复位模式	1	复位模式
			0	工作模式

在本例中要使 SJA1000 工作在正常模式，且选择双滤波模式，对照表 2-12，应在初始化程序中将模式寄存器的值设置为 0X01。

3. 验收代码寄存器（ACR）和验收屏蔽寄存器（AMR）的设置

在 PeliCAN 模式下，SJA1000 具有 4 个验收代码寄存器（ACR0，ACR1，ACR2，ACR3）和 4 个验收屏蔽寄存器（AMR0，AMR1，AMR2，AMR3）。它们根据模式寄存器（MOD）中验收滤波器的配置方式，组成一个长滤波器（32 位），进行单滤波，或者两个短滤波器（16 位）进行双滤波。

一个 CAN 帧的哪些信息用于验收滤波，取决于收到的帧格式（标准格式或扩展格式）和选择的验收滤波器模式（单滤波模式或双滤波模式）。如果要 CAN 结点能够接收总线上所有的 CAN 报文，则应将 4 个验收代码寄存器（ACR0，ACR1，ACR2，ACR3）全部设置为 0Xff。

4. 总线定时寄存器的设置

SJA1000 具有两个总线定时寄存器，即 BTR0 和 BTR1。BTR0 中定义了波特率预设值（BRP）和同步跳转宽度（SJW）的值；BTR1 定义了每个位周期的长度、采样点的位置和在每个采样点的采样数目。这两个寄存器在复位模式时，可以被访问（读/写）。

5. 输出控制寄存器（OCR）的设置

它实现了由软件控制不同输出驱动配置的建立，其各位的具体配置及功能描述见表 2-13。

表 2-13 输出控制寄存器说明

BIT 7	BIT 6	BIT 5	BIT 4	BIT 3	BIT 2	BIT 1	BIT 0
OCTP1	OCTN1	OCPOL1	OCTP0	OCTN0	OCPOL0	OCMODE1	OCMODE0

在本例中，时间输出控制寄存器设置为 0X1A，并在硬件设计上将 TX1 悬空，这将使 SJA1000 处于正常输出模式。TX0 的输出与 TXD 的状态相对应。当 TXD =0 时，TX0 输出为低；当 TXD =1 时，TX0 输出为高。一般来说，只要没有特殊的要求或应用，都应该选择这种设置。

这些信息配置完成后，通过清除 SJA1000 的复位请求标志进入正常工作模式（操作模式）。CAN 结点初始化程序的流程如图 2-53 所示。

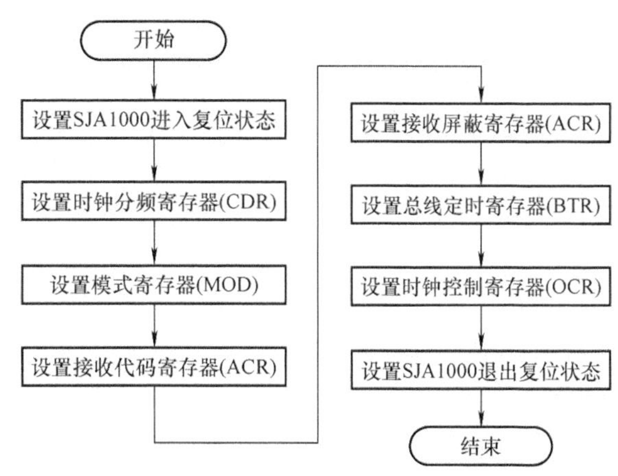

图 2-53　SJA1000 初始化流程

三、CAN 报文的发送

完成初始化后，CAN 结点便能进行正常的 CAN 报文发送和接收。发送时，当判断 SJA1000 发送就绪，将待发送的数据按 CAN 帧的格式组合成一帧报文，送入 SJA1000 发送缓存区中，然后再启动 SJA1000 的发送命令即可将数据发送到 CAN 总线上。

1. SJA1000 状态寄存器

状态寄存器（SR）反映 CAN 控制器的状态，其各位的具体配置及功能描述见表 2-14。

表 2-14　状态寄存器说明

位	符号	名称	值	功能
SR. 7	BS	总线状态	1	总线关闭（CAN 控制器不参与总线活动）
			0	总线开启（CAN 控制器参与总线活动）
SR. 6	ES	出错状态	1	至少一个错误计数器或超过了由错误报警限制寄存器定义的 CPU 报警限制
			0	两个错误计数器都在报警限制以下
SR. 5	TS	发送状态	1	CAN 控制器正在发送信息
			0	—
SR. 4	RS	接收状态	1	CAN 控制器正在接收信息
			0	—
SR. 3	TCS	发送完毕状态	1	最后一次发送已被成功处理
			0	当前请求的发送未处理完
SR. 2	TBS	发送缓存区状态	1	释放（CPU 可以向发送缓存区中写信息）
			0	锁定（CPU 不能访问发送缓存区）
SR. 1	DOS	数据溢出状态	1	信息因 RXFIFO 中无足够的存储空间而丢失
			0	—
SR. 0	RBS	接收缓存区状态	1	RXFIFO 中有可用信息
			0	无可用信息

2. TCS 与 TBC

在向 SJA1000 发送缓存区写入一帧数据，并启动它的发送之前，首先就要判断 SJA1000 是否正在发送数据，是否已经释放发送缓存区，这些信息通过读取标志位 TCS 和 TBS 确定。如果 TCS 和 TBS 都为 1，那么就代表 SJA1000 的最后一次发送已经完成并且发送缓存区已经释放，可以写入要发送的新数据；如果 TCS 和 TBS 为 0，则说明 SJA1000 正在发送数据或发送缓存区锁定，需要等待其发送就绪。

3. 向发送缓存区（TX）写入数据

由于 CAN 的发送缓存区具有一定的格式，数据必须符合它的格式才能被正确发送出去。发送缓存区被分为描述符区和数据区，描述符区的第一个字节是帧信息字节，帧信息字节说明了发送的 CAN 报文的帧格式，表明是标准帧（SFF）还是扩展帧（EFF）、是远程帧还是数据帧以及准备发送的 CAN 报文的数据长度，见表 2-15。

表 2-15　TX 帧信息

BIT 7	BIT 6	BIT 5	BIT 4	BIT 3	BIT 2	BIT 1	BIT 0
FF	RTR	X	X	DLC. 3	DLC. 2	DLC. 1	DLC. 0

注：1. FF =1，发送扩展帧格式 CAN 报文；FF =0，发送标准帧。

2. RTR =1，发送远程帧；RTR =0，发送数据帧。

描述符区接下来的字节用来存放帧标识码 ID，标准帧包含两个字节的识别码，有 11 位，为 ID. 28 ~ ID. 0。ID. 28 是最高位，在总线仲裁过程中最先发送到总线上。识别码就像信息的名字一样，在滤波验收器中使用，而且在仲裁过程中决定了总线访问的优先权。识别码的二进制值越低，优先权越高。ID 的二进制值全为 0 的结点具有最高优先权，ID 的二进制值全为 1 的结点具有最低的优先权。

如果在帧信息字节里设置帧格式为扩展帧，那么描述符区的有效长度就为一个字节的帧信息加上 4 个字节的帧 ID，共计 5 个字节。

数据区长为 8 个字节，它是存放发送数据的地方，见表 2-16。

表 2-16　发送缓存区列表中标准帧和扩展帧格式的配置

标准帧格式		扩展帧格式	
16	TX 帧信息	16	TX 帧信息
17	TX 识别码 1	17	TX 识别码 1
18	TX 识别码 2	18	TX 识别码 2
19	TX 数据字节 1	19	TX 识别码 3
20	TX 数据字节 2	20	TX 识别码 4
21	TX 数据字节 3	21	TX 数据字节 1
22	TX 数据字节 4	22	TX 数据字节 2
23	TX 数据字节 5	23	TX 数据字节 3
24	TX 数据字节 6	24	TX 数据字节 4
25	TX 数据字节 7	25	TX 数据字节 5
26	TX 数据字节 8	26	TX 数据字节 6
27	未使用	27	TX 数据字节 7
28	未使用	28	TX 数据字节 8

4. 发送命令

命令寄存器（CMR）包括5个有效命令，通过对它的命令位的设置，可以让CAN控制器SJA1000执行不同的动作，见表2-17。在向发送缓存区写入数据后，就可以通过置位发送命令位CMR.0（TR）来启动发送。发送程序基本流程如图2-54所示。

表2-17　状态寄存器

位	符号	名称	值	功能
CMR.7	—	保留	—	—
CMR.6	—	保留	—	—
CMR.5	—	保留	—	—
CMR.4	SRR	自接收请求	1	信息可被同时发送和接收
			0	—
CMR.3	CDO	清除数据溢出	1	数据溢出，状态位被清除
			0	—
CMR.2	RRB	释放接收缓存区	1	接收缓存区FXFIFO中载有信息的内存空间被释放
			0	—
CMR.1	AT	终止发送	1	如果不是正在处理，则等待中的发送请求被取消
			0	—
CMR.0	TR	发送请求	1	信息被发送
			0	—

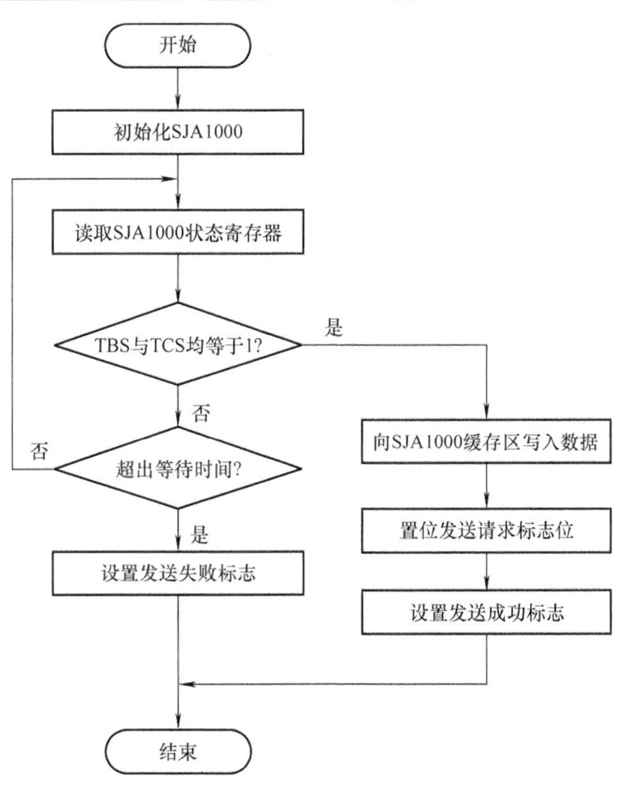

图2-54　发送程序基本流程

四、CAN 报文的接收

接收子程序比发送子程序复杂一些。在处理报文接收的过程中，还要对诸如总线关闭、错误报警、接收溢出等情况进行处理。收到的报文通过接收过滤（ACF）放入 SJA1000 的 FIFO 缓存器中。从接收缓存器取走一条报文后，要通过置位 SJA1000 的命令寄存器（CMR）来释放接收缓存器。

结点可以通过查询方式或终端方式来设计接收过程。如果使用查询方式进行接收，可以通过查询状态寄存器的第 1 位，判断总线上是否有数据进入本结点，获得接收缓存区（RXFIFO）中的可用信息状态。这种方式实时性较差。

本例中采用中断控制方式完成接收操作。当 SJA1000 接收到报文时，报文已通过接收滤波器并存入 RXFIFO 中，其状态产生一个接收中断发送给微控制器，微控制器响应中断，中断服务程序读取报文数据，然后发送释放接收缓存命令。

在接收过程中，要了解是否有总线关闭、总线出错、接收缓存器超载等状态，如果有，则必须进行相应的错误处理，否则也不能正常进行数据接收。中断方式接收的程序流程如图 2-55 所示。

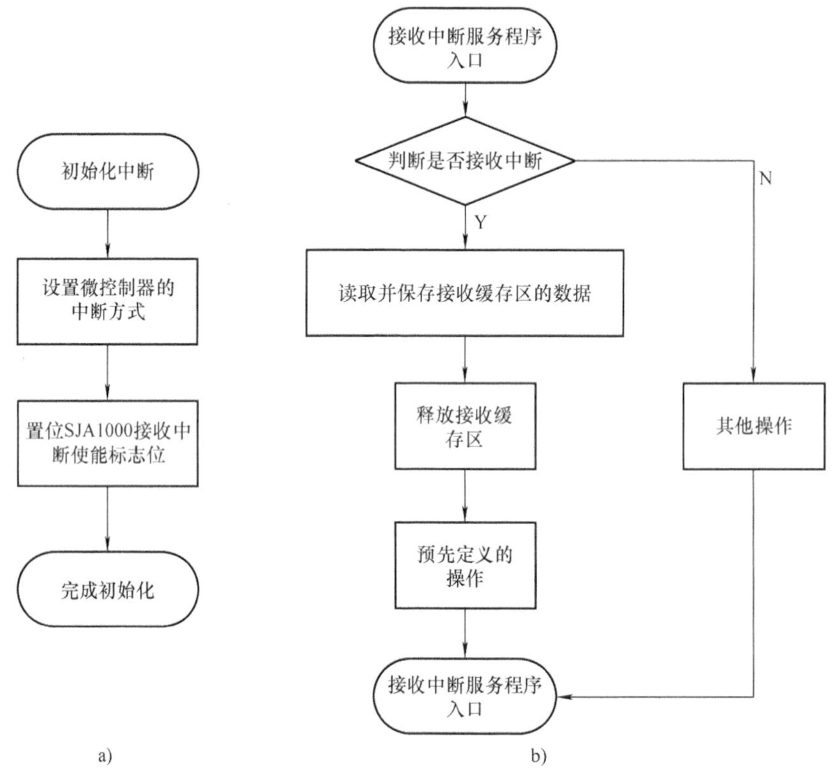

图 2-55　中断方式接收的流程

a）中断初始化　b）中断方式接收流程

五、CAN 开发调试工具介绍

1. CANoe

CANoe（CAN Open Environment）是德国 Vector 公司开发的一个网络集成开发环境，

CANoe 能支持 CAN 总线开发的整个过程，从最初的设计、仿真到最终的分析测试，实现了网络设计、仿真和测试的无缝集成，是 CAN 有效的开发调试以及测试工具。

CANoe 要配合硬件设备一起使用，如 CAN - AC2、CAN - AC2-API、CANcardSJA、CANcard2、CANpari、CANcardx、CANcaseXL 等。

利用 CANoe 进行 CAN 系统的设计一般分为以下 3 个阶段。

第 1 个阶段是利用数字仿真进行网络需求分析和设计阶段。该阶段首先要定义网络里的通信需求，包括需要几个结点；在网络中要发送多少个报文；数据从哪个结点传输到哪个结点；每个报文的具体组成；有哪些外部的输入/输出。然后，利用网络数据库工具 CANdb + + 建立 CAN 通信数据库。接下来，建立网络拓扑结构，选择总线的波特率，定义结点的网络行为，使用 CANoe 建立各个网络结点的模型，并通过仿真来预估在设定波特率情况下的总线负载和延迟。如图 2-56 所示，通过第 1 个阶段的仿真可以检验各个结点功能的完善性和网络的合理性，也可以监控网络负载和延迟。

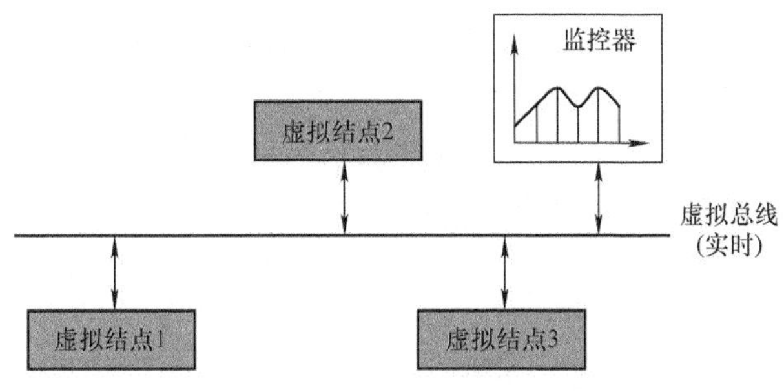

图 2-56　完全数字仿真

第 2 个阶段是结点实现和半物理仿真阶段。如图 2-57 所示，第 1 个阶段结束后，能够得到一个完整的系统功能模型。接下来，可以开发真实的控制器结点，并利用总线接口与 CANoe 上剩余的虚拟结点相连接，以测试真实结点的功能，如通信和纠错。对于并行开发的结点，就可以不受其他结点开发步骤的影响。

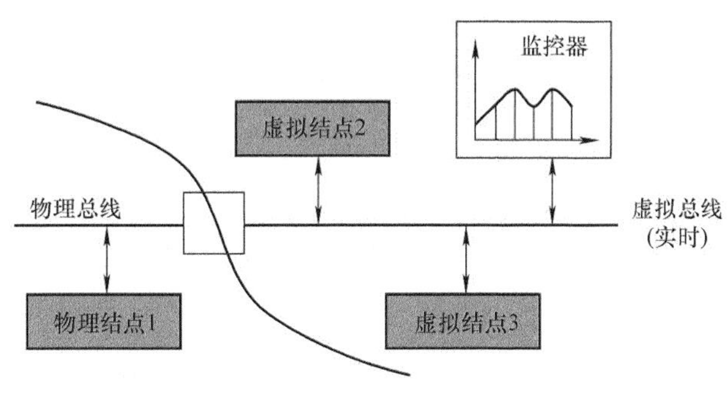

图 2-57　半物理仿真

第 3 个阶段是全系统集成阶段。如图 2-58 所示，开发的最终阶段将逐步把所有的虚拟结点用真实的结点进行替代，此时，CANoe 只是观察分析的工具，在这个过程中，能详细观测到整个系统，包括各个功能结点的工作。

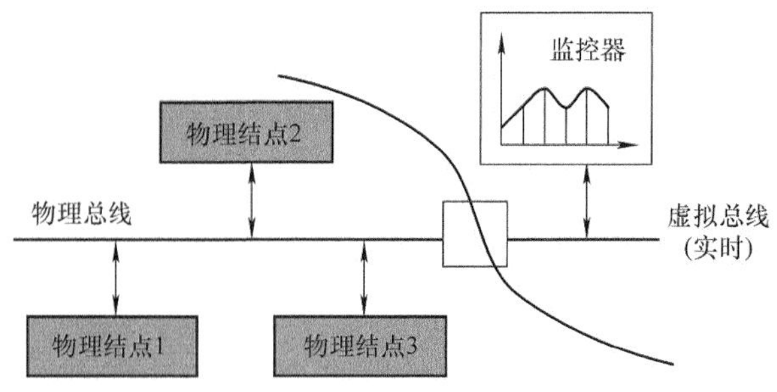

图 2-58 建成的物理网络监测调试

2. USB－CAN 总线适配器

USB－CAN 总线适配器是实现计算机通过 USB 接口连接 CAN 总线的 CAN 调试工具。

USB－CAN 总线适配器可以作为一个标准的 CAN 结点，是 CAN 总线产品开发、CAN 总线设备测试、数据分析的强大工具。采用该接口适配器，计算机可以通过 USB 接口连接一个标准 CAN 网络，广泛应用于构建现场总线测试实验室、工业控制、智能楼宇、汽车电子等领域中，进行数据处理、数据采集、数据通信。同时，USB－CAN 接口适配器具有体积小、方便安装等特点，也是便携式系统用户的最佳选择。

USB－CAN 适配器主要包括以下特性：

1）USB 与 CAN 总线的协议转换。

2）USB 接口支持 USB 2.0，兼容 USB 1.1。

3）支持双向传输，CAN 发送、CAN 接收。

4）支持 CAN 2.0 和 CAN 2.0B 协议，支持标准帧和扩展帧。

5）支持数据帧、远程帧格式。

6）CAN 控制器波特率在 100kbit/s～1Mbit/s 之间可选，可以应用软件进行配置。

7）USB 总线直接供电，无须外部电源。

利用 USB－CAN 适配器进行二次软件开发时，完全不需要了解复杂的 USB 接口通信协议，这为开发者提供了方便、快捷的开发环境。

第三章　基于时间触发的车载网络 FlexRay

随着汽车上电子控制和通信系统越来越复杂，以及“线控”（Control - By - wire）系统的增加，对车上网络提出了新的性能要求。被广泛应用的一些基于事件触发的总线系统，如CAN 总线，已经不能满足要求，尤其是不能满足分布式控制系统对通信时间离散性及延迟的要求。在这样的背景下，出现了一些数据传输速度高、可靠性高、通信时间离散度小并且延迟固定的车上通信网络标准，这些标准都支持时间触发通信方式。FlexRay 是目前采用最多的这类车上网络标准。

FlexRay 的重要目标应用之一是线控操作（如线控转向和线控制动等），即利用容错的电气/电子系统取代机械/液压部分。线控为汽车设计带来更高的自由度，将使汽车布置有一个全新的面貌。

除了线控操作以外，FlexRay 在汽车动力总成和安全电子系统方面也有很大的应用空间，如作为中央电子骨干总线连接车内各种总线网络，而且便于在车内引入新的电子控制系统。

第一节　FlexRay 概述

在 2000 年 9 月，宝马和戴姆勒 - 克莱斯勒联合飞利浦和摩托罗拉成立了 FlexRay 的联盟。后续又有很多的汽车、半导体和电子系统的生产商陆续加入了 FlexRay 联盟，FlexRay 通信系统很快获得了认同。

目前，FlexRay 联盟包括了汽车工业中绝大多数实力强劲且影响力极强的企业。FlexRay 成员分为 4 个等级，分别是核心成员国、重要联系成员国、联系成员国和最外层的开发成员国。其中核心成员包括宝马、戴姆勒 - 克莱斯勒、通用汽车、大众、博世、飞思卡尔和飞利浦。他们的主要任务是制订 FlexRay 需求定义，开发 FlexRay 协议，定义数据链路层，提供支持 FlexRay 的控制器，开发 FlexRay 物理层规范并实现基础解决方案。

由 FlexRay 联盟制定的 FlexRay 协议标准给出了面向控制的车载总线的解决方案。FlexRay 协议已经得到业界各大汽车生产厂家以及汽车半导体公司的支持，并且已经成为下一代车用网络标准。

FlexRay 是一个为车上应用系统高层网络和“线控”系统开发的通信标准。它最突出的特点是在提高数据传输率的条件下，能够满足汽车安全要求的可靠性指标。车上“线控”系统要求网络具有传输速度高、可靠性好和支持分布控制的性能；FlexRay 不仅是一个通信协议，而且包括协议控制器、发送接收驱动器以及各种 FlexRay 元件的硬件和软件接口标准。

FlexRay 相对于传统的车内通信协议具有很多新特性。这些特性为新的应用提供了基础，也是 FlexRay 能够成为面向实时控制的车载总线标准的重要原因。这些基本的特性包括：

1）高传输速率。

2）同步时间触发。

3）冗余和非冗余通信。

4）拓扑结构灵活。

FlexRay 提供了两个独立的通信信道，每一个通信信道的速率都可以达到 10Mbit/s。这两个通道可以配置为冗余通信或非冗余通信。冗余通信就是两个通道上传输一样的数据，通过信息的冗余来提高可靠性。非冗余通信就是两个通道上各自传输自己的数据，借此来达到高速率要求。消息能够冗余传输，但并不是所有的消息都必须冗余传输，因为这样会造成带宽的过度损失。根据配置的不同，FlexRay 通信速率可以达到 CAN 的 10~40 倍。FlexRay 不仅提供了消息的冗余传输和非冗余传输两种机制，还提供了可以优化的系统，借此来提高系统的可用性（静态带宽分配）或吞吐量（动态带宽分配）。这些可以大大提高系统的灵活性。

FlexRay 的访问方法是基于同步时基的。时基的精确度介于 0.5 ~ 10μs 之间。一般取值在 1 ~2μs 之间。根据这个同步时基，FlexRay 网络中的所有结点都可以达到同步，并能预知消息到来的时间。FlexRay 的通信是周期循环进行的，一个消息只能在规定的时间位置发送，因此消息到达接收结点的时间可以预先确定。

FlexRay 实现了以下指标：

1）支持静态通信（Deterministic Communication）和动态事件驱动的通信（Dynamic Event Driven Communication）两种通信规范。

2）在一个通信周期内，有可配置的静态和动态两个部分，也支持只有动态或只有静态部分通信周期的传输方式。

3）具有灵活的可扩展性。

4）具有高的数据传输速率和频带宽度效率。

5）灵活的容错能力，支持单通道和双通道操作。

6）可靠的错误检测功能，包括时域的总线监测机制和数字域的 CRC 校验。

7）支持电气和光纤的物理接口。

8）静态传输在时域上具有静态的指标性能，支持时间驱动的传输方式。

9）静态传输时，通过容错时钟同步算法（Fault Tolerant Clock Synchronization Algorithm）实现全局定时。

10）动态传输部分要求实现事件驱动的动态通信能力。

11）动态传输具有灵活的带宽（在运行中对不同结点分配带宽）分配能力。

12）动态传输部分不影响静态传输部分。

13）支持容错功能，但可接受没有容错能力的结点和连接方式。

14）支持单一故障下不降低系统功能的结构。

15）通信协议与网络拓扑结构相关性小。

16）在要求高可靠性和容错能力的应用中，具有通信介质可以由一个通信控制器独占的独立总线保障机制。

17）在初始化过程和运行过程中，具有硬件和配置数据的检测错误机制，当发现严重故障时，终止控制器和发送接收器的正常操作并立即向主机发送错误信令。

18）采用位填充编码。

19）满足汽车环境要求和质量要求的控制器和物理层。

20）配置数据能够由主机读写，具有在运行中禁止写入配置数据的功能。

21）适用多种网络拓扑结构。

作为计算机网络通信协议，按照 ISO 的计算机网络 OSI 通信模型，FlexRay 的分层结构如图 3-1 所示。这个结构中，物理层定义了信号的实际传输方式，包括在时域上检测通信控制器故障的功能；传输层是 FlexRay 协议的核心，它的功能是从表示层获得结点要发送的信息和把网络上接收的信息传送给表示层；传输层负责定时、同步、信息包装、错误检测与错误信令以及故障界定；表示层完成信息过滤、信息状态处理以及通信控制器与主机的接口；应用层由应用系统定义。

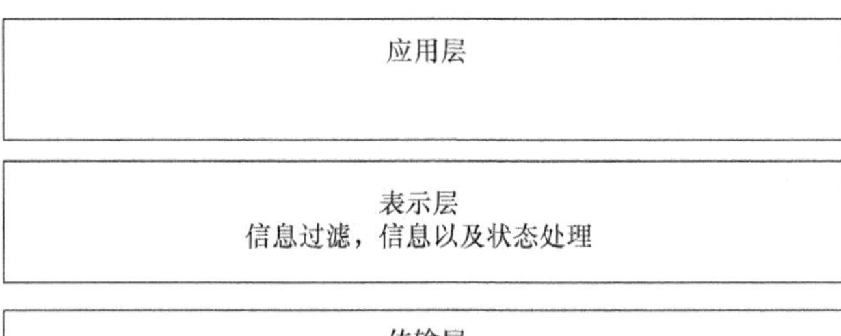

图 3-1　FlexRay 的分层结构

FlexRay 是为汽车控制系统设计的通信协议，为了在汽车环境下可靠工作，FlexRay 满足以下要求：

1）汽车使用温度环境要求，目前的标准是 -40 ~ 125℃，对于一些特殊的应用，如制动执行器，温度要求还要高。

2）在不使用外部滤波器条件下，每个 FlexRay 产品满足汽车系统和法规要求的 EMC 指标。

3）在正常工作和低功耗模式下，系统功耗必须优化到最小。在空闲状态，总线驱动器和通信控制器的典型工作电流为 10mA；在忙状态，总线驱动器和通信控制器的典型工作电流为 50mA；关电时的总线驱动器电流（Quiescent Current）（指汽车电压调节器关断后，总线驱动器监视器唤醒逻辑等消耗的电流）为 10μA。

4）通信控制器供电电压适应的条件与汽车 ECU（Electronic Control Unit）要求一致（现在的 ECU 电压为 5V，考虑允许使用 3V 电压）。

5）直接与线束相连的总线控制器和通信控制器的输入/输出，满足汽车上电器系统的要求（考虑适应将来可能的 36/42V 汽车电源电压情况）。

一、基本术语

1）时间片（Slot）：是 FlexRay 对通信过程划分的时间段，在这些时间段上，控制器按一定的要求或条件访问通信媒体。

2）TDMA（Time Division Multiple Access）：分时多路复用访问方式。FlexRay 支持 TD-

MA 媒体访问方式。

3）通信周期（Communication Cycle）：FlexRay 一个信息传送的周期（Cycle）称为通信周期（Communication Cycle）。一个通信周期由静态和动态两个部分构成，静态和动态两个部分任何一个都可以是空的。

4）通信周期静态部分（Static Part）：在这一部分中，信息按照固定的事先定义的 TDMA 方式传送。

5）通信周期动态部分（Dynamic Part）：在这一部分，信息按最小时间片算法（Mini-slotting Algorithm）发送；按信息标识符的优先级确定发送的顺序。

6）电子控制单元（ECU）结点：连接到网络上的具有一定应用功能的结点。

7）网络星结点（Active Star）：只具有网络功能的通道连接结点。

8）总线监控逻辑（Bus Guardian）：用于避免通道定时错误的一个独立部分，它与一个通信控制器和一个微控制器相连；总线监控逻辑必须独立于其他的通信控制器。

9）通道（Channel）：在 FlexRay 系统中，通道指通信控制器的物理连接。

10）结点主机（Host）：一个结点中执行应用程序的微控制器。

11）集群（Clique）：一组具有一定相同系统属性的通信控制器。

12）簇（Cluster）：由至少一条通信通道直接连接的多个结点构成的通信系统或子系统。

13）通信控制器（Communication Controller，CC）：在一个 FlexRay 的结点中完成通信协议功能的部件。

14）周期数（Cycle Number）：用于识别一个通信周期的正整数，系统启动后的第一个周期的周期数设为零，以后随着通信周期递增，到最大数后回零，以此往复。

15）周期时间（Cycle Time）：一个通信周期持续的时间，单位为宏时钟节拍（Macroticks）。

16）帧（Frame）：通信过程中交换信息的一个时间窗结构。

17）帧标识符（Frame Identifier）：标识一个帧的值，在通信周期的静态段，定义了这个帧的时间片位置；在动态段定义了这个帧的优先级，数值越小，优先级越高。

18）关键时间片（Key Slot）：用于传输同步帧和启动帧的时间片。

19）宏时钟节拍（Macrotick）：由簇时钟同步算法确定的一个时间段，用单位为微时钟节拍的一个整数表示。时钟同步算法会动态调节这个值。全局时钟以宏时钟节拍为单位。

20）微时钟节拍（Microtick）：一个结点的通信控制器时钟振荡器产生的一个基本时间单位。

21）微时间片（Minislot）：一个通信周期的动态段中的一个时间片，用于同步传输部分媒体访问的优先级仲裁。

22）空帧（Null Frame）：没有传输有效数据的帧，其数据部分都置为 0。

23）时间片编号（Slot Number）：在一个通信周期中，各个时间片的编号，用于识别时间片。

24）启动帧（Startup Frame）：帧头含有一个标识部分，帧中的时间信息可以在启动过程中用来初始化系统。

25）同步帧（Sync Frame）：帧头含有一个标识部分，其中有帧实际到达时间和预计到达时间的偏差，可用于时钟同步算法。

26）同步结点（Sync Node）：被配置传输同步帧的结点。

27）工作点（Action Point）：宏时钟节拍的边界点，在这些点启动或停止发送。

二、结点基本结构

在 FlexRay 网络中有 3 种基本类型的结点，即同步结点、冷启动结点和应用任务结点。同步结点在网络中提供时钟同步算法的支持，实现同步的功能。冷启动结点的特点是在网络尚未同步之前就可以发送启动帧，支持结点和网络通信的初始化过程。冷启动结点一定是一个同步结点。除这两种结点以外，网络中还有一些完成一定应用功能的结点，就是应用任务结点。

1. 结点的基本构成及接口信息

一个结点的基本结构如图 3-2 所示，一般由微控制器（也称为主控制器和结点主机）、通信控制器、总线管理逻辑、总线驱动逻辑（发送/接收驱动器）和电源系统 5 个部分组成。通信功能主要由通信控制器、总线管理及驱动逻辑，以及这些部分与主机的接口完成。结点各个部分之间的信息接口关系如图 3-3 所示。

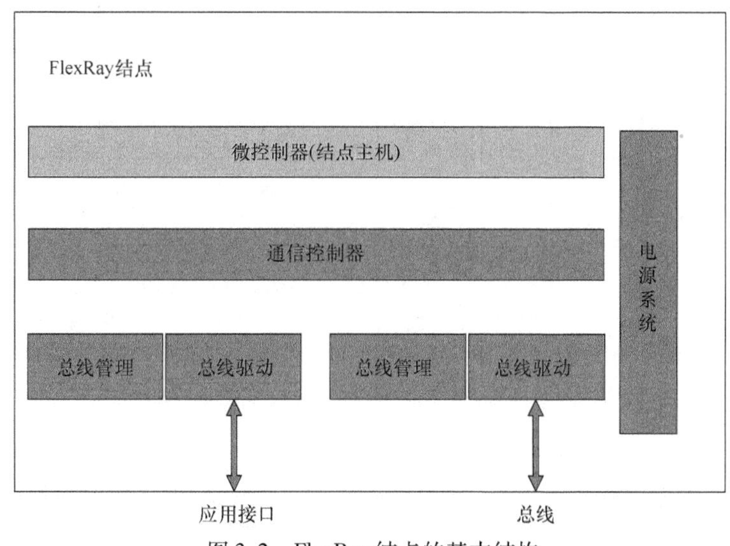

图 3-2　FlexRay 结点的基本结构

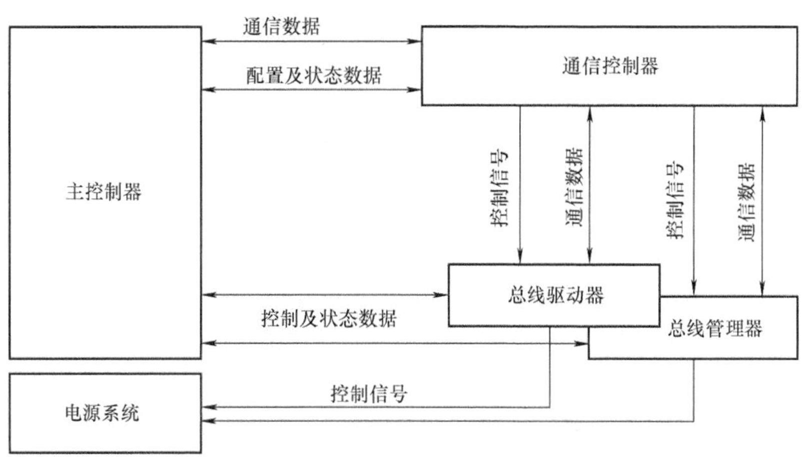

图 3-3　FlexRay 结点内各部分之间的信息接口关系

2. 结点基本功能

FlexRay 网络结点具有以下基本功能:

1) 结点中，一个通信控制器连接一个或两个总线驱动器，即一个结点可以连接到一个或两个总线通道上。

2) 结点可以进入休眠态。

3) 处于休眠态的结点可以由总线事件唤醒。

4) 结点的总线活动可以由主控制器关闭。

5) 结点与电源常连接。

6) 结点的应用功能。

网络星结点是一个只有网络功能的结点，没有主控制器和通信控制器，一个星结点有 1 个以上总线驱动器，它可以由总线唤醒、由总线关闭。

三、网络拓扑结构

FlexRay 网络的拓扑结构有总线型结构和星形结构，也可以由这些结构混合构成混合型结构。

1. 总线型拓扑结构

FlexRay 网络双总线型拓扑结构如图 3-4 所示，每个结点可以连到两个总线上，也可以只连接到一个总线上。

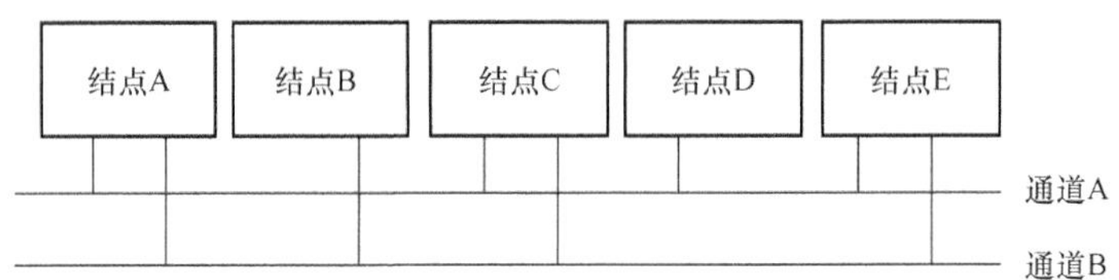

图 3-4　FlexRay 网络双总线型拓扑结构

2. 星形结构

FlexRay 网络的星形拓扑结构有多种连接方式。图 3-5 所示是一个双通道单星的结构，每个通道由一个星结点连接，一个结点可以连接到一个或两个通道上（星结点上）。

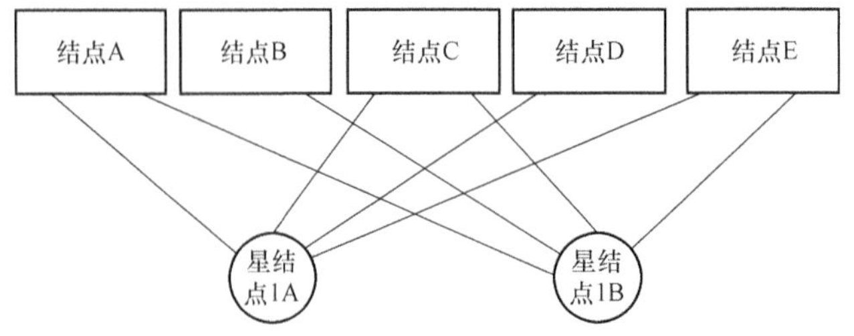

图 3-5　FlexRay 网络星形双通道拓扑结构

图 3-6 所示是两个单通道星形结构级联的结构，每个通道由一个星结点连接，一个结点连接到一个通道上（星结点上），两个星结点之间互联。在这样的结构基础上，也可以构建冗余通道的结构，如图 3-7 所示。

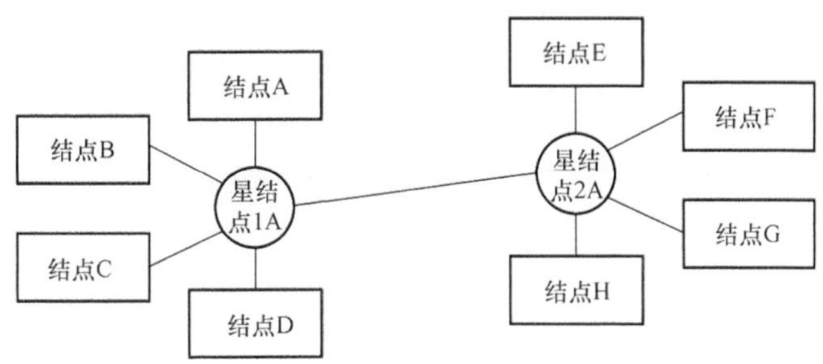

图 3-6　FlexRay 网络两个单通道星形结构级联

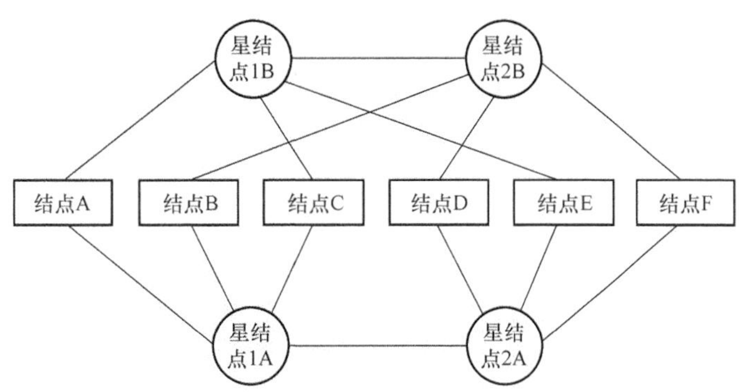

图 3-7　FlexRay 网络双通道星形结构级联

3. 总线型与星形的混合结构

FlexRay 网络除了可以使用总线型和星形结构外，只要级联的每一个子网不超过结点数的限制，还可以使用两种结构混合的网络拓扑结构。

图 3-8 所示是两个混合结构的例子。图 3-8a 所示是一个星结点（2A）直接连接结点并连接到一个总线上，总线上又连接了一些其他结点；然后又与另外一个星结点（1A）相连，星结点（1A）也直接连接了一些结点，也可以再连接总线。图 3-8b 所示是一个星形拓扑结构与总线型结构构成的双通道结构。

四、FlexRay 协议操作控制

FlexRay 网络通信过程的完成，是协议规定的各个通信操作的核心机制的有序执行。媒体访问控制、编码解码、帧和符号处理以及时钟同步构成了 FlexRay 网络的核心机制。如图 3-9 所示，FlexRay 网络的协议操作控制（Protocol Operation Control，POC）描述了 FlexRay 核心机制之间的关系和有序操作过程。由于 FlexRay 可以提供两个单独的数据通道，每一个通道都包含时钟同步启动、媒体访问控制、帧和符号处理以及编码解码处理机制，所以 POC 中的模块都是成对存在的。

通信控制器（Communication Controller，CC）与主控制器的接口（Controller Host Interface，CHI）的作用是 POC 部分和主控制器之间的信息交互，包括主控制器向 POC 部分发送各种控制命令及回读 POC 部分的各种状态。

编码解码（Coding and Decoding，CODEC）模块定义的是通信控制器和总线驱动器

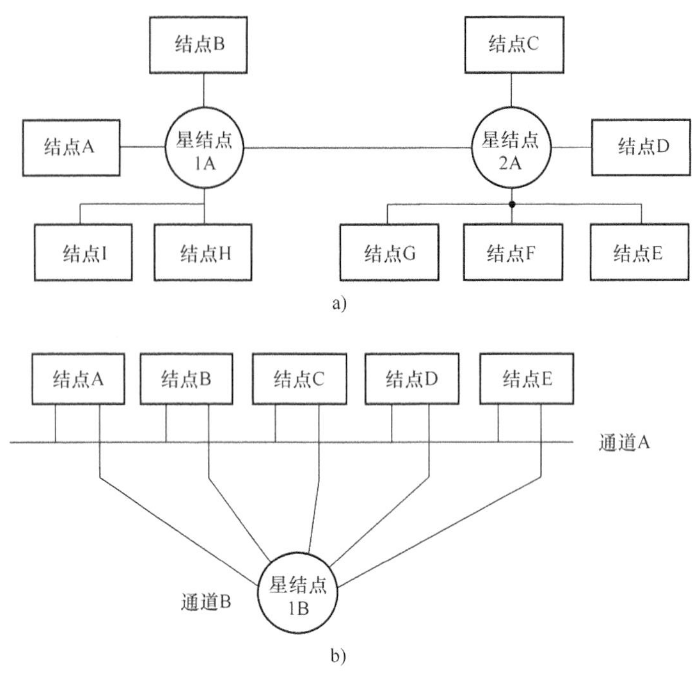

图 3-8 FlexRay 网络混合拓扑结构

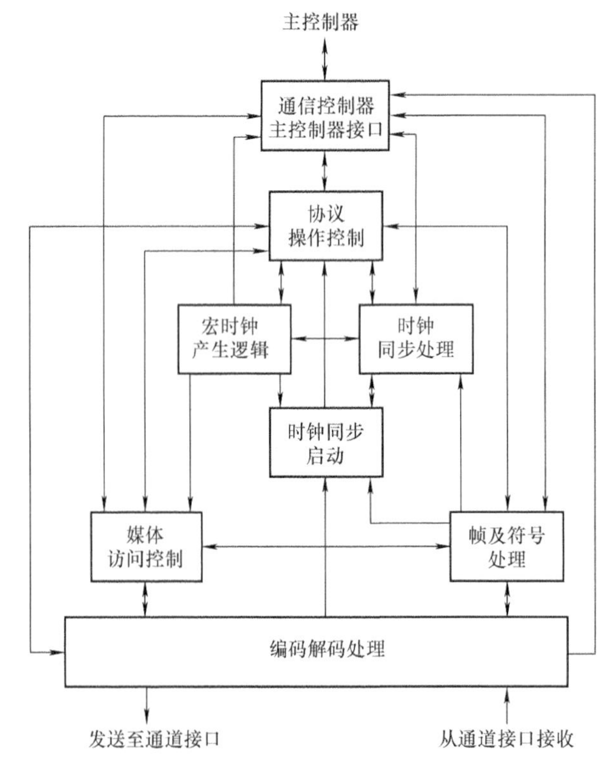

图 3-9 协议操作控制信息接口关系

(Bus Driver, BD) 之间通过串行数据线 TxD、RxD、TxEN 进行信息转换的方式。这部分完成帧的编码/解码功能，以及信号变换功能。其在发送的时候按照帧位流编码规定对帧信息编码，接收的时候对位流解码。当总线上接收到一个帧时，CODEC 规定了 BD 如何把收到的物理电平信号转变为串行信号，通过 RxD 发送给 CC；当 CC 中存在要发送的数据的时候，CODEC 规定了如何把串行信号转变为物理电平信号，通过引脚 TxD 发送给 BD。

媒体访问控制（Media Access Control，MAC）完成 FlexRay 网络的媒体访问操作。MAC 的基本功能如下：

1）完成把数据打包成 FlexRay 帧并发送到物理线路上的功能。

2）依据定时及同步机制，完成周期、帧的组织以及在不同时间层上的操作。

3）完成 FlexRay 的每一个通信周期静态段的时分多路访问（TDMA）、动态段基于帧 ID 的总线竞争两种媒体访问模式的操作。

FlexRay 网络的协议操作控制过程中，网络的状态转换过程如图 3-10 所示。

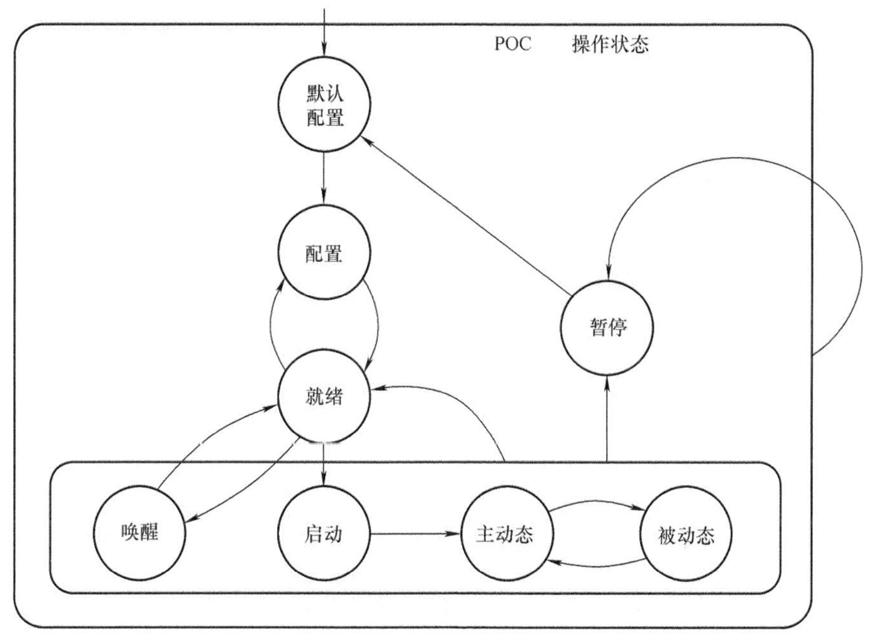

图 3-10　POC 状态转换关系

第二节　FlexRay 网络中信息的基本传输过程

FlexRay 网络按周期循环组织信息的传送。在传送信息时，一个通信周期有静态的和动态的两个部分。动态段和静态段又由一些时间片构成，每个时间片传输一个 FlexRay 帧。FlexRay 帧是一个有格式的位流。

由于一个 FlexRay 通信周期的静态和动态部分可以是空的，所以，一个通信周期可以有 3 种形式：纯静态的（动态部分为空）、静态动态混合（既有静态部分又有动态部分）的和纯动态的（静态部分为空）。当前通信周期由通信周期计数器的值标识，这是一个只增计数

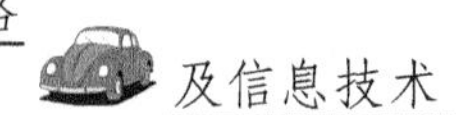

器，对通信周期进行计数。通信控制器配置数据决定了通信周期的长度，可以由应用程序设置。只有总线处于允许状态下，通信控制器才可以启动一个通信周期。一个结点的信息内容可以在不同的通信周期的特定时间片上多重发送。静态部分和动态部分信息的传送方式是不同的，FlexRay 静态部分具有以下特性：

1）一个通信周期的静态部分可以由程序设定它的时间片数。

2）在一个通信周期内，一个结点可以由程序设定它可以使用的时间片。

3）静态部分在每一个时间片内，最多只允许有一个结点向通道上发送一个帧信息，通信周期的静态部分按 TDMA 方式访问媒体。

4）所有静态部分时间片的长度相同，可以由程序设定。

5）在一个通信周期第一个时间片之前是通信起始符。

FlexRay 动态部分具有以下特性：

1）在一个通信周期内可以没有或有几个动态时间片。

2）在一个通信周期内静态部分具有优先访问总线权。

3）在通信周期的动态部分，采用最小时间片（Mini - Slotting Scheme）和标识符优先的仲裁策略，发送的信息标识符优先级高的结点获得仲裁。

4）动态部分的信息长度在网络运行时是可变的。

一、FlexRay 通信周期

FlexRay 的一个通信周期包含静态段（Static Segment）、动态段（Dynamic Segment）、符号窗（Symbol Window）和网络空闲向量（Network Idle Time）。

图 3-11 所示是 FlexRay 一个通信周期的时间分层结构。图 3-12 所示是只包含静态段和动态段的通信周期示例。

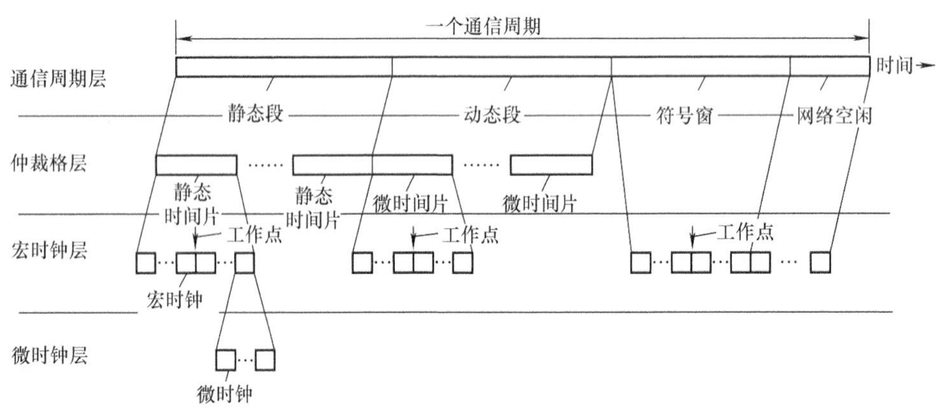

图 3-11　FlexRay 通信周期时间层次

1. 通信周期的基本执行过程

除了启动阶段，FlexRay 通信周期以一个固定的宏时钟数周期性地循环执行。通信周期依次从 0 到一个可设置的最大值依次计数。总线仲裁基于在静态段和动态段的帧标识符。帧标识符决定了其在通信周期的哪个段和这个段的哪个时间片发送。图 3-13 所示是一个 FlexRay 通信周期执行的示意图。

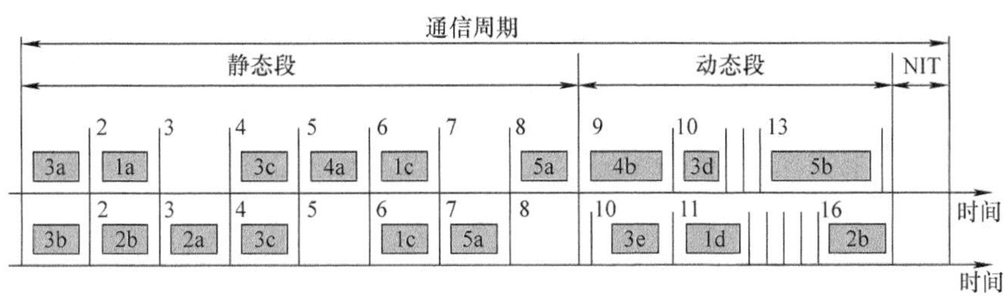

图 3-12　只包含静态段和动态段的通信周期

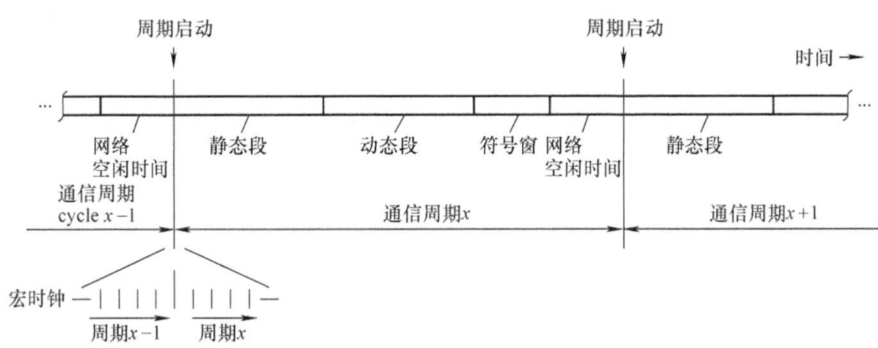

图 3-13　一个 FlexRay 通信周期的执行过程

2. 静态段

一个 FlexRay 通信周期的静态段，按照配置值设置其时间片数。所有静态段中的时间片大小相同，由一个以宏时钟为单位的数给出。每个时间片有一个序号，在静态段中将固定的时间片分配给各个结点，在一个通信周期的静态段中，每个结点在一个通道上只能在分配给它的时间片内发送数据帧，而在自己时间片之外的时间只能接收数据。在 FlexRay 网络运行的时候，这个时间片的分配情况是不允许动态发生改变的。静态段结构如图 3-14 所示，时序关系如图 3-15 所示。

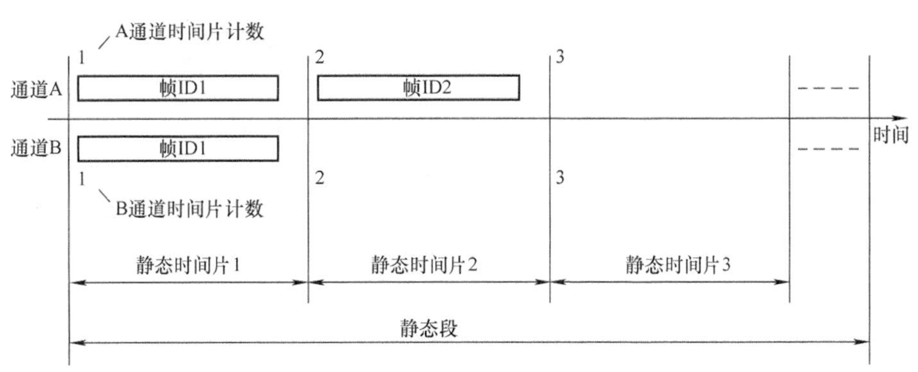

图 3-14　静态段结构

3. 动态段

可以配置一个 FlexRay 通信周期动态段的微时间片数量，并且从 1 开始依次编号。所有微时间片的大小相同，也由一个以宏时钟为单位的数给出，不用动态段的时候可以设置微时间片数为0。在一个通信周期的动态段中，结点如果要发送消息，要通过竞争获得总线使用权。在动态段部分，是按照发送数据的数据帧优先级分配带宽，优先级由帧的标识ID确定。动态段结构如图3-16所示，时序关系如图3-17所示。

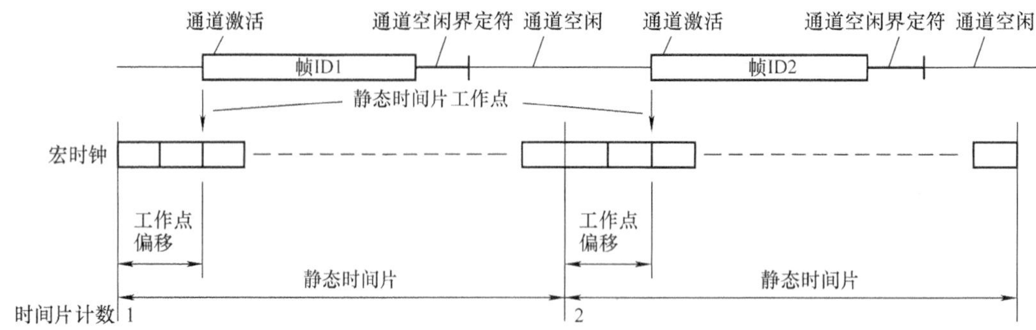

图3-15 静态段时序关系

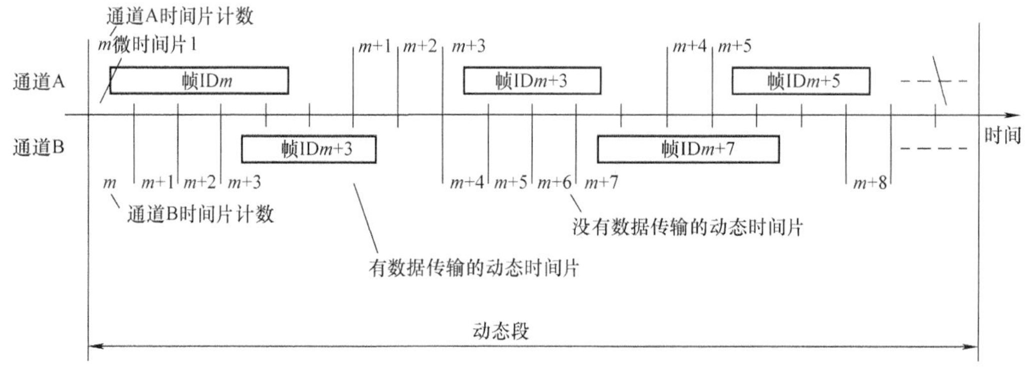

图3-16 动态段结构

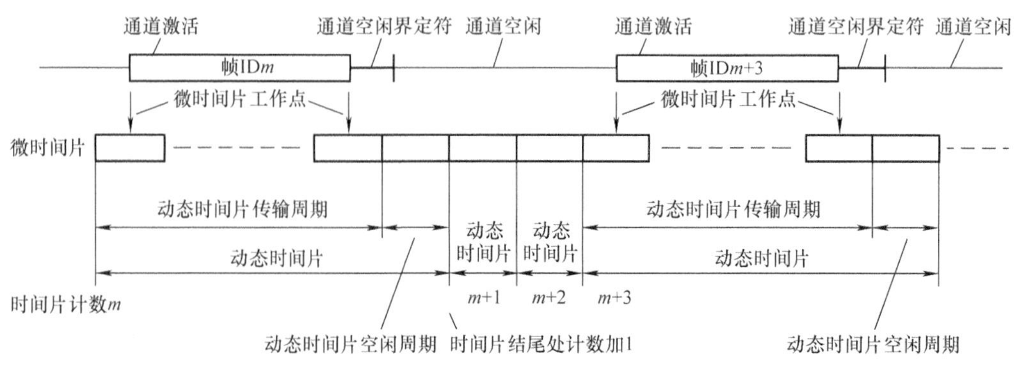

图3-17 动态段时序关系

4. 符号窗

一个FlexRay通信周期可以有一个符号窗。符号窗通过配置设定一定数量宏时钟的时间宽度，这个配置值为零表示不用符号窗。在符号窗内的内容及功能由高层协议规定，

FlexRay 结点发送一个符号表示某种自定义的特殊用途。

5. 网络空闲向量

一个 FlexRay 通信周期的网络空闲向量用来对 FlexRay 网络进行调整，是不可缺少的部分。一个周期除去前面几个段使用的时间，余下的就是空闲段的长度。一个通信周期可以根据结点的实际需要，动态配置动态段和网络空闲向量各部分的带宽。在网络空闲向量时间范围内，FlexRay 网络中的结点不进行任何通信。

二、FlexRay 帧格式

在 FlexRay 网络中，结点把要发送的信息打包成帧在静态段或动态段的时间片发送，一个帧的格式如图 3-18 所示，由帧头段、有效数据段和帧尾构成。每个字段又分成具有不同意义的位段。

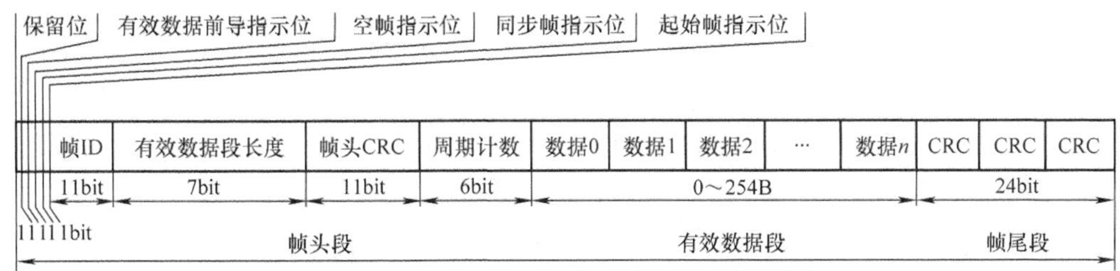

图 3-18　FlexRay 帧的格式

1. 帧头段

FlexRay 的帧头段共有 5 个字节，包括 1 位保留位、1 位有效数据前导指示位、1 位空帧指示位、1 位同步帧指示位、1 位启动帧指示位、11 位帧 ID、7 位有效数据长度、11 位头 CRC 校验码和 6 位周期计数。

保留位不能被应用功能使用，发送时把这一位置为逻辑“0”，接收时忽略这一位。

有效数据前导指示位用于描述数据部分的一些特征。其值为 1 时，对于在静态段传输的帧，指示在数据部分的开始位置有一个网络管理矢量（Network Management Vector，NMVector)，其值为 1，对于在动态段传输的帧，其指示在数据部分开始位置有一个信息的 ID 部分；其值为 0，表示数据部分没有这些特殊信息。

空帧指示位为 1 时，表示本帧有效数据部分有数据，如果空帧指示位为 0，表示本帧为空帧，有效数据部分没有数据。

同步帧指示位用于说明本帧是否为同步帧，如果同步帧指示位为 0，本帧为非同步帧；如果同步帧指示位为 1，本帧为同步帧，所有接收到本帧的结点会把其信息用于同步。

启动帧指示位用于说明本帧是否为启动帧，如果启动帧指示位为 0，则本帧为非启动帧；如果启动帧指示位为 1，则本帧为启动帧。只有冷启动结点可以发送启动帧。

帧 ID 定义了本帧在哪一个时间片发送，在一个簇中的结点发送的帧都会赋予一个帧 ID。帧 ID 值的范围为 1 ~ 204754。

有效数据长度字段用于说明有效数据部分的数据长度，单位为 16 位 2B，如数据部分有

100个字节数据，则有效数据长度字段的值为50。在动态字段，不同帧的有效数据长度字段的定义可能不同。

头CRC校验码字段是由同步帧指示位、启动帧指示位、帧ID、有效数据长度构成的部分生成的CRC校验码。发送时，这个值是主控制器计算后配置到通信控制器的，接收时，通信控制器会用这个值进行CRC校验计算。

周期计数字段给出发送结点在帧发送的时候的周期计数器计数值。

2. 有效数据段

有效数据段部分传输0~254B的载荷数据，依次为数据0、数据1……

在一个周期的静态段，帧的有效数据段可以用于传输网络管理向量。这个值是在配置POC的时候设置的，一个簇中的所有结点的NMVector是一致的，这个值只用于静态段的帧。NMVector是发送结点的主控制器按照应用数据填到帧中的，通信控制器没有相关操作。一个帧是否包含NMVector，是在帧头部分的有效数据前导指示位定义的。

在一个周期的动态段中，FlexRay帧有效数据段部分的前两个字节可以用于传输16位的信息ID（Message ID）。一个帧的信息ID标识这是什么数据，接收结点可以用信息ID过滤数据帧。信息ID只用于动态段，是由结点主控制器提供的。一个帧是否包含信息ID，是在帧头部分的有效数据前导指示位定义的。

3. 帧尾字段

FlexRay帧尾字段只有一个域，一个24位的CRC校验码。这个校验码是由帧头以及有效数据部分生成的，在两个通道中使用相同的CRC校验码生成多项式。

三、帧位流的编码解码

一个信息帧在物理层传输要进行编码。把一帧本身要传输的信息加上位置标识以及同步等需要的信息编码成一个二进制位流，每一帧以一组位流在物理层由发送结点发出；接收端接收到这些位流进行解码，分解出一帧的信息，提供给链路层。

1. 编码插入序列

编码插入序列是对一帧进行编码时加到帧中的二进制序列，具体有以下几种。

1）传输起始序列（Transmission Start Sequence，TSS）：发送结点在开始发送时，首先输出的一个连续低位序列，长度可以通过配置设置，表示一个传输开始并建立发送与接收端的路径，接收端结点检测到这个状态，就判定总线由空闲进入忙状态，一个帧的传输过程开始。

2）帧起始序列（Frame Start Sequence，FSS）：在TSS之后加入的一个高位，以补偿TSS部分同步的量化误差。

3）字节起始序列（Byte Start Sequence，BSS）：BSS包含连续的一个高位和一个低位。发送结点在一帧每一个字节信息（每8位数据）前面都加上BSS，为接收端提供时间同步信息。

4）帧结束序列（Frame End Sequence，FES）：一帧所有的信息发出之后，发送结点紧接着发送的连续一个低位一个高位，表示一帧结束。

5）动态段帧尾序列（Dynamic Trailing Sequence，DTS）：用于动态段的帧尾，指示发送端微时间片工作点的准确时间。DTS 包括先低后高两部分，低的部分可变长，至少保持一个位时间，在下一个微时间片的工作点变高，高的部分固定为一个位时间。发送结点在发送动态段的帧时，紧接 FES 之后发送 DTS。

2. 帧位流的编码

传输一个帧的时候，结点按照一定的要求把要发送的信息和插入序列组成一个位流，依次发送到物理层上。这个装配过程就是所谓的编码，基本步骤如下：

1）把一帧的所有信息分成字节。

2）在位流的最前面加入一个 TSS。

3）在 TSS 后面加入 FSS。

4）在帧数据的每一个字节前面插入 BSS 得到扩展字节。

5）按照原来帧信息的数据顺序排列所有扩展字节。

6）计算帧的 CRC 校验码，并把校验码各个字节加 BSS 进行字节扩展。

7）在如上形成的位流后面加上一个 FES。

8）如果是动态段的帧，再在后面加上一个 DTS。

静态段帧和动态段帧的编码图示如图 3-19 和图 3-20 所示。

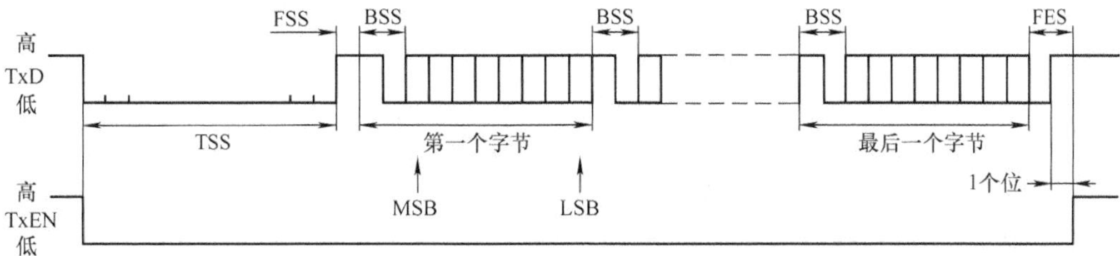

图 3-19　静态段帧的编码

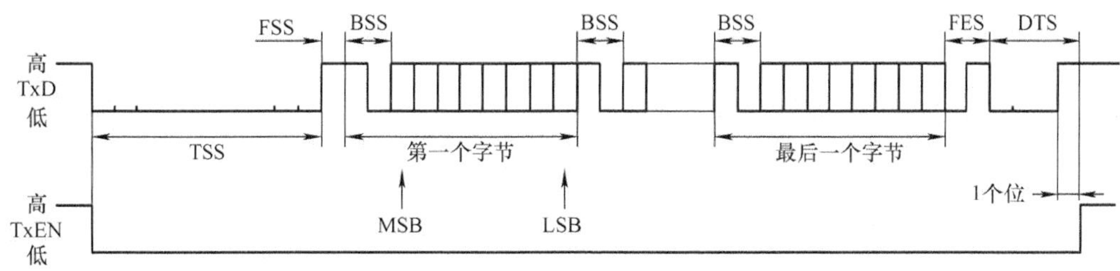

图 3-20　动态段帧的编码

3. 帧位流解码

对于接收端，在总线空闲时监测到总线上的传输起始序列 TSS，表示有帧将要启动传输，这时启动帧接收过程，按照同步机制定时，开始接收后续位流，并按照编码规则进行解码处理。当接收端结点检测到错误的时候，终止通信位流的解码过程，并一直等待总线回到空闲状态。

第三节　FlexRay 网络的同步及启动

在 FlexRay 的通信周期，静态段中使用的是基于 TDMA 的通信协议，通信媒介的访问是在时间域中各个结点分时进行的。这种方式要求每一个结点都必须保持时间上的一致，并且每一个结点的最大时间偏差在限定的范围之内，才能真正实现时钟同步，并按照这个时间安排发送顺序。所有的结点在时钟同步的前提下才能进行正确的通信。因此，在 FlexRay 的网络中，有一个概念上的全局时间。每一个结点都通过接收同步帧，得到同步帧中的全局时间，并和自己的本地时间进行比较，然后对自己的本地时间进行调整，以完成整个网络的时钟同步。

一、时钟同步方式

时钟同步的主要任务是确保一个簇中所有结点之间的时间偏差在允许的范围。在 FlexRay 协议中，每一个结点通过由同步帧传来其他结点的定时信息，进而可以计算出与本地时间（本结点的时间）的偏差，使用分布式时钟同步机制，使其本地时钟同步到所在簇的全局时钟。

1. 时钟同步方法

一个 FlexRay 结点可以使用 3 种不同的时钟同步方式，一个 FlexRay 簇的结点的同步方式影响其工作特点。

（1）TT－D 时钟同步方法（TT－D synchronization method）

TT－D 同步方法是通过 2～15 个分布冷启动同步结点实现同步的方法。TT－D 同步方法是一个分布算法，可以避免单个结点的故障影响，增强了时钟同步的容错能力。冷启动结点使用 TT－D 同步方法的簇称为 TT－D 簇。

（2）TT－L 时钟同步方法（TT－L synchronization method）

TT－L 时钟同步方法是 TT－D 时钟同步方法的一个改进算法，其可以只使用一个冷启动结点，这个结点通过发送两个启动帧起到类似 TT－D 中两个冷启动结点的作用，是通过一个同步时钟结点的本地时钟进行同步的方法。TT－L 时钟同步方法的优点是简化了系统复杂性。冷启动结点使用 TT－L 时钟同步方法的簇称为 TT－L 簇。

（3）TT－E 时钟同步方法（TT－E synchronization method）

TT－E 时钟同步方法是通过另外一个 FlexRay 簇的时钟同步方法。TT－E 时钟同步方法的主要作用是把一个 FlexRay 簇与另一个 FlexRay 簇进行时钟同步。TT－E 时钟同步方法的优点是可以把一个 FlexRay 簇的调度表与另一个 FlexRay 簇的调度表配对。使用 TT－E 可以把一个 FlexRay 簇分解为子 FlexRay 簇，避免一个 FlexRay 簇的结点超出限制，使用更有效利用带宽的 FlexRay 结构。冷启动结点使用 TT－E 时钟同步方法的簇称为 TT－E 簇。

2. 时钟的层次结构

（1）全局时间与局部时间

一个 FlexRay 簇范围公共的时间称为全局时间，FlexRay 协议本身没有一个绝对的全局时间，每一个结点有一个从其角度看到的全局时间。

局部时间是一个结点自己的时钟给出的时间，一个结点的局部时间是基于其认知的全局时间的，通过时钟同步算法尽量调节它的局部时间与全局时间一致。一个 FlexRay 簇的定时精度是簇内任意两个同步了的结点的局部时间之差。

（2）时间单位层次

在 FlexRay 簇和结点中，时间单位的层次有周期、宏时钟节拍、微时钟节拍，其关系如图 3-21 所示。

微时钟直接由通信控制器的振荡器产生，是面向通信控制器的时间单位，也是一个结点里面的最小时间单位。

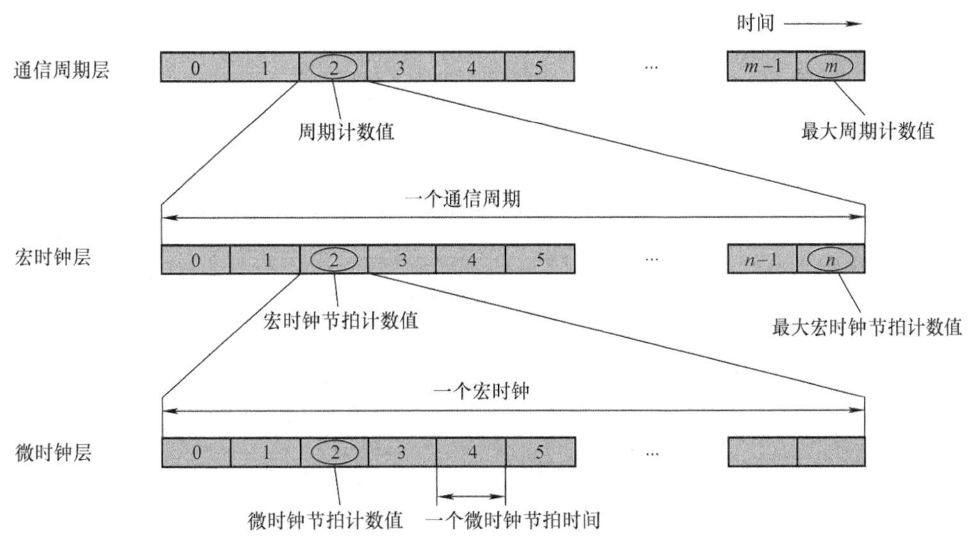

图 3-21　时间单位的层次

宏时钟给出的是一个在簇范围同步了的时间，在允许误差范围内整个簇中结点的宏时钟认为是一致的。宏时钟的单位时间（一个节拍）用微时钟节拍数表示，但在一个结点中，不同时间的一个宏时钟节拍包含的微时钟节拍数可能有差异，不同结点之间一个宏时钟节拍的微时钟节拍数也可能有差异。

一个周期包含若干宏时钟节拍，在一个簇中的所有结点中，一个周期的宏时钟节拍数是一致的，并且不同周期包含的宏时钟节拍数也是不变的。任何时候，所有结点的周期计数都是一致的。

3. 时钟同步过程

FlexRay 的时钟同步包含两个主要的过程。一个是宏时钟产生过程（MTG），其控制宏时钟计数器和周期计数器，并进行频率和相位偏移的校正；一个是时钟同步过程（CSP），其完成周期开始时的初始化、检测并存储偏差值，以及计算速率和偏移的校正值。这两个过程的定时关系以及与媒体访问的关系如图 3-22 所示。

FlexRay 中允许的最大时钟偏差称为精确度。FlexRay 中的时钟偏差包括两部分，一个是相位上的偏差，一个是频率上的偏差。其中，相位上的偏差指的是在某一个时间的绝对差别。而频率上的偏差是相位偏差随着时间推移的变化。实现时钟同步，是通过相位的更正和频率的更正实现的。FlexRay 使用了一种综合的方法，以同时实现相位上的校正和频率上的校正。

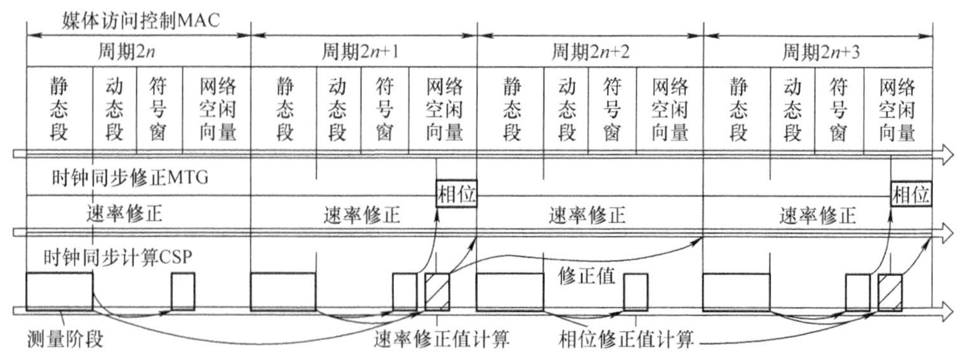

图 3-22　FlexRay 时钟同步机制

为测量本地时钟和全局时钟间的偏差，所有的 FlexRay 结点要在接收期间检测消息到达的准确时间。因为 FlexRay 通信周期的静态段是基于 TDMA 访问的，在每一个静态槽内只有一个特定的结点才能进行发送。所以，通过这个静态部分的定时机制，FlexRay 中的结点可以知道消息的实际到达时间。如果消息到达的时间和预期的到达时间不一致，结点就可以测量出实际消息的到达时间和预期到达时间的偏差。这个偏差就是代表了发送结点和接收结点之间的时钟偏差。根据这个测量的值，使用 FlexRay 的容错中间点算法（Fault - Tolerant Mid - point Algorithm，FTM）计算出每一个结点的更正值。如图 3-22 所示，FlexRay 的频率更正需要使用两个通信周期的测量值。测量值之间的差值是每一个通信周期中的时钟偏差的变化。它们通常用来计算偶数周期结束时的更正值。而相位的更正计算仅仅需要一个通信周期的测量值，一旦结点接收了所有的测量值，就开始进行计算，并且这个计算必须在相位更正前完成。在通信周期的最后，网络空闲向量用来对相位进行调整。相位更正每两个通信周期进行一次。图 3-23 所示是 FlexRay 时钟同步基本过程。

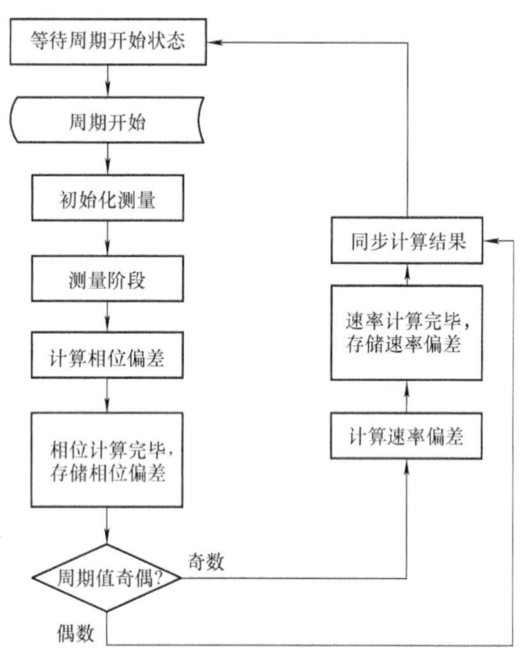

图 3-23　FlexRay 时钟同步基本过程

二、FlexRay 簇启动

所谓启动就是使网络结点从休眠状态进入同步操作，并初始化同步操作，或并入一个已经处于运行状态的簇中。系统启动过程包含两个逻辑步骤，一个是冷启动结点的启动，一个是其他结点响应冷启动结点。

当使用 TT - D 同步方法时，每个 TT - D 冷启动结点完成其启动并建立起与另一个冷启动结点的稳定通信，表示启动完成。一个 TT - L 冷启动结点在 6 个周期后完成其启动。一个 TT - E 冷启动结点，在接收到对应的簇中与其对偶的结点的时间同步参数之后，第一个周期开始就完成了启动。

在 FlexRay 簇进行启动的时候，先执行冷启动程序（Coldstart Node）。首先，主动传输启动消息的结点称为主冷启动结点（Leading Coldstart Node），其他的冷启动结点称为从冷启动结点（Following Coldstart Node）。

一旦一个结点被唤醒并且完成了初始化，它就在发出主机控制命令之后进入启动程序。不是冷启动结点的结点就会等候，直到它们至少接收并且识别两个相互通信的冷启动结点为止。同时，冷启动结点会监控自己的两个通信通道，由此来确定是否有其他的结点正在进行传输。如果没有，则这个结点就会成为主冷启动结点并开始进行传输。主冷启动结点首先会在自己的两个通道上发送无格式的符号，向其他的结点说明本结点正在作为主冷启动结点启动 FlexRay 簇。在符号发送完毕之后，这个主冷启动结点就会启动自己的时钟，进入第一个通信周期。由于在设计 FlexRay 簇的时候，每一个结点的发送时间都已经配置确定，所以主冷启动结点将在自己的时间片中进行数据的传输。

主冷启动结点发送消息之后从冷启动结点可以进行接收。在消息 ID 的识别下，接收结点能够确定发送结点的消息位于哪一个时间片。在接收到第一条消息之后，其他结点在第二个通信周期发送消息。一旦接收到第二个消息，便从冷启动结点启动自己的时钟。这个时钟由通信周期的编号和接收消息的时间片编号进行初始化。这样操作之后就能为传输结点和接收结点之间的同步时间操作建立基础。此外，接收结点会测量自己第一条消息和第二条消息之间的时间。这个时间和通信周期的时间是相对应的。测量出的时间和本地时间进行比较。同时还可以通过减法来确定时间的偏差，校正机制就会使用这个偏差值进行时钟校正。

结点完成冷启动阶段后进入正常操作模式，进行数据的收发。在确定和验证算法计算得出的校正值之后，主冷启动结点会收到来自两个通信周期的从冷启动结点的消息，进而完成启动阶段。图 3-24 所示是主冷启动结点和从冷启动结点的启动阶段的一个图例。

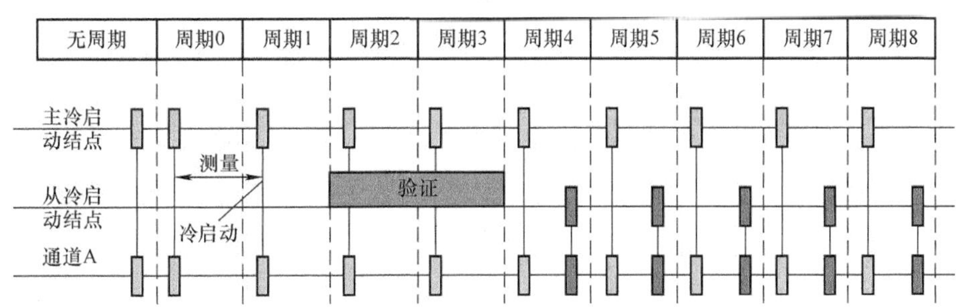

图 3-24　FlexRay 簇启动图例

第四节　FlexRay 网络结点设计

一、结点设计概述

FlexRay 网络的设计主要包括网络结构的设计以及各个功能结点的设计。

1. 结点的结构设计

构建一个 FlexRay 结点有 3 种结构方式，分别是 MCU + CC + BD 形式、MCU + BD 形式以及 MCU 形式。MCU + CC + BD 形式是最早的、最基本的 FlexRay 结点结构模式，在这种模式下，MCU 是主控芯片，主要完成计算、信息的处理和发送接收的启动，CC 完成 FlexRay 协议相关功能，BD 完成 FlexRay 物理层的功能。这种方式完成的部分功能的每一个模块相对独立，集成度比较低，可以比较方便地使用不同的组合方式，能够选择的芯片种类较多。在 MCU + BD 形式中，这里的 MCU 是集成了 FlexRay 通信控制器的主控芯片，通信控制器作为主控芯片的接口集成到 MCU 中，只要在 MCU 的基础上加上 FlexRay 物理层驱动逻辑就可以了，实现的结点集成度提高。最后一种是集成度最高的形式，是把主控制器、通信控制器和收发器都集成到一个芯片中，即主控制器芯片上集成了所有的 FlexRay 通信和驱动逻辑。图 3-25 所示是 FlexRay 结点的基本结构。

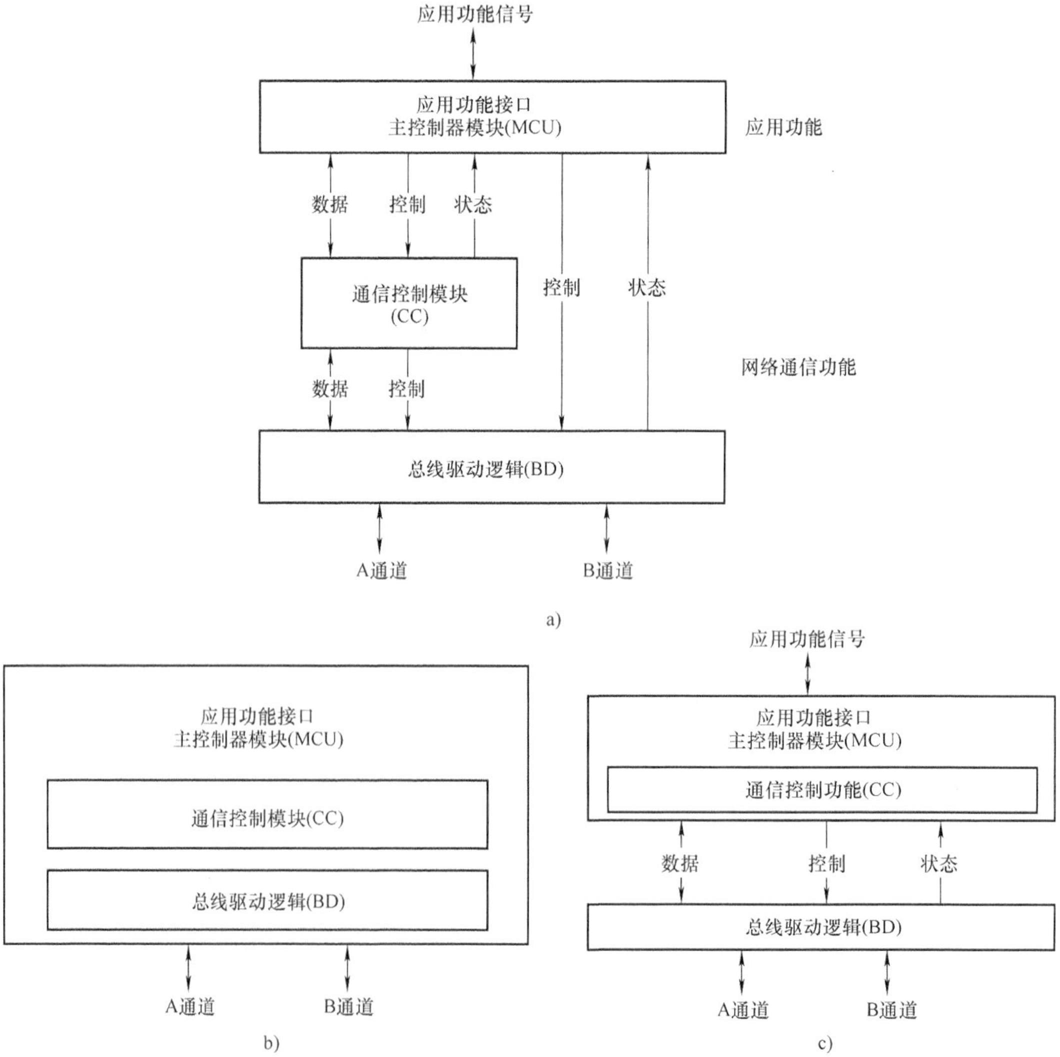

图 3-25　FlexRay 结点的基本结构

a）MCU + CC + BD　b）MCU　c）MCU + BD

2. FlexRay 控制器芯片介绍

很多主流半导体厂商已经推出了各种支持 FlexRay 结点架构所需的主控芯片和通信控制器以及收发器。

飞思卡尔在 S12X 系列芯片中集成了 FlexRay 的通信控制器，在其 56F8xxx、MPC 55xx 和 MAC 7x00 等系列控制器中也将集成 FlexRay 的通信控制器。飞利浦也已经在其基于 ARM 7 的 SJA 20xx 和基于 ARM 9 的 SJA 25xx 等系列产品中集成了 FlexRay 协议控制器。恩智浦公司（NXP）推出了世界第一款 MCU 模式的 FlexRay 解决方案。在一个基于 ARM 9 的平台上集成了 FlexRay 2.1 版本的通信控制器 SJA 2510 和总线驱动收发器 TJA 1080。

英飞凌的 FlexRay 解决方案的核心是 FlexRay 通信控制器 CIC 310。CIC 310 是基于博世 E－RAY 内核专用于 FlexRay 的通信控制器。英飞凌的解决方案还包括了 TC 1796 与 TC 1766 等 32 位微控制器，这两款芯片都是英飞凌 TriCore 家族的成员。英飞凌还推出了具有 32 位性能的 XC 2200 和 XC 2300 系列的芯片，作为 FlexRay 解决方案的主控芯片。CIC 310 可以与目前绝大多数的汽车微控制器和微处理器构架结合使用。此外，英飞凌可以向用户提供已经经过 AUTOSAR Validator 项目验证的 CIC 310 的软件包，支持用户快速地使用 FlexRay。这个软件包是符合 AUTOSAR（AUTomotive Open System Architecture，汽车开放系统架构）标准的。

瑞萨科技公司是 FlexRay 联盟标准化机构的重要成员，推出了支持 FlexRay 的 MCU 产品 32C/133 和 R32C/134 系列，并改进了 CPU 架构、增强了 32 位乘法器、单精度 FPU（Float Point Unit，浮点运算单元）和高性能桶状移位器。内置了具有快速读/写功能和高可靠性的闪存，缩短了将大量数据写入闪存的时间。嵌入了 2.1 版 FlexRay 协议控制器。

富士通公司（Fujitsu）推出了面向驾驶人辅助应用的集成有 FlexRay 的微控制器 MB91F465XA，其基于富士通 FR－70 CPU，最高速率可以达到 100Mbit/s。

（1）MFR 4x00 系列

MFR 4x00 系列包括 MFR 4200、MFR 4300、MFR 4310。飞思卡尔的 MFR 4200 是世界上第一款实现量产的 FlexRay 协议控制器。MFR 4200 可以和各种 MCU 进行集成，主要面向汽车的底盘控制、车身电子控制和动力传动系统控制应用。MFR 4200 的传输速率最高可达 10Mbit/s，环境温度－40～125℃，内部 40MHz 石英振荡器，I/O 接口工作电平最大值为 5.5V，提供两个硬件可选的主机接口，HCS12 接口用于直接连接飞思卡尔半导体的 HCS12 系列微控制器；异步存储器接口（AMI）用来异步连接微控制器。

（2）MC9S12XF 系列

MC9S12XF 系列包括 4 款芯片：S12XF128、S12XF256、S12XF384 和 S12XF512。它们的配置基本一样，区别在于存储器配置不同。飞思卡尔提供了相应的开发工具，如 CodeWarrior 开发环境，P&E 下载调试器等。

MC9S12XF 拥有 50MHz S12X 内核；集成了单/双通道 FlexRay v2.1 协议控制器，每通道都可支持 2.5、5、8 和 10Mbit/s 的数据速率；FlexRay 时钟，采用频率从 4～40MHz 不等的水晶振荡器；内置符合汽车环境使用的 512KB、384KB、256KB 或 128KB 的闪存，2KB 或 4KB 的 EEPROM，16KB、24KB 或 32KB 的 RAM；具有 16 通道的模数转换器（ADC），可选择 8/10/12 位分辨率；集成了电动机控制模块，具有 6 个通道的脉冲宽度调制器（PWM），并有故障保护和电流感应输入功能。

（3）MPC 55XX 系列

MPC 55XX 系列包括具有 512KB 闪存的 MPC 5514G、具有 1MB 片上存储的 MPC 5516G、具有 2MB 片上存储的 MPC 5567 和具有 1MB 片上存储的 MPC 5561 等主控芯片。MPC 5561 具有 132MHz 的增强型 e200 内核，1MB 的嵌入式闪存，带有纠错码（ECC）和边写边读（RWW）功能，带有 ECC 的 192KB 静态 RAM（SRAM），32KB 的统一缓存；这款芯片适合汽车安全应用。

通信接口包括 2 个 FlexCAN 控制器（兼容 TouCAN）、4 个 eSCI 和 2 个 DSPI；集成了双信道 FlexRay 控制器。

（4）TJA 1080

TJA 1080 是一款符合 FlexRay 协议 2.1 规定的 FlexRay 收发器。TJA 1080 本身就可作为结点收发器或有源星形收发器，并且具有良好的 ESD 保护和功耗管理性能。其温度范围 -40 ~ 125℃，支持高达 10Mbit/s 的数据传输速度。TJA 1080 内置自动电压管理系统，支持 2.5V、3.0V、3.3V 和 5V 的微处理器，并能自动适配接口标准。TJA 1080 拥有优秀的电磁兼容性（EMC），内置电压和温度检测，具有总线错误检测和一个安全超时保护。

（5）SJA 2510

SJA 2510 是飞利浦开发生产的基于 ARM 9 内核的控制器，它集成了 FlexRay 通信控制器。SJA 2510 是 32 位 ARM 9 微控制器，最高频率可达 80MHz；具有 32 个模拟输入和 24 个 16 位脉宽调制输出，6 个 CAN 控制器接口，8 个 LIN 主控制器接口。

（6）CIC 310

CIC 310 的全称为 SAK - CIC310 - OSMX2HT，是英飞凌针对 FlexRay 应用推出的第一款 FlexRay 协议控制器。它采用博世的 E - RAY 内核，通过 FlexRay 协会的认证，完全符合 FlexRay 规范 2.1 版本。CIC 310 的环境温度为 -40 ~ 125℃，核心供电是 1.5V，端口电压是 3.3V，具有 3 种接口方式将数据传输到处理器，分别为 SSC（Synchronous Serial Channel，串行接口）方式、XMU（De - multiplexer 8/16 bit Parallel Interface，非复用的 8/16 位并行接口）方式和 MLI 方式。其中，SSC 为一般的串口连接方式，具有连接简单和连接线少的特点，但数据传输速率较低；XMU 接口为并口连接方式，数据传输速度比串口方式快很多，但连接线较多；MLI 接口为专用接口方式，一般可以和专用车载控制器连接。CIC 310 由于采用了基于英飞凌微型链路接口（MLI）和标准串口与并口的可升级、快速接口理念，可与目前市场上绝大多数的汽车微控器或微处理器架构结合使用。另外，已经推出符合 AUTOSAR 要求的 CIC 310 驱动软件，基于这个软件可以快速实现符合 AUTOSAR Validator 项目验证的 FlexRay 应用。

二、FlexRay 结点设计示例

结点是网络通信的基础，也是应用功能的载体。从应用系统设计角度看，主控 + 通信控制器 + 通信收发器模式（MCU + CC + BD）结构结点的设计过程，覆盖了一个 FlexRay 结点设计的所有技术。除了应用功能，不同结构的结点，结点软件的设计差异不大；设计一个 MCU + CC + BD 结构的结点，硬件上较为复杂，要适当选择实现各部分功能的芯片并进行连接。这里以一个 MCU + CC + BD 结构结点设计的例子说明 FlexRay 结点设计，本例中，MCU 选用英飞凌生产的 XC164CM，CC 选用英飞凌生产的 SAK - CIC 310，BD 选用飞利浦的 TJA

1080。XC164CM 为 16 位单片机，它通过 SSC（高速同步串行接口）和 CIC 310 的 SSC 口进行连接，完成各个模块间的数据交换。

1. 结点硬件结构

主控控制整个结点的功能及通信过程。通信控制器和总线收发器之间通过一个串口交换数据。由于主机及端口电压是 5V，通信控制器的端口电压是 3.3V，所以它们不能直接进行相连，需要在它们之间加一个电压转换模块。电压转换模块采用 SN74ALVC164245，它的功能就是完成 XC164CM 和 CIC 310 之间的电压匹配，以及 TJA 1080 和 CIC 310 之间的电压匹配。结点总体结构如图 3-26 所示。

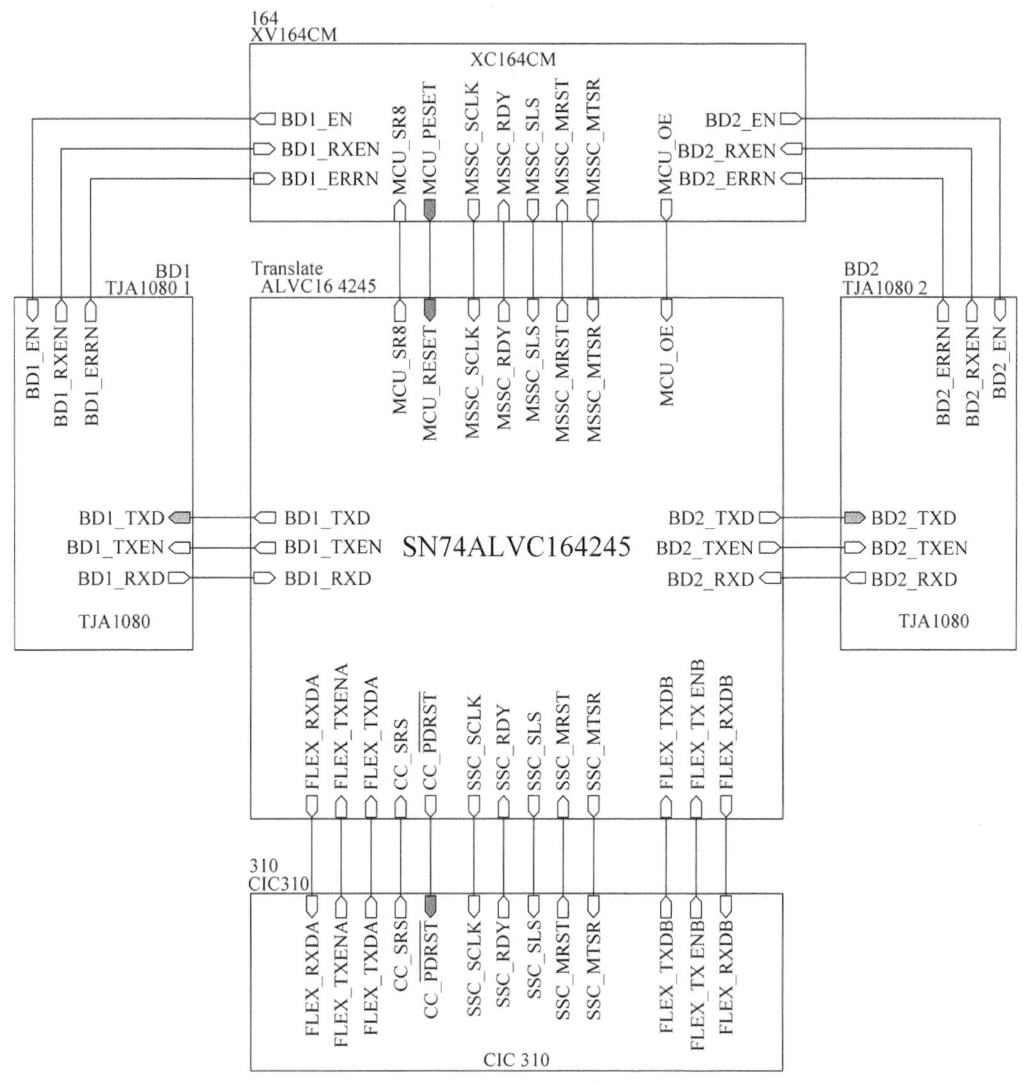

图 3-26　一个 MCU + CC + BD 结构的 FlexRay 结点

2. 结点硬件设计

（1）XC164CM 连接电路

微控制器 XC164CM 是整个结点的控制核心，它通过 SSC 端口和通信控制器 CIC 310 相连，并通过这个端口向 CIC 310 发送数据控制 CIC 310 和读取 CIC 310 的状态。XC164CM 有

SSC 功能端口，可直接与 CIC 310 的 SSC 端口进行连接。标准的 SSC 端口有 5 条信号线：时钟 SCLK、主机发送 MOSI、从机发送 MISO、片选信号 SLS 和就绪 RDY。与两个 TJA 1080 总线收发器通过 EN、ERRN 和 RXEN 引脚进行相连，并通过这些引脚控制总线收发器的使能、禁止和工作模式。XC164CM 主体电路的连接如图 3-27 所示，图 3-27 中 XC164CM 各引脚的基本功能见表 3-1。图 3-28 所示为复位电路，以调试支持接口电路。

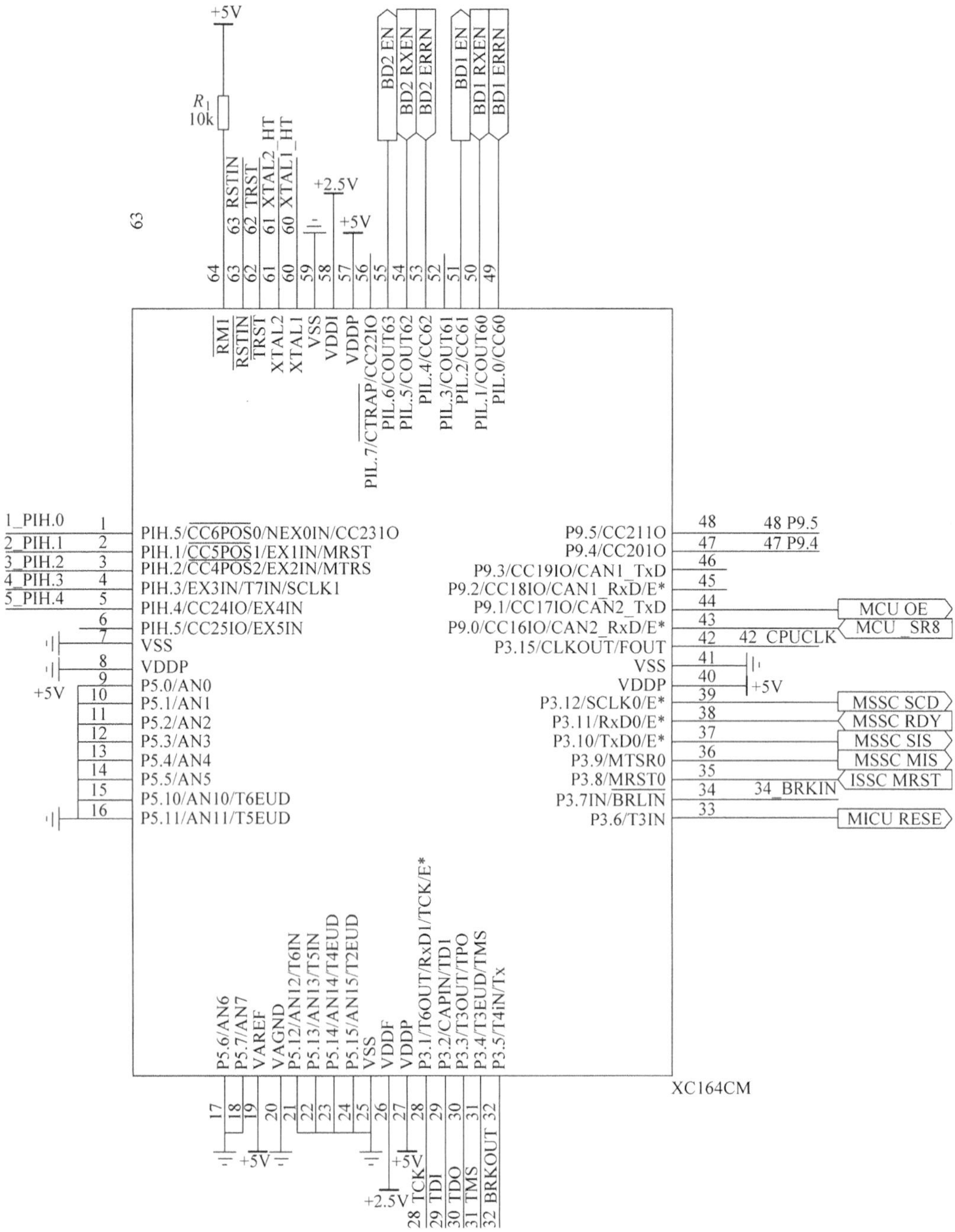

图 3-27　XC164CM 主体电路

表 3-1　XC164CM 各引脚功能

引脚序号	引脚功能
1 ~ 5	连接 LED，给出模式选择
9 ~ 18	输入功能，可用于模数转变
21 ~ 24	输入功能，可用于模数转变
28 ~ 31	对应 OCDS 的接口，用于调试
33	复用通信控制器
35 ~ 39	SSC0 接口，通过配置，XC164CM 的 SSC0 可以作为 SSC 端口使用
49 ~ 55	用于连接两个总线收发器
60 ~ 64	系统支持功能：复位、时钟信号端

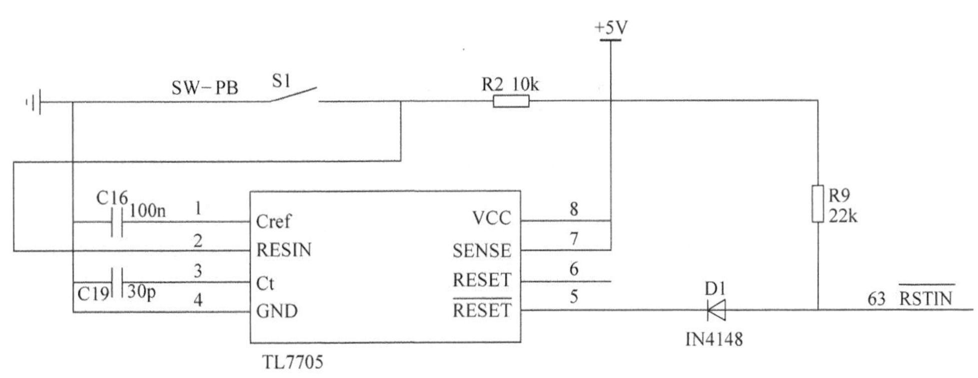

a)

b)

图 3-28　复位电路

a）XC164CM 的复位电路　b）XC164CM 的 OCDS 接口电路

图 3-28a 所示为 XC164CM 的复位电路，以 TL7705 芯片为核心产生 XC164CM 的复位信号。TL7705 的复位信号比常规的 RC 复位电路稳定，可以使 XC164CM 进行可靠的复位。图 3-28b 所示为 OCDS 调试接口电路。使用 OCDS 双列直插 16 针的接口，支持对 XC164CM 开发调试的连接。

选用的具体芯片为 XC164CM－8F20F，其最大系统时钟为 20MHz。XC164CM 内部具有锁相环电路，可以通过对相应寄存器的设置，对输入晶振信号进行倍频和分频。当系统采用 8MHZ 晶振，按式 fcpu = fpll/1 = 20MHz/1 = 20MHz（通过 CPSYS 配置）编程配置有关寄存器，就可得到 20MHz 的系统时钟。如下公式中，fin 代表锁相环 PLL 的输入频率，fosc 表示晶振频率，fcpu 表示系统时钟频率。PLLIDIV、PLLMUL、PLLODIV、CPSYS 是 XC164CM 中寄存器的一些可编程位域。

fin = fosc/2 = 8MHz/2 = 4MHz（通过 PLLIDIV 配置）。

fvco = fin × 25 = 4MHz × 25 = 100MHz（通过 PLLMUL 配置）。

fpll = fvco/5 = 100MHz/2 = 20MHz（通过 PLLODIV 配置）。

（2）CIC 310 电路连接

CIC 310 的主要功能是接收来自结点主控制器 XC164CM 的控制命令，配置自己的工作模式。CIC 310 连接主控制器和总线收发器，用来发送和接收数据。

CIC 310 和主机之间通过 SSC 口连接。其复位信号由主机提供，在主控制器启动正常工作之后，向 CIC 310 发送复位信号，使 CIC 310 复位。复位之后，主控制器通过 SSC 口向 CIC 310 的内部寄存器写控制命令，配置 CIC 310 工作模式等信息。当 ERAY 配置完毕之后，就可以开始进行正常通信的数据收发操作，在接收到总线来的报文时向主控制器发送中断，通知主控制器读取刚收到的报文；发送时，接收主控制器发来的数据并发送给收发器送到物理线路上。

CIC 310 和 TJA 1080 之间通过 FlexRay 收发线连接。系统设计为双通道，所以两个 FlexRay 的端口都连到物理线路上。

图 3-29 所示为 CIC 310 的主体电路。表 3-2 所示为 CIC 310 引脚连接关系。

结点中，CIC 310 的核心供电电压为 1.5V，端口供电电压为 3.3V。主控制器 XC164CM 的核心供电电压为 2.5V，端口电压为 5V。如图 3-30a 和图 3-30b 所示，为了满足不同芯片的电源需求并简化电路，使用电压转化芯片 AMS 1117 来产生所需的电源。系统输入 5V 供电电源，通过 AMS 1117－2.5 将 5V 电压转为 2.5V 供 XC164CM 使用，转换为 3.3V 供 CIC 310 端口使用。

产生 CIC 310 的 1.5V 电源如图 3-30c 所示，LM1117－ADJ 的参考电压为 1.25V，输出电压和参考电压的关系为：Vout = Vref ×（1 + R36/R35）。欲使输出电压 Vout = 1.5V，需要满足 R36/R35 = 1/5。在 LM1117－ADJ 输入/输出端的电容必须使用钽电容。使用普通的电解电容输出电压会不够稳定。

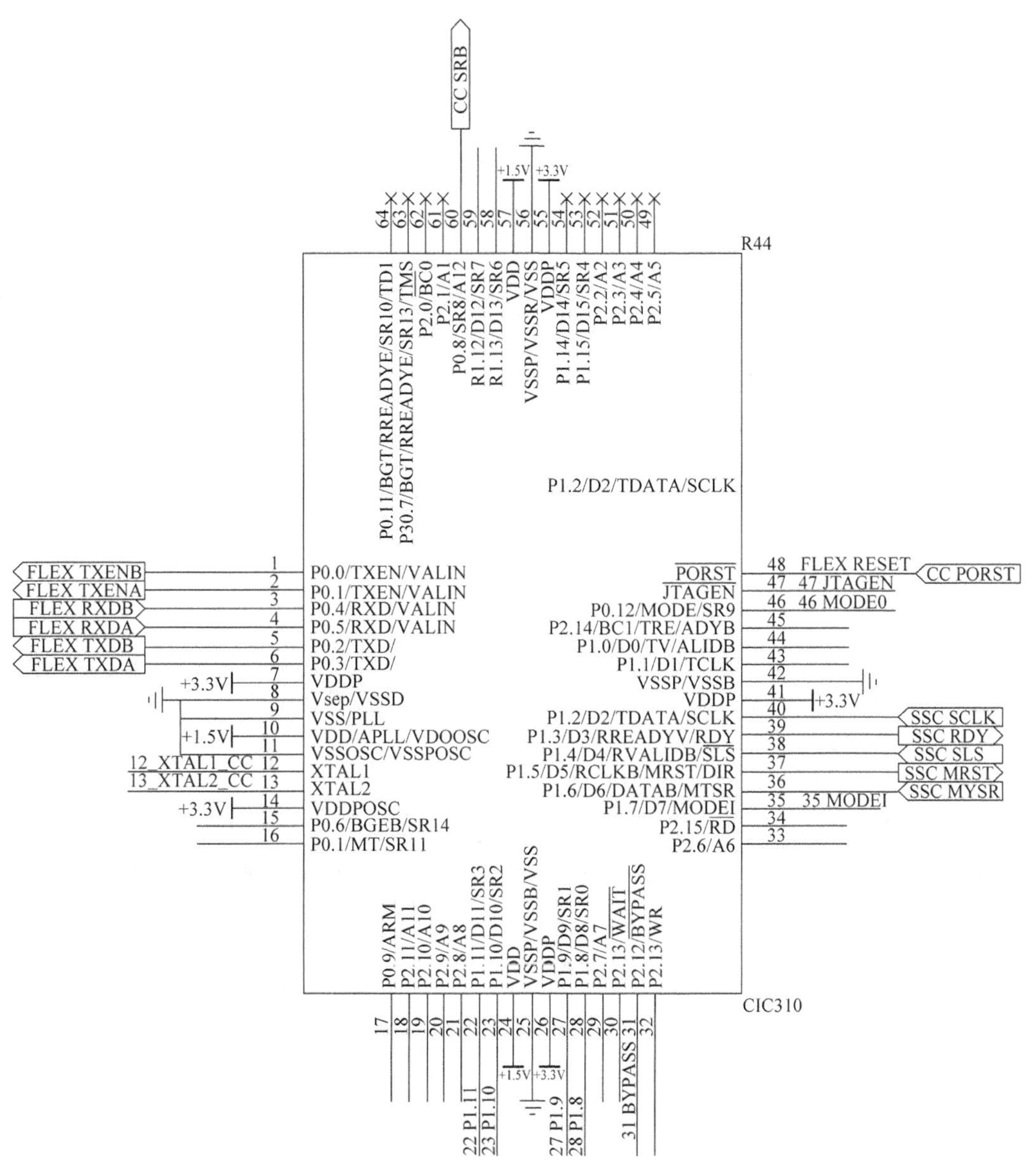

图 3-29 CIC 310 主体电路

表 3-2 CIC 310 引脚连接关系

引脚序号	引脚功能
1～6	与总线收发器 TJA 1080 相连
12～13	晶振信号输入
22～23	测试用 LED 的引脚
27～28	测试用 LED 的引脚
35	模式选择，通过上拉电阻接电源，选择 SSC 接口模式
46	模式选择，通过上拉电阻接电源，选择 SSC 接口模式

（续）

引脚序号	引脚功能
36～40	SSC 端口，实现和主控制器之间的信息交互
31	连接上拉电阻，置“1”
47	连接上拉电阻，置“1”
48	复位引脚输入端
60	中断请求信号输出端

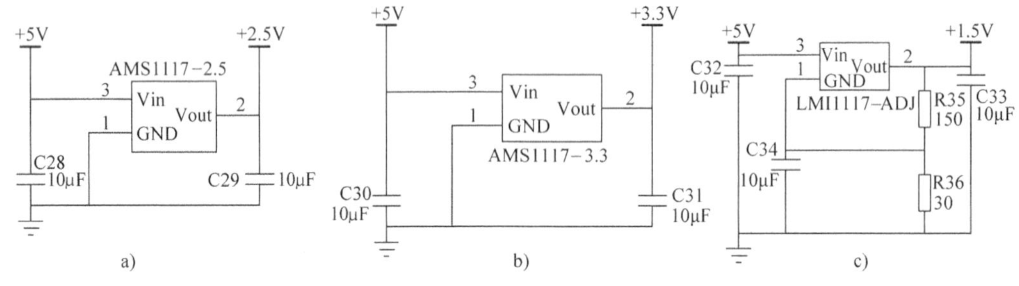

图 3-30　产生电路

（3）TJA1080 连接电路

TJA 1080 是 FlexRay 结点的物理层收发器，如图 3-31 所示。TJA 1080 共有 20 个引脚。通过 TRX D0 和 TRX D1 引脚可以配置 TJA 1080 的工作模式。工作在普通的收/发模式时，TRX D0 和 TRX D1 都必须为“0”，即必须使用下拉电阻接地。1～2 引脚用作电源管理，需要配合 FlexRay 结点中的总线监控器（Bus Guardian）使用。5～7 引脚为 TJA 1080 和通信控制器 CIC 310 的接口，用来发送和接收数据。12～13 引脚用于向主控制器芯片反馈状态信

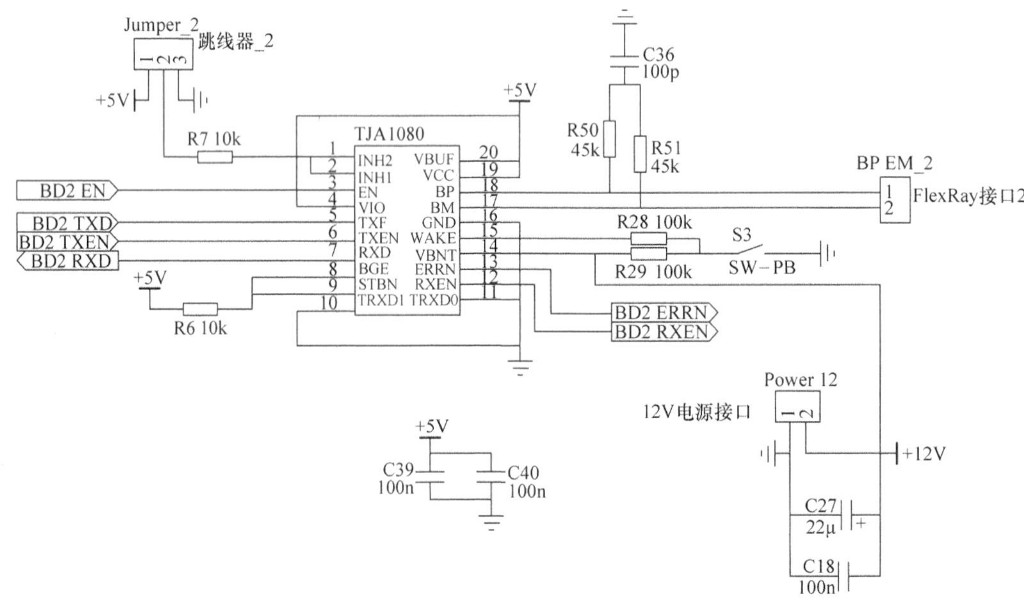

图 3-31　TJA 1080 连接电路

息。15 引脚 WAKE 为唤醒引脚。BP 和 BM 为 TJA 1080 的差分信号线。为了减少信号线上的干扰，需要接共模电感（Common Mode Chock）。

（4）SN74ALVC164245 电路连接

为了解决主控芯片端口电压和通信控制器端口电压的匹配问题，使用了一片 SN74ALVC164245。这个芯片专用于高速串行通信的电压匹配。如图 3-32 所示，1 引脚和 24 引脚为 DIR 功能，也就是方向选择。DIR＝0 传输方向为 B→A，DIR＝1 传输方向为 A→B。A 侧电压为 3.3V 供电，B 侧电压为 5V 供电。25 引脚和 48 引脚为 OE 片选信号，分别对应组 1 和组 2 的使能。这两个引脚同时接到主控制器芯片上，由主控制器芯片控制 SN74ALVC164245 的使能。

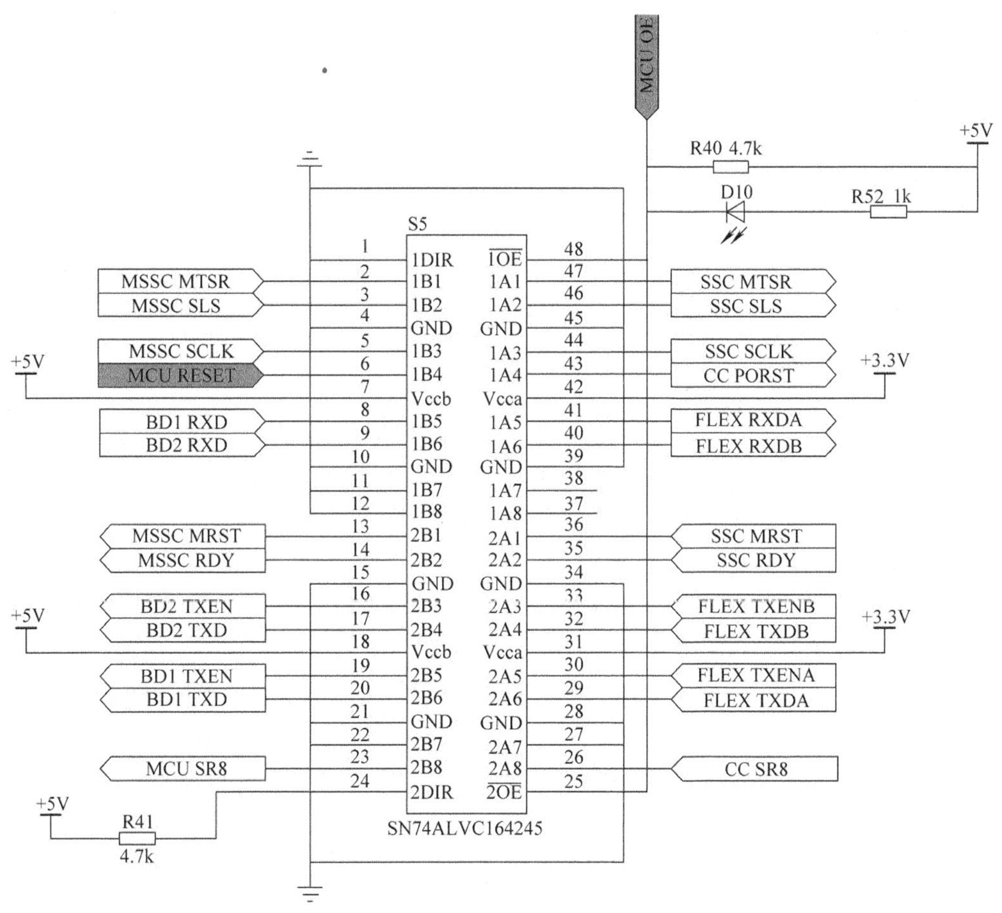

图 3-32　SN74ALVC164245 连接电路

3. 结点的软件设计

结点的软件部分主要包括 FlexRay 通信驱动程序以及结点的应用功能程序。一个 FlexRay 结点最基本的功能，就是能够完成正常的 FlexRay 通信接口控制及数据收发操作，包括主控制器芯片正确地控制结点内各个部分、完成 FlexRay 结点的启动、正确驱动通信模块完成数据收发任务，应用程序根据结点的具体应用进行功能设计。软件部分依据应用有较大的区别。本例一个结点的软件部分主要包括以下内容。

（1）主控制器 XC164CM 和 CIC 310 之间的 SSC 通信程序

结点中，主控制器芯片 XC164CM 和通信控制器 CIC 310 之间通过 SSC 接口连接完成信息交互。SSC 接口在传输普通数据之前会先传送一个控制字，具体的操作类型由控制字的最高两位进行选择。正常的 SSC 端口都是由 5 根线组成的，分别是 MTSR、MRST、SCLK、SLS 和 RDY 信号。CIC 310 完全支持这 5 种信号线，主控制器 XC164CM 只有 MTSR、MRST、SCLK 和 SLS。所以，不能按照标准的 SSC 接口方式进行连接，应采用可以不使用 RDY 信号的操作模式。

（2）通信过程的 CRC 校验程序

CRC 校验功能的实现包括发送时产生校验码和接收时的校验。当使用 CIC 310 作为 FlexRay 的通信协议控制器时，由于其没有计算能力，为了在 FlexRay 帧传输中使用校验，需要由主控制器芯片完成对 FlexRay 帧加入 CRC 校验码的计算，即需要 CRC 校验编程。通信控制器对主控制器芯片计算的检验码进行验证，如果正确，则进行 FlexRay 帧的发送。

FlexRay 的头校验包含同步帧指示位、起始帧指示位、帧 ID 和有效载荷段长度，共 20 位。主控制器部分根据 FlexRay 规定的 CRC 校验方式对这 20 位数据进行 CRC 校验码的计算。FlexRay 规定的 CRC 校验方式和普通的 CRC 校验基本一致，并规定了 CRC 校验的初始值和生成多项式。这些参数已经在通信控制器的硬件中设置好了，必须按照这样规定的方式产生 CRC 校验码，通信控制器才能产生正确的校验结果，否则通信控制器会认为产生的校验码是错误的，而忽略掉主控芯片发送的数据。

（3）CIC 310 的状态转换程序

通过 SSC 端口驱动程序，主控制器在控制通信控制器后，还需要了解 FlexRay 通信控制器的状态转换，才能正确地启动 FlexRay 结点和进行数据传输。FlexRay 协议规定了状态以及各个状态之间的转换条件，应按照 CIC 310 工作状态转换要求编写控制状态转换的程序。

（4）FlexRay 结点主体程序

在上电复位后，执行结点的主控程序。一个 FlexRay 结点的主控程序要完成与系统唤醒、启动等相关的功能，以及基本的通信功能和应用功能。即使硬件和应用相同的结点，其软件上功能代码也不完全一样，它们在唤醒和启动过程中所承担的任务是不同的，而且它们作为 FlexRay 的单独结点，消息缓存（以下简称 MB）的配置也是不一样的。

在进行唤醒操作和启动操作之前，FlexRay 结点必须正确地进行配置，包括 MR（Message RAM）的配置、FlexRay 通信周期有关的寄存器配置、消息处理机（Message Handler）的配置等。这些配置的过程实际上就是往对应通信控制器的响应寄存器中写入适当的参数的过程。

对结点进行成功的唤醒之后，结点就可以进行启动了。在 FlexRay 网络中，至少要有两个结点承担启动任务。结点的启动，具体过程必须遵循 FlexRay 协议的规定进行编程。

三、FlexRay 开发工具介绍

随着网络的结构越来越复杂，网络类型不断增加，其对应的开发工作越来越依赖于强大的开发工具。适用于 FlexRay 网络开发的工具有 CANoe、Muitibus Analyser 等开发平台。

1. CANoe

Vector 公司生产的总线系统设计和分析开发工具 CANoe 具有开发多种总线网络系统的

功能，其中包括 FlexRay 网络。CANoe/DENoe 提供了针对整个 FlexRay 网络系统开发周期所有阶段的功能，包括模型的创建、仿真和功能测试、诊断和分析等。它具有很多的可选协议，用户可以根据自己的需要进行相应的选择，不同的协议也可以联合使用。

通过 CANoe/DENoe 平台，Vector 提供的 FlexRay 组件可以为分布式实时系统提供广泛的测试分析能力。与此同时，CANalyzer 和 DENalyzer 的多总线概念可以让 FlexRay 总线和其他总线的操作同时进行。

2. Multibus Analyser

网络开发工具 Multi - bus Analyser 能够实现 FlexRay 网络的主站和从站功能，能够通过计算机进行 FlexRay 结点的编程和网络参数配置。

这套工具由 Multi - bus Analyser 和两个 FlexRay CCM 及相关的 FlexRay 电缆配件组成。

（1）用于 FlexRay 的多总线分析工具

多总线分析软件需要和 FlexRay CCM 一起工作。总线分析软件 CCM 和计算机构成了一个完备的 FlexRay 开发环境，能够实现 FlexRay 和 CAN 报文的接收、传输以及跟踪和解释功能。

多总线分析工具的功能有接收和显示 FlexRay 和 CAN 的报文，并对报文做详细的分析和解释（接收模块）、记录 CAN 报文（跟踪模块）、显示和解释物理信号（信号模块）、发送报文（传输模块）。为了能让用户很快并且很方便地将多总线分析仪用于特定的测试和分析任务中，生产商还提供了主脚本模块及输入/输出功能。

（2）FlexRay CCM

FlexRay CCM 是 FlexRay、CAN 的接口设备，它可以在车辆高速运行中建立仿真模型。

FlexRay CCM 和 FlexRay 多总线分析工具配合使用，可以实现 FlexRay 与 CAN 网络的数据跟踪、报文解释、物理层信号分析以及 FlexRay 参数分析等功能。

第四章　车上媒体网络

车上媒体网络（Media Oriented Systems Transport，MOST）是媒体信息传送网络的一个标准。BMW、DaimlerChrysler、Harman/Becker 和 OASIS Silicon Systems 在 1998 年建立了在汽车上推广使用 MOST 标准的合作机构，到 2000 年，已经发展为有 Audi、BMW、DaimlerChrysler、Fiat、Ford、Opel、Porsche、PSA、Renault、Saab、Toyota、Volvo、VW 等汽车公司和 Bosch、Delphi、Fujitsu Ten、Infineon、Motorola、Nokia、Philips、Siemens 等几十家汽车部件公司加盟的联合体。

MOST 网络技术以网络带宽为划分标准，分为 3 代网络。第 1 代网络的最高数据速率为 25Mbit/s，称为 MOST 25 网络；第 2 代网络的最高数据速率为 50Mbit/s，称为 MOST 50 网络；第 3 代网络的最高数据速率为 150Mbit/s，称为 MOST 150 网络，它在支持同步视频传输的基础上，还提供了以太网数据通道，用于发送基于 IP 的数据包。

MOST 联合体的第 1 个目标是建立一个高速、低成本的汽车媒体网络事实标准。MOST 网络可以不需要额外的主控计算机系统，结构灵活、性能可靠和易于扩展。MOST 网络使用光纤作为物理层的传输介质，可以连接视听设备、通信设备以及信息服务设备。MOST 网络支持“即插即用”方式，在网络上可以随时添加和去除设备。MOST 系统具有以下基本特征：

1）保证低成本的条件下，第 1 代网络即可达到 24. 8Mbit/s 的数据传输速率。

2）无论是否有主控计算机都可以工作。

3）使用 POF（Plastic Optical Fiber）优化信息传送质量。

4）支持声音和压缩图像的实时处理。

5）支持数据的同步和异步传输。

6）发送/接收器嵌有虚拟网络管理系统。

7）支持多种网络连接方式。

8）提供了 MOST 设备标准。

9）方便简洁的应用系统界面。

第一节　MOST 基本结构

一、MOST 概述

（1）数据通道（Channel）

在 MOST 网络中，信息以帧格式传送；一个帧又划分为一些位域。总线上不断传送的信息帧的相同数据段连续不断地传送着某种信息，构成了这种信息的一个数据通道。

（2）通道带宽（Bandwidth）

在网络物理介质上的信息传输率一定时，MOST 网络中一个数据通道的信息传输速率，由这个数据通道在一帧中所占用的数据段字节数决定，字节数越多，单位时间传输的数据越多，速度也就越快。MOST 网络中，在一帧中分配给一个通道的字节数就是这个通道的带宽。

（3）MOST 设备（Device）

MOST 设备可以是人机接口、音像设备、键盘以及控制开关等任何可以连接到 MOST 网络上的装置。

（4）MOST 功能（Function）和功能块（Function Block）

在 MOST 的应用层，一个设备可以有多个实现一定应用目的的组件，如放大器、调音器、CD 唱机等，它们称为功能块。MOST 的“功能”是指功能块的一些可以由外界访问的属性或操作。

（5）从功能块（Slave）、控制功能块（Controller）和人机接口功能块（Human - Machine Interface，HMI）

只能接受其他功能块的操作，而不能对其他功能块施行操作的功能块称为从功能块。能够对其他功能块施行操作的功能块称为控制功能块。具有人机界面的功能块称为人机接口功能块。

（6）属性（Property）

属性是指功能块或设备的一些可以被访问的参数，如温度、音量、口令等；属性一般用变量表示。

（7）方法（method）

在 MOST 协议中，方法是指施加于功能块的某种操作。功能块发出的一个方法请求可以带有执行这个操作需要的一些参数。当一个功能块发出一个方法请求后，被请求的功能块就会启动相关的处理过程。如果请求的操作过程不能被完成，则接收到这个请求的功能块将返回给发出请求的功能块一个错误信息；如果请求的操作过程顺利完成，则接收到方法请求的功能块在完成相应的过程后，将向发出请求的功能块发送一个有关执行情况的信息。

（8）事件（Event）

一个功能块的一些属性可能在没有外部请求的时候也会发生一些变化，这就是所谓的事件，如 CD 播放的延续时间、设备状态变化等。当一个功能块使用的其他功能块的参数需要不断被刷新时，它就会不断地发出读取请求以便获得这个参数的当前状态，这种过程会占用大量的带宽资源。如果功能块没有得到请求，在一些事件发生（参数发生变化）时也能自动发送信息，就会减少需要通过网络传输的信息量，降低网络通信负担。

（9）功能间的接口（Interface）

为了使用一个功能，一个控制功能块或人机接口功能块必须知道这个功能需要的参数、可以进行的操作以及参数类型和限制等方面的知识；功能接口提供调用它时这些信息的描述，是这个功能与使用它的功能之间的界面。功能接口的定义通常在使用一个设备时是知道的，也可以通过人机接口动态配置。在系统运行中，功能接口的参数可能发生变化，在这种情况发生时，新的定义将被通知到所有使用这个功能的功能块。

二、MOST 结点结构

MOST 标准的结点结构模型如图 4-1 所示。MOST 网络可以连接基于不同内部结构和内部实现技术的结点。它的拓扑结构可以是环形网或星形网或菊花链。MOST 网络上的设备分享不同的同步和异步数据传输通道，不同类型的数据具有不同的访问机制。

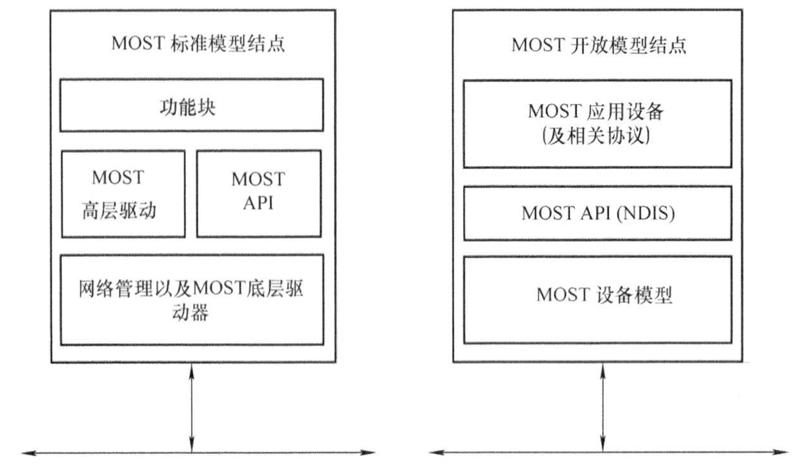

图 4-1　MOST 结点结构模型

MOST 网络有集中管理和非集中管理两种管理模式。在集中管理方式中，管理功能由网络上的一个结点实施，当其他结点需要这些服务时必须向这个结点申请。在非集中管理模式中，网络管理分布在网络上的结点中，不需要这种中心管理。

一个 MOST 网络系统由以下 3 个方面决定：

1）MOST 连接机制。

2）MOST 系统服务。

3）MOST 设备。

MOST 网络启动时，为每一个网上设备分配一个地址；数据传输时，通过同步位流实现各结点的同步。

MOST 系统提供的服务功能包括底层系统服务、基础层系统服务和应用系统接口。底层服务实现数据路由管理；MOST 网络服务（MOST Net Services）层完成基础层服务和应用系统接口功能，它提供网络管理以及数据发送/接收的标准接口。

三、MOST 设备

连接到 MOST 上的任何应用层部分都是 MOST 设备。因为 MOST 设备是建立在 MOST 系统服务层上的，它可以应用 MOST 网络提供的信息访问功能以及位流传送的同步频道和数据报异步传送功能。它可以向系统申请用于实时数据传送的带宽，同时还可以以报文形式访问网络和传送/接收控制数据。MOST 网络中，在网络管理系统的控制下，这些设备可以协同工作，它们之间可以同时传送数据流、控制信息和数据报文。

MOST 设备应当在以下方面适应相同的标准：

1）物理接口。

2）通信机制。

3）网络管理，包括复位状态和响应、配置方式、频道分配以及故障检测与信令。

如图 4-2 所示，逻辑上，一个 MOST 设备包括结点应用功能块（Net Block）、网络服务接口（Net Services）、发送/接收器以及物理层接口。

一个 MOST 设备可以有多个功能块，如使用 CD，需要有“播放”“停止”和“设置播放时间”等功能。这些功能，对于 MOST 设备来说是外部可访问的。为了区分一个设备不同的功能块和功能，每一个功能块有一个标识符“FblockID”，每个功能有功能标识符“FktID”。为了区分 MOST 网络中相同的功能块，还使用了另一个标识符“InstID”。对设备一次访问要进行的操作由“操作类型码”（OPType）给出。当访问一个功能模块时，要给出的信息应包括：FblockID. InstID. FktID. OPType（Data）。

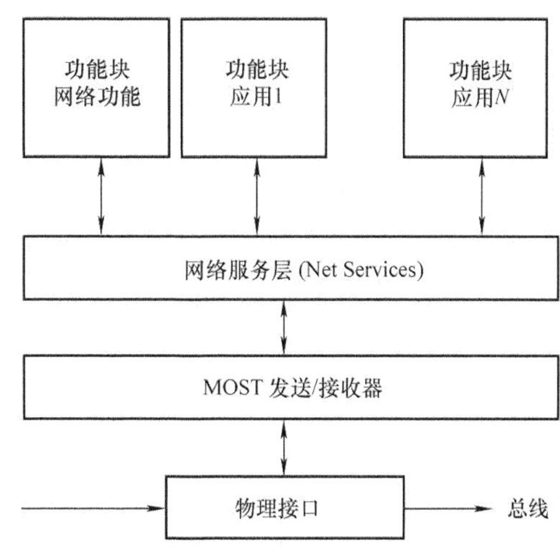

图 4-2　MOST 设备逻辑结构

典型 MOST 设备的硬件结构如图 4-3 所示。其中，RX 表示输入信号，TX 表示发送信号，Ctrl 表示控制信号。在一些简单的设备中，可以没有微控制器部分，由 MOST 功能模块（MOST 发送/接收器）直接把应用系统连到网络上。

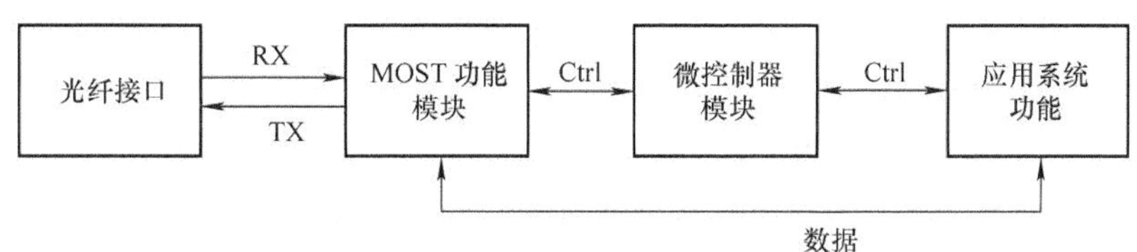

图 4-3　MOST 设备硬件结构

MOST 设备传送的数据类型包括控制数据、实时数据（声音和图像等）和突发数据（Bulk Data/Burst Data）。传输控制和管理信息的控制数据与其他两类数据并行传送。突发数据以异步数据报方式传送。为保证声音和图像等实时信号的质量，实时数据需要足够的数据带宽；实时数据被送往网络上的所有结点。

为连接到 MOST 网络上，一个 MOST 结点的硬件应具有以下功能：

1）时钟恢复。

2）结点地址识别与解码。

3）设备之间的协调控制与数据流管理。

4）电源管理。

5）初始化功能，即复位状态后运行初始化操作，获取必要的系统参数和配置信息。

连接到 MOST 网络上的结点，其软件须具有以下功能：

1）数据传输控制。

2）数据报传输控制。

3）电源管理。

4）同步通道定位。

5）寻址与网络配置。

6）系统监控和管理。

四、MOST 设备说明

在 MOST 应用系统开发中，必须对联入网络的设备进行详细描述，下面以一个例子给出 MOST 设备的说明过程。例子中用 ANSI C 给出了设备 MyTuner、MyTuner 功能块以及各功能块的操作方法和属性的说明过程。

设备说明：

```
Device
    {
        TTuner   Tuner;
        TNetBlock NetBlock;
    } MyTuner
```

这里说明的设备 MyTuner 包含一个类型为 TTuner 的功能块 Tuner，以及一个类型为 TNetBlock 的功能块 NetBlock。

类型 TTuner 的说明如下：

```
Object
    {
        TStation   pStation;
        TTraffic   eTraffic;
        TSensitivity pSensitivity;
        TSearch mSearch;
    }  TTuner
```

功能块类型 TTuner 中包含属性功能 pStation、pSensitivity、方法功能 mSearch 和事件 eTraffic。

功能类型 TStation 的说明如下：

```
Property
    {
        Long Frequency;
        Bool TP;
        Byte Quality;
    }  TStation
```

这是 pStation 的类型，它具有 Frequency、TP、Quality 3 个参数，这是一些不同类型的数值参数。

功能类型 mSearch 的说明如下：

```
Method
    {
        Bool Up;
```

```
        Long Start;
    }   TSearch;
```

这是 mSearch 的类型，它具有 Up 和 Start 两个参数。Up 是布尔型参数，给出调节方向；Start 为数值参数，给出频率。

事件 eTraffic 的定义如下：

```
Event
    {
        Bool TA;
    }   TTraffic;
```

TTraffic 是事件 eTraffic 的类型。eTrafficde 的参数 TA 说明事件状态。

以上是功能块 Tuner 的类型 TTuner 的定义。功能块 TNetBlock 的类型 TTNetBlock 的定义过程与此类似。

第二节　MOST 信息帧

一、MOST 信息帧简介

MOST 25、MOST 50、MOST 150 网络帧可分为控制数据通道、流数据通道（同步数据）、包数据通道（异步数据），如图 4-4 所示。

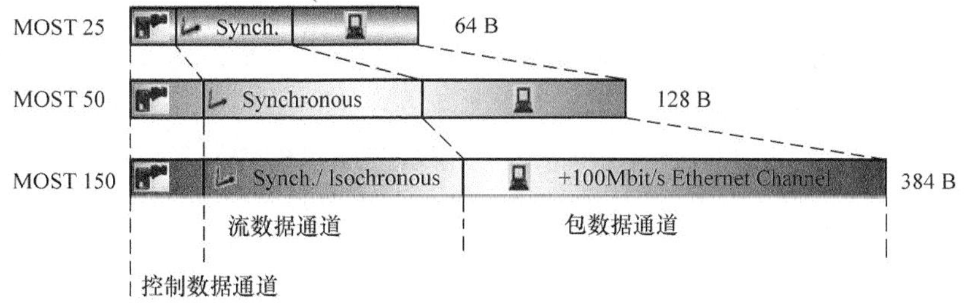

图 4-4　3 种网络的帧结构对比

二、帧结构

1. MOST 25

在 MOST 25 网络系统中，从同步的角度看有两种结点，一种是发送帧格式的时钟主结点（Timing Master）；另一种是从结点，它们与时钟主结点保持同步。如图 4-5 所示，MOST 25 网络传送信息时，以 16 帧为一个块；每个 MOST 25 帧又由 7 个部分构成，共 64 个字节、512 位。一帧中各部分的长度及功能见表 4-1。

MOST 帧的起始域用于 MOST 核和应用功能块与位流的同步，网络上的结点根据这个信号进行时钟恢复。对于从结点，在复位、上电或丢失锁相（Loss of Lock）时接收到的第一个起始域表示对输入位流的锁相已经完成；对于主结点，表示发送的位流与外部的时钟源同步。

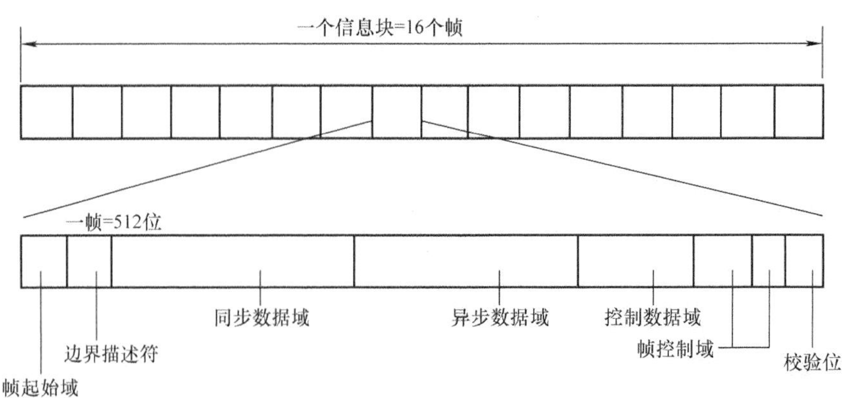

图 4-5 MOST 25 信息块和帧格式

表 4-1 MOST 25 信息帧结构

字节	位	功能	字节	位	功能
0	0 ~ 3	起始域	61	488 ~ 495	控制数据域字节 0
0	4 ~ 7	边界描述符（同步区计数）	62	496 ~ 503	控制数据域字节 1
1	8 ~ 15	数据字节 0	63	504 ~ 510	帧控制与状态
2 ~ 60	16 ~ 487	数据字节 1 ~ 59	64	511	奇偶校验位

边界描述符用于调节同步传输和异步传输的频带宽度，它给出的编码是同步区以 4 个字节为单位的字节数；例如，为 0 时，表示同步区为 0 个字节；为 1 时，表示同步区为 4 个字节；为 15 时，表示同步区为 60 个字节。数据字节域中余下的为异步传输区，它的值由时钟主结点管理。

2. MOST 50

MOST 50 的帧格式如图 4-6 所示，帧结构见表 4-2。

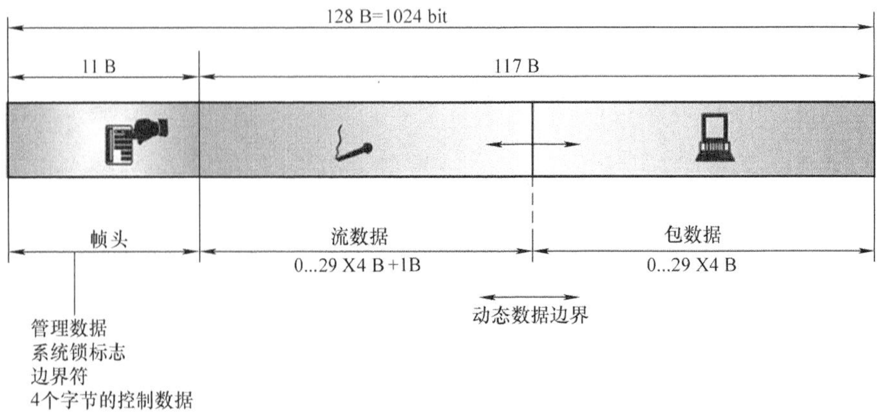

图 4-6 MOST 50 帧格式

表 4-2　MOST 50 信息帧结构

字节	位	功能	字节	位	功能
0 ~ 10	0 ~ 87	控制域（包括边界描述符等）	11 ~ 127	88 ~ 1023	数据域

3. MOST 150

MOST 150 的帧格式如图 4-7 所示，帧结构见表 4-3。

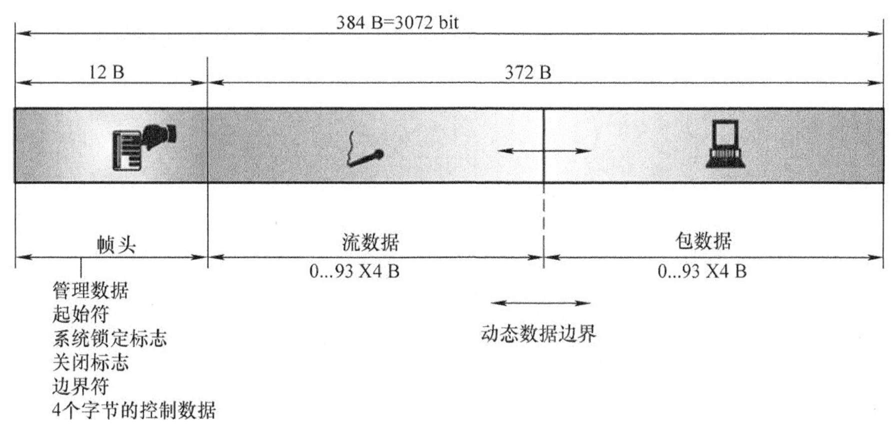

图 4-7　MOST 150 帧格式

表 4-3　MOST 150 信息帧结构

字节	位	功能	字节	位	功能
0 ~ 11	0 ~ 95	控制域（包括边界描述符等）	12 ~ 383	96 ~ 3071	数据域

三、数据类型

在 MOST 网络中，传输的信息有同步数据、异步数据和控制数据 3 种类型。这 3 种类型的数据分别由一个信息帧的同步数据域、异步数据域和控制数据域传送。从网络中传输的信息流角度看，包含有同步数据、异步数据和控制数据 3 股信息的传送通道，所以又把一帧中的这 3 个域分别看作同步数据通道、异步数据通道和控制数据通道。这 3 个通道只是逻辑上的，它们共享一个物理通道。这些通道的频带宽度由它们在一帧中占的数据位数决定，一种数据占用的位数越多，单位时间内传输的信息量越大，频带也就越宽。

1. 同步数据

同步数据域用于传送实时的音视频流数据，数据的访问采用分时多路复用（Time Division Multiplexing，TDM）方式。一个同步 MOST 帧的同步域部分，又可以分配给不同的音视频流数据传输过程，一个音视频流数据占用每帧的同步域的一部分，称作一个同步数据通道。一个同步数据通道的频宽可以由分配给这个逻辑通道的字节数来调节，在一个帧中传送一个通道的数据字节多，频带就宽，最大为 60B/帧，相当于 15 个 CD 质量的通道。典型的帧传输速率为 44.1 帧/s。

图 4-8 所示为一个有 5 个结点的 MOST 网络中音频同步信道传输过程的例子。音频源结点 1 的数据在结点 5 上播放；音频源结点 2 的数据在结点 3 和结点 4 上播放。为了在 MOST

网络传输音频数据，结点 1 和结点 2 各申请了一个音频同步信道，即各占用 MOST 网络帧同步域的一部分（各占 4 个字节）传输数据，对应的逻辑通道分别称为 Con1 和 Con2。通过 MOST 管理结点把结点 3 和结点 4 连接结点 2 申请的同步音频信道 Con2，每一个 MOST 帧从 Con2 中读取 4 个字节的音频流数据，通过解码器解码后送入播放放大器；结点 5 连接到结点 1 申请的同步音频信道 Con1，每一个 MOST 帧从 Con1 中读取 4 个字节的音频流数据，通过解码器解码后送入播放放大器。

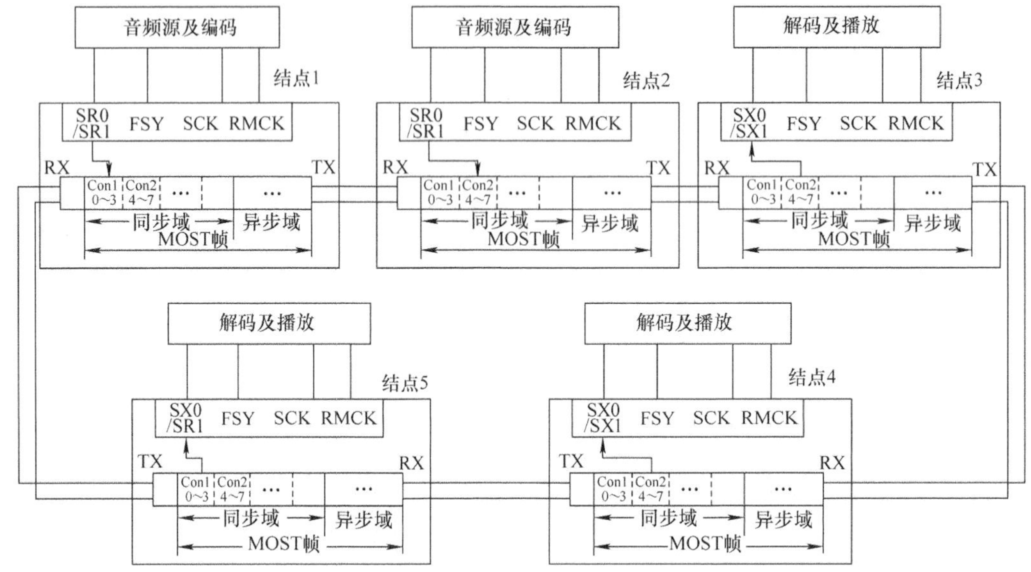

图 4-8　MOST 网络同步音频数据传输示例

2. 异步数据

异步传输域用于传送大块的非实时性的信息。异步数据传输域以令牌环的方式访问。每个结点都可以访问这个通道，频带宽度（每一 MOST 帧中异步域的字节数）可以以 4 个字节为单位设置大小。最大数据包的长度为 1014 字节，采用 CRC 校验。异步数据传输域的格式见表 4-4。对于 48 个字节的异步数据链路层方式，数据段为 48 个字节（数据范围为 6 ~ 53 个字节）。另一种方式是数据长度为 1014 个字节的格式，这时数据段范围为 6 ~ 1019 字节，CRC 为第 1020 ~ 1023 字节。

表 4-4　异步数据格式

字节	0	1 ~ 2	3	4 ~ 5	6 ~ 53（数据范围为 6 ~ 1019）	54 ~ 57（数据范围为 1020 ~ 1023）
功能	仲裁段	目的地址	长度（以 4 个字节为单位）	源地址	数据段	CRC

3. 控制数据

控制数据域传输媒体控制和其他控制功能使用的数据。控制通道的协议采用载波监听多路复用（Carrier Sense Multiple Access，CSMA）访问方式。这个通道的频宽每秒可以提供 3000 个控制和状态信息，信息的接收和发送由发送/接收器芯片自动处理。控制通道状态的变化可以触发中断以便结点处理。控制通道的数据采用了 CRC 校验和接收应答机制。MOST 中有两种控制信息，“常规控制”（Normal）提供应用层的控制信息，“系统控制”（System）提供 MOST 系统相关操作的控制信息。控制数据帧的格式见表 4-5，校验位用于错误检测和锁相环操作。

表 4-5　控制数据格式

字节	0～3	4～5	6～7	8～25	26～27	28～29	30～31
功能	仲裁段	目的地址	源地址	数据（包括一个字节信息类型）	CRC	发送状态	保留位

第三节　MOST 应用层通信协议

MOST 通信网络模型如图 4-9 所示。底层（第一层）以 MOST 发送/接收控制器为核心，完成 ISO 的 OSI 模型中物理层和数据链路层的功能。第二层为网络服务层，完成 OSI 模型的网络层到表示层的功能。第三层为应用层。MOST 应用层协议的基本结构为“DeviceID. FBlockID. InstID. FktID. OPType. Length（Data）”。

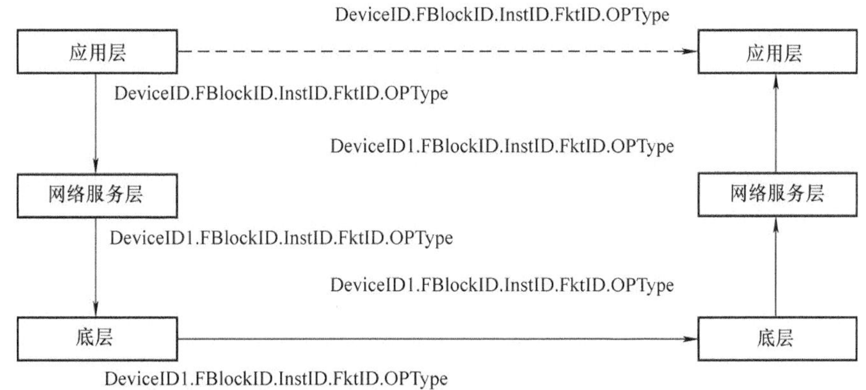

图 4-9　MOST 网络通信模型

一、DeviceID

DeviceID 给出的是一个物理设备或一个物理设备组的编码。这个字段长度为 16 位二进制数，在应用层中不必给予说明。当一个功能接收到一个协议请求时，DeviceID 给出的是发送这个请求的逻辑结点地址。在回复请求时，这个字段是接收结点的地址，在这种情况下，可以使用组地址或广播地址。如果发送方不知道接收方的地址，则这个字段可以使用十六进制数 0FFFFH，这时网络服务功能将用对应的接收方地址码替代这个值。

二、FBlockID

FBlockID 字段是一个功能块的编码。每一个功能块都定义了一些不同的功能。协议标准给出了一些共同遵守的功能块编码规定。有一些是汽车生产商以及相关总成或部件供应商共同遵守的专用功能块编码，在同一类系统中使用相同的编码称为系统专用功能块码（System Specific）；另一类专用功能块编码称为厂家专用编码（Supplier Specific）。另外，编码0FFH表示一个MOST设备中的所有功能块，当一个请求的FBlockID字段使用这个码时，被看作一种广播型请求，这类请求被响应时，没有执行情况返回信息。表4-6所示是MOST标准中FBlockID的规定。

表4-6 FBlockID字段编码

类型	FBlockID编码（十六进制）	名称	说明
管理类	00	网络服务（NetServices）	供网络任务通信使用，应用层不能使用
	01	网络功能块（NetBlock）	
	02	网络管理（NetworkMaster）	
	03	连接管理（ConnectionMaster）	
	04	电源管理（PowerMaster）	
	05	Vehicle	
	06	诊断（Diagnosis）	
	08	路由器（Router）	
操作类	10	人机接口（HMI）	
	11	语音识别（Speech Recognition）	
	12	语音输出（Speech Output）	
	13	语音数据库设备（Speech Database Device）	
音响功能	20	音响管理（Audio Master）	
	21	音响DSP（Audio DSP）	
	22	音响放大器（Audio Amplifier）	
	23	耳机放大器（Headphone Amplifier）	
	24	辅助输入（Auxiliary Input）	
	26	传声器输入（Microphone Input）	
设备	30	磁带录音机（Audio Tape Recorder）	
	31	唱片机（Audio Disk Player）	
	32	ROM播放器（ROM Disk Player）	
	33	多媒体播放器（Multimedia Disk Player）	
	34	多用途播放器（Versatile Disk Player）	
接收功能	40	AM/FM调节器（AM/FM Tuner）	
	41	TMC调节器（TMC Tuner）	
	42	TV调节器（TV Tuner）	
	43	DAB调节器（DAB Tuner）	
	44	卫星信号接收器（Satellite Radio）	

（续）

类型	FBlockID 编码（十六进制）	名称	说明
通信功能	50	电话（Telephone fix）	
	51	电话簿（Phonebook）	
	52	导航系统（Navigation System）	
图像功能	60	显示（Display）	
	61	摄像机（Camera）	
	62	磁带录像机（Video Tape Recorder）	
专用编码	0C0 ~ 0C7		系统专用
	0C8		保留
	0C9 ~ 0EF		系统专用
	0F0 ~ 0FE		生产商专用
	0FC		二级结点
	0FE		保留
	0FF		所有功能块

三、InstID

在一个系统中可能有多个相同的功能块，为了区分这些功能块，MOST 协议中引入了 InstID 字段，以标识一次操作的具体功能块。InstID 是一个 8 位二进制编码。当一个系统具有多个相同的功能块时，必须给这些功能块分配不同的 InstID 码，使 FBlockID. InstID 在整个系统中是唯一的。InstID 的默认值为 00H。0FFH 为一个设备中相同功能块的广播地址。

四、FktID

FktID 是一个功能的标识码。每一个 FktID 编码对应一个操作方法或一个属性。FktID 是一个 12 位二进制编码，所以每一个功能块中最多可以定义 4096 个操作方法或属性。按照功能性质的不同，FktID 的地址空间分为以下 6 个区。

1）管理功能区（Coordination）：000H ~1FFH。

2）必备功能区（Mandatory）：200H ~3FFH。

3）扩充功能区（Extensions）：400H ~9FFH。

4）统一功能区（Unique）：0A00H ~0BFFH。

5）系统专用功能区（Proprietary/System specific）：0C00H ~0EFFH。

6）生产商专用功能区（Proprietary/Supplier specific）：0F00H ~0FFEH。

五、OPType

OPType 字段定义施加到 FktID 的操作。同一个 OPType 编码，对于属性类功能请求和操作方法请求含义不同，具体见表 4-7。

表 4-7　OPType 编码

OPType 类型	OPType 编码	属性类功能	方法类功能
命令类操作	0	设置参数值（Set）	启动（Start）
	1	读取参数值（Get）	终止（Abort）
	2	设置读取参数（SetGet）	启动结果（StartResult）
	3	增加（Increment）	
	4	降低（Decrement）	
	5	获取接口状态（GetInterface）	获取接口状态（GetInterface）
	6	保留	启动结果应答（StartResultAck）
	7		终止应答（AbortAck）
	8		启动应答（StartAck）
状态报告	9		错误应答（ErrorAck）
	A		处理应答（ProcessingAck）
	B		处理操作（Processing）
	C	状态（Status）	结果（Result）
	D		结果应答（ResultAck）
	E	接口（Interface）	接口（Interface）
	F	出错（Error）	出错（Error）

六、Length（Data）

Length（Data）字段用 16 位二进制数定义数据域的长度，单位是字节。信息传送时并不带有这个字段，在接收到信息时，接收方通过信息帧中的数据字节数重建这个字段。

第四节　MOST NetService 及网络服务

SMSC 公司为 MOST 规范的协议栈提供了一个标准实现 MOST NetService，此软件是以网络接口控制器（NIC 和 INIC）为硬件基础实现的，为 MOST 网络运行提供了很多的接口，为开发者实现了各种 MOST 的网络模块。开发者将此软件定制、编写、编译，烧写到外部控制器的 ROM 中，以实现对 MOST 的网络控制接口（NIC 和 INIC）的控制。此软件由 ANSI - C 编写实现，因此可以运行在不同的处理器平台上。MOST NetService 有不同的版本，版本 1. x 对应于 NIC，而版本 2. x 和 3. x 对应于 INIC。版本 1. x 只适用于 MOST 25 网络，而版本 2. x 和 3. x 可以在 MOST 50 和 MOST 150 上使用。由于本书基于 MOST 50 网络研究，使用的 MOST NetService 版本为 3. x，只介绍版本 3. x 的 MOST NetService。

如图 4-10 所示，MOST NetService 分为第一层基础层（The Basic Layer）和第二层应用套接字层（The Application Socket Layer）两层，以及一些在这之外的模块，如 MOST 高层协议（MOST High Protocol）。

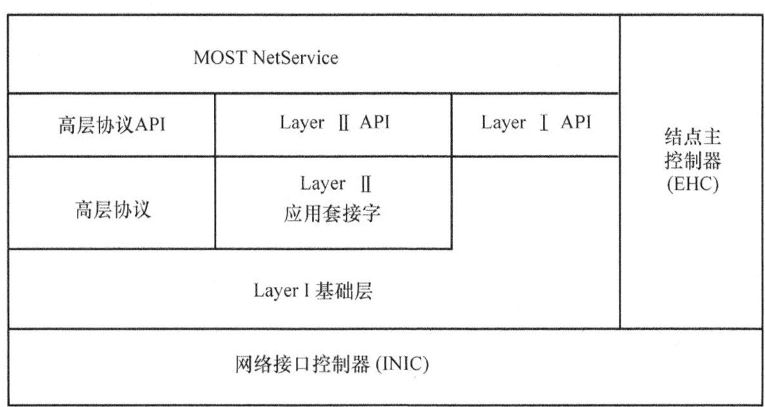

图 4-10 MOST NetService 结构

一、基础层

MOST NetService 第一层基础层提供了网络的基础服务功能，如异步数据的传输、MOST 网络的控制、应用消息的传输等功能。基础层主要是控制 INIC 的功能封装，INIC 内实现了网络控制传输等功能，开发者使用基础层的接口，通过外部控制器与 INIC 之间的通信总线（I2C 或 MediaLB）向 INIC 传输命令报文，INIC 解析命令报文，调用 INIC 内部的功能就可以实现相应的功能操作。MOST NetService 基础层的架构如图 4-11 所示。

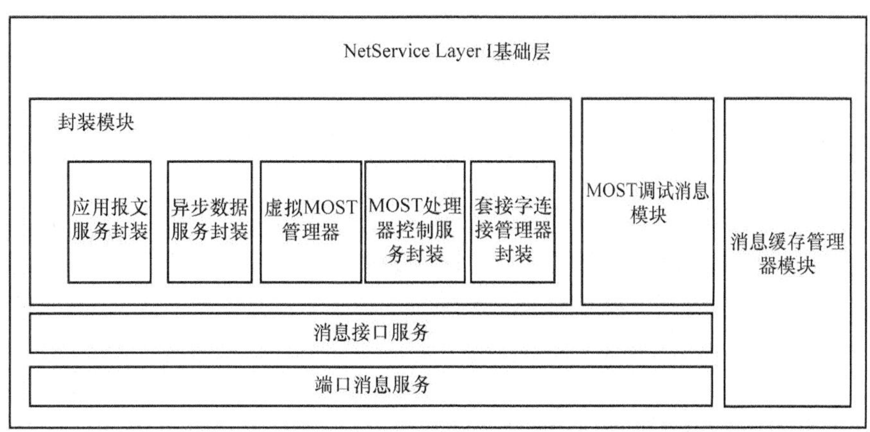

图 4-11 MOST NetService 基础层的基本结构

端口消息服务（Port Message Service，PMS）主要负责将各种消息放到各种队列中，即发送各种消息，或将消息从各种队列中取出，即接收各种消息。

消息接口服务（Message Interface Service，MIS）主要的作用是将从 PMS 模块中取出的消息分类，按照消息类型交给应用报文服务封装模块或异步数据服务封装模块处理。控制消息交给应用报文服务封装模块处理，而异步数据消息交给异步数据服务封装模块处理。

消息缓存控制器（Message Buffer Management，MBM）主要管理 PMS 模块所需的消息缓存，PMS 需要将消息数据传输到上层模块，而使用此模块可以减少数据的复制过程。

虚拟 MOST 管理器（Virtual MOST Supervisor，vMSV）负责 MOST 网络的管理等功能。

MOST 调试消息模块（MOST Debug Message Module）负责在 MOST 网络上传输调试消息。

在基础层中还封装了一些模块，这些模块的实现都在 INIC 中，在 MOST NetService 中只是对发送使用这些功能所需的 INIC 消息进行了封装。

二、应用套接字层

MOST NetService 第二层应用套接字层建立在第一层基础层之上，为面向应用的功能块提供 API，其基本结构如图 4-12 所示。

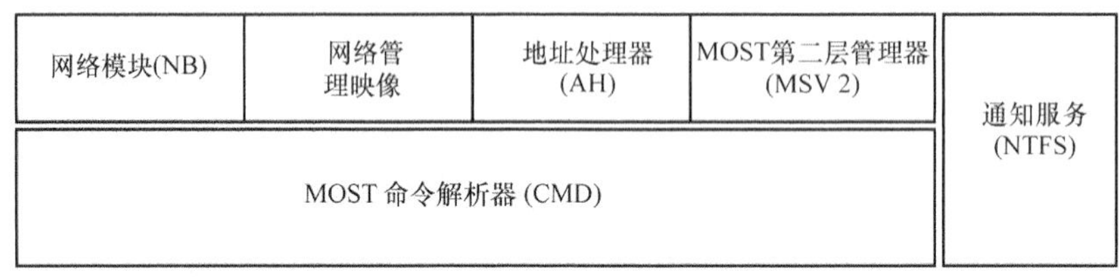

图 4-12　MOST NetService 应用套接字层的基本结构

1）MOST 命令解析器（CMD）通过消息编码对接收到的消息进行解析并对此过程中可能产生的错误进行处理，然后将这些消息构成易于扩展的表结构。

2）MOST 第二层管理器（MSV 2）为应用层提供了一个用于管理网络状态的有限状态机。其主要完成的功能有初始化地址，启动网络事件之后对应用层进行配置，为网络从结点初始化分散注册表，在网络主结点上监管网络改变事件。

3）网络模块（NB）是所有设备必须实现的系统模块，它包含网络功能块的属性，连接同步数据信道的高层功能块，对错误消息进行过滤及状态间的转换，并向应用层发送状态消息及错误信息。

4）网络管理映像模块包含网络主结点 NetworkMaster 中网络管理控制器功能块的所有属性的副本，除了网络主结点外，其他的结点都需要实现这个模块。网络管理映像模块的基本功能为初始化时管理网络主结点功能块配置属性，以及在寻址过程中管理网络主结点的中心注册表。

5）地址处理器（AH）支持符号寻址，包含设备的分散注册表，并且能够在有中心注册表及无中心注册表的情况下进行寻址。

6）通知服务（NTFS）能够自动地向其他结点发送状态消息。

三、MOST 高层协议

MOST 规范定义了 MOST 高层协议（MOST High Protocol，MHP）。这个高层协议使包数据可以通过 MOST 帧或数据段来传输。

MHP 是一个面向连接的协议，并且使用了 TCP 的一些机制，使得控制数据流的负荷缩减至最小。MHP 与网络基础层相连，MOST 高层服务协议的核心任务包含发送模块 TX 和接收模块 RX 的初始化，传输时数据包通过异步数据通道单向传输。

发送模块 TX 具有：网络上多个连接的管理；在多连接的情况下对连接进行优先级管

理；传输状态的通知机制；对单帧及块传输响应的支持；对发送数据块大小的配置；应用层中断或终止连接等。接收模块 RX 具有与发送模块 TX 相应的功能。图 4-13 所示是 MOST 高层协议控制数据传输的一个基本过程。

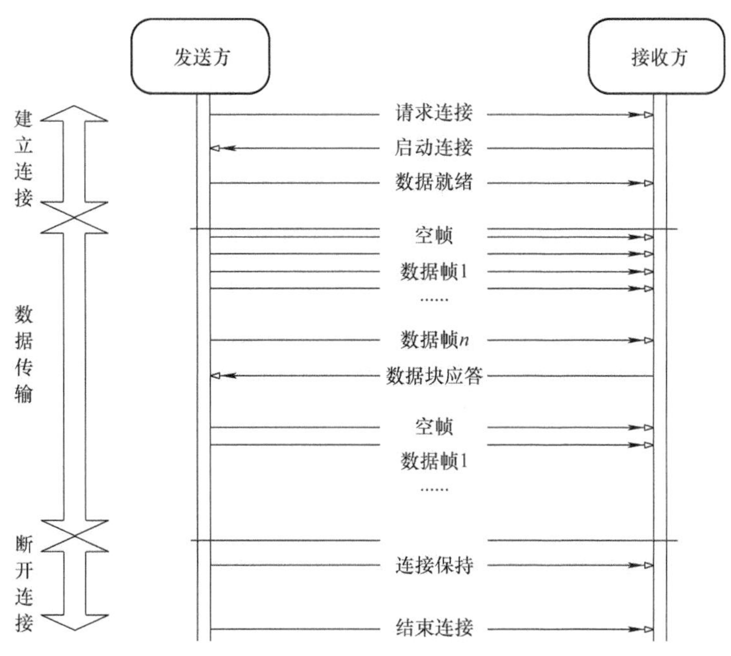

图 4-13　MOST 高层协议控制数据传输的基本过程

MHP 控制传输过程，包括连接的建立、数据的传输、断开连接 3 个基本步骤。数据的传输采用应答方式，接收方正确接收数据时回应一个接收成功应答消息。若数据没有成功抵达接收方并且需要重新发送数据，则向发送方返回一个异常状态应答。

在异步数据传输过程中，一个数据块的数据由若干帧传输。在传输过程中，每个数据块中的帧都有对应的应答，当整个数据块传输完后也会反馈一个应答。传输时数据块的第一个帧必为空帧。

第五节　MOST 器件

已经有专用的 MOST 网络物理层及数据链路层的支持器件。除了物理层的传输介质外，MOST 底层服务由发送接收器完成。这些网络服务功能包括系统启动、系统关闭、故障检测与信令、通道分配和电源管理等。MOST 网络中，系统自动进行系统配置和启动相关处理，支持动态的“热插拔”（Hot Plug – In）和“即插即用”（Plug and Play），系统自动检测和处理通道的分配以及配置的变化。

一、MOST 发送/接收器

1. OS8104

MOST 发送/接收器 OS8104 是 Oasis Silicon Systems 公司生产的 MOST 网络通信控制器，

它可以完成 MOST 网络数据传输、网络控制的底层协议以及很多网络服务功能，在其基础上建立了 MOST 高层协议。

（1）OS8104 基本特性

1）数据传输率为 24.5Mbit/s。

2）独立的 768kbit/s 的控制数据通道。

3）灵活的带宽分配方式。

4）支持光纤物理层。

5）支持可远程访问的无微控制器结点（独立工作方式）。

6）自动多媒体通道分配。

7）自动网络活动监测与唤醒功能。

8）结点位置和网络延时检测。

9）故障结点旁路和故障报警。

10）支持多种 CD 和媒体播放器接口。

11）支持各种格式数据的实时输入/输出方式。

12）支持 1 ~ 8 速的 IEC958 口。

13）通道采样速率为 3MHz。

14）支持 I2C/SPI 串行控制接口。

15）一个 FIFO 8 位并行控制接口。

16）低功耗和零功耗工作模式。

17）5V 电源。

18）44 脚 TQFP 封装。

如图 4-14 所示，OS8104 内部由网络接口、唤醒与电源管理、源数据接口、时钟管理逻辑、I^2C/SPI 接口以及 MOST 路由器构成。

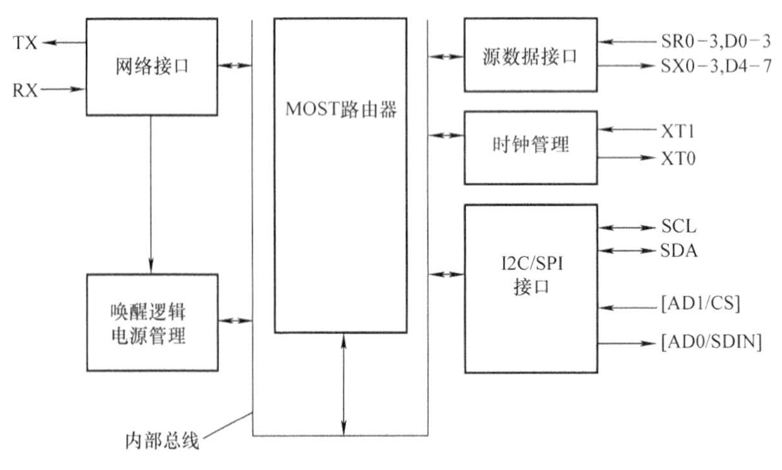

图 4-14　OS8104 内部结构

OS8104 通过网络接口与 MOST 网络连接，RX 为输入端、TX 为输出端，它们可以直接连到总线驱动器上。OS8104 源数据接口是一个同步数据接口，一般连接多媒体设备，数据源设备可以通过这个接口与 OS8104 连接，通过网络发送或接收同步数据。电源管理逻辑可以控制 OS8104 工作在多种供电以及功耗状态。

（2） OS8104 的网络管理功能

OS8104 内部嵌有网络管理逻辑，包括通道分配、物理设备寻址、故障监测以及掉电和唤醒逻辑等功能。OS8104 还具有物理位置定位、网络延时检测和结点活动监测等网络管理功能。因此 MOST 网络的应用非常方便。

1）数据通道分配。在 MOST 的一个帧中，有 60 个字节宽度的物理数据传输通道。在一个分配请求中，可以分配物理通道中的最多 8 个字节给一个数据流，构成一个传输这个数据流的逻辑通道。所有的处理是基于位流传输的，而且控制功能嵌入到了发送/接收器中，所以源数据的路由功能很容易实现。数据通道的分配由一个嵌入到发送/接收器 OS8104 中的网络层通道分配算法完成。每个结点都有一个通道分配表，它描述了当前可以使用的逻辑通道信息。当结点要发送数据时，可以查找空闲通道，并向网络发出分配请求。当结点要接收数据时，可以通过通道分配表中的标识查找对应的通道并下载数据，而不需要向源结点发送任何信息。通道的分配状态可以在运行中动态改变。

2）结点物理位置定位。在网络开始工作后，一个结点相对于帧产生结点（Frame Generator）的位置是已知的，这个位置决定了本结点在网络中的物理地址。帧产生结点检测网络中的结点数并把这个信息传送给应用层。根据结点的位置可以实现动态的系统配置功能。

3）网络延时检测。在 MOST 网络中，相对于帧产生结点（又称为定时主结点，Timing - Master）的延时不一定直接与结点的位置相关，因为网络中有主动（Active）结点和被动（Passive）结点，而只有主动结点才会引起数据的延时。发送/接收器的网络延时检测逻辑能给出准确的帧延时，并且能完成时间补偿功能。网络中的每个结点都知道网络的最大延迟时间。网络延时的补偿对于高保真音响、噪声消除、速度识别和多通道音响是非常重要的。

4）结点活动状态监控。为了实现通道分配、错误管理和电源管理等网络管理功能，必须对结点的活动状态进行监测。发送/接收器中嵌入了结点活动状态监控机制。当检测到一个结点退出活动状态或进入休眠状态时，从资源请求列表中删除这个结点，原来它所占用的通道可以分配给其他结点。

（3） OS8104 的电源管理功能

OS8104 支持零功耗模式和低功耗模式两种节电工作状态。当发送/接收器外的所有功能都停止时，网络进入低功耗状态。通过置位定时主结点的唤醒位，可以使这个结点恢复活动状态，并向网络上发送一个唤醒信号。网络上的其他结点接收到唤醒信号时，恢复活动状态。可以通过网络或控制信息把结点置为零功耗状态。在这个状态下，结点不断查看网络的活动状态，一旦发现有网络活动出现，结点自动恢复活动状态。

（4） MOST 网络服务应用程序接口（NetServices API）

为了使用 OS8104 更方便地开发 MOST 网络结点，Oasis Silicon Systems 公司提供了 MOST 网络服务应用程序接口。Oasis Silicon Systems 公司用 ANSI C 语言编写了所有与 MOST 网络服务相关的程序库，通过这个应用程序接口，用户可以使用这些程序。这些程序分为两类，一类是所谓的基本服务程序（Basic Services），也称为第一层网络服务程序；另一类为应用接口程序（Applications Socket），也称为第二层网络服务程序。基本服务程序完成诸如网络初始化、控制信息管理、源数据口控制、同步通道分配以及异步数据传输控制等功能。应用接口程序完成顶层操作和应用层的命令解释等功能。

第一层服务程序实际上完成的是ISO网络模型中网络层到会话层的功能；第二层服务程序完成ISO网络模型中表示层和部分应用层的功能；发送/接收器OS8104完成数据链路层和物理层的功能。

2. OS81050

OS81050属于INIC（Intelligent Network Interface Controller）系列的芯片，支持25Mbit/s的带宽；所有相关的网络控制功能都集成在芯片上，为物理层部分提供完整的接口。OS81050是可直接与MOST网络连接的芯片，提供了与MOST网络连接的接口，并且在该芯片中可以实现网络中的低层协议（相当于OSI模型中数据链路层的功能），因此这种结构省去了开发者开发MOST低层部分的通信功能。相比前一代接口控制器，OS81050进一步增强了MOST网络鲁棒性。

在MOST 25标准下，可以选择OS8104或OS81050作为网络接口控制器，但这两种芯片有着很大的区别。网络接口控制器芯片是进行后续设计的基础，一旦选定，其他部分都要与之进行相应设计。OS8104和OS81050的主要区别介绍如下。

（1）内部架构

OS8104是第一代网络接口控制器，上层应用程序可以直接对其内部寄存器进行读写操作，使用这种访问方式，微控制单元上的网络接口驱动程序开发要求比较高、难度大。为通过访问OS8104内部寄存器管理相应的网络接口，使网络接口驱动程序的功能复杂。

OS81050是新一代的智能网络接口控制器。OS81050内部架构的变化增强了网络的健壮性，并为不同类型的数据提供了数据端口。上层应用程序不必访问芯片的内部寄存器，便可直接从数据端口收发相应类型的数据。OS81050将网络驱动功能封装进了芯片内部，只为上层应用程序提供了应用程序接口。开发应用程序时，通过调用相应的API函数即可访问数据。

图4-15所示是两种网络接口控制器在内部架构上的区别。OS81050自身完成了大部分

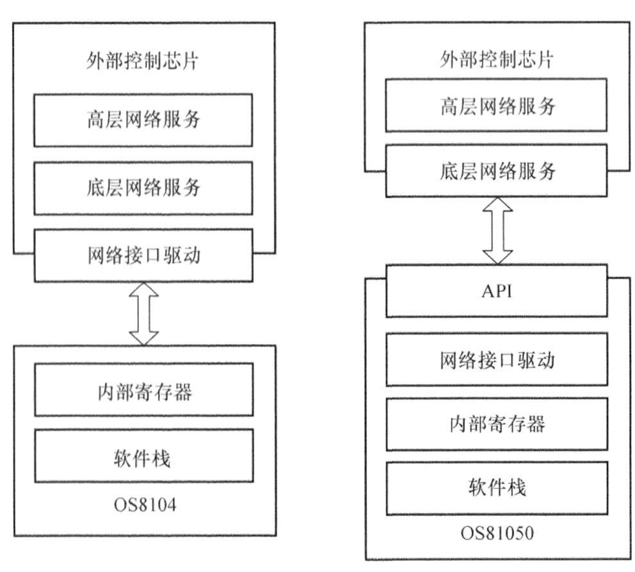

图4-15　OS8104与OS81050内部架构的区别

的网络通信接口功能。在某种程度上，OS81050 就是一个独立的网络结点，在没有微控制单元控制的情况下，也能够维持基本的网络通信。

（2）传输方式

OS8104 具有 3 个端口，即网络端口、控制端口、源端口。其中，网络端口用于收发数据帧；控制端口用于传输控制数据，可以采用串行或并行方式；源端口用于传输同步数据，可以采用串行或并行方式；源端口也可以用于传输异步数据，这时只能采用并行传输方式。为了解决同步数据的路由问题，OS8104 内部集成了一个同步数据路由表，该路由表可以通过控制端口进行配置。同步数据根据路由表中的信息，定向、有序地传输。

OS81050 采用了一种新的传输机制：接口—通道—连接方式。每种类型的数据在传输时，都要经过“选择接口—打开通道—建立连接”的过程（控制数据与异步数据在初始化时默认建立连接）。在这种方式下，只需要打开相应的通道并建立连接即可传输同步数据，不必再使用路由表确定数据的走向。OS81050 的这种传输方式不仅直观、简便，还能有效地降低同步数据经过路由表时产生的延迟。

（3）兼容性

OS81050 在芯片内部封装了数据链路层，并提供了相应的 API 函数。最新一代的 MOST 50 与 MOST 150 芯片也采用了 OS81050 的这种内部架构，从上层应用的角度来看，采用同一架构的芯片之间没有区别。与 OS8104 相比，OS81050 具有更好的兼容性，而这种封装方式也是未来 MOST 芯片发展的趋势。这种兼容性，有利于基于 MOST 的车载系统的使用维护以及新产品的推广使用。

二、MOST 网络接口控制器

1. MOST 结点的硬件结构

图 4-16 所示给出了一个 MOST 结点的典型结构。电源供给区域（Power Supply Area）为结点各部分提供所需的操作电源，而应用区域（Application Area）完成每个设备（如 CD 驱动器、无线电收音机、放大器等）各自的功能。

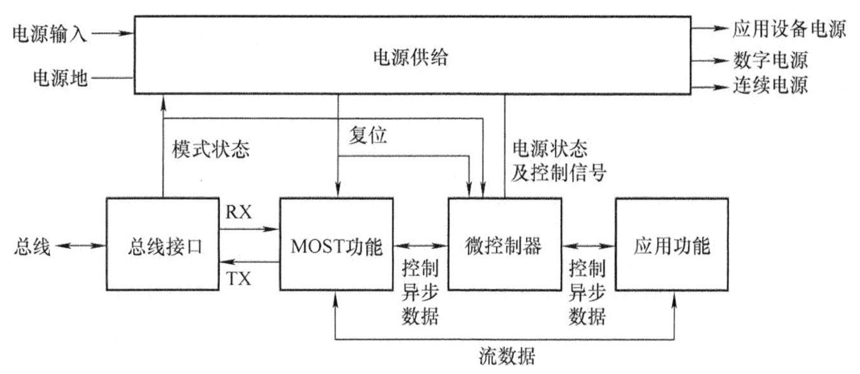

图 4-16　MOST 结点的典型结构

整个设备结点由微控制器或微处理器控制，控制器区域（Controller Area）实现这部分功能，这部分在 MOST 技术中也称为 EHC（External Host Controller）。MOST 功能区域（Function Area）实现网络接口功能，是一个智能网络接口控制器（Intelligent Network Interface Controller, INIC)。INIC 的基本功能是实现 MOST 网络接口以及对网络系统进行相关管理操作。

物理层可以是基于光纤的，也可以是基于电器铜线的。物理层传输总线（Physical Layer）的特性决定了总线接口区域（Bus Interface Area）的构成。如果采用光纤，则物理层由一个光 - 电转换器和一个电 - 光转换器（两者均起作用）构成；如果采用电缆，则物理层由一个实现设备直接电气连接的，具有隔离和适配能力的无源电路构成。

2. MOST 网络接口控制器

MOST 接口控制器完成通过 MOST 网络实现 MOST 设备间发送和接收流数据、控制数据、包数据所必需的全部接口功能。这些接口控制器通过接收端（RX - connection）从物理层接收比特流，并具有信号增强和修正能力，然后再通过输出端（TX - connection）输出这个信号。它有与比特流进行同步的功能，因此，可以不用外部的缓存和相关的缓存管理，就能保证高效的流数据传输。有两种类型的 MOST 接口控制器：智能网络接口控制器（Intelligent Network Interface Controller, INIC）和网络接口控制器（Network Interface Controller, NIC）。在一个结点中，它们都需要连接到外部主控制器（External Host Controller, EHC），这个外部主控制器就是这个设备结点的微控制器或微处理器。由于 INIC 和 NIC 在技术概念上的不同，它们和 EHC 之间的协作有很大差异。

(1) INIC

从 MOST 网络及其管理功能上看，INIC 就像一个简单的 MOST 设备。它可以不依靠 EHC 而独立工作，这是一个很大的优点，尤其是当 EHC 上的应用具有一个很长的启动时间（boot - time）或出现异常的时候。针对 MOST 25 系统和 MOST 50 系统，有两种 INIC。

对于 INIC，关于整个网络的功能具有最高的优先级。它使网络以预定的方式启动，并且保护网络不受应用软件错误带来的负面影响（重置或挂起）。这种情况下的操作模式为“保护模式（Protected Mode）”。当 INIC 硬件复位和开启电源（Power - Up）时，都进入这个状态。

INIC 负责它所在 MOST 设备的基本网络功能。运行在其上的 EHC 和应用的启动均是独立的，并在初始化的时候注册 INIC。

可以使用 INIC - API 控制 INIC。EHC 和 INIC 之间的通信基于端口信息协议（Port Message Protocol）。流数据的路由可以很容易地通过套接字（socket）和连接（connection）控制。应用本身不直接用 INIC - API，而是使用 MOST 网络服务（MOST NetServices）的 MOST API。MOST NetServices 则通过 INIC - API 和端口信息协议（Port Message Protocol）控制 INIC。

INIC 为流数据、控制数据和异步报文数据提供了一个快速的串行同步接口，在 MOST 系统中称为 MediaLB。这个接口可以被用来连接同一个结点上的多个音频组件，为它提供例如流类型的数据。

如果一个 MOST 25 设备要升级到 MOST 50，则不需要进行完全的重新设计，而只要改变 MOST 功能区域（MOST Function Area）的硬件和总线接口区域（Bus Interface Area），并对应用部分进行很小的调整就可以了。

(2) NIC

网络接口控制器（NIC）是第一代的 MOST 通信接口控制器。INIC 支持 NIC，并具有更好的健壮性，可以更快速地实现设备产品化。在 MOST 设备内部，NIC 实现数据链路层的功能，它是通过一种称为注册墙（Register Wall）的注册方式进行控制的，可以通过读/写的方法来访问注册墙每一个独立的存储位置。

为了与 NIC 进行连接，EHC 实现 MOST 设备的基本连接功能。EHC 必须保持应用功能的启动时间足够小，以满足 MOST 规范的具体要求。如果在基于 NIC 的设备的应用区域内产生了错误，则这些错误就会给整个系统带来影响。

流数据的路由是通过 MOST 路由表（MOST Routing Table，MRT）上的注册记录来控制的。

（3）MOST 网络中 INIC 的作用

从 MOST 网络和网络管理角度看，INIC 可以像简单的 MOST 设备一样工作。由于每一个 MOST 设备必须有功能块 NetBlock 的功能，所以 INIC 中集成了 NetBlock 的最小版本 NetBlock-Min（NBMIN）。NBMIN 与应用的 NBEHC 一起形成了一般的 NetBlock，如图 4-17 所示。

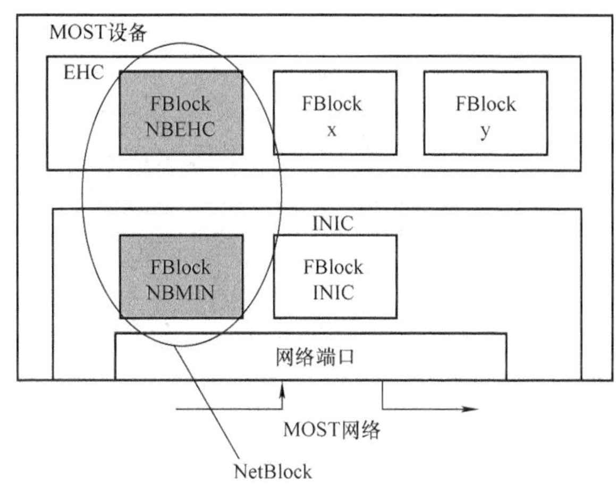

图 4-17　NBMIN 和 NBEHC 之间的协作

（4）INIC 器件

所有 INIC 器件都有相同的设计构思，最重要的特性是具有良好的操作安全性、低功耗量和易于开发应用。典型的 INIC 器件有 OS81050 和 OS81082。它们仅仅在 MOST 网络端口（MOST Network Port）方面有所区分。OS81050 的 MOST 网络端口是为 MOST 25 设计的，即对信号的处理是专门为光纤数据传输方式进行优化的。OS81082 是基于 MOST 50 的，信号的传输使用电缆物理层，MOST 网络端口也适应电气信号传输。

三、MOST 物理层传输介质

MOST 网络标准中，物理层传输介质可以使用光纤和电缆。光纤传输层已经在汽车领域中使用，且应用比较广泛。目前作为传输介质的光纤（聚合体光纤，Polymer Optical Fibers，POF）由聚甲基丙烯酸甲酯（缩写代号为 PMMA）制成，核心直径为 1mm；发送器采用红色波长范围内的发光二极管，接收器采用硅光敏二极管。根据 OSI 模型，在物理层定义了两个 MOST 设备结点之间的物理连接。按照点到点的连接，MOST 物理层的规范 MOST Phy1.1 定义了 4 个规范点 SP1、SP2、SP3、SP4，如图 4-18 所示。

1. POF

由于人们对电磁兼容性要求越来越高，高数据传输速率且电磁兼容特性好的光纤被使用得越来越频繁。光纤传输线不会造成任何的电磁干扰和辐射，对电磁干扰辐射也不敏感。在车上使用光纤时可以保证电磁兼容性。

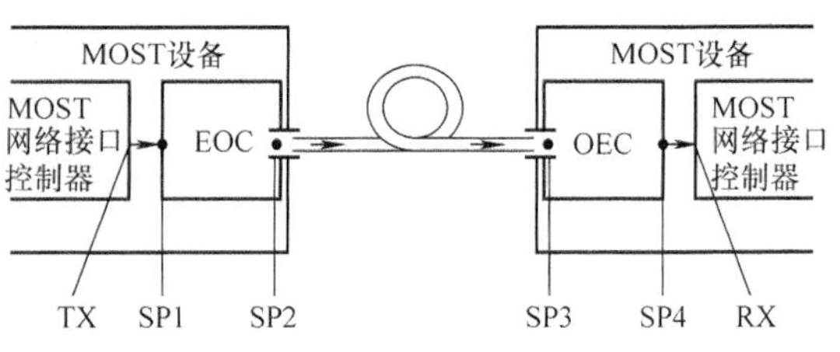

图 4-18　在点对点连接中，规范点 SP1、SP2、SP3 和 SP4 的定义

在同样的直径下，塑料光纤比玻璃光纤更柔韧。由于聚合物光纤的高柔韧性，大核心直径（即 1mm）的光纤具有良好的可弯曲性。由于大核心直径和 0.5 左右的高数值口径，发送端和接收端允许的调整公差相对比较大。因为公差要求不高，所以可以很容易地将塑料光纤安装在发送端和接收端前方。发送端、接收端以及插头连接处可以做成高性价比的插入模式，这种方式更适于在汽车上使用。

2. 光电收发器

MOST 系统中，发光二极管（Light - Emitting - Diodes，LED）被用作发送单元，将电信号转化为光信号。PIN 二极管作为接收单元。将接收功能和发送功能结合在一起的部件叫作收发器。已经有支持 MOST 网络标准的光电转换部件的收发器（Fiber Optic Transceiver，FOT)，其把 LED 和驱动部件或光敏二极管和接收端放大器固化在一起，并与引线框架相连，一起塑封在一起。

图 4-19 所示是 2 +0 型线束插接器。零件分解图显示了 2 +0 型的控制插接器和 2 +0 型的光缆插接器构成，光纤的箍圈在内部外壳中相连。根据需要，聚合性纤维的弯曲保护装置应该与光缆插接器相连，从而保证最小弯曲半径是 25mm。

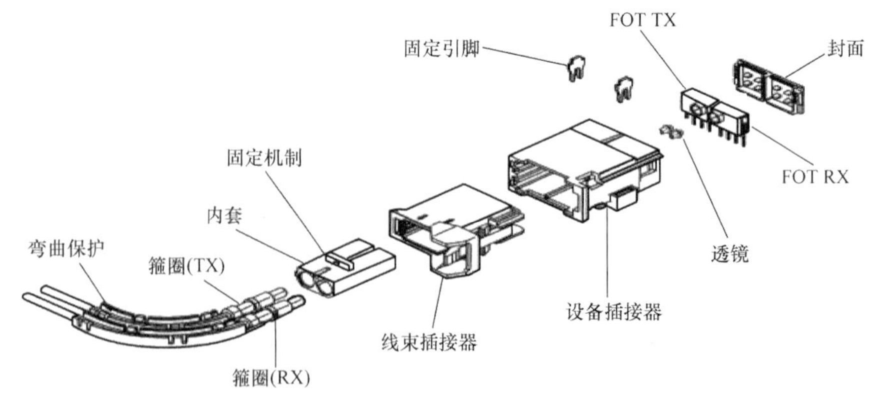

图 4-19　2 +0 型线束插接器分解图

3. 50Mbit/s 系统的电气物理总线层

作为光纤系统的替代方案，MOST 引入了数据传输速率为 50Mbit/s 的电气传输技术，以降低车载网络采用 MOST 系统的成本，以便在中低档车上也可以推广使用 MOST 技术。

电气传输的物理总线层由传输差分信号的双绞线和 MOST 网络接口控制器间的发送器接口构成。MOST 规范中，参照光物理层总线的规范，在电气物理层总线的规范中，规范点划分如图 4-20 所示，对应地被称为 SP1E、SP2E、SP3E、SP4E。

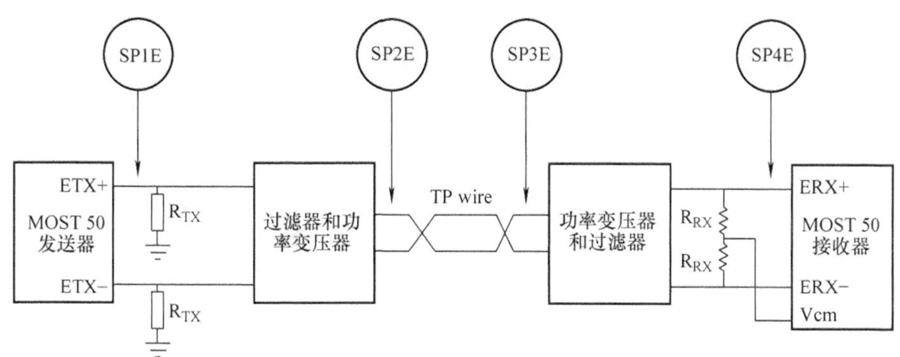

图 4-20　电气介质 MOST 连接原理图

第六节　MOST 在汽车媒体网络中的应用及设计

在奥迪、大众、宝马、MINI、保时捷、宾利、沃尔沃、奔驰、阿斯顿·马丁、路虎、捷豹、雪铁龙、丰田、雷克萨斯等多个汽车厂商的一些车型上，已经采用了 MOST 总线。

一、奥迪 A6 的 MOST 总线网络

图 4-21 所示为新款奥迪 A6 轿车上的 MOST 总线系统，通过 MOST 总线相连的多媒体设备结点包括读卡器、Telematik、CD 机、导航系统、电视调谐器、收音机调谐器、语音控制、音响放大器及控制单元、数据总线自诊断接口（J533）及前部信息显示和操纵单元等。

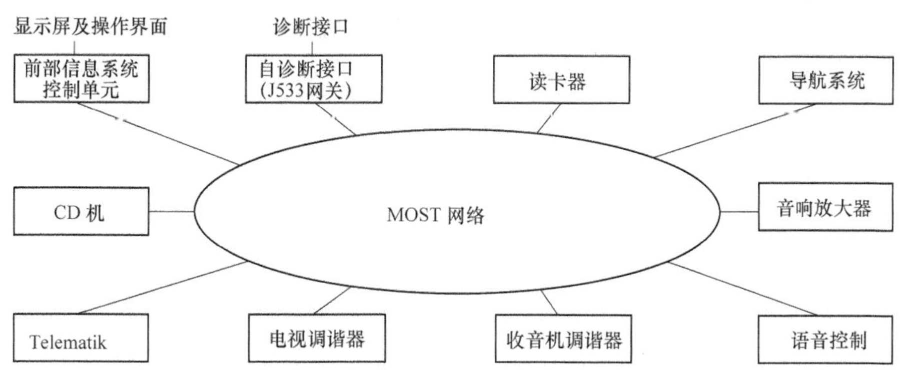

图 4-21　奥迪 A6 的 MOST 总线系统组成

1. 前座信息控制单元 J523

J523 是整个 MOST 系统的主控单元，它执行系统管理器功能。系统管理器的主要功能如下：

1）信息显示。

2）系统状态的控制。

3）多媒体系统总线信息数据交换。

4）传输容量的管理。

2. 网关 J533

J533 是整个 MOST 系统的故障诊断管理器。当 MOST 系统因故障而失效时，通过 J533 执行故障诊断功能。在所有控制单元间有一根以星形连接的断环诊断线。当系统发生故障时，网关 J533 通过诊断线来诊断故障到底发生于哪一段或哪一个控制单元。在环形断路诊断导入后，故障诊断管理器通过故障诊断线路发射一个指令到所有的控制单元，要求所有控制单元从光纤上发出信息并接收信息。所有控制单元均发射光线信号，同时检查是否收到来自上一个控制单元发射的光信号。如果一个控制单元能够发出，且能够收到，则说明该控制单元电路和光路正常。一旦某个控制单元不能发出或收不到信息，则网关判定是这个控制单元或其上的一个控制单元出现故障。

3. 其他功能控制单元

收音机单元、电视、电话控制单元、CD 机、功放，这些控制单元按功能完成相应的工作任务，将驾驶人需要的信息发送到 MOST 总线上，在 MMI（Multi Media Interface，奥迪多媒体交互系统）显示屏上显示出来，或通过功放结点进行播放。

4. MMI 显示屏

MMI 是各种信息的显示平台，为 7in（1in = 2.54cm）彩色液晶触摸显示屏，还可以通过 MMI 集中操控汽车的所有设置以及电子装备。

二、宝马 E65

宝马汽车公司在新 7 系 E65 底盘轿车的 MOST 总线上运用了光纤传输技术。MOST 总线采用环形的网络结构，如图 4-22 所示。车辆因配置不同可能采用不同数量的控制单元。

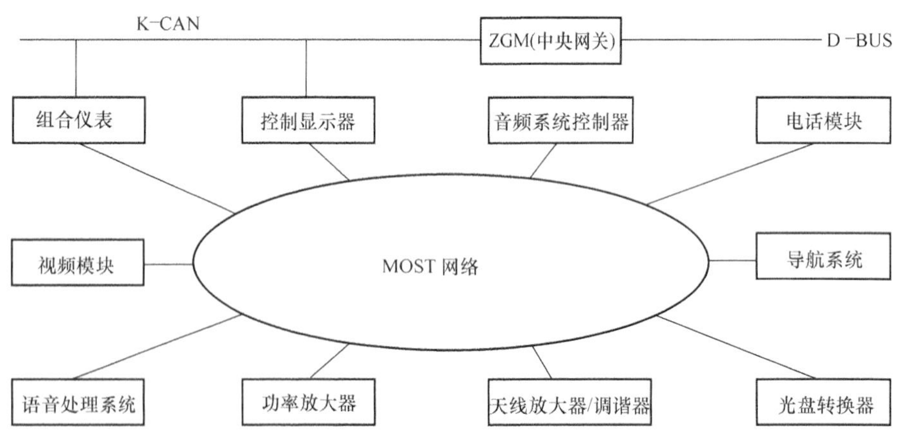

图 4-22　E65 的 MOST 网络结构

1. 控制显示器（Control Display）

控制显示器是整个 MOST 总线系统的主控单元，也是人机交互的主界面装置。控制显示器通过光纤与其他 MOST 总线组件通信，同时也作为一个网关与 K-CAN 总线进行连接。另外，通过控制显示器可以激活 MOST 的服务模式，可查阅到整个 MOST 总线中所有组件的信息。

2. 组合仪表（Instrument Cluster）

E65 采用了第 4 代液晶仪表总成，它集成了强大的行车计算机、检查控制和多达 20 项的测试功能。基于安全方面的考虑，组合仪表还连接于 K - CAN 总线。当 MOST 总线失效时，组合仪表仍能为行车提供报警信号和车速等信息显示。

3. 音频系统控制器（Audio System Controller）

在 E65 上首次应用了音频系统控制器，安装在中控台中。音频系统控制器作为音频系统的主控单元，负责把车辆中的所有音频信号进行集中处理。

4. 电话模块（Telephone Module）

电话属于选装件，在 E65 上可选装一部安装在中控台的 GSM（Global System for Mobile Communication）电话和用于后座区的串联电话，该电话最大的发射功率为 8W。

5. 视频模块（Video Module）

E65 采用宝马专为多媒体环境而设计的第 5 代视频模块，该模块能够完成的功能包括接收电视信号、电视台列表、接收电视文字广播、转换电视信号、视频信号的控制中心。

6. 导航系统（Navigation System）

NAV 属于选装系统。NAV 是 Mk - 3 的改进版，它能提供车辆导航控制、报文（短信）服务以及宝马在线服务等功能。

7. 语音处理系统（Voice Processing System）

SVS 属于选装系统。SVS 是连接使用者与整个 MOST 总线系统的一个纽带，实现了真正的人机语音对话。使用时必须借助车载电话的话筒作为输入端。语音交互提高了车辆操作控制的方便性。有关安全驾驶方面的操作不受 SVS 的控制。

8. 功率放大器（TOP HiFi Amplifier）

LOGIC7 环绕高保真专业音响系统有 13 个扬声器，包括 7 个中音扬声器（安装在左右两侧的前后门、后搁物架和前仪表板中央）、4 个高音扬声器（安装在左右两侧的前后门）和两个位于中央的低音扬声器（安装在前排座椅下面）。

9. 天线放大器/调谐器（Antenna Amplifier/Tuner）

为确保无线电系统信号的接收效果，E65 配置了两套天线放大器，两套天线放大器与同轴电缆进行连接。

10. 光盘转换器（Compact Disk Changer）

E65 配置了一个六碟光盘转换器。光盘转换器的功能包括正常播放、快进和快退、音乐轨道的搜索、浏览、随机播放、显示光盘序号。

11. 其他部件

K - CAN（车身总线）、ZGM（中央网关）和 D - BUS（诊断总线），均通过网关与 MOST 总线连接。K - CAN 是连接空调、防盗、灯光等设备的总线，其传输速率为100kbit/s。ZGM 是连接不同总线系统之间的网关，起着数据和信息中转站的作用，实现不同总线系统之间的连接，实现不同总线系统的信息共享。D - BUS 是诊断接口，宝马专用检测仪器通过它可以检测到包括 MOST 总线在内的电控系统的运行状况及故障情况。D - BUS 的传输速率为 115kbit/s。

三、MOST 网络设计示例

本节以一个基于 MOST 25 的汽车音频网络为例，介绍一个 MOST 网络系统设计的基本过程。

1. 网络总体结构

这个 MOST 音频网络包含主控结点、DVD 设备结点、音频播放结点，这 3 个结点的网络口分别通过光纤总线进行互连，组成一个环形 MOST 网络，图 4-23 所示是基于 INIC 的 MOST 音频网络整体架构。该网络虽然简单，但体现了 MOST 网络的基本架构和特点，也体现了 MOST 传输控制数据和同步数据的工作原理。

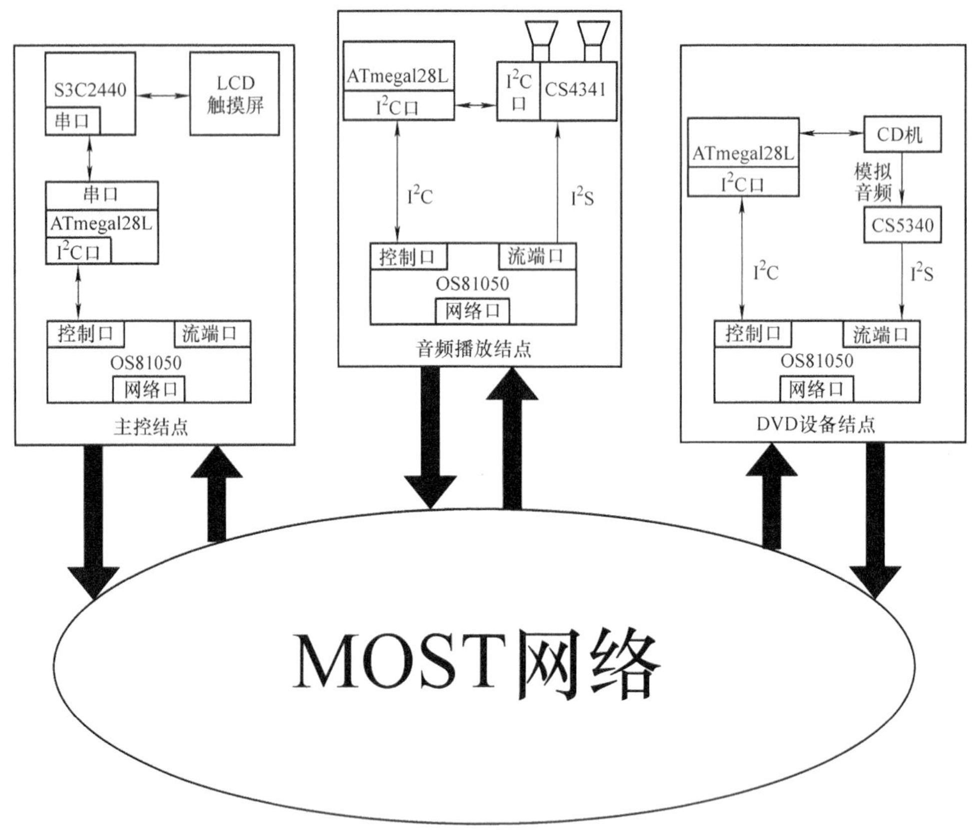

图 4-23 一个基于 INIC 的 MOST 音频网络整体架构

主控结点负责管理整个 MOST 网络和控制另外两个设备的从结点，它是 MOST 网络的核心。主控结点的主要功能如下：

1）网络管理功能，包括网络启动、网络关闭、显示网络状态信息。

2）对 DVD 设备结点的控制功能，包括为结点分配信道、回收信道、控制 DVD 机开机和播放等功能。

3）对音频播放结点的控制功能，包括连接信道、释放信道、调节音量等。

表 4-8 给出了本例中主控结点具有的详细功能。在 DVD 设备结点中，DVD 机输出的音频模拟信号经过处理后，成为 I^2S 数据格式的音频数字信号，通过主控结点为其分配的同步信道，为整个 MOST 网络提供音频数据。音频播放结点连接到网络中的同步信道，解码路由出来的音频数据，并通过音响设备进行播放。

表 4-8　主控结点的功能

有关主控结点的功能	有关 DVD 设备结点的功能	有关音频播放结点的功能
启动网络	分配信道	连接信道
关闭网络	回收信道	释放信道
显示网络状态	开、关机控制	音量增大控制
	出仓控制	音量减小控制
	播放控制	
	暂停控制	
	选择下一曲	
	选择上一曲	

2. 网络硬件框架

系统的硬件电路包括核心电路和实现功能的电路两部分。

核心电路是每个设备结点都必须具有的电路部分，主要包括 INIC 电路和 EHC 电路。INIC 采用 SMSC 公司生产的 OS81050，它具有控制口、网络口、流端口和 MediaLB。其中，控制口支持 I^2C 协议，可以通过这个口传输控制数据和包数据，EHC 可以通过控制口与 OS81050 进行信息交互；网络口通过光电转换部分接入 MOST 光纤网络；流端口用于路由音视频等实时性数据，连接 ADC（CS5340）、DAC（CS4341）等外围设备。MOST 网络传输同步数据，是通过控制 OS81050 将其流端口数据路由至同步信道进行发送，将同步信道的数据路由到流端口来实现接收的。EHC 芯片采用 ATmega128L，它带有 I^2C 总线接口，通过此端口控制 OS81050。

功能电路是实现设备结点自身功能的电路。本网络 3 个结点的主要功能电路主要是主结点的人机交互接口电路、音频源 DVD 结点音频编码电路和播放结点的音频解码电路。

主控结点的外部功能部分主要是人机交互。人机交互接口通过触摸屏实现，其能够在 LCD 屏上的状态栏显示网络反馈的状态信息，并支持用户以触摸功能按钮的形式控制相应操作。人机交互的功能采用三星公司的 S3C2440A 处理器完成，它自带串行接口和 LCD 驱动接口，可以较好地支持 LCD 触摸屏。S3C2440A 通过串口与主控结点的 EHC 芯片 ATmega128L 进行通信，通过 ATmega128L 实现对整个 MOST 网络的控制。

在 DVD 设备结点中，微控制器 ATmega128L 通过 I/O 接口驱动继电器，继电器的输出通过模拟电平开关的方式控制 DVD 机实现光盘播放等功能。DVD 机的音频模拟信号输出口连接音频编码电路 CS5340 的音频输入端，编码后的输出通过 I^2S 总线接口传送到 OS81050 的流端口。

在音频播放结点中，微控制器 ATmega128L 的 I^2C 总线接口连接到音频解码芯片 CS4341 的 I^2C 控制口，通过对 CS4341 内部寄存器进行编程，音频播放结点可以解码包括 I^2S 数据格式在内的多种格式的音频数据。音频解码芯片 CS4341 的 I^2S 总线接口连接到 OS81050 的流端口，从 MOST 网络同步信道中接收传来的音频编码数据，经过解码处理后形成音频模拟信号，输出到音响设备进行播放。

3. 系统软件模型

按照 ISO/OSI 网络参考模型，MOST 网络的光/电物理层对应网络模型的物理层，MOST

网络的 OS81050 对应网络模型的数据链路层，MOST NetServices 软件包对应网络模型的网络层至表示层，完成本结点功能的应用程序对应模型的应用层。硬件电路实现了网络模型的链路层及其以下功能，软件主要实现网络模型的链路层以上的功能。

MOSTNetServices 软件包由许多模块组成，既有用于操作和管理网络的模块，又有实现网络动态特性的模块；这些模块包括接口消息模块、消息缓存区管理模块、消息接口服务模块、控制消息封装模块、应用消息服务封装模块、微控制器控制服务封装模块和信道连接管理模块等。MOST NetServices 软件包屏蔽了底层硬件电路，为应用层程序提供了编程接口。

4. 硬件电路设计

（1）网络口（Net Port）电路

网络口的连接如图 4-24 所示，OS81050 的引脚 TX 与 RX 分别连接到 SMSC 公司的光电转换器 MIR4/MIX4（功能是完成光信号与电信号的转换）上，之后经光电转换器连接到 MOST 光纤网络中。

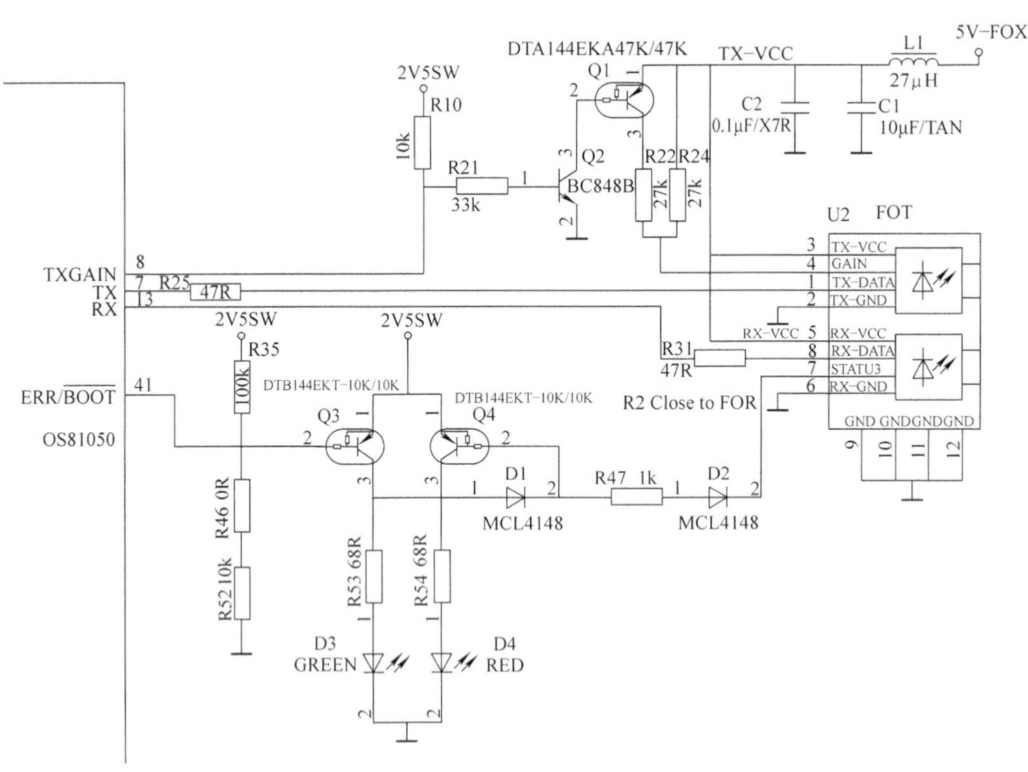

图 4-24　OS81050 光电转换电路图

OS81050 通过 TXGAIN 引脚可以控制光信号的输出功率。当此引脚拉低时，光电转换器会使光信号的输出功率减弱 3dB。

TX 与 RX 引脚与光纤接头间都串联了一个阻值为 47Ω 的电阻，且 R25 的位置离 OS81050 近，而 R31 的位置离光纤接头近，目的是减少浪涌电流对光电转换器和 OS81050 的冲击。

为了检测 OS81050 和 MOST 网络的工作状态，设计了红与绿两个 LED 灯。绿灯用于显示 OS81050 的工作状态，红灯则显示当前网络工作状态。当两个灯都不亮的情况下，表明工作正常。若绿灯亮，则表明 OS81050 出现问题，若红灯亮，则表明当前网络处于未连通状态。

（2）控制口（Control Port）电路

控制口电路如图 4-25 所示，OS81050 的 INT 引脚连接到 ATmega128L 的 PD4 引脚，负责通知 ATmega128L 是否有服务请求；为防止它处于未知状态，通过上拉电阻将其拉至高电平。

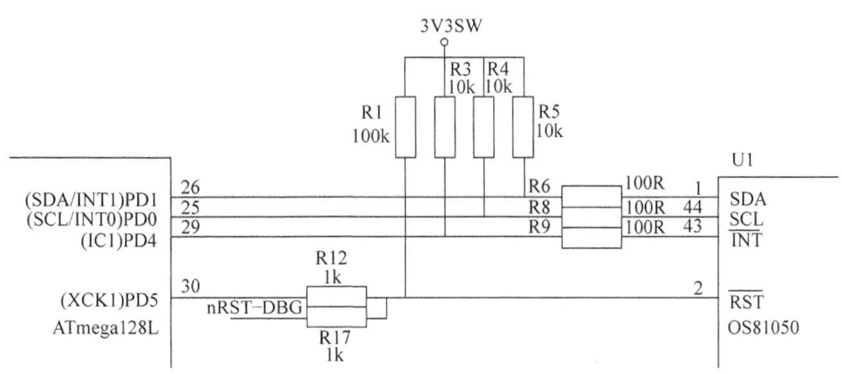

图 4-25 ATmega128L 与 OS81050 通信电路图

OS81050 的 SCL 与 SDA 引脚连接到 ATmega128L 的 SCL 与 SDA。根据 I^2C 总线协议，当 I^2C 总线处于空闲状态时，SCL 与 SDA 保持高电平。为了防止上电后，其电平处于未知状态，需要通过上拉电阻将其拉至高电平。

OS81050 的 RST 引脚连接到 ATmega128L 的 I/O 引脚 PD5 和 DEBUG 接口的 RESET 引脚。使用结点主控制器 ATmega128L 的 I/O 引脚可以控制 OS81050 复位引脚，可以在 ATmega128L 上电启动或软件复位的情况下，通过控制 PD5 的电平来复位 OS81050，重新启动 OS81050。

当 OS81050 从网络中接收数据，需要向 ATmega128L 提交服务请求时，OS81050 将 INT 引脚拉低。ATmega128L 通过查询的方式检测 PD4 引脚，若其引脚电平为低，则启动 I^2C 通信。

（3）流端口（Stream Port）电路

OS81050 的流端口提供了音频流到音频解码芯片或音频编码芯片的路由功能。流端口数据不需要经过 EHC，即不需要连接到 ATmega128L，而是直接经过 I^2S 端口路由至音频解码芯片 CS4341 或音频编码芯片 CS5340。OS81050 的流端口引脚 SX、FSY、SCK 与 RMCLK 分别连接到音频解码芯片或音频编码芯片的 I^2S 口上。

5. 基于 INIC 的音频网络软件程序设计

如图 4-18 所示，本例中各个结点的核心控制器 EHC 就是结点的 ATmega128L。实现 EHC 核心功能的程序是每个设备结点都应具有的软件部分，主要包括 NetServices 软件包、底层驱动程序 LLD 和 EHC 的初始化程序等。

（1）NetServices 软件包

通过 SMSC 公司提供的 NetServices 软件包，可以缩短利用 INIC 开发 MOST 网络系统的周期，降低开发成本，增强系统灵活性。NetSerivces 软件包以模块化的形式封装了所有与

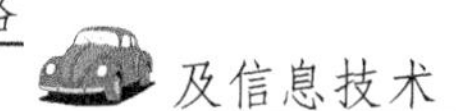

MOST 网络相关的服务，并且包含编译配置头文件。用户可以根据需求，通过配置头文件的方式，选择所需要的模块。

NetServices 软件包分为两层，即基本层（NetServices Layer1）和应用接口层（NetServices Layer2），Layer1 和 Layer2 组成了一个 MOST 设备的基本软件核。Layer1 是 NetServices 的基础，它提供了基本的网络服务功能，包括网络初始化、信道分配、消息缓存区管理和控制消息管理等。Layer2 工作在 layer1 之上，它提供了一个命令解释器和所有 MOST 设备所需的 NetBlock，命令解释器为在 MOST 接口设备上开发新的功能提供了简单的 API。

NetServices 软件包提供了访问 INIC 的消息接口。NetServices 软件包将 Layer1 分成两部分，一部分（Layer1 的 EHC 层）存在于 EHC 中，另一部分（Layer1 的 INIC 层）以固件的形式存在于 OS81050 中，两部分都包含端口消息服务（PortMessage Service，PMS）模块。EHC 可以通过 INIC 消息接口访问 INIC，EHC 层的 PMS 将控制数据或包数据打包成端口消息（PortMessage，PM），通过 LLD 与 OS81050 交换数据。端口消息由消息长度、消息头、消息内容 3 部分组成。

PMS 包括消息 FIFO、抽象的 INIC 消息接口和端口消息协议。PMS 是基于底层硬件和 LLD 之上的，主要用来压缩和解压缩经 INIC 消息接口传输的数据，不关心数据的内容。因此，PMS 不需要关心底层硬件的传输问题。

（2）NetServices 底层驱动程序设计

在基于 INIC 的 MOST 音频网络中，EHC 与 OS81050 的底层硬件接口采用 OS81050 的控制口，采用 I^2C 协议通信与中断结合的方式来传递 PM。其中，EHC 为主设备，OS81050 为从设备。

EHC 向 OS81050 发送的命令主要有 3 种：对 MOST 网络控制的消息、对 INIC 控制的消息、异步数据包消息。无论是哪种消息，在传输给 INIC 之前都通过 PMS 打包成 PM，然后经 LLD 层传给 OS81050。

1）LLD 的发送过程如下：

EHC 应用程序发送的任何数据，最终都通过 PMS 打包成 PM，存储在消息缓存区里，然后将端口消息发送给 INIC；将存储在消息缓存区中已打包成 PM 的数据复制到 LLD 本地缓存区中，然后按照 I^2C 通信机制，将缓存区中的数据发送给 INIC。LLD 的发送流程如图 4-26 所示。

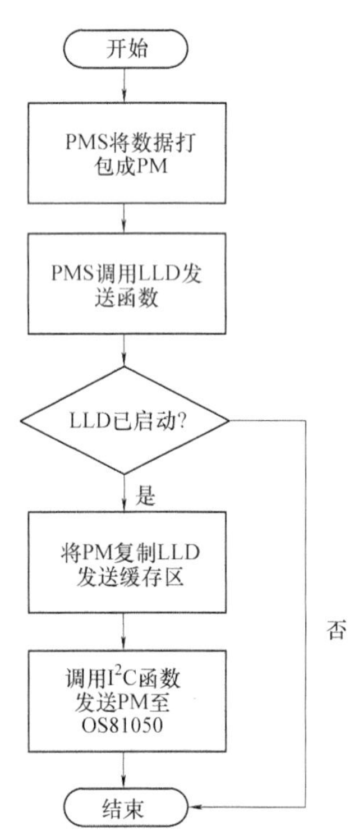

图 4-26　LLD 发送流程

2）LLD 的接收过程如下：

EHC 与 OS81050 通过 I^2C 总线接口进行通信时，OS81050 为通信从设备。当 OS81050 有消息要发送给 EHC 时，它通过拉低中断引脚的方式通知 EHC，直到 EHC 将 PM 读取完毕，中断引脚才恢复至高电平。

EHC 在主循环函数体中，检测连接在其 GPIO 引脚上的 OS81050 中断引脚 INT 是否变低，如果 INT 引脚电平为低，标识 OS81050 向 EHC 发出服务请求，EHC 通过 I^2C 总线接口将 OS81050 发送的打包为 PM 的数据读到本地缓存区中，根据端口消息协议，获得当前端口消息的长度，然后从 MOST NetService 中申请缓存区，将端口消息从本地缓存区中复制到 MOST NetService 的缓存区中，由 MOST NetService 去处理接收的消息。LLD 的接收流程如图 4-27 所示。

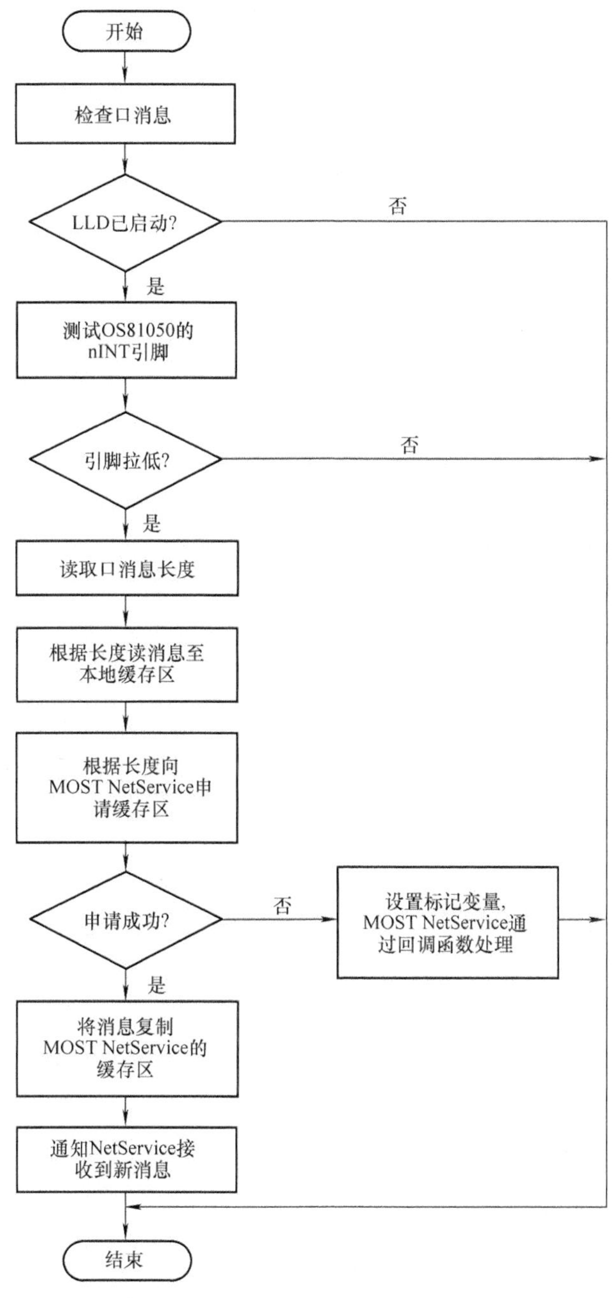

图 4-27　LLD 接收流程

（3）主控结点程序设计

主控结点负责整个 MOST 网络的管理和人机交互功能，所以，除了所有结点都具有的 EHC 核心功能程序外，主控结点还具有 MOST 网络管理部分和人机交互界面操作部分的程序。

网络管理部分包括启动与关闭网络、对网络中从设备结点进行控制，如控制音频播放结点播放音乐等。

主控结点负责初始化 MOST 网络。系统上电启动后，主控结点开始扫描网络以获取所有从设备结点（本例中为 DVD 设备结点和音频放大器结点）的配置信息。在 MOST 网络达到同步状态后，主控结点首先通过轮询的方式获取当前网络所有设备的 FBlock。轮询过程如下：

1）从 OS81050 最大结点数寄存器中获得当前网络结点的个数。

2）设置结点地址，设置主结点的物理地址为 0×400，逻辑地址为 0×100。

3）轮询从设备结点。以从设备结点在逻辑环中相对于主控结点的物理位置作为结点的物理地址，轮询所有结点，被查询结点返回本结点的逻辑地址和 FBlock。

4）主控结点将轮询获得的结点逻辑地址和 FBlock 保存到中心注册表中。

系统初始化后，MOST 网络由“NotOk”状态进入“Ok”状态，开始正常工作。通过中心注册表，主控结点基于功能对从设备结点进行控制，所以不必考虑从设备结点在网络中具体的物理位置。

主控结点对 DVD 设备结点和音频播放结点进行控制，只需要调用控制内容的 FBlock，而不必再考虑结点在网络中的物理位置。

主控结点控制 DVD 设备结点进行播放时，主控结点的人机交互接口一旦监测到 LCD 触摸屏上的播放按钮被用户单击，人机交互接口便向 ATmega128L 发送请求数据。ATmega128L 识别出控制 DVD 设备结点播放的命令后，将命令封装成控制消息，再经过 PMS 打包成 PM 后，由 EHC 通过 INIC 消息接口发送至 OS81050 中。最后通过 OS81050 将 MOST 消息发送到网络中。DVD 设备结点的 OS81050 接收到此 MOST 消息，首先将消息传送至 EHC 中，将消息解析成 DVD 设备结点相应的功能块，并触发 DVD 设备结点应用软件中控制 DVD 机播放的回调函数，将 DVD 机设置为播放模式。接着 DVD 设备结点把变化后的属性信息以类似的方式通过封装功能块、传输消息和解析消息等过程通知给主控结点，主控结点根据这些属性信息，在 LCD 显示屏上显示更新后的状态信息。控制 DVD 机播放的过程中，调用 FBlock 的顺序如图 4-28 所示。

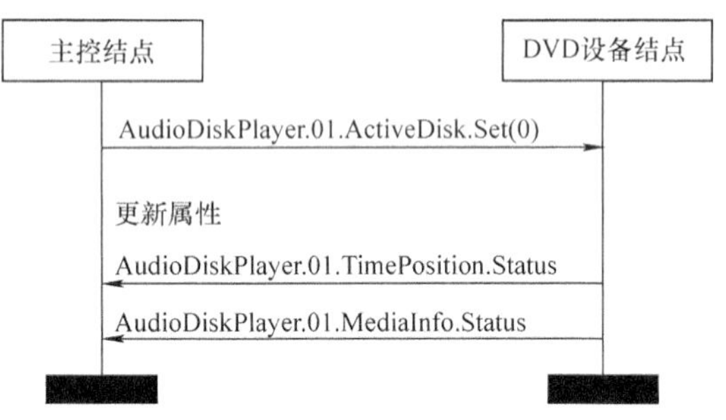

图 4-28　主控结点控制 DVD 机播放过程

主控结点控制 DVD 机暂停、开机等功能的过程，与主控结点控制 DVD 设备结点实现播放功能的过程类似。

同步信道的建立过程如下：主控结点把控制命令以控制消息的形式传送到 MOST 网络中。DVD 设备结点接收到控制消息，对消息进行解析，MOST NetService 会触发事先编写的分配信道回调函数，为 DVD 设备结点分配一个同步信道，DVD 设备结点把信道分配的结果反馈给主控结点。这时，DVD 设备结点的音频数据已经进入同步信道，并在 MOST 网络中进行传输。主控结点再通过调用信道连接功能块使音频播放结点连接到为 DVD 设备结点分配的同步信道，从中接收音频数据。在信道建立过程中，调用 FBlock 顺序如图 4-29 所示。

在主控结点中完成 EHC 初始化后，MOST Service 就启动了。启动后作为 EHC 的 ATmega128L 不断读取与人机交互控制器 S3C2440A 连接的串口状态，检测当前串口是否接收到信息，如果没有信息，则继续查询检测；如果有信息，则根据接收到的信息进行命令解析，然后执行命令处理。

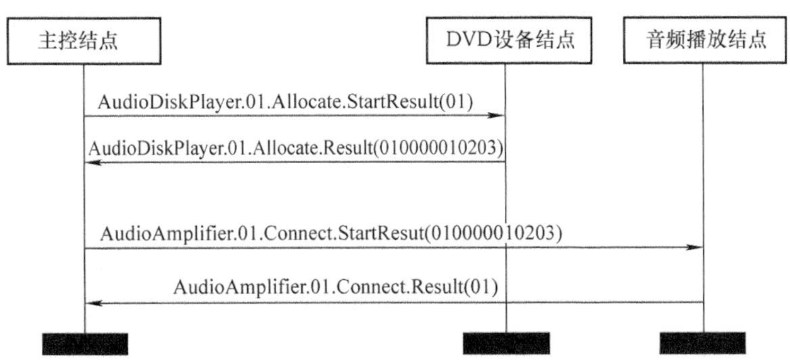

图 4-29　信道建立时序图

（4）音频源结点程序设计

音频源结点实现 DVD 机音频数据输出设备的功能。从 DVD 设备中输出的音频模拟信号经音频编码电路转换为音频数字信号，经 OS81050 的路由功能将数字信号传输到 MOST 网络的某一个信道上。DVD 设备结点实现的主要功能如下：

1）分配、回收同步信道。

2）编码 DVD 机的音频模拟信号转换成 I^2S 格式的数据，为 MOST 网络提供数字音频数据。

3）执行主控结点的控制和查询命令及反馈信息。

4）完成对 DVD 机上的按键控制，实现对 DVD 机的操作功能。

音频源结点中，系统层软件基于核心功能程序实现。DVD 设备结点的应用层软件主要由 DVD 机控制模块、信道分配模块和信道回收模块组成。

DVD 机控制模块主要完成主控结点对 DVD 设备结点的动态控制命令的执行功能。通过编程实现相应的 FBlock 回调函数，来完成对 DVD 机的控制功能，完成的控制包括开机、播放、下一曲、上一曲、暂停、关机、出仓。每一个控制动作由一个相应的程序块完成，具体见表 4-9。

表 4-9　DVD 机控制模块的 FBlock 列表

FBlock	对应的回调函数	实现功能
DVDVideoPlayer. Op_ PowerOn. StartResult ( )	cdPowerEvent ( )	开机
DVDVideoPlayer. Op_ Play. StartResult ( )	cdPlayEvent ( )	播放
DVDVideoPlayer. Op_ Next. StartResult ( )	cdNextEvent ( )	下一曲
DVDVideoPlayer. Op_ Previous. StartResult ( )	cdPreviousEvent ( )	上一曲
DVDVideoPlayer. Op_ Pause. StartResult ( )	cdPauseEvent ( )	暂停
DVDVideoPlayer. Op_ PowerOff. StartResult ( )	cdPowerOffEvent ( )	关机
DVDVideoPlayer. Op_ Open. StartResult ( )	cdOpenEvent ( )	出仓

信道分配模块的主要工作是分配适当带宽的信道给 DVD 设备的音频流数据。当主控结点调用分配信道的功能块之后，DVD 设备结点中的 MOST NetService 会对功能块进行解析，并触发本地的信道分配回调函数，实现对 OS81050 流端口的正常设置，为其分配一定容量的同步信道。

信道回收模块的主要工作是回收已分配给 DVD 设备结点的同步信道。在回收同步信道之后，DVD 设备结点会释放信道资源，并且设置相应的标记变量来表示当前同步信道处于未分配状态。

DVD 设备结点的主循环体程序流程图如图 4-30 所示。

（5）音频播放结点程序设计

音频播放结点，也叫音频放大器结点，负责从 MOST 网络上下载音频数据并对其进行解码和播放，实现的主要功能如下：

1）连接、释放 MOST 网络中的同步信道。

2）对 MOST 网络中的音频数据进行解码，并通过音响设备进行播放。

3）完成主控结点发来的控制和查询命令并反馈信息。

音频播放结点在完成 EHC 初始化之后，进入其主循环函数体。音频播放结点的主循环体程序流程图如图 4-31 所示，主要由信道连接模块、信道释放模块、静音设置模块、音量控制模块组成。

信道连接模块将音频播放结点中 OS81050 的流端口连接到 MOST 网络中为 DVD 设备结点分配的同步信道。信道连接成功后，通过 MOST 网络这个同步信道的音频数据可以经 OS81050 流端口到解码器 CS4341，对其解码并播放。

信道释放模块断开 OS81050 流端口与同步信道的连接，即音频播放结点的 OS81050 流端口不再将这个同步信道的音频数据连接到本结点的解码器 CS4341。

静音设置模块设置当前音响进入静音状态。主控结点发出设置音响静音的控制消息，音频播放结点从网络上收到这个消息，解析消息并触发静音设置操作，使 ATmega128L 通过 I^2C 总线接口控制 CS4341，禁止输出音频或解除静音设置。

音量控制模块调节音响设备输出音频信号的音量大小。主控结点发出的音量调节控制消息，音频播放结点接收到后，通过对消息进行解析，调用音量调节回调函数，使 ATmega128L 通过设置 CS4341 中的音量寄存器，改变音响设备输出音频的音量。

（6）实验与调试

SMSC 公司提供了一系列的 MOST 网络系统的开发工具，其中包括 Optolyzer_ 4_ MOST、MOST Radar 和 INIC Explorer 等。在 MOST 网络系统开发过程中，在单个设备结点的调试阶段，Optolyzer_ 4_ MOST 的优势更为突出，它既可以作为主控结点管理整个网络，又可以作为 MOST 网络中的从设备结点，成为主控结点的控制对象。

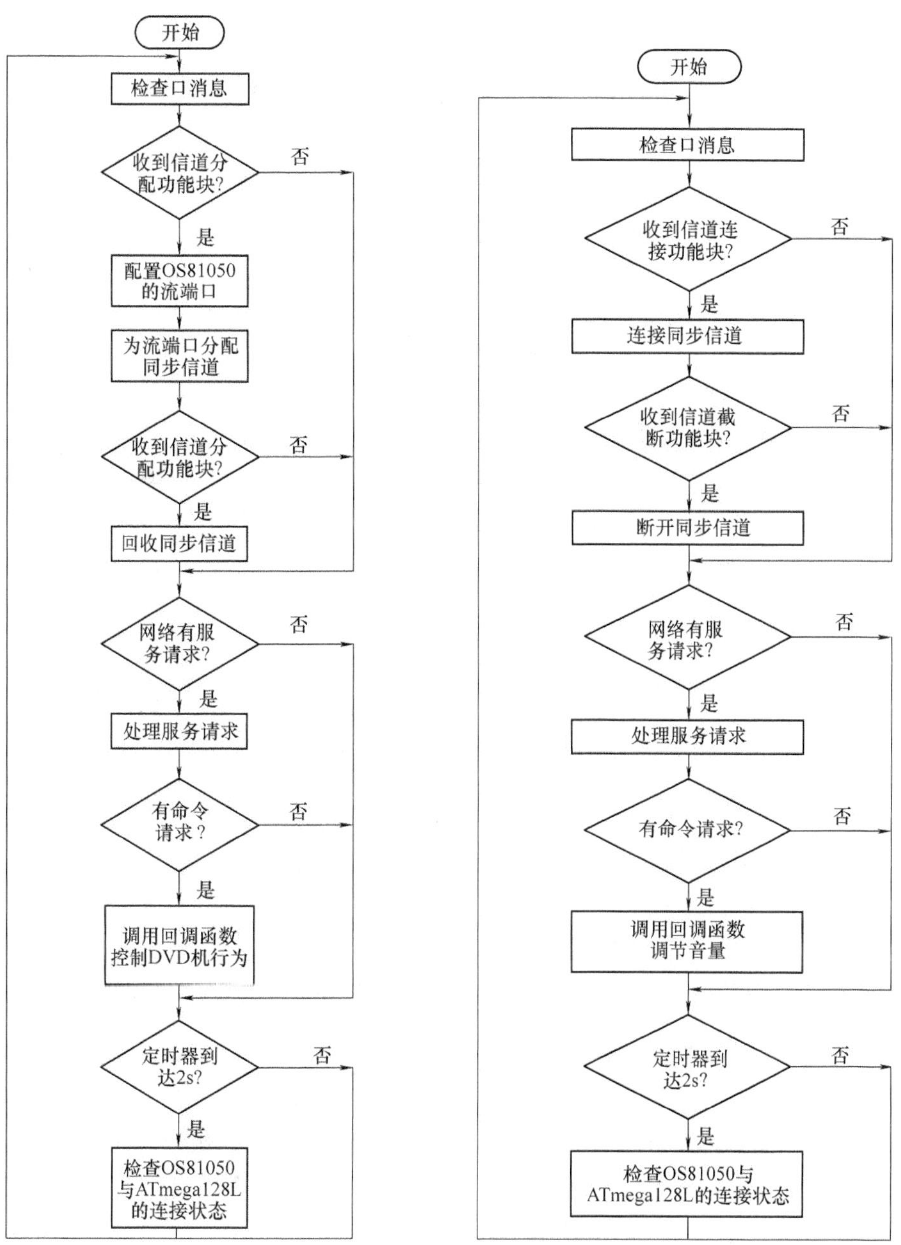

图 4-30　DVD 设备结点的主循环体程序流程图　图 4-31　音频播放结点的主循环体程序流程图

第五章 车载以太网

车载通信技术的发展从串行通信，到工业总线，再到总线网络。随着车载电子控制和信息装置的增加以及信息服务需求的不断增加，更高级的计算机网络在车上的应用是必然的。尤其是多媒体信息，以及电子地图、Internet 网络信息等在车上的应用，像 CAN 这样的总线网络已经很难满足带宽以及信息传输形式的需求，因此，从 21 世纪初，人们开始探究和推出支持多媒体以及高数据传输率的车载网络。由于以太网（EtherNet）技术的成熟以及广泛应用，人们自然会想到把它运用到车上以满足这些需求。但车载环境，以及车上的网络数据传输需求，又和以太网设计初衷有很大差异。在车上使用以太网，就要对其进行适当修改，既要保持以太网的优势和特点，又要满足车辆环境的要求，这就是所谓的车载以太网。

建立车载以太网规范总体上可归纳为两种基本做法。一种做法是保持以太网协议不变，只根据汽车环境的要求提出特定的物理层规范，这种网络规范一般只用于传输非实时性数据；另一种做法是根据汽车上网络通信对实时性和不同数据类型传输的需求，保持基本特征不变，调整以太网协议以更好地满足车载系统通信功能的需求，这种车载以太网能支持车上各种类型的数据传输。

由于车载以太网的特点，在车辆上主要作为信息主干网络和车载信息系统的通信网络，图 5-1 所示是一个以车载以太网为骨干网的车上通信网络示例。其中，车辆电子控制系统、动力传动系统以及车身控制等这些要求实时性和可靠性高、传输的数据短、数据量少的系统将仍继续使用 CAN 和 FlexRay 等网络，车载网络的性能对照见表 5-1。车载以太网络应用情况见表 5-2。

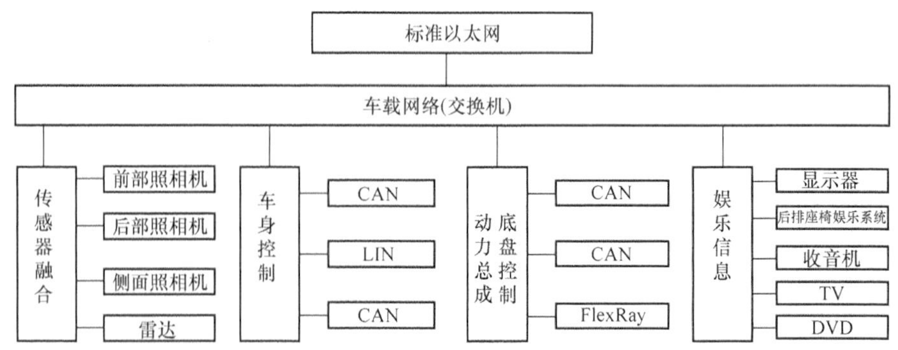

图 5-1 以车载以太网为骨干网的车上通信网络架构

表 5-1 车载网络性能对比

网络标准	带宽	帧数据/B	触发方式	成本	说明
CAN	1Mbit/s	8	事件触发	低	控制系统
LIN	20kbit/s	8	事件触发	低	控制系统

（续）

网络标准	带宽	帧数据/B	触发方式	成本	说明
TTP/C	10Mbit/s	128	时间触发	高	控制系统
FlexRay	10Mbit/s	254	时间触发	中	控制系统
LVDS	1.923Gbit/s		事件触发	低	图像系统
MOST	150Mbit/s	3072	时间触发	中	多媒体系统
Ethernet	1Gbit/s	1500	事件触发	低	多媒体系统
AVB	100Mbit/s	1500	事件触发	高	多媒体系统
TT Ethernet	1Gbit/s	1518	时间触发	高	控制系统、多媒体系统

表 5-2　车载以太网络应用情况

		2010	2015	2020
车本身功能需求	动力传动系统	CAN、FlexRay	CAN、FlexRay	CAN、FlexRay
	车身系统	CAN、LIN	CAN、LIN	CAN
	信息娱乐系统	CAN、MOST 25/50	CAN、Ethernet、MOST 150	CAN、Ethernet
	运行控制及安全系统	CAN、FlexRay	CAN、FlexRay	CAN、FlexRay、Ethernet
车载其他应用需求	图像装置	LVDS	LVDS、Ethernet、MOST 150	Ethernet
	故障诊断	CAN、Ethernet	CAN、Ethernet	Ethernet
	车载骨干数据网络			Ethernet

第一节　以太网简介

一、以太网定义

符合 IEEE 802.3 规范的计算机网络称为以太网。以太网最早由 Xerox（施乐）公司推出，在 1980 年由 DEC、Intel 和 Xerox 3 家公司联合开发，成为一个标准。以太网是应用最为广泛的局域网之一，包括标准的以太网（10Mbit/s）、快速以太网（100Mbit/s）和 10G（10Gbit/s）以太网。它们都符合 IEEE 802.3。

IEEE 802.3 规定了包括物理层的连线、电信号和介质访问层协议的内容，只定义了 OSI 网络模型的第一层和第二层。以太网是当前应用最普遍的局域网技术，它很大程度上取代了其他局域网标准。相关技术有广泛的软硬件产品支持。常见的 IEEE 802.3 应用模式如下。

1）10Mbit/s：10base－T（铜线 UTP 模式）。

2）100Mbit/s：100base－TX（铜线 UTP 模式）。

3）100base－FX（光纤线）。

4）1000Mbit/s：1000base－T（铜线 UTP 模式）。

以太网的基本特性如下：

1）适用 IEEE 802.3 规范。

2）数据以包的形式发送。

3）主要是基带信号传输（数字）。

4）每个端口 4 对的结构化布线（5 类，5E）。

5）电缆类型为同轴电缆、双绞线以及光纤等。

6）网络拓扑结构比较成熟，并且相对更加多样。

7）媒介访问方式为 CSMA/CD（载波侦听多路访问冲突检测），原理简单，技术易实现，网络中各工作站地位平等，不需集中或优先级控制。

8）传输速率为 10Mbit/s、100Mbit/s 或以上，目前千兆以太网和万兆以太网已经投入使用。

9）EMC 性能可以根据不同的实际应用情况进行设计，以满足 OEM 的 EMC 要求。

二、以太网的分类与发展

1. 标准以太网

早期以太网只有 10Mbit/s 的吞吐量，使用的是带有冲突检测的载波侦听多路访问（Carrier Sense Multiple Access/Collision Detection，CSMA/CD）的访问控制方法。这种早期的 10Mbit/s 以太网称为标准以太网，以太网可以使用粗同轴电缆、细同轴电缆、非屏蔽双绞线、屏蔽双绞线和光纤等多种传输介质进行连接。并且在 IEEE 802.3 标准中，为不同的传输介质制定了不同的物理层标准，在这些标准中前面的数字表示传输速度，单位是“Mbit/s”，最后的一个数字表示单段网线长度（基准单位是 100m），Base 表示“基带”的意思，Broad 表示“宽带”。

1）10Base－5 使用直径为 0.4in（1in＝2.54cm）、阻抗为 50Ω 粗同轴电缆，也称粗缆以太网，最大网段长度为 500m。基带传输方法，拓扑结构为总线型。10Base－5 组网主要硬件设备有粗同轴电缆、带有 AUI 插口的以太网卡、中继器、收发器、终结器等。

2）10Base－2 使用直径为 0.2in、阻抗为 50Ω 细同轴电缆，也称细缆以太网，最大网段长度为 185m。基带传输方法，拓扑结构为总线型。10Base－2 组网主要硬件设备有细同轴电缆、带有 BNC 插口的以太网卡、中继器、T 型插接器、终结器等。

3）10Base－T 使用双绞线电缆，最大网段长度为 100m。拓扑结构为星形。10Base－T 组网主要硬件设备有 3 类或 5 类非屏蔽双绞线、带有 RJ－45 插口的以太网卡、集线器、交换机、RJ－45 插头等。

4）1Base－5 使用双绞线电缆，最大网段长度为 500m，传输速度为 1Mbit/s。

5）10Broad－36 使用同轴电缆（RG－59/U CATV），网络的最大跨度为 3600m，网段长度最大为 1800m，是一种宽带传输方式。

6）10Base－F 使用光纤传输介质，传输速率为 10Mbit/s。

2. 快速以太网

100Mbit/s 快速以太网标准又分为 100BASE－TX、100BASE－FX、100BASE－T4 3 个

子类。

1）100BASE－TX 是一种使用 5 类数据级无屏蔽双绞线或屏蔽双绞线的快速以太网技术。它使用两对双绞线，一对用于发送数据，一对用于接收数据。在传输中使用 4B/5B 编码方式，信号频率为 125MHz。符合 EIA586 的 5 类布线标准和 IBM 的 SPT 1 类布线标准。使用与 10BASE－T 相同的 RJ－45 插接器。它的最大网段长度为 100m。它支持全双工的数据传输。

2）100BASE－FX 是一种使用光缆的快速以太网技术，可使用单模和多模光纤（62.5μm 和 125μm）。多模光纤连接的最大距离为 550m。单模光纤连接的最大距离为 3000m。在传输中使用 4B/5B 编码方式，信号频率为 125MHz。它使用 MIC/FDDI 插接器、ST 插接器或 SC 插接器。它的最大网段长度为 150m、412m、2000m 或更长至 10km，这与所使用的光纤类型和工作模式有关，它支持全双工的数据传输。100BASE－FX 特别适用于有电气干扰的环境、较大距离连接或高保密环境等情况。

3）100BASE－T4 是一种可使用 3、4、5 类无屏蔽双绞线或屏蔽双绞线的快速以太网技术。100Base－T4 使用 4 对双绞线，其中的 3 对用于在 33MHz 的频率上传输数据，每一对均工作于半双工模式。第 4 对用于 CSMA/CD 冲突检测。在传输中使用 8B/6T 编码方式，信号频率为 25MHz，符合 EIA586 结构化布线标准。它使用与 10BASE－T 相同的 RJ－45 插接器，最大网段长度为 100m。

3. 千兆以太网

千兆以太网作为最新的高速以太网技术，采用了与 10Mbit/s 以太网相同的帧格式、帧结构、网络协议、全/半双工工作方式、数据流模式以及网络布线系统。由于其不改变传统以太网的基本应用模式以及支持的操作系统和软件，可与以往的 10Mbit/s 或 100Mbit/s 的以太网系统很好地配合工作。升级到千兆以太网不必改变网络应用程序、网管部件和网络操作系统，能够最大程度地利用已有的网络资源。除提高带宽外，千兆以太网还在很多方面弥补了以往 IEEE 802.3 以太网/快速以太网标准的不足。千兆以太网支持的网络类型见表 5-3。

表 5-3　千兆以太网支持的网络类型

传输介质	距离/m
1000Base－CX Copper STP	25
1000Base－T Copper Cat 5 UTP	100
1000Base－SX Multi－mode Fiber	500
1000Base－LX Single－mode Fiber	3000

千兆以太网技术有两个标准，即 IEEE 802.3z 和 IEEE 802.3ab。IEEE 802.3z 制定了使用光纤和短程铜线为介质的标准；IEEE 802.3ab 制定了使用 5 类双绞线介质长距离连接的标准。

（1）IEEE 802.3z

IEEE 802.3z 定义了基于光纤和短距离铜缆的 1000Base－X 标准，采用 8B/10B 编码技术，信道传输速率为 1.25Gbit/s，去耦后可实现 1000Mbit/s 的传输速率。IEEE 802.3z 包含的以太网标准见表 5-4。

表 5-4 IEEE 802.3z 包含的以太网标准

协议	使用的传输介质	传输距离/m
1000Base - SX	多模光纤，直径为 62.5μm 或 50μm 的多模光纤，波长为 770 ~ 860nm	220 ~ 550
1000Base - LX	直径为 9μm 或 10μm 的单模光纤，工作波长范围为 1270 ~ 1355nm	5000
1000Base - CX	150Ω 屏蔽双绞线（STP）	25

（2）IEEE 802.3ab

IEEE 802.3ab 定义了基于 5 类 UTP 的 1000Base - T 标准，其目的是在 5 类 UTP 上实现 100m 范围的 1000Mbit/s 速率传输。IEEE 802.3ab 标准的意义主要有以下两点：

1）5 类 UTP 布线系统可以在千兆以太网中继续使用。

2）1000Base - T 是 100Base - T 自然扩展，与 10Base - T 和 100Base - T 完全兼容。

不过，为在 5 类 UTP 上达到 1000Mbit/s 的传输速率，需要解决这些传输介质的串扰以及衰减等问题。

4. 万兆以太网

IEEE 802.3 标准的补充标准 IEEE 802.3ae 定义了万兆以太网规范，它扩展了 IEEE 802.3 协议和 MAC 规范，使其支持 10Gbit/s 的传输速率。其主要协议见表 5-5。

表 5-5 IEEE 802.3ae 包含的标准

协议	使用的传输介质	传输距离/m	说　明
10GBASE - SR 和 10GBASE - SW	短波（850nm）多模光纤（MMF）	2 ~ 300	10GBASE - SR 主要支持“暗光纤”（dark fiber），10GBASE - SW 连接 SONET 设备
10GBASE - LR 和 10GBASE - LW	长波（1310nm）单模光纤（SMF）	2 ~ 10000	10GBASE - LW 主要用来连接 SONET 设备，10GBASE - LR 用来支持“暗光纤”
10GBASE - ER 和 10GBASE - EW	超长波（1550nm）单模光纤（SMF）	2 ~ 40000	10GBASE - EW 主要用来连接 SONET 设备，10GBASE - ER 则用来支持“暗光纤”
10GBASE - LX4	1310nm 的多模或单模暗光纤	2 ~ 300（多模光纤）；2 ~ 10000（单模光纤）	采用波分复用技术，在单对光缆上以 4 倍光波长发送信号

三、以太网的拓扑结构

计算机网络的拓扑结构指网络中各个结点相互连接的结构形式。以太网的拓扑结构有总线型拓扑、环形拓扑、树形拓扑、星形拓扑、网形拓扑、混合型拓扑，如图 5-2 所示。

1. 总线型拓扑

总线型拓扑结构将网络中的所有结点通过接口直接连接到共同的传输介质上，如图5-2a 所示。一个结点发出的信息，沿着总线传播，总线上的所有其他结点都可接收到，即广播式

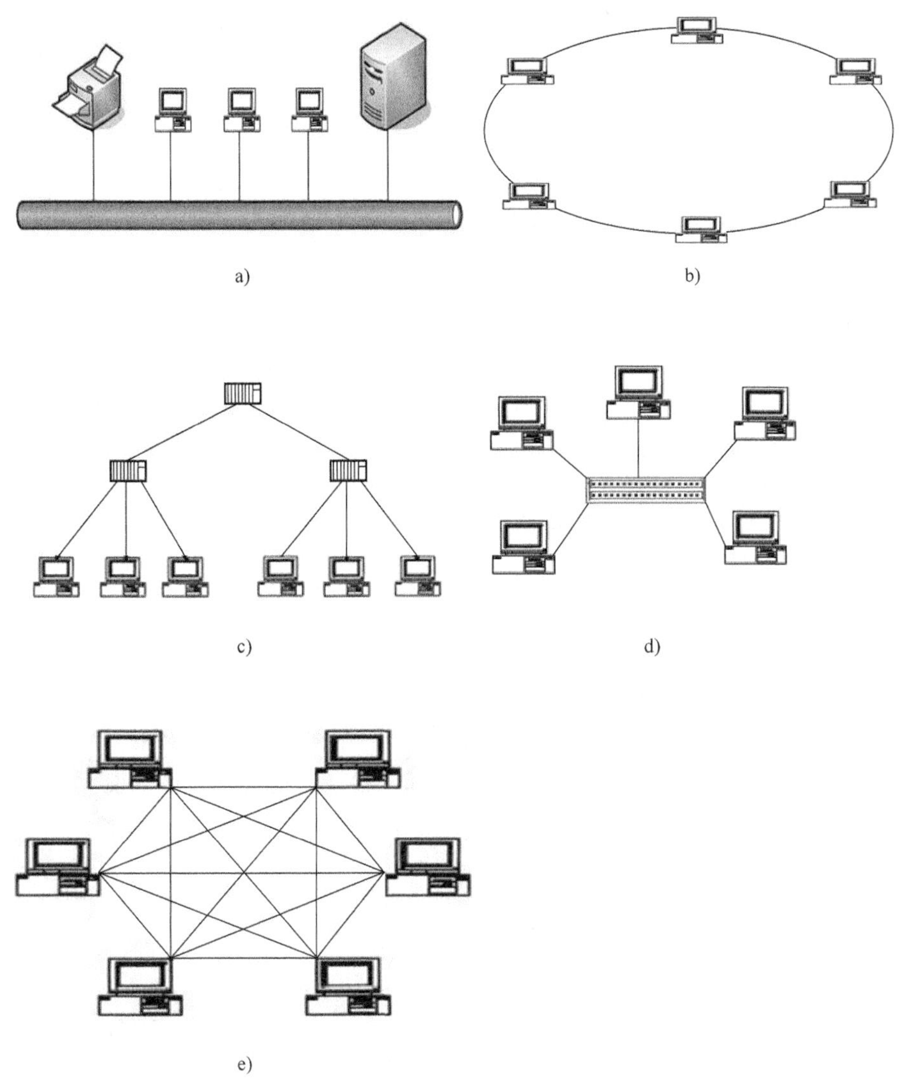

图 5-2 以太网的拓扑结构

a）总线型拓扑 b）环形拓扑 c）树形拓扑 d）星形拓扑 e）网形拓扑

通信网络。由于总线上信息的传播延时以及负载能力的限制，总线长度和总线上链接的结点数有一定的限制。

总线型结构的特点是结构简单灵活、便于扩充、可靠性高、网络响应速度快、设备量少、价格低、安装使用方便、共享资源能力强。总线型网络结构是目前使用最广泛的结构之一，也是最传统的一种主流网络结构。汽车上广泛使用的 CAN 总线就是一种典型的总线型网络结构。

2. 环形拓扑

环形拓扑网络中各结点通过接口连在一条首尾相接的闭合通信线路上，如图 5-2b 所示。环路上任何一个结点均可以请求发送信息，一旦获得网络使用权，就可以向网络上发送信息。环形网络中传输的信息可以是单向传输，也可以是双向传输。信息在每个结点上的延时时间是固定的。信息传输时，一个结点发出的信息依次穿越环路中所有的结点接口，当一个结点获得的信息中的目的地址与本结点地址相符时，表示信息是传给本结点的，信息就被该结点接收，并且信息会继续流向下一环路上的结点接口，一直流回到发送该信息的结点为止。

这种结构网络信息传输时间确定，适合于面向实时控制的局域网系统。在车载网络中，FlexRay 是典型的环形网络。

3. 树形拓扑

树形拓扑网络形状像一棵倒置的树，如图 5-2c 所示。最顶端只有一个结点树根，树根以下带分支，每个分支还可再带分支。可以认为它是总线型结构的扩展，是在总线型网络上加上分支形成的。树形结构网是一种分层网，信息交换主要在上下层结点之间进行，相邻结点或同层结点之间一般不进行数据交换。

树形结构网具有一定容错能力，一般一个分支或结点的故障不影响另一分支及结点的工作，任何一个结点送出的信息都可以传遍整个传输介质，也是广播式网络。一般树形结构网上的一个链路具有一定的专用性，无须对网络其他部分做任何改动就可以扩充结点或分支。

4. 星形拓扑

星形拓扑网络中有一个中心结点，如图 5-2d 所示，以此为中心，把其他结点都连接到这个结点上。各结点与中心结点通过点与点方式连接，中心结点执行集中式通信控制。在星形拓扑结构网络中，任何两个结点进行通信都要经过中心结点控制。

中心结点的主要功能如下：

1）接收结点的通信申请，并为通信的结点建立连接。

2）在通信过程中，维持通信结点的信息通路。

3）通信完成后解除信息通路。

一些车载以太网络使用星形结构组网。

5. 网形拓扑

网形拓扑结构任意结点之间都可以连接，如图 5-2e 所示。一般只有将多个子网或多个局域网互联时才会使用这种拓扑结构。在一个子网中，集线器、中继器连接各个结点，再通过网桥、路由器及网关将子网连接起来，构成互联网。

在实际构建一个系统的网络时，根据实际要求，可以灵活运用各种网络拓扑结构，甚至可以将几种结构混用，构成混合型拓扑结构网络。

四、以太网媒体访问基本过程

如图 5-3 所示，以太网网络没有主从结点的区别，为了协调各结点通过网络线路传输信息，采用 CSMA/CD 机制获得总线使用权。其基本工作过程如下：

1）一个结点要通过网络发送数据，首先查看网络是否“空闲”（网络中没有数据在传送的状态）；如果网络“忙”（网络中有数据处于传送的状态），则继续查询等待。

2）到网络空闲时，该结点开始发送数据。这时，可能有多个结点在等待这个“空闲”时刻，并且一旦“空闲”便都开始发送各自的数据，即出现“冲突”。以太网通信可以检测出这种冲突。

3）如果发送结点判断有“冲突”，则数据的发送将被中断，已发数据也会被删除。经过一个随机等待时间后，网络重新进行新一轮的数据发送。

CSMA/CD 网络访问方式要求以太网网络的范围受到一定的限制，以控制数据包的最长传输时间。

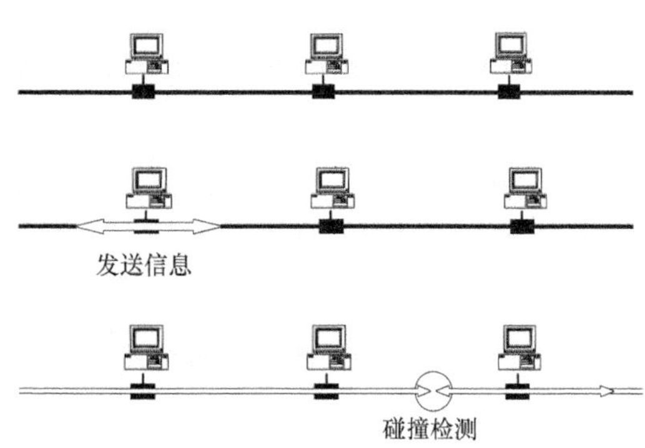

图 5-3　以太网络访问总线的过程

五、数据包格式

以太网的信息按照一定的格式以数据包的形式在网络中传输，一个数据包一般包括发送数据结点地址、目标结点地址、数据以及校验码等参数。

1. MAC 地址

在以太网中的每个结点的网络接口都赋予一个以太网地址，通常这个地址被称为 MAC（Media Access Control，介质访问控制）地址，该地址在以太网网络中是唯一的，用来定义网络设备位置的物理地址或硬件地址。如图 5-4 所示，MAC 地址包含 6 个字节。其中，前 3 个字节（高位 24 位）是由 IEEE 注册管理机构给不同网络设备生产商分配的代码，后 3 个字节（低位 24 位）是生产商赋予生产的适配器接口地址，称为扩展标识符。MAC 地址实际上就是适配器地址或适配器标识符。在 OSI 模型中，网络层负责 IP 地址解析，数据链路层则负责 MAC 地址处理。一个网卡只会有一个全球唯一固定的 MAC 地址，但可对应多个 IP 地址。

在网络通信过程中都会使用 MAC 地址。在局域网中可以用来标识网络结点，交换机的每一个端口与一个 MAC 地址对应。当交换机收到数据包时，就通过本身的 MAC 表查找目标结点的位置，要是 MAC 表项中没有对应的目的结点地址，则交换机把数据包对所有的端口进行广播。

在广域网中，结点之间的通信要用到 IP 地址。当一个结点把信息发送给另一个网络上的结点时，网络间的路由器通过查询路由表，找到目的结点的下一跳的 IP 地址，而找到一个路由器须知道它的物理地址，MAC 地址就是一个找寻路由器的标识。用地址解析协议将对应的 IP 地址解析成 MAC 地址，然后利用 MAC 地址找到路由器所在的物理位置，实现转发过程中的传送。

<table>
<tr><td colspan="3">48　　　　　　　　25</td><td colspan="3">24　　　　　　　　1</td></tr>
<tr><td>字节 6</td><td>字节 5</td><td>字节 4</td><td>字节 3</td><td>字节 2</td><td>字节 1</td></tr>
<tr><td colspan="3">生产商代码</td><td colspan="3">设备代码</td></tr>
</table>

图 5-4　MAC 地址构成

2. 数据包格式

所有在以太网网络中进行交换的数据都以数据包的形式进行传输，以太网数据包的格式也是其标准的特征之一，其具体规定如图 5-5 所示，其中各字段的功能见表 5-6。

字节数	7	1	6	6	2	46～1500	4
功能	前导码	帧起始定界符	目的 MAC 地址	源 MAC 地址	类型/长度	数据	帧校验序列

图 5-5　以太网数据包格式

表 5-6　以太网数据包参数

序号	字段名	长度/B	作　用	说　明
1	前导码 (Preamble)	7	网络结点保持同步时钟脉冲	前导码和界定符结合具有时钟同步作用
	帧起始定界符 (Framestart)	1	数据包起始标志	
2	目的地址 (Destination Address)	6	数据接收结点的 MAC 地址	
3	源地址 (Source Address)	6	数据发送结点的 MAC 地址	
4	类型/长度 (Data Field Width)	2	以太网数据包中数据的准确长度	范围从 0～1500
5	数据 (Data and Pad)	46～1500	数据信息	当数据少于 46 个字节时需要进行填充
6	帧校验序列 (Check－Sum)	4	校验码	用于接收端对数据进行校验

六、网络的物理构成

从物理结构上，以太网由最基本的网络连接介质、结点以及用于网络扩展的设备构成，包括中继器、集线器、网桥、交换机、网关、路由器等。

1. 以太网传输介质

以太网物理层可以使用同轴电缆、双绞线、光纤等作为网络连接介质，图 5-6 所示是这些网络连接介质的实物示例。

早期，主要使用同轴电缆，现在更多的还是使用双绞线。这种双绞线电缆包括两对铜线，每一对都两两相绞，而且每一对双绞线都有金属屏蔽层和绝缘皮层。光纤主要应用于长距离或高传送率的场合中。对于不同类型的电缆，有不同种类的插头与之对应。

2. 中继器与集线器

如图 5-7 所示，中继器直接连接传输线缆，可以提高线缆驱动能力，从而延展网络范围，用于连接各网络段，扩大网络拓扑结构。集线器的功能与中继器相近，但是它带有多个网线接口，因此也称为多路中继器。中继器或集线器将网络覆盖范围扩大，以实现更多结点和更大范围的结点间的联网和数据传输。中继器和集线器还可以连接不同类型的网络电缆介质，因此，使用不同网线的结点可以通过它们实现连接。这类设备仅仅是网络传输媒介层面上的扩展，没有寻址能力，如由结点 1 发送给结点 4 的信息，会在整个由这些设备连接的范围内传输。

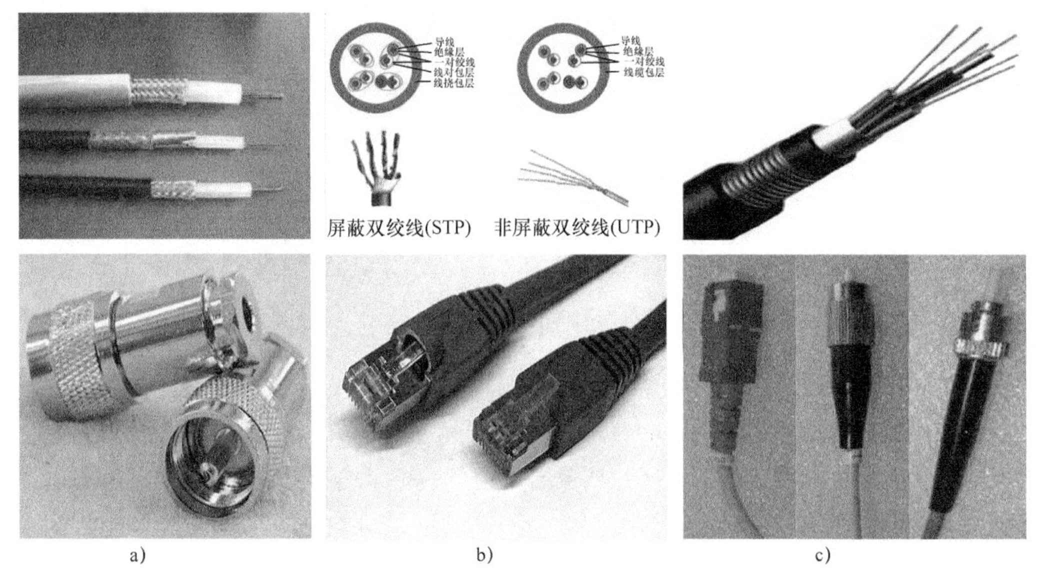

图 5-6　网络连接介质实物示例

a）同轴电缆　b）双绞线　c）光纤

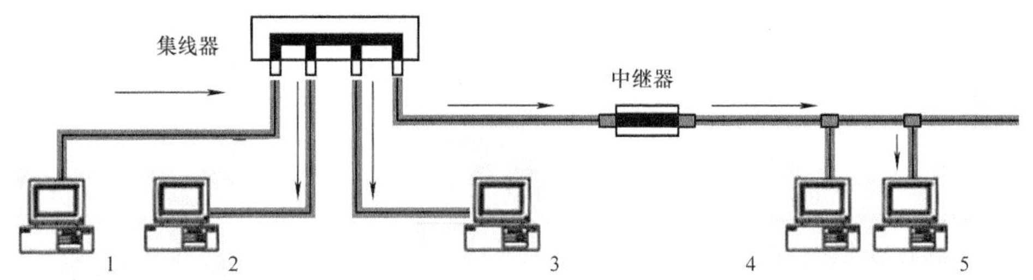

图 5-7　中继器/集线器连接示意图

3. 交换机与网桥

如图 5-8 所示，网桥可以桥接不同的网络，可以连接出拓扑结构更复杂的网络，使信息传送到更多的结点。由网桥隔离开的各个网络相对独立，其分隔的网络是传输媒介使用上相互独立的区域。交换机的功能与网桥相似，但是它可以连接更多的网络区域，交换机的每个端口都可以连接一个共享传输媒介的相对独立的网络区域。网桥和交换机可以连接不同信息传输速率的以太网。这类设备具有地址解析能力，可以根据信息的目的地址选择转发的路径。例如，由结点 1 发送给结点 4 的信息，在交换机接到信息包后，根据目标地址转发到结点 4 所在的端口连接区域。

4. 路由器与网关

如图 5-9 所示，路由器是在网络层上实现多网络互联的设备，可以使网络连接成更加复杂、范围广泛的互联网络。路由器可以从一个连接的网络上接收数据包，读取并分析其内容，获得地址信息，进行地址解析。根据数据包给出的目的地址，按照路由地址表，进行数据包下一跳的转发，转发数据包到目的结点所在的网络，进而将该数据包传送至目的地址标

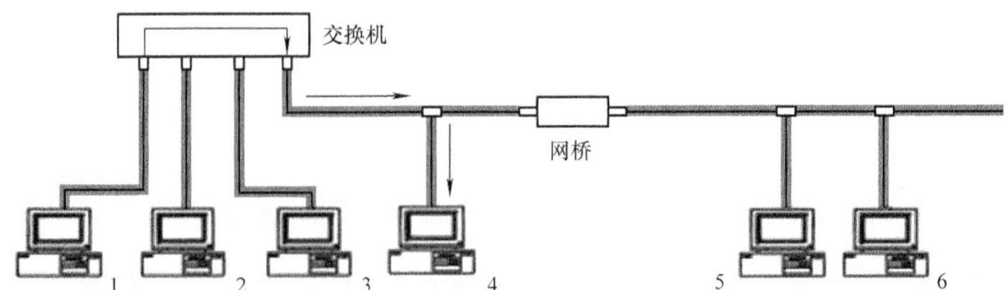

图 5-8　交换机/网桥连接示意图

识的目的结点。通常路由器连接不同的、独立的网络，实现数据在不同网络间的传输。例如，网络 1 中的结点 1－1 发送数据到网络 2 中的结点 2－2，路由器通过与网络 2 的接口接收到数据包后，通过地址解析，根据数据包给出的目的结点地址，转发到目的地址结点所在的网络 2 中，进而由结点 2－2 接收。

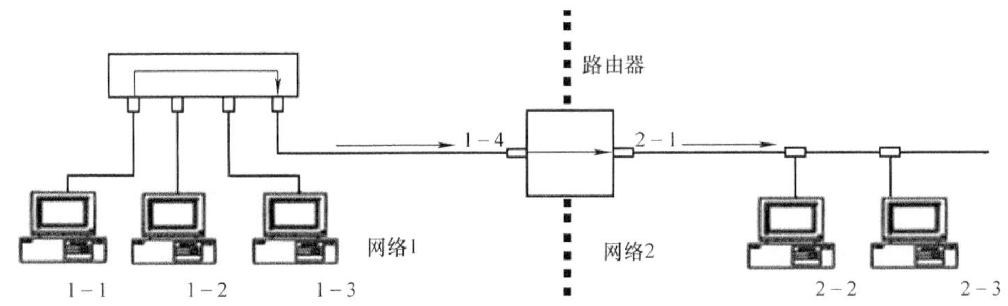

图 5-9　路由器连接示意图

七、以太网协议

以太网是基于 IEEE 802 委员会制定的规范实现的局域网络，包含一系列协议标准。

1）IEEE 802.1 包括概述、体系结构和网络互联，以及网络管理和性能测量，是一组协议的集合，如生成树协议和 VLAN 协议等。

2）IEEE 802.2 连接链路控制 LLC，完成 OSI 数据链路层的高子层功能，提供 LAN、MAC 子层与高层协议间的一致接口。

3）IEEE 802.3 定义了以太网基本规范。定义 CSMA/CD 总线网的 MAC 子层和物理层的规范，描述了物理层和数据链路层的 MAC 子层的实现方法以及在多种物理媒体上以多种速率采用 CSMA/CD 访问方式，对于快速以太网该标准说明的实现方法有所扩展。

4）IEEE 802.4 令牌总线网。定义令牌传递总线网的 MAC 子层和物理层的规范。

5）IEEE 802.5 令牌环形网。定义令牌传递环形网的 MAC 子层和物理层的规范。

6）IEEE 802.6 定义了城域网介质访问控制协议 DQDB（Distributed Queue Dual Bus，分布式队列双总线）及物理层技术规范。

7）IEEE 802.7 宽带技术咨询组，提供有关宽带联网的技术咨询。

8）IEEE 802.8 光纤技术咨询组，提供有关光纤联网的技术咨询。

9）IEEE 802.9 定义了综合声音数据的局域网（IVD LAN）介质访问控制协议及物理层

技术规范。

10）IEEE 802.10 定义了网络互操作的认证和加密方法。

11）IEEE 802.11 定义了无线局域网（WLAN）的介质访问控制协议及物理层技术规范。

12）IEEE 802.12 优先高速局域网（100Mbit/s）。需求优先的介质访问控制协议。

第二节　车载以太网需求

一、车载系统传输的信息

车上传输的数据信息类型，以及对这些数据的使用要求，决定了传输网络的特性要求，也是车载网络标准的选择或设计的依据。汽车上控制系统以及信息系统使用和传输的数据可以分为控制命令控制参数、安全及辅助驾驶信息数据、娱乐信息（多媒体）数据、信息服务类数据。

1. 控制命令控制参数

1）低带宽的控制应用：这些车内控制子系统需要的带宽较低，服务质量（QoS）要求也不高，包括车内那些并不严格要求安全性的控制系统，如电动后视镜和电动座椅等。

2）实时控制应用：这些车内系统对带宽的要求相对较低，但要求较高的、实时的 QoS，如悬架和制动系统、ABS、牵引力控制系统。

2. 安全及辅助驾驶信息数据

越来越多的现代汽车都配备了许多内置的驾驶辅助安全系统，包括使用激光雷达或雷达传感器的自适应巡航控制系统、倒车雷达和应用红外线传感器的夜间行人检测，这些数据也会影响驾驶安全，要求高的可靠性和实时性。

3. 娱乐信息（多媒体）数据

除了传统的信息娱乐系统，车上安装了越来越多的视频音频装置，传输的都是多媒体数据，要求较高的带宽，并且根据应用的不同，又有较高的 QoS 要求，既包括一些被动安全系统，如显示给驾驶人的倒车摄像机，也包括主动安全系统，如使用前后光学摄像机的车道偏离检测。这些也是传统以太网中传输的典型信息。

4. 信息服务类数据

信息服务类数据除了传统的定位导航的电子地图等数据外，随着车辆与互联网的连接以及获取信息能力和上传信息能力的提高，这些与传统互联网络传输的信息类似的数据会大量增加。即使在车载环境中，从用户使用以及工业技术基础等方面，以太网仍然是这些数据最适合的传输网络。

二、车载以太网的性能需求

与传统以太网应用环境相比，车载系统有以下特点：

1）分布范围小，密度高。

2）结点差异性大，数据类型多，对数据传输带宽、实时性、可靠性等需求复杂，变化范围宽。

3）要求行业技术以及设备标准化，体系结构开放，可灵活扩展。

4）对硬件技术指标有更高的要求，而对成本更敏感，要考虑汽车生产的工艺性以及生产和维护过程的布线可操作性和效率要求。

5）必须满足汽车行业标准要求，必须严格符合汽车行业对可靠性、使用环境参数、电磁兼容、环保以及功耗等方面的要求。

三、使用以太网的优势

虽然以太网设计的初衷不是在车辆环境应用的网络，但由于其在计算机网络领域的技术和应用基础，以及车辆上的信息技术发展和应用需求，使得在车上使用以太网具有一些其他标准不能比拟的优势，主要体现在以下几个方面：

1）技术成熟，软硬件开发生产基础好，缩短研发生产周期，提高效率，降低成本。

2）应用功能易于与其他系统对接，各种基于网络的信息应用技术和产品可移植到车载系统。

3）符合车载信息技术和系统开放性发展的趋势，易于与车联网以及各类物联网络的互联。

4）有利于成熟的 IT 企业和技术进入汽车行业，有利于促进车载信息技术、车辆信息化和智能化的发展。

5）已经熟悉基于以太网的用户更易于接受基于车载以太网的信息服务功能和系统。

6）有利于车辆智能化和各种基于信息技术的车辆安全技术的推广。

7）支持车载以太网的物理层需求的硬件技术以及成本等已经得到了验证，一些车载以太网系统的应用验证了在车辆上使用以太网构建车载网络的可行性。

四、车载以太网的标准

车载以太网技术还远不是一个完善的系统体系，从标准到实现的软硬件技术方法以及产品都在迅速地发展当中。到目前，车载以太网一般是基于 IEEE 802.1Q、AVB（Audio Video Bridging）以太网或 TTE（时间触发以太网）规范开发的。其都是在以太网标准基础上增加了支持实时性等方面的功能。已经在航空系统上使用的 AFDX（Avionics Full Duplex Switched Ethernet）也有在汽车上应用的基础。

1. IEEE 802.1Q

IEEE 802.1Q 协议也称为虚拟桥接局域网（Virtual Bridged Local Area Networks），简称为“虚拟局域网”协议。IEEE 802.1Q 是一个用于以太网上数据包优先级标记的技术，用来在虚拟局域网上标记数据包，该技术在一些汽车系统上得到了应用。IEEE 802.1Q 在以太网数据包头增加一个额外的字段来存储消息优先级值，总共有 8 个优先级。IEEE 802.1Q 的系统基于信息优先级，可以在不对网络协议做任何修改的情况下满足一定信息的硬实时延迟约束，实现网络传输的实时性要求。

2. AVB

AVB 的全称是以太网音视频桥接技术（Ethernet Audio/Video Bridging），又称为“Ethernet AVB”，是一项基于 IEEE 802 标准的技术。其在传统以太网的基础上，通过保障带宽，限制延迟和精确时钟同步技术，支持各种面向音频、视频的网络多媒体应用。一些车载多媒体及娱乐系统开始使用 AVB 技术，并得到了良好的应用效果。AVB 增强了传统以太网的实时音视频传输性能，同时又可以与传统以太网技术兼容，有潜力成为下一代车载多媒体及娱乐系统实时传输网络的主流技术。

3. TTEthernet

时间触发以太网（TTEthernet）是由 TTTech 提出的一项技术规范，已经成为汽车工程师协会标准（SAE AS6802）。其也是基于以太网提出的支持实时性需求的局域网标准。与以太网 AVB 一样，为了使用这个系统，网络交换机必须实行时间触发以太网标准。时间触发以太网的时间抖动和延迟与现有的一些时间触发网络，如 FlexRay 是可比较的，而时间触发以太网比 FlexRay 可实现更高的带宽，且具有更好的工业技术基础。时间触发以太网在车载时间触发通信中有很好的应用前景，并已经开发了一些相应的技术及应用系统。时间触发以太网在很多其他需要实时通信的领域中也有应用的潜力。

第三节 IEEE 802.1Q

IEEE 802.1Q 由 IEEE 802.1 工作组开发，是在以太网上支持虚拟局域网（VLAN）的一组协议。IEEE 802.1Q 规范为标识带有 VLAN 成员信息的以太帧建立了一种标准。这些标准定义了 VLAN 网桥操作规范，从而允许在桥接局域网结构中实现定义、运行以及管理 VLAN 拓扑结构等功能。IEEE 802.1Q 标准主要用来解决如何将大型网络划分为多个小网络，以减少广播和组播流量占据的带宽。IEEE 802.1Q 标准还提供了更高的网络安全性。

一、虚拟局域网简介

1. VLAN 概念

虚拟局域网（Virtual Local Area Network，VLAN）在网络上是一组逻辑上的设备和用户，这些设备和用户不是按照物理位置关系，而是根据功能、应用特性或所属部门等因素组织在一起的，被当成一个“网络部分”管理和应用，这些结点相互之间的通信就好像在传统上的同一个局域网段中一样，因此称为虚拟局域网。VLAN 工作在 OSI 参考模型的第 2 层和第 3 层，一个 VLAN 就像一个广播局域网，VLAN 之间的通信像网络互联一样，是通过第 3 层的路由器来完成的。从应用的角度看，VLAN 的优点是技术更加灵活，网络的安全性更好，可以控制广播活动，网络设备的移动、添加和修改更方便。

虚拟局域网发展很快，主要的大网络厂商在他们的交换机设备中都实现了 VLAN 协议。支持 VLAN 的交换机会将它的以太网口划分为几个组，组内的各个用户就像在同一个局域网内一样，不是本组的用户就无法访问本组的成员，这样有利于提高各组的网络安全性。IEEE 802.1Q 协议规定了如何根据交换机的端口来划分 VLAN 的方法。

2. 划分 VLAN 的方式

（1）按照端口划分 VLAN

按照端口划分是目前定义 VLAN 最常用的方法，这种划分 VLAN 的方法是按照以太网交换机的端口来划分的，如将交换机的端口 1～8 连接的部分定义为 VLAN－1，端口 9～15、25～27 连接的部分定义为 VLAN－2 等。

由管理员配置属于同一 VLAN 组的端口，一个组的端口可以不连续，也可以把不同的交换机上的端口配置到一个 VLAN 中。例如，指定交换机 A 的 1 ~5 端口和交换机 B 的 11 ~16 端口为同一 VLAN。

这种划分方法的优点是定义 VLAN 简单，只要将交换机所有的端口进行配置就可完成 VLAN 的划分；缺点是如果要改变一个 VLAN 的构成，就必须重新定义。例如，一个 VLAN 的用户从原来的端口换到一个新的交换机端口，就要重新定义 VLAN。

(2) 按照 MAC 地址划分 VLAN

也可以按照结点的 MAC 地址来划分 VLAN，这种方法对每个结点的 MAC 地址都配置它属于哪个 VLAN。这种根据结点 MAC 地址划分的方法是面向用户的 VLAN。

按照 MAC 地址划分 VLAN 的优点，是当用户物理位置从一个交换机移到其他的交换机时，VLAN 不用重新配置；缺点是在初始化时，对所有的用户都必须进行配置，当用户结点的数量很大时，配置工作量大。另外，这种划分的方法可能在每一个交换机的端口存在不同 VLAN 组的成员，这样就无法对广播信息包进行限制。

(3) 按照网络层划分 VLAN

也可以按照每个结点的网络层地址或协议类型划分 VLAN，如根据 IP 地址划分。这种方法中，在信息包转发时会查看每个包的 IP 地址，但与路由不同，只是根据生成树算法进行桥交换。

按照网络层划分 VLAN 的方法，优点是当结点的物理位置改变时，不需要重新配置它所属的 VLAN，这种方法不需要附加的帧标签识别 VLAN，可以减少网络附加流量；缺点是要检查每一个数据包的网络层地址，会增加处理的工作量。如果交换机由硬件检查这个地址，可以提高处理速度。

(4) 按照 IP 组播划分

一个 IP 组播实际可以看作一种 VLAN 的划分，即认为一个组播组就是一个 VLAN 组。这种划分的方法将 VLAN 扩大到了广域网，容易通过路由器进行扩展，具有更大的灵活性，这种方法不适合局域网。

各种不同的 VLAN 划分方法有各自的优缺点，很多交换机都支持不止一种方法，构建 VLAN 时可以根据实际需要进行选择。

IEEE 提出的 802.1Q 规范是 VLAN 的一个标准化实现方案。有了实施的开放标准，使网络的互联、网络结点设备以及各种应用系统的开发效率更高，也更有利于标准化地配套生产和降低成本。

网络中，支持 VLAN 的部分拥有一组标签，如支持 IEEE 802.1Q 的网络部分，当一个数据帧传送到网络的这一部分，就会按照 VLAN 的划分规则，根据这个帧中的地址或协议等参数，给这个帧加上一个表明其所属 VLAN 的标签，每个帧只能被标记属于一个 VLAN。在定义了 VLAN 的网络中，一个没有 VLAN 标签的帧，被默认为属于本地所在的 VLAN。

二、IEEE 802.1Q 标签帧格式

如图 5-10 所示，IEEE 802.1Q 规定的 VLAN 标记方式，是在以太网帧格式的“源结点 MAC 地址”与“类型/长度”之间加入一个 32 位（4 个字节）的标签域。其中，两个字节用于标识协议的标签（Tag Protocol Identifier，TPID）；另外两个字节用于标识控制信息的标签（Tag Control Information，TCI），这部分又分为 PCP、CFI 和 VID 3 个域；标签各个字段的

定义见表5-7。

字节数	7	1	6	6	4	2	42~1500	4
功能	前导码	帧起始定界符	目的MAC地址	源MAC地址	802.1Q标签	类型/长度	数据/	帧校验序列

图5-10 IEEE 802.1Q 标记方式

表5-7 802.1Q 标签域格式

符号	名称	长度	功能		说明
TPID	标签协议标识符	两个字节	说明传输协议		取值为十六进制数8100H
TCI	控制信息标签	两个字节	VLAN控制信息	PCP	帧传输优先级，3位，定义8个优先级别，由低到高依次为0~7级
				CFI	标准格式指示，1位；若是这个域的值为1，则MAC地址为非标准格式；若为0，则为标准格式；在以太交换器中通常默认为0
				VID	VLAN的识别字段，12位，用来指出本帧属于哪个VLAN。值为0时，表示不属于任何一个VLAN，此时，IEEE 802.1Q标签代表优先权

三、IEEE 802.1Q 标准组

IEEE 802.1“时间敏感网络任务组”（The Time－Sensitive Networking Task Group）基于IEEE 802.1框架，制定了支持IEEE 802.1Q的一系列协议，在基于IEEE 802.1Q的车载网络中，主要采用的是由“时间敏感网络任务组”制定的协议，见表5-8。IEEE 802.1Q其他一些协议或制定中的标准见表5-9。

汽车行业以及工业和消费领域虽然已经接受并使用了第一代流预留协议，但这些领域的用户以及产品供应商还是期望推出这些制定中的协议，这样更有利于增强产品的功能。

表5-8 IEEE 802.1Q 支持实时性相关协议

序号	名称	内容	说　明
1	P802.1AS	面向局域网或局域网互联的时间同步及时间敏感应用的标准	标准已于2011－9－10批准，最新草案0.7发布于2014－11－1
2	P802.1Qbu	帧抢占，对MAC桥及虚拟桥接的局域网协议修订	标准已于2012－5－15批准，最新草案3.0发布于2015－7－29
3	P802.1Qbv	增强信息流调度，对MAC桥及虚拟桥接的局域网协议修订	标准已于2012－5－15批准，最新草案2.5发布于2015－7－27

（续）

序号	名称	内容	说　　明
4	P802.1Qcc	流预留协议（SRP）的增强功能和性能改进，对MAC桥及虚拟桥接的局域网标准修订	标准已于2013-10-21批准，最新草案0.4发布于2015-7-29
5	P802.1CB	为可靠性进行的帧复制及消除标准	标准已于2013-6投票表决通过，最新草案1.1发布于2015-6-18
6	P802.1Qch	循环队列及转发，对MAC桥及虚拟桥接的局域网协议修订	标准已于2015-2-16通过
7	P802.1Qci	每个流的过滤和监管，对MAC桥及虚拟桥接的局域网协议修订	标准已于2015-6-11批准

表5-9　IEEE 802.13Q其他协议

序号	名称	功能	说　　明
1	IEEE 802.1Q-Virtual LANs	定义虚拟网络和网桥的标准	把802.1D兼并到802.1Q，把网桥的标准也合并成一个规范
2	IEEE 802.1Q-2014	定义连接单个局域网的网桥标准	通过不同的媒介访问方法为网桥和VLAN支持IEEE 802 MAC服务
3	IEEE 802.1Qaw	管理数据驱动或数据相关的连接错误	定义了一个连接错误管理协议，为了增强IEEE 802.1Q故障处理能力
4	IEEE 802.1Qay	运营商骨干桥的传输工程标准	使服务运营商使用传统的802.1网桥技术就可以配置供应商骨干网桥的连接
5	IEEE 802.1Qbc	远程客户端服务接口标准	实现一个面向服务标记的服务接口连到两个独立的供应商桥接网络
6	IEEE 802.1Qbe	多I-SID注册协议	通过扩展多注册协议（MRP），规定支持拓扑结构改变的协议、过程以及管理对象
7	IEEE 802.1Qbf	运营商骨干桥接流量工程（PBB-TE）基础设施段保护协议	规定了在不需要修改数据或控制帧的情况下，提供保护的交换过程和管理对象
8	IEEE 802.1Qbp	等价多路协议	规定了在最短路径桥接MAC模式（SPBM）网络中，在单一服务过程利用多种可能的帧下一跳选择的协议、过程和管理对象
9	IEEE 802.1Qbz	与802.11桥接的增强协议	规定了基于IEEE 802.11的媒介在桥接的网络内部互联，以及访问桥接网络的协议、过程和管理对象
10	IEEE 802.1Qca	路径控制和预留协议	给出了对数据流、时间同步与调度参数分配的路径控制、带宽和流预留与冗余的规定
11	IEEE 802.1Qcc	流预留协议（SRP）的增强及改进修订	修订了桥以及终端站在协议、过程和管理对象方面的规范，不仅兼容原SRP的机制，并且能支持更多的功能

第四节　AVB

从网络数据传输的响应时间上，Ethernet AVB 是一种弱实时系统。因此，在车载环境应用方面，它更适合传输一些实时性要求不是很高的控制信息、音视频信息和娱乐数据；而要求强实时的控制命令及数据参数等信息传输，适合采用 FlexRay、TTE 这样完全时间触发的网络。图 5-11 所示是车载环境的一个 AVB 网络拓扑结构示意图。Ethernet AVB 可以传输不同类型的数据。

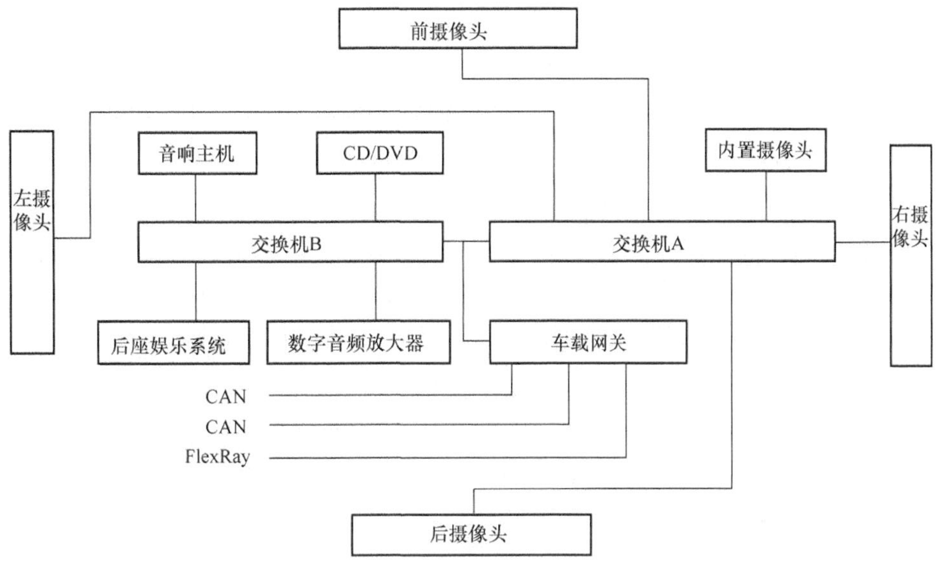

图 5-11　车载星形拓扑 AVB 网络示例

与普通的以太网比较，为了提高在桥接的局域网上传输音视频数据的实时性，AVB 增加了一些功能：

1）能在网络上为播放者提供足够的带宽资源。

2）为连接在播放音视频数据链路上的所有接收者提供足够的带宽。

3）能保障类似于网络游戏、生活视频等应用尽量小的传输延时。

一、AVB 标准

AVB 技术标准是在传统以太网的基础上，通过运用精准时钟同步技术，保障带宽来限制传输延迟，并且提供高级别服务质量以支持各种基于音视频的媒体应用。AVB 并非一个协议，而是由一系列协议定义的技术，相关协议见表 5-10，包括：

1）IEEE 802.1AS：精准的时钟定时和同步协议（Precision Time Protocol，PTP）。

2）IEEE 802.1Qat：流预留协议（Stream Reservation Protocol，SRP）。

3）IEEE 802.1Qav：队列及转发协议（Queuing and Forwarding Protocol，Qav）。

4）IEEE 1722：音视频桥接传输协议（Audio/Video Bridging Transport Protocol，AVBTP），第 2 层。

5）IEEE 1733：实时传输协议（Real－time Transport Protocol，RTP），第3层。

6）IEEE 802.1BA：AVB配置文件。

这些协议标准给在局域网中传送实时的多媒体数据流提供了可行性及具体实施方案。还有一些为完善AVB技术正在制定中的标准，具体见表5-11。

表5-10　AVB协议族

标准	名称	发布状态	日期
IEEE 802.1BA－2011	音视频桥接系统	已发布	2011年9月
IEEE 802.1Qav	时间敏感流的转发及排队增强	已发布	2010年1月
IEEE 802.1Qat	流预留协议	已发布	2010年9月
IEEE 802.1Q－2011	IEEE 802.1Qav与IEEE 802.1Qat的综合	已发布	2011年8月
IEEE 802.1AS－2011	在桥接局域网中时，时间敏感型应用的定时和同步	已发布	2011年3月
IEEE 1722－2011	在桥接局域网中，时间敏感型应用的传输层2	已发布	2011年5月
IEEE 1733－2011	在桥接局域网中，时间敏感型应用的传输层3	已发布	2011年4月
IEEE 1722.1－2013	基于IEEE 1722的设备发现、列举、连接管理和控制协议	已发布	2013年8月

表5-11　制定中的AVB标准

标准	功能组	名称	状态	更新日期
IEEE 802.1ASbt	时间与同步	功能改进与增强修订	草案	2014年11月
IEEE 802.1Qbv	转发与排队	传输调度增强修订	草案	2014年10月
IEEE 802.1Qbu	转发与排队	帧抢占	草案	2014年10月
IEEE 802.1Qca	流预留	路径控制和预留协议	草案	2014年9月
IEEE 802.1CB	流预留	为可靠性进行的帧复制及消除标准	草案	2014年9月
IEEE 802.1Qcc	流预留	流预留协议（SRP）的增强及改进修订	草案	2014年9月

一个Ethernet AVB网络一般由一些AVB结点（如摄像头、音频放大器、音视频源等）和AVB网桥（AVB交换机）构成。AVB网络中的所有结点都必须支持AVB协议族。AVB协议族规定的技术标准能实现同时传输音视频流数据和传统以太网数据，其协议栈如图5-12所示。

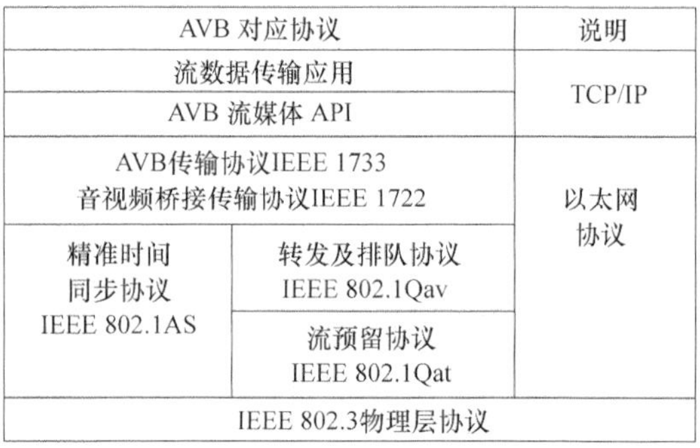

<table>
<tr><td colspan="2">AVB对应协议</td><td>说明</td></tr>
<tr><td colspan="2">流数据传输应用</td><td rowspan="2">TCP/IP</td></tr>
<tr><td colspan="2">AVB流媒体API</td></tr>
<tr><td colspan="2">AVB传输协议IEEE 1733
音视频桥接传输协议IEEE 1722</td><td rowspan="3">以太网协议</td></tr>
<tr><td rowspan="2">精准时间
同步协议
IEEE 802.1AS</td><td>转发及排队协议
IEEE 802.1Qav</td></tr>
<tr><td>流预留协议
IEEE 802.1Qat</td></tr>
<tr><td colspan="3">IEEE 802.3物理层协议</td></tr>
</table>

图5-12　Ethernet AVB的协议栈

二、IEEE 802.1AS定时和同步

提出Ethernet AVB的主要目标是改进以太网在传输音视频流数据实时性方面的性能。因此，精确的时钟同步机制是这类时间敏感数据传输网络的基础。基于Ethernet AVB的需求，IEEE 802.1AS对IEEE 1588的精准时间同步协议（PTP）进行裁剪和改进，提出一个

通用的精准时间同步协议。通过规定的主时钟选择与协商算法、路径延迟计算与补偿，以及时钟频率匹配与调节的机制，将网络上各个结点的时间与一个共同的主时钟同步。IEEE 802.1AS 定义了一个网络最优主时钟算法（Best Master Clock Algorithm，BMCA）。BMCA 定义了底层的协商和信令机制，用于标识出 AVB 局域网内的一个主时钟（Grandmaster），所有结点与其同步，并且保证各个结点实时地修正时钟，确保整个网络保持时间同步。在最大 7 跳的网络环境中，理论上 PTP 能够保证时钟同步误差在 1μs 以内。

BMCA 的基本流程如下：

1）收集时间同步网络中的时间源信息。网络中的时间源信息是采用通知报文的形式发布的。通知报文携带着各个时间源的全部信息。

2）最优时间源选择。相应结点根据收集到的时间源信息，选取最优的时间源作为同步对象。

3）PTP 端口状态决断。决断结点端口会根据时间源的选择结果来同步工作状态。端口的同步工作状态有 Master、Slave，Passive 和 Disable。

主时钟确定后，主时钟结点向相邻的结点发送同步消息，通过时间戳机制（time - stamping）来进行时钟同步和补偿。当含有主时钟时间戳的消息通过要进行时钟同步的端口时，时钟同步机制会把时间戳的时间与本地时间进行对比，然后利用路径延迟补偿算法来对本地时钟进行匹配。

路径延迟补偿算法时钟同步过程如图 5-13 所示，如主时钟在 t_1 时间发送同步信息，随后再发送一个跟随消息，将同步消息的实际发送时间 t_1 发送给从结点，从结点记录同步信息到达的时间 t_2，随后在 t_3 时刻发送延时请求报文，主结点收到消息后，再发送响应报文，将其到达时间 t_4 返回给从结点，这样从结点可计算得到 $t_1 - t_4$ 的值，由式（5-1）计算路径延迟时间 *Delay*，并以此对本地时钟进行校正。这个校正过程需要在网络运行过程中周期性地重复，以便使本地时钟与主时钟一直处于协调状态，为时间敏感信号的传送提供满足要求的同步时钟信号。

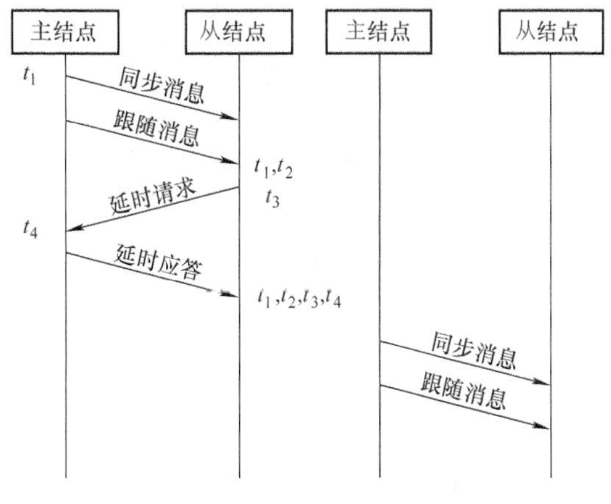

图 5-13 时钟同步过程

$$Delay = [(t_4 - t_1) - (t_3 - t_2)]/2 \tag{5-1}$$

三、IEEE 802.1Qat 流预留协议

时间敏感的数据，如音视频数据流，为了满足传输的时间要求，在网络上传输时需要网络服务质量（QoS）的保障。IEEE 802.1Qat 通过流预留协议（SRP）对音视频数据流发送端和接收端传输请求服务以及传输路径进行管理，为音视频流设备间端到端的传送提供带宽的保证。在 SRP 中，流数据的源叫作 Talker，流数据的接收者叫作 Listener。同一个 Talker 提供的流数据可同时被多个 Listener 接收，SRP 允许只保障从 Talker 到 Listener 的单向数据

流流动。

SRP包含注册和预留两个步骤，包括多重注册协议（Multiple Registration Protocol, MRP）和多重数据流预约协议（Multiple Stream Reservation Protocol, MSRP）。

如图5-14所示，在注册服务中，Talker要事先发布它要传送的数据流，而且同时发布Listener（可以是一个，也可以是多个）的信息，之后IEEE 802.1Qat机制会保存除数据流本身以外的所有从发送端到接收端的状态和路由等控制信息。SRP使用MRP来更新和调用局域网中所有设备的属性声明，周期性地询问网络中所有结点的属性，并收集全部的返回报告。网络的每个设备也需要向MRP声明自己的属性，以证明自己的存在。每个结点也可以自主取消注册。所有的这些属性信息都是以数据包的形式在网络中传输的。

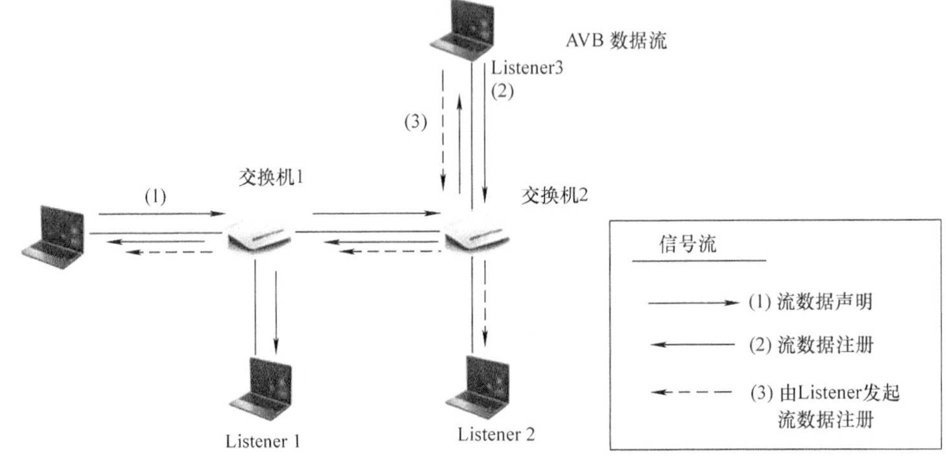

图5-14　SRP中的注册

为发送一个音视频数据流，Talker需要声明这个数据流的带宽要求和发送级别。Ethernet AVB数据流分为A、B两个级别。其中，A级发送数据包间隔是125μs，数据传输的最大延迟不大于2ms；B级数据间隔为250μs，最大传输延迟为50ms。对带宽需要的描述包含两个值，一个是最大数据包载荷容量（数据长度），一个是数据包的发送密度，即数据包间隔，根据这两个参数确定需求的带宽。

一般情况下，实时音视频流数据最多预留整个可用带宽的75%，剩下的25%用来传输普通以太网数据。

四、IEEE 802.1Qav队列及转发协议

队列及转发协议IEEE 802.1Qav的作用是避免传统的以太网异步数据干扰AVB实时音视频数据流。IEEE 802.1Qav协议主要包括3个方面，即流量整形、优先级划分和队列管理。为了避免普通数据流与AVB流数据之间竞争网络资源时影响AVB流数据的传输质量，AVB交换机识别时间敏感的音视频流和普通数据流，并重新赋予优先级，其中实时音视频流数据拥有最高优先级。在优先保证音视频流数据帧传输的条件下，还可以继续进行普通数据帧传输。如图5-15所示，各种不同数据按照严格的优先级算法进行调度。

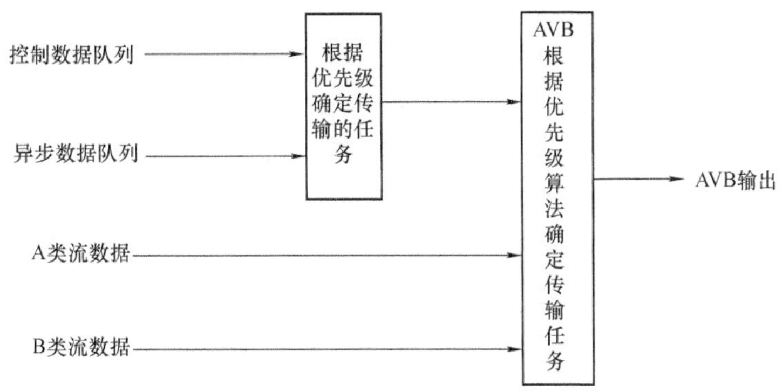

图 5-15　数据包队列转发过程

五、Ethernet AVB 其他协议

IEEE802.1BA AVB 系统标准定义了 AVB 的技术规格书和生产制造 AVB 兼容设备过程中使用的预设值及设置，使得建立、使用 AVB 网络更加方便高效，而不必对其进行烦琐的配置。例如，针对车载系统、消费娱乐、专业媒体视讯以及工业标准等不相同的使用环境都给出了相应的技术要求。

IEEE 1722 音视频桥接传输协议（第 2 层）主要规范 Ethernet AVB 实时音视频的流数据打包，同时给出了数据流的建立、控制以及结束的第 2 层传输协议，AVBTP 用来打包音视频帧格式以满足服务质量的要求。

IEEE 1733 实时传输协议（第 3 层）是扩展了的 RTP 和实时传输控制协议（RTCP）。RTP 是 OSI 会话层的协议（即第 5 层）。

在 AVB 的协议框架里，主要应用 RTP 去适应以太网中传输的同步音视频流信号。RTP 在以太网中为实时特性的音视频数据提供端到端的传输服务，RTP 协议族包括实时传输协议（RTP）和实时传输控制协议（RTCP）。RTP 完成实时数据传输，RTCP 监测数据传输的服务质量以及在数据的交换方之间传输控制信息。在 RTP 的会话期间，所有的信息传输参与者周期性地传输已发送的数据包数量、丢失的数据包数量等统计资料的 RTCP 包。服务器可以利用这些信息动态地变换传输速率或改变有效载荷类别。RTP 与 RTCP 的配合，使传输效率得到了优化。

第五节　时间触发以太网

时间触发以太网（TTEthernet）是通过一个时间精度为 60μs 的时分多路机制在现有的 IEEE 802.3 以太网上实现的时间触发网络技术。在车载以太网方案中，其最大特点是能够支持强实时数据的传输需求。TTEthernet 在支持强实时数据网络传输的需求同时，保留了传统以太网的基本构架，并且支持弱实时数据传输需求以及非时间敏感数据传输需求，覆盖了车载环境的各类数据通信要求，具有很好的应用前景。TTEthernet 的设计方案考虑了汽车应用所需的安全性等级，能够支持 100Mbit/s 和 1000Mbit/s 的传输速率。TTEthernet 已经作为 SAE AS6802 规范发布。TTEthernet 的目标是要求高可靠性的实时应用，如飞机、车辆以及分布式工业控制系统等。

一、TTEthernet 概述

TTEthernet 在标准 IEEE 802.3 以太网上实现的时间触发网络协议如图 5-16 所示。TTEthernet 的核心是定义了如何在标准的以太网中实现高精度的时间同步。TTEthernet 作为时间触发网络，可以满足实时应用的需要，同时高传输带宽也可以满足作为主干网络数据传输的需要。

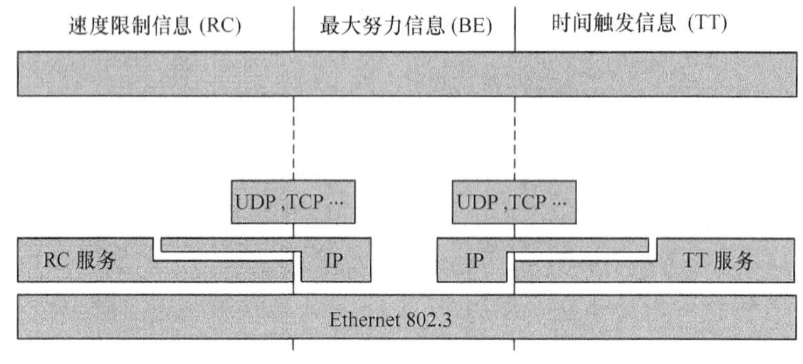

图 5-16　TTEthernet 协议栈架构

时间触发服务在整个网络系统中建立一个全局统一的时钟，终端之间的通信基于全局时间来进行，保证了通信延迟和时间偏移的确定性。时间触发是 TTEthernet 网络的突出特点。时间触发结构中信号的产生是由时间的推进来触发的，系统行为的时间是确定的；在总线的占用方面，时间触发系统中，系统中的各结点分时复用，不会产生带宽争用现象；在可靠性方面，在时间触发系统中，每个结点都在自己的时间槽内完成相应的任务，每个结点或任务获得的传输时间是可靠的；在实时特性方面，时间触发系统不会像事件触发系统中各结点由于可能争用总线，而产生不确定的延迟和抖动现象。

1. 传输的信息类型

TTEthernet 在单一网络中可以同时满足不同实时和安全等级的应用需求，支持 3 种不同类型的数据传输。

1）时间触发消息 TT：TT 消息按照固定时间触发传送，具有最高的优先级。

2）速度限制消息 RC：RC 消息在具有预订的带宽级别上传输。

3）最大努力消息 BE：BE 消息遵循传统以太网方式传输。

2. 时间触发的特点

TTEthernet 是通过以太网第 2 层的 QoS 实现增强的时间触发网络。其基于以太网为分布式应用实现了一个时间确定的同步通信技术，具有以下特征。

1）有效的访问控制管理：全局时间为结点设备提供了一个时间防火墙，可以有效地隔离故障。

2）统一的网络：在一个物理网络中实现时间触发和非时间触发传输机制。分配给时间触发传输的信息，其带宽和时间有精确的定位，实现了实时性的通信任务与非实时性的通信任务的隔离。分配给时间触发通信的带宽，无论其是否在使用，都不受非时间触发通信部分的影响，时间触发的通信设施可以使用非时间触发的网络带宽。

3）有效的资源利用：网络的全局时间可以使网络资源得到更有效的利用。例如，使用时间触发调度机制可以避免时间冲突，网络结点设备的存储缓存区就可以设置到最小的程度。

4）精确的故障诊断：全局时间戳服务功能简化了分布时间的链路重建过程，传感器值的同步捕获功能，能够使一个应用得到整个系统同一时刻的状态，这对于一些控制或测试应用对系统进行诊断是非常有用的。

5）时间上的可组合性：有了全局时间，设备结点间不仅数值上的接口可以预先确定，在时间域上的衔接也可以在其设计阶段预先定义。这样，由网络连接的系统的各个设备结点在设计阶段可以并行开发，并在系统集成的时候能够保障整体的协调性。

6）实时特性：TTEthernet 非常适合周期性命令传输和控制任务以及具有固定延迟和最小时间抖动的同步数据传输。

7）网络可扩展性：TTEthernet 可以适合各种可扩展的具有故障容错能力的网络需求。

8）电路交换方式的模拟：TTEthernet 可以在基于数据包交换方式的以太网络结构上，实现具有固定延迟和微秒级以下时间抖动的电路交换方式。

3. 基本实现技术

为在以太网基础上实现时间触发传输的功能，TTEthernet 标准构建了一系列的实施技术。

1）数据流集成协议：TTEthernet 在同一个物理网络中实现了时间触发和非时间触发的通信。TTEthernet 标准本身更强调了支持时间触发的同步机制。

2）透明的同步协议：通过使用一个标准以太网格式的控制帧，建立和维护同步机制，这个控制帧具有高的优先级。TTEthernet 基于已有的 IEEE 1588 标准构建了数据流传输中的时间抖动补偿技术，实现了一个具有容错能力的时间同步算法。

3）可配置的容错同步协议：TTEthernet 提供了一个可以根据应用需求进行配置的容错同步机制，这是其最核心的技术之一。

4）IEEE 1588 以太网时钟同步协议同步（Synchronization Master）技术：TTEthernet 的全局时间基准也可以同步基于 IEEE 1588 的客户端。为此，增加了在 TTEthernet 设备上产生 IEEE 1588 时钟同步帧的功能，在TTEthernet中，同步信息用于补偿网络延时，在 TTEthernet 之外，这个时钟同步信息可以被普通以太网按照 IEEE 1588 时钟同步信息一样使用。

二、TTEthernet 网络的拓扑结构

一个 TTEthernet 网络一般包括若干终端结点和交换机，终端和交换机具有同一个同步优先级，通过网络连接的一组有相同同步优先级的终端结点及交换机称为一个簇（Cluster）。多个簇可以构成更大的网络，不同的簇可以相对独立地运行。当一个高优先级簇加入网络，或在网络上电时，多个簇可以工作在主 - 从模式。

如图 5-17 所示，一个简单的 TTEthernet 网络簇由一组结点通过一条或冗余的多条通道和交换机进行连接，不同的通道通过不同的交换机相连，图中的这个簇有 4 个终端通过 3 个冗余通道相连。如图 5-18 所示，不同的同步优先级部分在 TTEthernet 网络中可构成多簇系统，不同的簇通常采用主 - 从结构来管理，低优先级设备结点同步到最高优先级设备结点上。

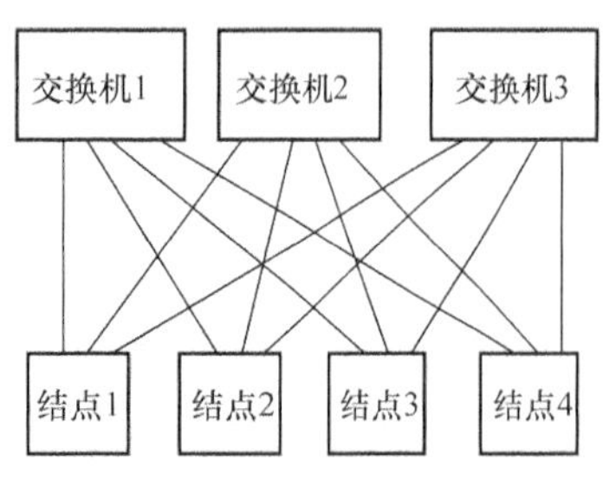

图 5-17　3 通道冗余

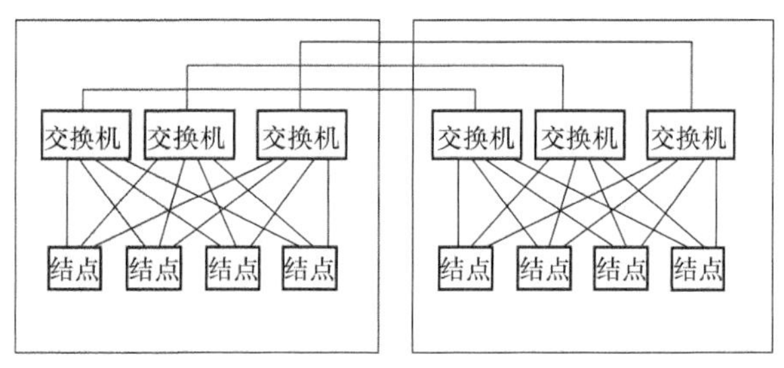

图 5-18　3 通道冗余多簇

三、信息传输基本过程

在 TTEthernet 网络中，每一个终端结点和交换机收发信息的时间由一个通信配置表确定，在规定的时刻开始收发数据。在网络开发设计时，整个网络的通信配置表采用专用工具，以离线方式生成。在通信配置表生成过程中，要保证每一个共享资源都不相互冲突。每一个终端结点在某一个时刻最多只有一条消息发送，不会出现多条消息竞争使用同一输出链路的情况。网络中所有的操作都基于一个全局时间的触发条件来启动系统操作。

图 5-19 所示是一个有 3 个结点的网络信息传输的例子，3 个结点通过交换机互联。图中给出了结点 1 和结点 2 分别发送 TT、BE 以及 RC 消息到结点 3 的过程。其中，结点 1 发送消息的周期为 3ms，结点 2 发送消息的周期为 2ms，结点 3 接收到的数据序列保证 TT 消息的时间要求。传输过程的簇周期是 6ms。

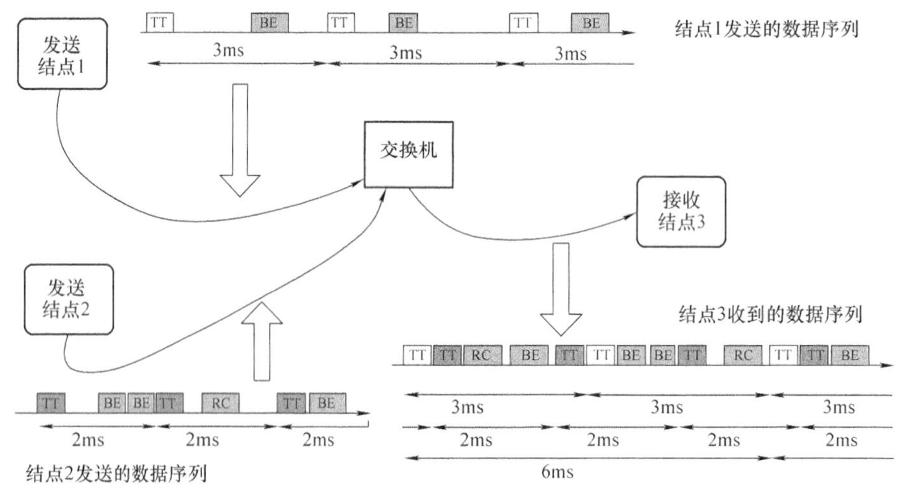

图 5-19　数据通信过程

四、系统同步及启动过程

TTEthernet 的同步机制的拓扑结构如图 5-20 所示。在最底层，从同步角度看，TTEthernet 网络中分为同步主结点、压缩主结点以及同步客户端结点。同步主结点一般为端结点，提供本地时钟参与全局统一时钟计算的结点，称为主结点；压缩主结点一般为 TTEthernet 网络交换机，按照一定的算法，根据各同步主结点发送的时钟计算生成全局统一时钟；同步主结点及压缩主结点以外的网络结点为同步客户端，同步客户端只接收统一发布的全局统一时钟。

同步层次	特征
网络层同步	多个同步域 多个同步优先级
多簇层的同步	单个同步域 多个同步优先级
单簇层的同步	单个同步域 单个同步优先级
设备结点层的同步	同步主结点 同步客户端结点 压缩主结点

图 5-20　TTEthernet 同步机制的拓扑结构

TTEthernet 网络的同步过程分以下两步完成：

1）同步主结点发送协议控制帧（Protocol Control Frame，PCF）给压缩主结点，压缩主结点根据这些协议控制帧到达的时间计算出平均值，并形成一个新的协议控制帧。

2）压缩主结点向外发送生成的新协议控制帧，这个新的协议控制帧送给各同步主结点以及各同步客户端。

在 TTEthernet 网络通信过程中的帧，尤其是协议控制帧，会产生传输延时。协议控制帧中的透明时钟域记录了传输过程中产生的延迟。最大传输延时认为是最大可能的透明时钟记录的传输延时。最大传输延时在一个多簇范围内都有效，也就是说，属于同一个多簇集合的任何两个设备使用同一个最大传输延时。

系统启动服务是网络上电到实现系统同步的过程。上电操作过程可归纳如下：

1）上电后，同步主结点将发送冷启动帧到压缩主结点，压缩主结点返回冷启动帧。

2）各个同步主结点在收到冷启动帧后发送冷启动响应帧到压缩主结点。

3）压缩主结点则对各个冷启动响应帧进行压缩计算，形成新的冷启动响应帧。

4）各个结点收到压缩主结点形成的冷启动响应帧后，完成同步并进入正常操作状态。

五、TTEthernet 开发系统

基于 Linux Ubutun 10.04 的 TTEthcrnct 网络开发系统是 TTEthernet 网络开发的一个工具，该网络开发系统具有 1Gbit/s 的通信速率，采用双通道的冗余架构。TTEthernet 开发系统能够支持用户快速、实时地设计应用程序，如设计基于以太网架构的车载系统以及开发信息娱乐系统的应用程序。网络系统架构如图 5-21a 所示。

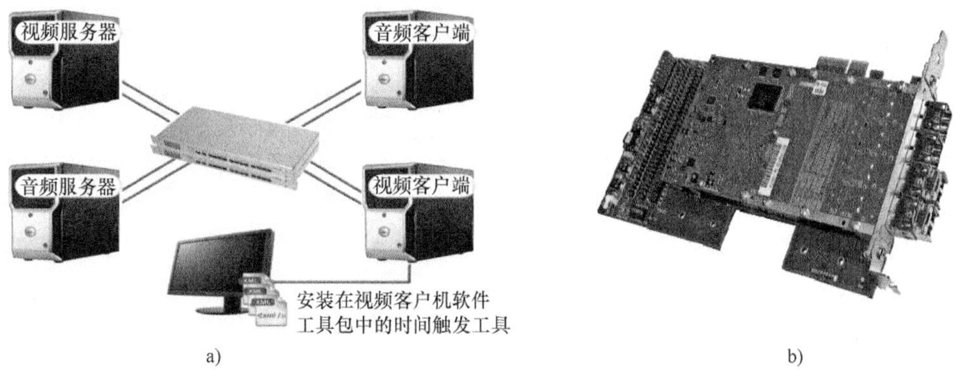

图 5-21　TTEthernet 网络开发系统架构

TTEthernet 网络开发系统的主要软硬件配置如下：

1）两台 12 端口的 TTEthernet 网络交换机。

2）4 块 PCI – Express 接口的 TTEthernet 网络接口卡。

3）1 台 4 端口的 KVM。

4）1 套 Linux 操作系统恢复软件（以光盘形式提供）。

5）1 套 TTEthernet 网络开发系统应用软件，包含 Demo 应用程序，必要的音频及视频文件等（以光盘形式提供）。

6）1 套 TTEthernet 网络配置工具 TTE – Tools。

1. TTEthernet 网络接口卡

TTEthernet 网络开发系统包含 4 块标准 PCI – Express 接口的网络接口卡，如图 5-21b 所示。每块网络接口卡均具有 1Gbit/s 的带宽。该接口卡在硬件中实现了 TTEthernet 网络中分布式容错时钟同步算法，能够实现以冗余的架构完成嵌入式计算机与 TTEthernet 交换机之间的通信。该接口卡根据预先定义好的传输规则，能够完成高实时性及高安全级别消息的传输，它还兼容 IEEE 802.3 标准以太网传输。该接口卡支持 3 种不同消息类型（TT，RC，BE）。

1）时间触发消息（Time – Triggered，TT）：保证强实时性，同时具有微秒级的传输延迟（Delay）以及确定的抖动（Jitter）。

2）限速消息（Rate – Constrained，RC）：保证消息的传输带宽，具有一定的实时性，支持 AVB 的传输。

3）最大努力消息（Best – Effort，BE）：支持标准以太网的传输。

TTE – PCIe 接口卡的主要特点如下：

1）满足 TTEthernet 1.0 规范。

2）满足 IEEE 802.3 以太网规范。

3）支持 10/100/1000 Mbit/s 的全双工以太网链接。

4）标准 PCI – Express 尺寸要求，满足实验室使用环境。

5）PCIe 1.1 x4 Gen1（2.5 Gbit/s）。

6）使用 SFP，支持 3 个通道的传输。

7）基于 Linux 的软件驱动。

8）被动冷却方式。

2. TTEthernet 网络交换机

TTEthernet 网络开发系统包含两台拥有 12 个通信端口的 TTEthernet 网络交换机，TTEthernet 网络通信在分布式系统中基于以太网构建了强实时性的操作。TTEthernet 网络交换机的主要特点如下：

1）满足 TTEthernet 1.0 规范。

2）12 个 1Gbit/s 全双工以太网通信端口。

3）24Gbit/s 的交换带宽，满足 12 个端口全双工工作在 1Gbit/s。

4）满足 TTEthernet 网络接口卡的 3 通道冗余通信。

5）12MB 的片上存储器。

6）256MB 的 Flash。

7）配置数据通过网络加载。

8）配置数据通过 TTE - Tools 产生。

TTEthernet 交换机维护网络的强实时通信，以及管理3 种消息（TT，RC，BE）的传输。时间触发消息在 TTEthernet 交换机中拥有最高的优先级，TTEthernet 网络交换机根据预先定义好的时间规划表来转发时间触发消息。其他的两类消息（RC 和 BE）在网络带宽的空闲时隙实时转发。

每台 TTEthernet 网络交换机提供了 12 个传输端口，每个端口都具有 1Gbit/s 的传输带宽，同时每个端口都能装配 SFP，用来搭配传输介质（铜缆和光纤）的使用。TTEthernet 网络交换机通过 TTE - Tools 工具中的 TTE - Load 来完成配置文件的加载。配置文件存储在 TTEthernet 网络交换机的非易失存储器中，TTEthernet 网络交换机下一次上电或重启后，配置文件会生效。

3. TTEthernet 网络配置工具

TTE - Tools 是用于 TTEthernet 网络开发的配置套件，使用 TTE - Tools 能完成对 TTEthernet 网络以及 TTEthernet 网络接口卡和 TTEthernet 网络交换机的设计、配置以及数据的加载。TTE - Tools 网络配置工具基于开放的 XML 数据库，用来捕获系统级的传输需求和网络拓扑架构，无缝支持整个开发流程。TTE - Tools 网络配置工具能完成 TTEthernet 网络接口卡和 TTEthernet 网络交换机的配置文件，提供网络通信监控功能以及 TTEthernet 网络交换机的加载功能。主要特点如下：

1）实时通信需求的建模。

2）网络和拓扑架构的建模。

3）支持手动及自动设计步骤。

4）基于开放的 XML 数据库，能够灵活地与第三方工具衔接。

5）为每个设计步骤提供了规范化的编辑器。

4. TTEthernet 开发系统应用软件

TTEthernet 开发系统提供了一套基于 Linux Ubutun 10.04 的应用软件，应用软件均以源码的形式提供，该应用软件数据流如图 5-22 所示。

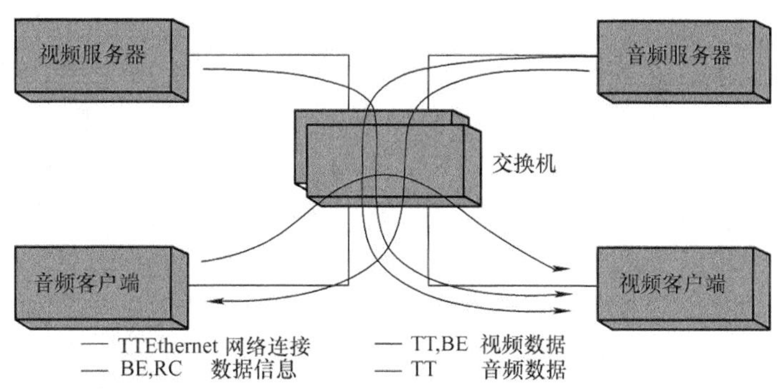

图 5-22　应用软件数据流

在此应用软件中，正常的视频信息是通过时间触发消息（TT）及普通以太网消息（BE）从视频服务器（Video Server）传输到视频客户端（Video Client）的，视频客户端有两个独立的窗口来播放由不同的两种消息传输的相同的视频内容；正常的音频信息是通过时间触发消息（TT）从音频服务器（Audio Server）传输到音频客户端（Audio Client）的。

调整视频客户端图形用户界面中的参数，通过限速消息（RC）及普通以太网（BE）给TTEthernet网络增加流量，能够观测到正常的音频及视频信息受网络带宽增加的影响。

第六节　车载以太网的应用

一、支持车载以太网的硬件

随着车载以太网技术的发展，在不断完善相关协议标准的同时，支持车载以太网的硬件电路也在不断被开发出来。车载以太网的硬件电路可以分为两类，一类是车载以太网通信介质类芯片，另一类是支持车载以太网通信协议的处理器。与一般以太网相比，车载以太网特点是在使用及存储温度范围、电磁兼容特性等方面符合汽车环境的应用要求。基于对车载信息技术及产品潜在发展的预期，不仅传统的车载电子元器件生产商积极开发车载以太网技术及产品，一些属于网络行业的企业也积极加入车载以太网技术的研究开发。

迈威尔（Marvell）与麦瑞半导体（Micrel）在2012年就发布了完全符合IEEE 802.3标准的用于车载网络的以太网实体元件，最高可支持100Mbit/s的速率，在百兆以太网（IEEE 802.3 100Mase-TX）物理层芯片使用超五类线驱动100m，可以通过FCC/TUV B类兼容检测，经过低通滤波后仍可满足汽车环境的电磁兼容需求，并且驱动长度可以维持在50m以上。麦瑞半导体推出的以太网物理层芯片支持高达125℃的环境温度。

飞思卡尔推出了支持Ethernet AVB的i. MX 6系列应用处理器。为面向车载信息娱乐系统以及融合车载信息服务和信息娱乐平台的设计提供了方便，并通过硬件和以太网交换机解决方案支持真正的汽车Ethernet AVB开发。i. MX 6系列应用处理器提供单、双和4核产品，内核处理速度可达1 GHz，并具有专门面向汽车市场的高集成度，可以借助板载CAN、MLB和以太网AVB外设开发汽车网络连接应用。

Xilinx与哈曼国际集团公司（Harman International Industries）合作开发了Xilinx Ethernet AVB LogiCORETM IP内核。Xilinx Ethernet AVB LogiCORETM IP内核采用了先进的可编程技术，与IEEE 802.1 Ethernet AVB标准匹配并支持一些专用功能。首个版本适用于Virtex-5和Spartan-3A现场可编程门阵列（FPGA）平台。配备了一款可参数化配置的内核，能以100Mbit/s或1Gbit/s的速率运行并可以与以太网MAC（TEMAC）实现无缝连接，为解决标准以太网、无线解决方案的带宽和QoS限制提供一种高度灵活的可扩展物理实现方式。

恩智浦推出了面向车载以太网络收发器（TJA 1100）与以太网络交换器（SJA 1105）的产品组合，其拥有车载以太网要求的多项硬件功能，符合OPEN联盟（One Pair Ether-Net Alliance）制定的标准BroadR-ReachTM。这些交换机和收发器采用模块化设计，可实现灵活、经济、高效的组合方式，满足各种车厂的车型，支持基于以太网的分布网络架构。TJA1100产品支持-40~125℃的汽车级工作温度范围，具备监控电源电压的诊断功能，支持车载低功耗模式，具有静电放电（ESD）和瞬时保护功能。在汽车发动机关闭时，系统进入休眠模式，而以太网保持部分开启，当网络出现活动时会唤醒系统。恩智浦以太网不需要电压调节器等额外组件，即可在发动机关闭时保持开启状态，可以大幅改善功耗表现。以太网交换机 SJA 1105 时间触发以太网等实时技术，支持最高达 1000Mbit/s 的带宽。

博通（Broadcom）公司是 OPEN 联盟特别兴趣小组（SIG）的创始成员之一，该组织致力于推动基于以太网的车用连接技术，并将其作为车用连接技术的行业标准。博通公司在美国拉斯维加斯的 2015 年国际消费电子展上发布了下一代专为低功耗汽车应用而优化的 BroadR－Reach 车载以太网芯片。该芯片在单对非屏蔽双绞线上的传输速率可达 100Mbit/s。博通公司全新的 BCM 89811 物理层收发器在信息娱乐系统、高级驾驶人辅助系统（ADAS）以及远程信息处理、仪表组、汽车音响主机和中控台模块等连接的车载以太网具有广泛应用前景。BCM 89811 PHY 的主要特性如下：

1）符合汽车级要求的低功耗。

2）集成芯片的低通滤波器降低了辐射（符合汽车 EMC 要求）。

3）集成的内部稳压器可为芯片提供电源，无须外部稳压器。

4）满足汽车对噪声和传输抖动的要求。

5）在单对非屏蔽双绞线上的传输速度可以达到 100Mbit/s，降低了无线连接成本和电缆重量。

瑞萨的车载信息终端用 SoC“R－Car”系列，以及车载 AV 用 SoC“RZ/A”系列等已经实现了对车载以太网 AVB 的支持。为了确保实时性，在掌握延迟时间及恢复时间同步时，通过硬件处理而不是利用 CPU 来提供支持。瑞萨利用以概念验证（POC）为目的试制的 SoC“R－Car H2”开发了摄像头系统，并利用 SoC“RZ/A1M”研制了 AVB 的评估套件。瑞萨还在开发车载骨干网的以太网网关 IC，其支持通过原来的接口连接的各个域接入以太网骨干网。瑞萨推出 6 个新型第 4 代（X4 代）、基于 V850 系列的 S 系列微控制器（MCU），该微控制器适用于汽车信息娱乐系统和网络，包括两个 V850E2/Sx4－H 系列 100 引脚的微控制器，两个 V850E2/SJ4－H 系列 144 引脚的微控制器，以及两个 V850E2/SK4－H 系列 176 引脚的微控制器，其特点如下：

1）增强型网络功能。通过在 V850/E2/Sx4－H 微控制器上增加一个以太网物理层和 MOST 网络接口控制器，增强了网络功能。支持从诊断以太网通道到 MOST 总线的系统数据路由，以及多达 8 个 I^2S^{TM} 总线接口的音频数据流发自/送到 MOST 的通道。

2）高性能的网络和系统控制。V850E2/Sx4－H 微控制器具有 32 位 V850E2M CPU 内核，其性能高达 160MHz（400MIPS），这就使得该器件可以并行实施网络功能和所有的控制器系统任务。

3）适用于各种应用的宽范围产品阵列。集成型闪存的容量从 2MB 到 1MB，而快速 SRAM 的容量从 192KB 到 96KB。

4）丰富的开发环境。瑞萨电子的硬件开发工具，包括全功能的仿真器，以及片上调试仿真器，都可用于 V850E2/Sx4－H 微控制器。

二、车载以太网软件

与支持车载以太网的硬件对应，车载系统软件，包括操作系统、通信软件以及应用软件也在不断出现支持车载以太网的功能。软件上，车载以太网可以更多地借用以太网已有的技术。

Mentor Graphics 公司为基于 AUTOSAR 和非 AUTOSAR 的电子控制单元的网络设计提供

Volcano™ VSA™产品车载以太网支持。Mentor Graphics® Volcano VSA 工具能够支持 CAN、FlexRay 和基于以太网的网络总线同时存在时的全网时序分析。AUTOSAR 标准支持混合型拓扑网络中所有元素的时序定义。Volcano VSA 设计工具支持以太网、CAN、LIN 和 FlexRay 的混合网络设计。

Cadence 设计系统公司推出用于车载以太网控制器的汽车以太网设计 IP 和验证 IP（VIP）。基于标准的设计 IP 和 VIP 支持由 OPEN Alliance Special Interest Group（SIG）定义的最新汽车以太网扩展。通过面向基于以太网的汽车连接性的 Cadence Media Access Controller（MAC）Design IP 和 VIP，车载以太网功能的实施可以更加快速和简单。Cadence MAC 设计 IP 加快了基于汽车以太网的集成电路的开发。另外，Cadence Ethernet VIP 的客户可以使汽车以太网协议的复杂一致性测试自动化，并利用高级验证方法。Cadence VIP 可以缩短整个测试平台的开发时间，进而提高了验证生产率。

飞思卡尔推出了基于 Ethernet AVB 的车载摄像头软件解决方案，为全景泊车辅助应用构建摄像头结点，可为驾驶人提供高质量汽车周边区域视图的完整硬件和软件解决方案。MPC5604E MCU 上的 M－JPEG 编码器模块，配合优化的量产级软件，可以实现低成本的车载摄像系统解决方案。其主要特性如下：

1）通过以太网提供实时视频和音频数据广播。

2）采用 MJPEG 压缩的 120 万像素图片，适应 100Mbit/s 以太网。

3）采用低延迟 MJPEG 压缩，动态范围增加至 12 位。

4）传输带宽需求低，支持使用低成本的非屏蔽双绞线。

三、基于车载以太网的应用

汽车生产商开始不断重视车载以太网应用技术，已经有很多主流汽车生产商加入车载以太网相关标准的制定并促进其普及的联盟“OPEN（One－Pair Ether－Net）Alliance SIG”。

宝马 X5 在连接周边监控用摄像头模块和 ECU 传输影像的路径采用了可实现 100Mbit/s 传输速率的“BroadR－Reach”车载以太网技术，并在连接车载信息终端和中央网关的信息通信系统的传输路径应用以太网。

丰田制订了基于以太网的车载 LAN 接口规格，并与瑞萨电子及美国博通联手合作，开始开展旨在实现国际标准化的活动。

博通公司开发的车载以太网数据传输技术 BroadR－Reach 在一些车辆上得到了应用。特点是可用一对 UTP（非屏蔽双绞线）实现 100Mbit/s 的传输速率。BroadR－Reach 的解决方案适合在汽车环境使用。图 5-23 所示为 BroadR－Reach 链接的系统框图，相对普通百兆以太网连接电缆成本已经显著降低。物理层用恩智浦的 TJA 1100 作为模拟传输介质和数字 MAC 控制器之间的接口，满足汽车工业 EMC 需求，可以支持 25m 的电缆长度。博通公司的 BroadR－Reach 车载以太网技术目前已应用于 2014 款和 2015 款宝马 X5、2015 款捷豹 XJ 和 2015 款大众帕萨特。

车载以太网在高级驾驶辅助系统（ADAS）中的应用有效解决了信息传输和融合的需求。最新的 ADAS 系统通常采用高速以太网（Ethernet AVB）构建数据链路，连接多个高动态范围百万级像素摄像头。图 5-24 所示是一个基于 Ethernet AVB 的系统，其构成了一个高效的车载多媒体网络。

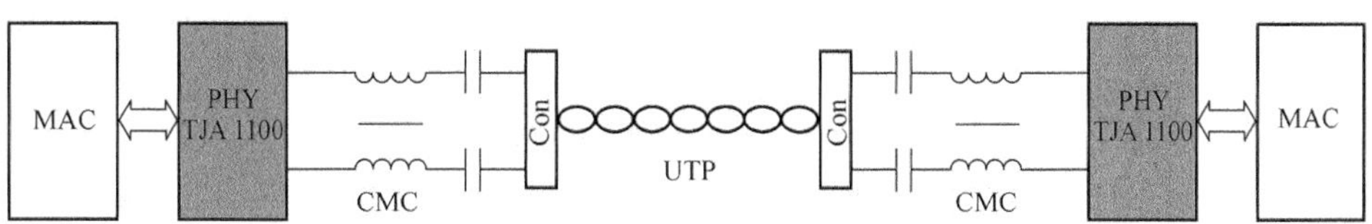

图 5-23 BroadR - Reach 车载以太网物理层方案

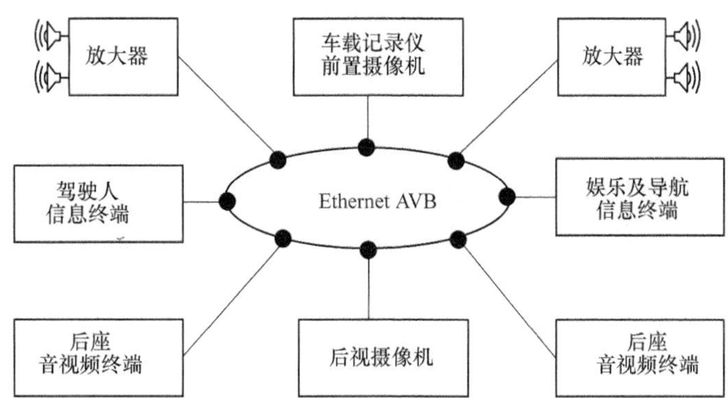

图 5-24 Ethernet AVB 系统

第六章　车载信息系统

第一节　车载信息系统概述

车载信息系统（In－vehicle Infotainment）是基于计算机、卫星定位、网络及通信、电子测量及控制等技术，为汽车提供控制、安全、环保及舒适娱乐性功能和信息服务的软硬件系统。各种车载信息系统已经是现代汽车的重要组成部分，并在汽车工程及汽车运用中起到越来越重要的作用。车载信息系统可以划分成 4 个层面，从高到低依次是客户层、服务层、通信层和车载层。无论在哪一个层面上的功能，都是基于网络连接和网络平台实现的。车载信息系统和车载电子控制系统都是通过车载网络或车联网连接的结点。

车载信息系统主要包括以下功能：

1）仪表及信息显示。

2）车辆监控及远程访问与故障诊断。

3）计算机网络通信及远程服务支持。

4）定位导航及位置服务。

5）车载电话及其他通信。

6）车载多媒体及娱乐。

7）辅助安全驾驶。

8）车间通信及车与陆基系统通信。

9）车载信息安全。

10）车载数据搜集。

11）智能交通信息支持。

12）与汽车控制系统的信息融合。

13）汽车智能化的信息服务。

一、车载信息系统的发展趋势

车载信息系统的发展过程与一般的电子信息系统的发展基本一致，由数字系统取代模拟系统，由简单的、独立的单功能系统逐渐发展为复合功能系统、网络化系统、智能化系统；并且，车载信息系统与其他的车载系统关联度越来越高，现在的汽车集中体现了机－电－信息一体化。

传统的车载系统主要是车载导航系统和车载音视频系统，主要有车载 DVD、车载导航、车载 MP3/CD、收音机、电视等多媒体功能。随着信息化技术的发展，各类车载信息技术装置不断涌现，车载的信息装置数量在不断增加，功能也更加多样化。

计算机网络技术的发展和应用也越来越多地影响着汽车技术领域，车载电子信息装置通过网络连接，汽车也已不再是孤立的个体，而是成为活动的网络结点。车载电子与信息系统在车内构成车载网络系统，并且通过车辆与互联网的连接，正成为互联网的一部分，车载网络和车联网成为汽车车载信息技术的一个基础平台。基于车联网和车载网络的通信功能，实现了车载信息系统车内、车物、车车及通过移动无线互联网接入 Internet。

基于这些互联技术和平台，车载信息系统的功能和服务范畴正在迅速膨胀，不断构建出新的服务和商业模式。车载信息系统已经不仅是获取汽车相关信息为汽车以及乘载者服务，正在扩展出更多的信息供应商、服务商和消费者。

与整个信息技术及汽车技术发展趋势一样，车载信息系统也将不断走向智能化，如图 6-1 所示。车载信息技术的发展方向：全数字化，网络化，智能化，与汽车控制系统以及智能交通系统信息一体化，与手机平台的互联，音视频人机交互，汽车的机器人化。

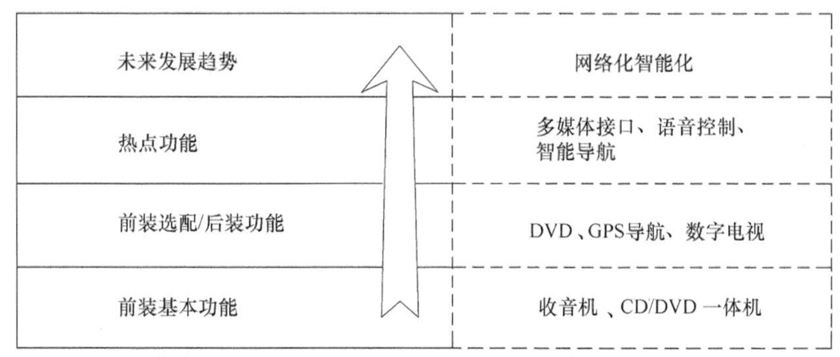

图 6-1　车载信息系统的发展趋势

二、车载信息技术

车载信息系统涉及多方面的信息技术，主要有音视频与人机交互技术、计算机网络及通信技术、嵌入式系统应用技术、地理信息系统及定位导航技术、测量及数据获取技术、大数据与云计算、信息安全技术等。车载信息技术及车载信息系统又与诸如智能交通系统、车辆制造及运用、各种通信平台等领域有着密切的关联。

车载音视频及人机交互系统主要是面向车载的驾驶者以及乘员的。音视频系统主要提供娱乐以及一定的信息服务功能，车载人机交互系统的功能主要是驾驶人对车载装置的操控以及车辆状态参数的回馈，如各种操控按钮、触摸屏、语音控制，以及仪表和音视频报警等。

计算机网络及通信技术包括实现车载电子控制及信息装置互联的车载网络，以及车辆与外部移动的或固定的系统连接的计算机网络及无线通信，是现在车载信息技术以及车联网技术的基础。

车载电控及信息系统基本都是基于嵌入式计算机的，是典型的嵌入式系统，嵌入式软硬件理论与技术是车载信息系统和电子控制系统最基本的载体，有一些专门面向车载的嵌入式软硬件，包括各种芯片电路以及操作系统等。

地理信息系统及定位导航系统是应用最广泛的车载信息系统之一。和所有空间移动的运载工具一样，位置和方向是其必需的信息。定位导航也是车辆追逐的最古老的信息技术之一，指南车应当是最古老的车载信息系统。现在数字化的地理信息技术已经是车载定位导航系统最基本的支撑，卫星定位与电子地图的结合是当今车载定位导航的根本技术方法，也为车载控制系统获取前方道路状态信息，以及智能车辆获取时空相关信息和运用提供了不可替代的支撑。

测量及数据获取是当代车辆的一项基本技术，使用传感器测量各种运行状态参数仍然是车载电子信息系统最基本的功能。随着测量技术的发展，更多的车辆参数可以被测取和应用。视频、超声以及红外测量技术也被广泛应用于车载系统获取车辆周边信息以及测距等功能。

基于互联网的大数据与云计算将为车辆的运用开拓新的空间，为车辆本身功能的提升提供新的支撑。这些平台和技术为车联网的真正展开和深化应用奠定了基础；并且为一些车载系统提供更多可用的数据以及计算能力，如复杂的中心式导航、信息安全和诊断算法，都可以在车上得到应用。

概念上仍在不断发展的 Telematics 是综合车载信息技术比较具体的一个体现，包括计算机、移动通信、数字广播等；同时，又依托于 ITS（Intelligent Transport System，智能交通系统）的“3S”，迅速发展成为融合技术与服务的新业务。Telematics 通过无线信道连接车载终端机与服务中心，以构成提供信息服务的通信链路。通过安装于车内的终端系统，分析汽车车内与车外发生的各种状况，收集驾驶和行车所必需的各种信息，同时执行一系列的必要控制，为驾驶人和乘客提供方便、安全和娱乐。

Telematics 的技术特征充分表现了技术的融合，其主要技术包括卫星定位技术（GPS）、无线接入技术、蜂窝通信技术（2G/3G）、专用短程通信的窄带网络技术（DSRC）、数字广播和多媒体广播技术（DMB），融合成为 4 类主要功能：

1）基于卫星定位技术（GPS + GIS）的地面导航。根据道路状态引导车辆以最佳路线抵达目的地。

2）基于 ITS 数字广播（GPS + GIS + LBS + CDMB）的智能交通。典型应用为对路面实时状况的领航。它不同于以地理信息为基础的导航，而是在导航的基础上，以路面上发生的实时位置信息（Location Based Services，LBS），引导车辆不仅选择最佳地理路由，而且选择所需时间最短的优化路由。通过 ITS 信息中心发布的路面状况实时多媒体信息，以广播形式传送语音、分析和测算处理的结果，以数据形式将遥感测量的地理数据合成为引导实时驾驶的领航图，及时提醒驾驶人避开交通堵塞或有突发事件的路段，给出最佳行车路线，以最短时间到达目的地。

3）基于无线移动通信技术（2G/3G + DSRC + WLAN）的远程信息服务。一方面以 WLAN 形式构建车内的微微网，以通用的信息平台实现网络化通信和信息服务，这与手机通信和无线上网的功能基本一致；另一方面以 RFID 沟通标签与读取器，再以 DSRC 互联服务中心，以信息平台方式，既将 ECU 收集的发动机温度、尾气、轮胎、汽油及行车状况等汽车信息送到服务中心的维修站，以实现远程车辆故障诊断和求助；又将过路的计费信息和服务的费用信息送到服务中心的结算站，服务中心可据此分析和判断车辆有无故障、有无可能出现的失控和失盗等紧急情况，既能及时告知驾驶人，又能指令汽车减速、停止运行或无法起动。同时，准确记账并自动收费。

4）基于数字广播技术（CDMB - T/CMMB + ITS）的车载文化娱乐。它不仅要在车上显示电视节目、路面状况、MTV、电子游戏等，还要显示和管理个人节目信息资源（数据广播），并随时经广播宽带下载地理、地貌、地图等信息，还能显示如 E - Mail 接收的互联网信息。

按照在车上实现的功能，车载信息系统可以分为：

1）多媒体及娱乐系统。

2）车载通信系统。

3）车载信息服务系统。

4）仪表及人机交互系统。

第二节　车载多媒体及娱乐系统

一、车载多媒体及娱乐系统概述

1. 主要功能

音视频装置是汽车上较早的信息系统。最早是车载收音机，把收音机的供电以及性能指标按照汽车的环境进行设计，成为最早的汽车前装信息装置。随着信息技术的发展和汽车用户需求的增加，新出现的信息装置和功能被不断引入到汽车上。

汽车上的多媒体装置直接的功能主要是播放音视频信息，包括音响功能、视频播放功能、平面显示功能；主要设备有扬声器及放大器和显示屏，提供多媒体信息源、语音以及视频信息。

目前汽车车载影音产品大都以 DVD 机心为载体，外带附属 AM/FM，并与导航等其他功能集成在一起，一般有 U 盘口等数字传输接口，可以直接接收数字媒体的信息。

2. 相关技术

车载音视频系统的设计与生产，属于汽车电子系统范畴。硬件上要求达到车载电子装置的性能指标，但同时又有音频、视频装置性能和功能的要求。

技术上，一般要考虑以下几个方面：

1）音响效果、视频质量。

2）外观以及在车内的布置安装。

3）连接及走线。

4）功耗。

5）电磁兼容。

6）发生事故时的情况。

7）产热。

8）对驾驶人员视听的影响。

9）对交通环境（其他车辆）的影响。

10）车身架构及强度。

11）兼容的信息源。

12）人机交互界面。

3. 分类

（1）模拟的、数字的

传统的一些车载多媒体装置，如收音机等，是纯模拟电路的。现在车载多媒体系统都是数字的，并且往往多个功能组装在一起，成为一体机。

（2）信息源设备、播放显示设备

输出音视频信息的设备就是所谓的信息源设备，如DVD和U盘等；输出音视频信息的设备就是所谓的播放设备，如显示屏和音响等。

（3）本地的、远程的

在车上安装的功能设备就是本地的，其基本功能在车载系统上实现。通过网络通信平台，借助互联网上的资源或通过互联网连接的资源实现其基本功能的设备就是远程的，这种设备是逻辑上的，如远程数据记录仪（黑盒子）。有一些功能是通过车载部分和网络资源共同实现的，如集中式导航，车载部分实际主要是人机界面和提供车辆位置，而地图甚至路径规划计算都可以远程实现。

（4）网络化的、独立连接的

所谓网络化的，这里指通过车载网络连接其一些组成部分，或与其他装置连接获取信息传送信息的设备，如通过车载以太网连接的DVD机与显示屏及音响等。独立连接的是相对独立成为一个系统设备，如独立的电视和DVD机等。

4. 与其他车载系统的连接

现在的车载多媒体终端设备，往往不仅是作为传统的音响和电视使用，而是与车载的其他设备连接，并可以接收其他系统的信息，可用作其他系统的终端设备使用，如显示屏，可以作为媒体播放终端，也可以作为导航显示终端，而且一个车上可以有多个音响或显示设备，播放相同的或不同的信息，作为不同的终端使用。

传统的车载终端主要是车载导航系统和车载影音系统，主要有车载DVD、车载导航、车载MP3/CD、收音机、电视等，都是独立的整机体。

随着新技术的发展，汽车将不再是孤立的单元，而是成为活动的网络结点。车载信息系统在车内可以构成独立的网络，同时它也是世界网络的一个结点，因此可以提供许多相应的服务。从信息技术领域看，汽车车载信息系统是一个移动的计算平台。

二、车载多媒体系统结构

1. 非网络化连接方式

传统上，多媒体系统的信号源和播放终端设备之间，以及各种信号源及播放设备之间都是通过独立的媒介（线路）连接的，即所谓的非网络化系统，如图6-2所示，在设备不断增多时，往往连接线路复杂，可靠性降低，成本增加，且不利于软硬件的标准化，以及动态的设备接入。

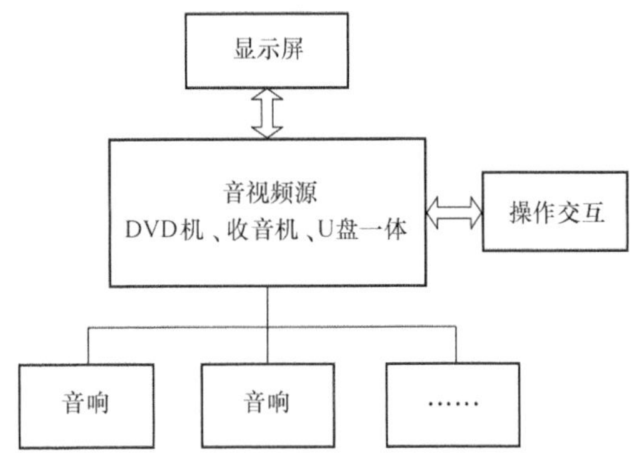

图6-2　非网络连接多媒体系统结构

音响的分布依不同车辆而不同，一般将信号源设备与人机操作界面集成在一起，安装在驾驶人易于操作的位置；音响以及视频播放终端安装在车内的不同位置，音响的安装还要考虑音响效果，视频终端一般在驾驶人右前方（左舵车）和前排座椅后。

2. 基于网络连接的方式

随着车载多媒体设备的增加，以及计算机网络技术的发展和应用，一些高档车上的车载多媒体系统采用了网络化结构，实际上就是一个智能数字终端构成的计算机局域网络。人机交互界面、信号源设备和终端设备都是网络上的结点，它们之间通过网络进行信息通信。图 6-3 所示是一个车上基于 MOST 网络的多媒体设备连接。

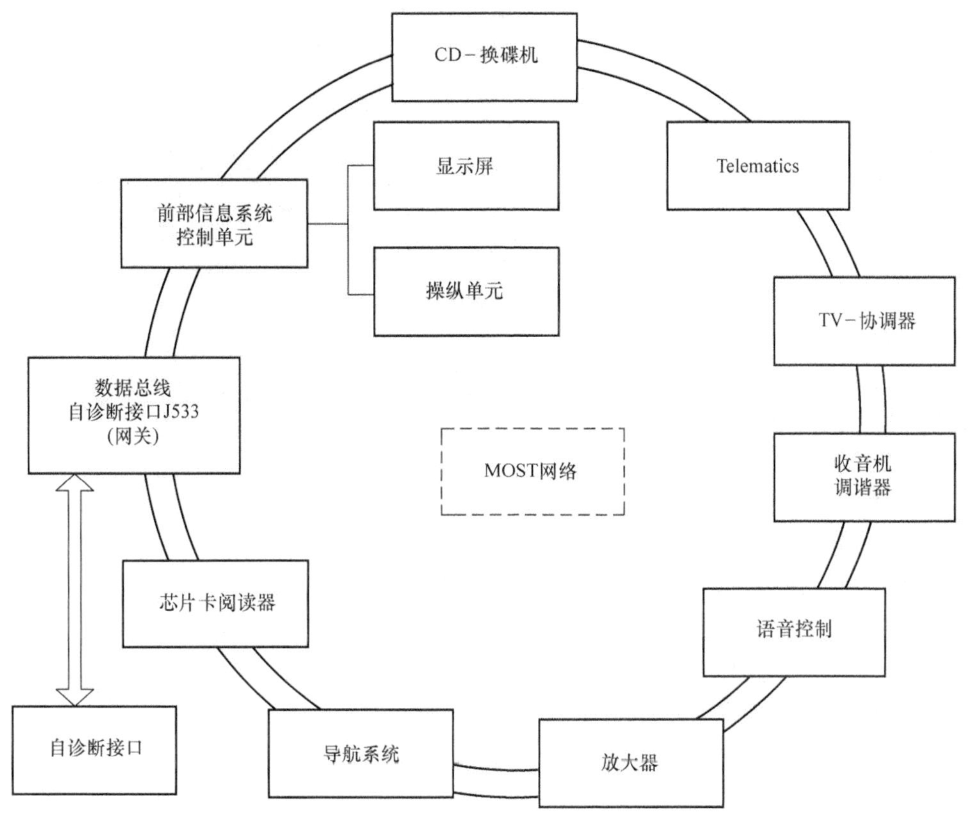

图 6-3　一个 MOST 网络连接多媒体系统结构

三、安装与布置

车载信息系统主要依据功能、性能要求、车体结构，以及工艺成本等因素确定安装和布置。安装布局在很大程度上受人机交互、车辆结构、车辆用途等的影响。

1. 人机交互方式

作为由人操纵和使用乘坐的设备，汽车上的人机交互是非常重要的部分。通过人机交互系统，驾驶人获取信息并对设备进行操作，包括车辆状态信息（油耗、车速、里程、当前位置、车辆保养信息等）、路况信息、定位巡航、蓝牙免提、空调及音响的设置。

从广义上讲，人机交互包括驾驶人的驾驶操作及信息反馈，以及对车载设备的使用界面，也包括乘坐人员的人机交互，以及本车交通环境下的周边人员车辆的交互。这里主要说明车载的，尤其是驾驶人通过多媒体设备实现的人车交互功能。这些系统和功能是汽车信息化技术发展的产物，也是汽车技术的一个发展方向，它是汽车信息化功能的表现。无论是驾驶、设备操纵和各种信息的获取，还是强大的车载多媒体娱乐功能都是通过这一部分体现出来的。

信息设备和功能的人机交互部分的设计，也直接影响汽车使用的安全性、舒适性、美观造型等，成为汽车设计、生产、评价的一个重要方面。采用的方式包括动作控制（四肢），语音控制，触觉，声音，视觉（文字、图形图像、符号）等。

各种车上媒体设备的人机交互系统不尽相同，但具有一定的共同特征。现在汽车上信息系统的人机交互往往集成在多媒体一体机上，并且越来越多地采用简洁按钮加触摸屏的方式。图 6-4 所示是一个 MMI 多媒体人机交互操作界面，其主要控制区位于变速杆后方，更加靠近驾驶人。MMI 的系统操作方式也很简单，中间的旋钮承担了几乎全部的操作任务，左右旋转可以调节到不同的选项，按下中间的黑色按钮就是确定操作。而中间的黑色按钮还可以向 8 个方向拨动，主要是为导航系统服务的。

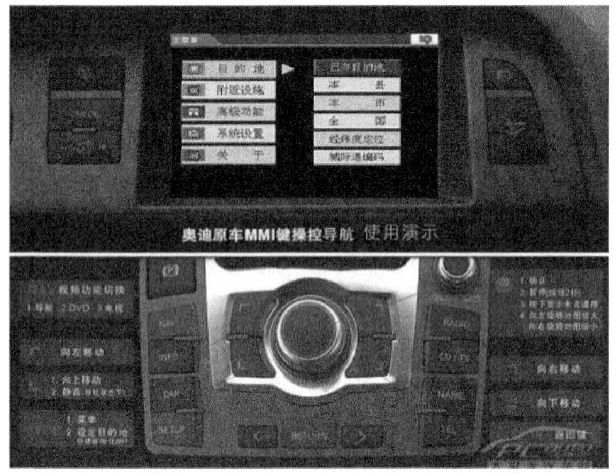

图 6-4 一个 MMI 多媒体人机交互界面

2. 功能与性能因素

安装布置车内音视频装置显示和操作部分要考虑以下因素：

1）对驾驶人的驾驶过程安全性影响，包括可能的视觉错觉和操作干涉等。

2）方便驾驶人和乘坐人员观看以及操作使用。

3）音响系统要考虑安装布局对音响效果的影响。

4）放大器与扬声器的连接布线。

5）主机及放大器散热。

6）发生事故时可能对乘员造成的伤害以及其他危害。

对于可能安装在车外的监控系统考虑安装位置时要考虑以下因素：

1）对可能影响安全性的影响因素，车辆运行时脱落，尺寸位置。

2）对监控信息获取方便有效，尽量不留或减少死角。

3）有利于保持摄像头的清洁和擦拭维护的方便。

4）对于货车，尤其是挂车，要考虑监控头与控制器之间的长距离连线，以及必要的连接头位置。

5）监控系统还要考虑被破坏的防护问题。

四、非娱乐性音视频装置

1. 监控报警

监控报警系统包括车辆异常状态的报警提示，防盗抢的报警，以及交通环境潜在事故危险的提示等功能。结合各种新技术的新型汽车警示装备也越来越多。传统方式中，这些功能一般采用独立的传感装置、控制器和声光输出装置。现在越来越多地把这些功能通过车载总线网络与车上其他相应装置互联，信息和设备可以与其他车载装置共享。各种警示信息可以通过车载网络通信系统发送到远程监控服务中心。

2. 行车视觉辅助系统

驾驶人在开车及倒车时，有一些视觉盲区，为使其获得这些位置的情况，越来越多的车上安装视觉辅助监控，包括倒车监控，以及更高级的全景影像系统。

倒车监控有基于超声测距和图像两种基本方法，倒车监控装置主要由车载显示器、倒车摄像头或超声测距传感器，以及控制器传输线等构成。基于测距的倒车监控的原理，是由安装在尾部的几个测距传感器感知后面是否有障碍物以及距离，并给出车与障碍物的距离以及接近程度的警示。基于图像视觉的倒车监控使用越来越多，其原理是由装在车尾的车载摄像头把车尾部摄取的画面，通过传输线把信号送到安装在驾驶位置处的车载显示器，通过图像的方式显示车辆周围的障碍物情况，及时发现障碍物，辅助驾驶人安全倒车。

全景影像系统，通过车上安装的能覆盖车辆周边所有视场范围的4个广角摄像头获取车辆周边图像，并将同一时刻采集到的多路视频影像融合成车辆周边鸟瞰图像，通过车载显示屏幕，驾驶人可以观看汽车四周360°全景，了解车辆周边视线盲区，帮助汽车驾驶人更为直观、安全地停泊车辆，这种泊车辅助系统又叫全景泊车影像系统，也称为全车可视系统、全景可视系统、全景泊车系统、360°全车可视系统。还可以同时配备前后超声倒车雷达以辅助倒车。通过这些信息控制器实时计算行车、泊车以及倒车过程与周边物体的距离关系，辅助驾驶过程，提高驾驶的安全性。

第三节　车载通信系统

一、车载通信系统概述

这里所谓的车载通信，包括车上以及车与车外目标的通信，是在智能交通系统和传感器网络技术发展的基础上，在车辆上应用先进的无线通信技术，实现交通高度信息化和智能化的手段。由于汽车的快速移动性，车与外界的通信一定是基于无线的移动通信。

车载无线通信是将汽车技术、电子技术、计算机技术、无线通信技术紧密结合，整合各种不同的应用装置而产生的一种技术，主要实现汽车状况实时监测、车内无线移动通信与办公、GPS/北斗全球定位、汽车行驶导航、远程访问、车辆指挥调度、环境参数采集、车内娱乐等功能。

车载通信技术和系统是实现汽车运用信息化和智能化的重要基础。车载通信系统通过车与车、车与路基系统、车与手持系统的通信将交通参与者、交通工具及其环境连接在一起，实现信息共享以及相互的干预，是基于信息技术提高了交通系统安全性和交通效率的基础。

车载通信一般包括车上装置间以及近距离的无线通信、局域车车直接通信、车与路基设施的通信、卫星通信，以及基于无线移动网络实现的互联网通信。实现车载通信以及应用的平台，是当前重要的软硬件基础设施。通过这套平台可以实现车辆随时随地与外界连接。

一些车载通信方式可以与车上的电子系统连接，尤其是通过总线网关与车载网络连接，进而实现与车载网络上连接的各种车辆控制及信息系统结点传输信息。

二、主要通信功能

1. 基本构成及连接方式

车载通信系统一般由车载通信平台、移动互联网络，以及各类服务中心构成。车载通信主要基于 DSRC 技术、FM、蜂窝网络、WMiax 技术和 Wi - Fi 技术，也包括短距离的无线信号传输技术，如蓝牙等。

DSRC（Dedicated Short Range Communications，专用短程通信技术）是国际上专门开发适用于车载通信的技术。DSRC 适用于 ITS 领域车车之间、车路之间的通信，它可以实现小范围内图像、语音和数据的实时、准确和可靠的双向传输，将车辆和道路有机连接。DSRC 典型的应用包括不停车收费、出入控制、车队管理、车辆识别、信息服务等。DSRC 技术的特点如下：

1）通信距离一般在数十米（10 ~ 30m）。

2）工作频段为 ISM5. 8GHz、915MHz、2. 45GHz。

3）通信速率为下行链路 500kbit/s，上行链路 250kbit/s，能承载大宽带的车载应用信息。

4）加密通信机制，支持 3DES、RSA 算法；高安全性数据传输机制，支持双向认证及加/解密。

5）具备统一的国家标准，各种产品之间的互换性和兼容性强。

调频（Frequency Modulation，FM）通信是通过高频无线电载波传输信息的技术。发送的信息经过调制，调制成可以发送的高频信号经过天线发送；接收方通过天线接收到高频信号时，经过解调的过程，信息从高频信号中分离出来。一般由发射部分、接收部分、调制信号和调制电路，以及操作界面构成。在车辆以及交通领域主要的应用是收音机和对讲机。对讲机通话距离一般为 3 ~ 5km，当有网络支持时，对讲机的通话范围可达几十千米。

蜂窝网络或蜂窝移动通信（Cellular Mobile Communication）是一种移动通信硬件架构，分为模拟蜂窝网络和数字蜂窝网络，主要区别在于传输信息的方式。手机通信就是采用的这种技术。蜂窝网络主要由以下 3 部分组成：移动终端设备、通信基站及收发与传输设备、通信网络系统。常见的蜂窝网络类型有 GSM、CDMA、FDMA、TDMA、PDC、TACS、AMPS 等。蜂窝移动通信的发展阶段：第一代移动通信技术是蜂窝式模拟移动通信；第二代移动通信技术是蜂窝数字移动通信，使蜂窝系统具有数字传输所能提供的综合业务；第三代移动通信技术的主要特征是除了能提供第二代移动通信系统所拥有的各种优点，还能够提供宽带多媒体业务，并能实现全球漫游；第四代移动通信技术的主要特征为宽带接入和分布网络，具有非对称的超过 2Mbit/s 的数据传输能力，包括宽带无线固定接入、宽带无线局域网、移动宽带系统和交互式广播网络。

WiMAX（World Interoperability for Microwave Access）是一项基于 IEEE 802. 16 标准的宽带无线接入城域网技术，又称为广带无线接入（Broadband Wireless Access，BWA）标准，是针对微波和毫米波频段提出的一种新的空中接口标准。它可作为线缆和 DSL 的无线扩展技术，从而实现无线宽带接入。WiMAX 网络包括两个主要组件：一个基站和用户设备。WiMAX 基站广播无线信号，用户接收到信号，启动 WiMAX 功能实现连接。按照 IEEE 802. 16e 的目标，WiMAX 具有以下基本特征：支持高速移动接入，其可以同时支持固定和移动无线接入，支持车速移动速度（通常认为可以达到 120km/h）下的网络连接；宽带接入，在不同的载波带宽和调制方式下可以获得不同的接入速率，IEEE 802.16 标准并未规定载波带宽，适用的载波带宽范围为 1.75 ~ 20MHz，其最大带宽 70Mbit/s 是在特定条件下才能实现的；城域覆盖范围，802.16e 覆盖范围在几千米量级，主要提供数据业务。WiMAX 网络固定终端接入模式主要面向政府、写字楼、宾馆饭店、居民小区等建筑的集团网络，以及应用于实时监控等特殊应用场景；移动终端接入模式主要解决车载用户、室外用户等移动条件下的用户通信要求。由于移动接入模式的灵活性，这种方式还可以广泛应用于无线数字多媒体网络、应急通信系统、抢险指挥系统、城市智能交通系统等综合通信系统。

Wi - Fi（Wireless Fidelity，无线保真技术）是短距离无线技术，该技术使用的是 2.4GHz 附近的频段，该频段目前尚属没有许可的无线频段。其目前可使用的标准有两个，分别是 IEEE 802.11a 和 IEEE 802.11b，最高带宽为 11Mbit/s，在信号较弱或有干扰的情况下，带宽可调整为 5.5Mbit/s、2Mbit/s 和 1Mbit/s，带宽的自动调整有效地保障了网络的稳定性和可靠性。其主要特性为速度快、可靠性高，在开放性区域，通信距离可达 305m，在封闭性区域，通信距离为 76 ~ 122m，可方便地与现有的有线以太网络整合。Wi - Fi 是由 AP（Access Point，接入点）和无线网卡组成的无线网络。AP 是有线局域网络与无线局域网络之间的桥梁，任何一台装有无线网卡的设备都可经过 AP 连接到有线局域网络甚至广域网络上，原理上相当于一个内置无线发射器的 HUB 或路由，无线网卡是负责接收由 AP 所发射信号的客户端装置。Wi - Fi 可方便地应用于网络媒体、手持设备、车载装置、客运列车等领域。

2. 车辆网络连接及通信

车辆的网络连接包括移动的车辆与周边计算机网络及互联网的连接、与周边车辆及其他交通参与者之间通过计算机网络的连接。

车辆自组织网络（VANET）可以实现移动过程中车辆之间的通信，以及低速移动或静止时车辆与路边基础设施之间的通信。IEEE 802.11p 工作组制定了 IEEE 802.11 无线接入（WAVE）的版本，并以 IEEE 1609 系列协议作为上层协议，形成车辆无线通信的一个基本协议构架。基于 WiMAX（IEEE 802.16）技术也可以实现车辆及其车载系统的车载移动宽带无线连接，并且具有覆盖范围广、更好的 QoS 支持等特点。车载宽带无线接入中，可以在车内用户终端和路边基站之间引入车载移动中继（MRS）站点，以协调车内用户与基站之间的通信，基站和车内用户终端将通过 MRS 站点进行信令的交互，而不是两者间的直接通信。

WAVE 协议可以在数百米的半径范围内凭借每秒数十兆比特的通信速率，对道路交叉点、加油站、停车场等提供实时文字和图像信息，同时该通信技术也可以用于车车间的通信。WiMAX 的最大通信半径可达几千米，可在时速超过 120km 的高速移动车辆上使用，同时其 MRS 站增益也可为车内用户终端提供更高速率的通信服务。

车辆也可以通过手机通信平台实现与外部互联。车载装置通过手机卡与手机网络建立通信连接，进而实现与外部网络的连接。

3. 语音通信

车载语音通信主要是车载电话和对讲机等。车载电话一般具有接打电话、收发短信、来电显示、上网、数字拨号、通讯录、通话管理、设置时间和日期等功能。一些车载电话使用多频或双频，如摩托罗拉8989、M930；一些车载电话还带有蓝牙功能，如诺基亚616、诺基亚810。

车载电话的配置有以下两种基本的方式：

1）带手柄的车载电话，其主要配件有主机、手柄、手柄座、扬声器，如摩托罗拉车载电话M930/M930C、M900/M900C、2700GPS、8989中英文版；诺基亚车载电话6090、810。

2）不带手柄的车载电话，其主要配件有主机、显示屏、控制按钮、扬声器，如诺基亚车载电话610、616。

随着手机功能的不断增强，车上多媒体系统支持手机与车载系统的连接，车载装置语音交互界面通过手机实现通话功能。

4. 短距离通信

车载系统与外部装置的短距离通信，主要采用调频及蓝牙技术，Wi－Fi也可以用于一些短距离通信。车载短距离通信主要实现车钥匙、手持多媒体装置，以及与路基装置之间的通信。

车载多媒体系统越来越多地支持蓝牙技术。车载蓝牙的功能就是自动辨识移动电话，不需要电缆或电话托架便可与手机联机，甚至可以用语音指令控制接听或拨打电话，可以通过车上的音响进行通话。目前大部分车载蓝牙系统支持电话会议、MP3播放等功能，操作简单，可同时连接多部电话，大大提高了行车安全性。

5. 车载装置之间的通信与连接

车载设备及装置之间的通信，主要采用有线车载网络。根据传输的信息不同，采用CAN、LIN、MOST、FlexRay、车载以太网等网络。

一些装置，由于要实现通信的是相对运动的部件，无法或不方便直接通过导线连接，也会采用无线传输方式，如胎压检测系统。

三、基于通信的服务

1. 车－路通信

车－路通信是实现车路协同的基础之一，主要有自动识别交通标识，接收交通信息，如限速标志、动态道路信息，以及不停车收费ETC系统等应用。如图6-5所示，基于车－路通信的DSRC应用还可以用于电子地图的下载和交通调度等。与车载装置（On Board Unit，OBU）通信的路边装置（Rood Side Unit，RSU）接入后备网络与本地的各种信息网络或互联

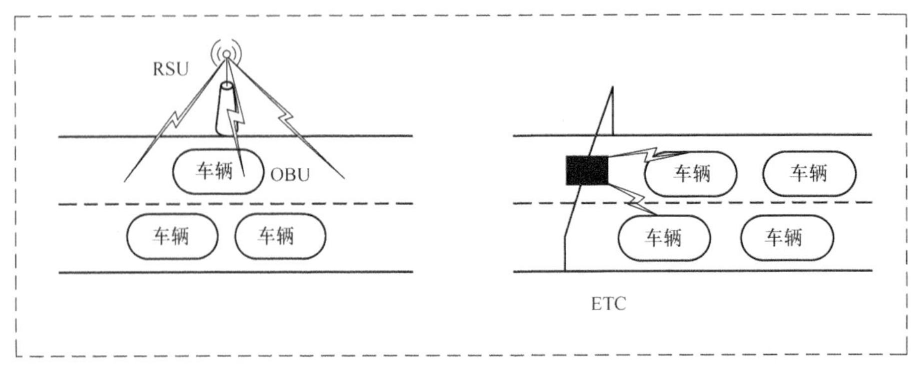

图6-5　在车－路通信中的应用

网相连。这些通信主要用于车辆的交通管理及收费、道路设施的使用管理与收费和交通安全信息服务等领域。

2. 车－车通信

车与车之间的无线通信，在一些特殊车辆应用环境中，传统上通过 FM 装置通信，也可以基于手机通信平台构建车－车通信。为普通交通车辆之间提供的车－车通信，一般是指基于 VANET 实现的车－车之间的通信，VANET 主体上仍处于技术研究开发阶段。车－车通信可以实现相邻车辆之间的信息共享，这些信息可以用于交通管理和车辆控制等方面，以提高车辆行驶的安全性，提高交通设施的使用效率。

3. 与互联网的连接

车载系统通过无线移动网络与互联网连接后，可以共享所有互联网提供的信息服务功能。在汽车领域，除了一般互联网提供的各种服务外，还可以开拓很多面向车辆的服务功能。

（1）汽车远程故障诊断系统

汽车远程故障诊断是指汽车在起动时，获知汽车的故障信息，并把故障码上传至数据处理中心，复检故障信息。在确定故障后，实施远程自动消除故障，无法消除的故障以各种通信方式通知给车主或其他现场维护人员，指导维护；或使车主获知车辆存在的故障信息，相应 4S 店的应用平台也会获得车辆的故障信息，及时联系客户安排时间维修车辆。

（2）车辆定位及跟踪服务

通过车辆与互联网的连接，可以建立车辆的定位跟踪系统，根据数据采集模块上传的车辆位置信息，在地图中标识车辆位置和行车路线。通过远程控制功能还可以建立车辆行驶的电子围栏，限定车辆行驶区域和路线，以及运行模式等。

（3）车辆实时监控

远程实时监测车辆状态，读取发动机及车辆运行和操控参数，包括实时油耗、发动机冷却液温度、发动机转速、车辆行驶里程、当前车速、蓄电池电压、氧传感器电压、节气门开度等车辆状态参数，以及制动操作、转向操作、指示灯操作等操控参数。基于这些信息可以建立车辆远程的数字“黑盒子”，用于事故分析、故障诊断，以及车辆性能和使用特征的分析评价。

（4）建立车联网及服务

车辆与互联网的连接技术和平台是构筑车联网的基础。通过车辆与互联网的连接，实现车辆之间、车辆与相关各个领域的设施的连接，进而建立基于这些互联的新型服务或增强功能，使所有基于互联网平台的各种信息服务都可以在车联网范畴上服务于车辆。

4. 短距离通信

基于车载系统的短距离通信实现的信息服务，主要有车载蓝牙信息娱乐、智能遥控钥匙、胎压监测等方面的应用。

基于车载蓝牙技术可以实现蓝牙车载电话、基于蓝牙的多媒体装置与车载系统的信息交互，可以增加行车安全和舒适性。

智能车钥匙通过手持钥匙与车载端的短距离通信，完成对车门、车窗等的遥控功能。

胎压监测的作用是在汽车行驶过程中对轮胎气压进行实时自动监测，并对轮胎气压过高/过低以及不均衡等异常状态进行报警。轮胎上的压力传感器与车载的压力报警等系统通过短距离的无线信号通信交换数据。

5. 卫星通信

车载卫星通信系统具有组网灵活、安装方便、功能齐全，通信距离远，不受地理环境影响，通信容量大，可自发自收，能提供数据、语音、图像等多种通信业务功能。

车载卫星通信系统依靠卫星网络资源，能够提供足够的带宽，不受地震、泥石流、洪水等自然灾害及周边环境的影响，适合未来应急通信发展的需要。

一个具有车载卫星通信系统的车辆，可以通过其他通信方式与周边车辆组成一个局部网络，使这些车辆也能实现通过卫星进行通信。

第四节　车载信息服务系统

车载信息服务系统是基于车载信息技术为车辆交通以及参与者提信息服务的系统，是直接提供面向车辆用户的信息服务功能。

基于车载收音机的无线电台，一些面向交通车辆的节目或诸如天气道路信息的广播可以认为是最早的车载信息服务系统，之后一个标志性的车载信息系统是车辆定位与导航系统，以及基于定位导航的扩展功能。随着车载通信功能的提高，尤其是基于无线移动网络及各种无线通信技术实现了车辆入网以后，出现了一些基于网络的信息服务系统。

目前车载信息服务主要包括定位导航、车辆运行状态监控、车辆及交通状态数据动态获取与分析、车辆与路基系统动态数据交互、事故自动报警及周边车辆告知、道路交通状态检测及信息发布、基于网络的远程监测与故障诊断、网络车载信息终端等。

一些更深层次的应用也在不断被开发出来，如远程控制、远程车辆状态数据获取分析及应用、远程软件以及数据更新、交通流数据获取与分析及应用。

随着车载信息技术的发展和信息服务功能需求的不断提高，原来陆续出现的相对单一的信息系统或服务功能在朝着一体化、智能化的方向发展。车载信息服务功能以及车载信息服务系统与汽车机械部分及电子控制部分的功能及系统更加融合，体现出更多的机电信息系统一体化、信息存储处理一体化及远程化、人机交互方式人性化（语音及图像）、功能自动化和智能化的趋势。

一、车载信息终端

所谓车载信息终端，是指车上较集中完成车载通信、数据搜集存储处理及转发、信息服务等功能的装置，在不同的车上，功能和形式都有一些差异，但主体是支持信息服务的功能。

1. 基本构成

车载信息终端的基本构成如图 6-6 所示。

主控制模块是车载无线终端的核心，包括 CPU、外部存储器、I/O 接口以及逻辑控制电路等，其主要功能是控制其他各个模块使它们正常运行，完成各个模块的数据交换，从而实现车载无线终端的各项具体功能。

通信部分通过无线通信实现车辆与外部的信息链接，包括远程的通信和近距离的无线通信接口，可以是无线移动网络、手机通信平台、蓝牙或面向交通车辆的无线通信平台。

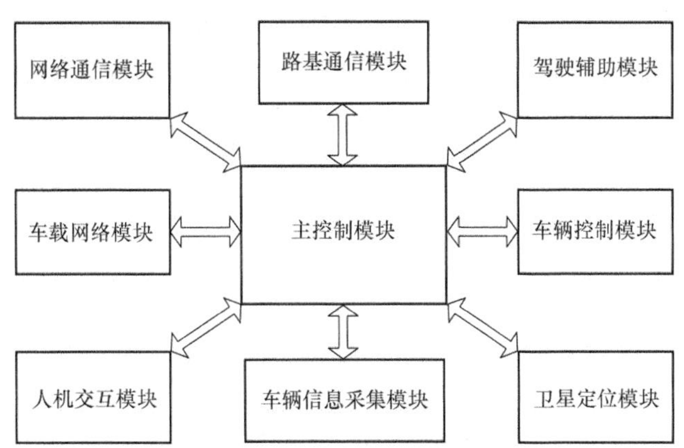

图 6-6　车载信息终端基本构成

卫星定位模块是为车载无线终端提供所在地理位置准确的经度、纬度及高度。

人机交互模块是用户与车载无线终端建立联系、交换信息的输入/输出设备的接口，一般包括键盘、显示屏幕以及语音交互界面等。

车辆信息采集模块为车载无线终端提供了车辆状态的各种参数的接口，一般通过车载网络（如 CAN 总线网络）获取车辆状态参数。

车辆控制模块可以接受授权的远程控制命令，对车辆的一些系统进行控制，如锁定发动机等操作。

这里的驾驶辅助模块主要是为驾驶人提供辅助驾驶的信息。

车载信息终端的核心一般是一个嵌入式计算机系统，为了适应汽车车载信息终端的需求，一些公司开发了面向车载信息终端的微处理器及系统软件。

2. 车载信息终端软件

车载软件在车载信息系统中的作用越来越重要，包括操作系统、数据库系统以及面向各种功能的应用软件。面向车载计算机的操作系统又称为车载操作系统，有一些是专门针对车载系统开发的，一些是从一般嵌入式操作系统移植过来的。

目前车载系统常用的操作系统介绍如下。

（1）面向车载系统的 QNX——QNX Car

QNX（Quick Unix）是一种商用的遵从 POSIX 规范的 UNIX 类实时操作系统，是面向嵌入式实时控制领域的操作系统，是一款非常成熟的微内核实时操作系统，已在多种车型中使用。它本身只提供核心服务，驱动程序以及应用程序、协议栈和文件系统都在内核外部运行，以确保应用的安全，QNX 还内建了容错功能以提高系统的可靠性。

（2）微软面向车载的操作系统——Windows CE 的 Windows Embedded Automotive

Windows CE 是微软公司嵌入式移动计算平台的基础，是一个开放的可升级的 32 位嵌入式操作系统，具有基于 Win32 应用程序接口、与处理器无关及模块化结构化等特点。Windows Embedded Automotive 是基于 Windows CE 面向车载系统开发的一款操作系统，它包含大量集成中间件组件以及数百种随 Windows Embedded CE 提供的组件，并且由于与微软软件的渊源，在信息系统中有一定的优势，但实时性应用开发较困难。

（3）谷歌面向车载的操作系统——Android Auto

谷歌在2014年6月发布其首款车载操作系统Android Auto。这一系统是谷歌在开放汽车联盟（Open Automotive Alliance，OAA）的首款产品，开放汽车联盟由谷歌牵头，包括奥迪、通用汽车、本田汽车、现代汽车和芯片制造商英伟达（NVIDIA Corp）。

（4）苹果公司面向车载的操作系统——CarPlay

CarPlay是苹果公司发布的车载系统，将用户的iOS设备以及iOS理念用于汽车仪表板系统。2014年，苹果公司正式发布了名为CarPlay的车载系统。

（5）Automotive Grade Linux（AGL）

AGL是由Linux基金会汇集了来自汽车、通信、计算机等领域的合作者发起开发的面向车载系统的Linux。AGL第1个版本于2014年6月发布在网上并且可免费下载，这是一个基于Tizen IVI的开源操作系统。加盟该系统的汽车厂商有现代、捷豹、日产、丰田。该系统可支持Intel、LG、NEC等公司的车用设备。

车载信息终端使用的数据库介绍如下。

（1）SQLite

SQLite是一种嵌入式关系型数据库，它包含SQL接口，能支持SQL 92的多数功能。SQLite具有支持ACID事务、零配置、无须安装和管理配置、数据库文件可以在不同的硬件平台下共享、占用内存小、运行速度快、事务并发处理等特点。

（2）Berkeley DB

Berkeley DB是历史悠久的嵌入式数据库系统，具有简单、小巧、可靠、高性能等特点。Berkeley DB和C语言、C++、Java、Perl、Python、PHP、Tcl等很多语言都有绑定。Berkeley DB可以支持几千线程并发操作数据库，支持最大256TB的数据，广泛用于UNIX类操作系统、Windows操作系统以及多种实时操作系统。

（3）Pervasive SQL

Pervasive SQL是一种小型数据库系统，通常用于智能卡、移动电话和嵌入式系统，它是最早支持嵌入式Linux的数据库，主要特点是运行所需的内存非常小。

（4）TimesTen

TimesTen是关系型嵌入式内存数据库，具有很好的实时性。它的核心是ODBC Direct Driver，为用户提供ODBC接口。它有两种数据库模式，一种是纯内存数据库，另一种是带缓存机制的内存数据库。

（5）Empress

Empress不仅可以处理文本数据、货币数据、时间数据等常规格式数据，而且可以处理多媒体数据甚至是应用程序。Empress应用领域包括天气预报、空间探索、飞行模拟及地理信息系统等常规数据库；而且也可应用于嵌入式实时应用领域，如电信设备、工业控制、医疗仪器及网络管理等。

3. 车载信息终端微处理器

在车载信息系统中较常使用的微处理器或嵌入式硬件平台如下：

（1）ARM结构处理器

基于ARM结构的嵌入式处理器，具有低电压、低功耗、高集成度及应用技术成熟等特点，并具有开放性和可扩性。AMR架构已成为嵌入式系统首选的处理器架构，在车载系统中应用广泛。

（2）Xscale 架构的 Intel PXA255 处理器

基于这种微处理器的硬件平台较适合配合 Windows CE 操作系统，可作为车载信息终端的核心处理单元。

（3）Jacinto 5 处理器

德州仪器的 Jacinto 5 处理器是一款适合车用信息娱乐系统的多核心处理器，应用于车载信息终端以及多媒体系统中。

（4）凌动™E6XX 处理器

凌动™E6XX 处理器是深圳合正汽车电子有限公司与微软和英特尔共同推出的车载处理器。该芯片具备很高的灵活性，运行速度快，可播放高清视频及 3D 画面，非常适合用于车载信息与娱乐系统。

（5）骁龙 602A

骁龙 602A 是高通公司专门针对车载娱乐信息系统开发的 4 核微处理器。其集成了 Adreno 320 GPU，并针对汽车应用，对温控、稳定性和使用寿命进行了改进。该芯片具备 Gobix 9x15 3G/4G LTE 模块，支持 Wi－Fi 和蓝牙 4.0，适合于多种操作系统，并支持 3D 效果、高分辨率图形、面部识别、手势识别等多项功能。

（6）飞思卡尔处理器

飞思卡尔开发了多款面向车载信息终端的微控制器。S12X 16 位微控制器/单片机具有 XGATE 模块，无须 CPU 干预即可处理中断事件，具备通常在 32 位控制器上才有的高性能处理能力。S12 MagniV 混合信号 MCU 用高度集成的封装实现了数字可编程性与高精度模拟技术的结合。Kinetis 是飞思卡尔 32 位微控制器/单片机，基于 ARM® Cortex® －M0＋和 M4 内核。Kinetis 包含多个系列的微控制器/单片机，它们的软硬件互相兼容，具有低功耗性能和扩展性。基于 ARM®的 i. MX 处理器提供了功耗、性能和集成之间的最佳平衡。i. MX 系列包括基于 ARM9、ARM11、ARM Cortex－A8 和 ARM Cortex－A9 内核技术的处理器。这些处理器旨在满足对连接、实时数据传送、数字仪表、音频和多码流视频的要求。Vybrid R 系列的双核（ARM Cortex™－A5＋Cortex™－M4）架构，在一个芯片上处理 MCU 和 MPU 任务，可以很方便地用于收音机和显示器，以及其他采用 GPU 加速用户界面的车载信息娱乐系统。MAC57Dxxx 系列 32 位基于 ARM®的 MCU 特别适合采用一个或两个高分辨率显示屏的驾驶人信息系统（DIS）。

（7）瑞萨科技处理器

RL78 基于 16 位 CISC 架构，具有丰富的模拟外设功能。RL78 专门面向超低功耗应用，能够以更低的成本构建小型、高能效系统。R8C 系列是具有高 ROM 效率、低噪声、低功耗和高处理性能的 16 位 CISC MCU，拥有丰富的定时器功能和多种串行通信功能等内置外围功能。RH850 系列提供了汽车电子应用的嵌入式安全功能，以支持高性能和高可靠性的要求。SuperH 系列是具有高性能价格比、小型化和高性能功耗比（MIPS/W）特性的嵌入式 RISC 单片机，包含 SH－2 系列、SH－3 系列、SH－4 系列；具有全 DSP 功能和以多媒体处理/通信处理为主的 CPU 内核的 SH2－DSP 系列和 SH3－DSP 系列。SH7397 32 位微处理器是面向车用通信系统设备及车载信息设备应用的 32 位微处理器，集成了 SH－4A CPU 内核，以及显示器、语音、局域网及存储卡等各种外设的接口。

二、定位导航及基于位置的服务

1. 定位技术

定位就是实时确定车辆当前的位置，车辆的定位是应用中解决诸多服务需求的基础。由于现在基于位置和通信及信息相结合的应用发展非常迅速，车辆的定位技术也显得越来越重要，应用越来越普遍。

在车辆车载中使用的定位技术主要有卫星定位、基站定位、Wi-Fi 定位、RFID/二维码等标签识别定位、声波定位、特定场景识别定位等。在实际系统中，为了使系统更可靠、精度更高，往往综合使用多种定位技术。

（1）卫星定位系统

卫星定位系统由空间部分、地面控制部分和用户设备部分构成。卫星定位系统的空间部分由多颗工作卫星组成，地面系统通过接收到的与这些卫星间的距离来确定位置。地面控制部分由一个主控站、全球监测站和地面控制站组成。监测站均配装有精密的铯钟和能够连续测量所有可见卫星的接收机。监测站将取得的卫星观测数据，包括电离层和气象数据，经过初步处理后，传送到主控站。主控站从各监测站收集跟踪数据，计算出卫星的轨道和时钟参数，然后将结果送到地面控制站。地面控制站在每颗卫星运行至上空时，把这些导航数据及主控站指令注入卫星。用户设备部分即卫星定位系统信号接收机。当接收机捕获到跟踪的卫星信号后，即可测量出至卫星的伪距离和距离的变化率，根据这些数据，在接收机中就可通过定位算法计算出所在地理位置的经纬度、高度、速度、时间等信息。

1）全球定位系统（GPS）。美国的 GPS 是在全球范围内可以使用的定位系统，是目前在我国车载定位系统中使用最多的技术。GPS 由 24 颗工作卫星组成，在全球任何地方、任何时间都可接收到 4 颗以上的卫星信号，根据已知位置的卫星到用户接收机之间的距离，可唯一确定接收机的具体位置。

2）伽利略定位系统。伽利略定位系统是欧盟正在建设中的卫星定位系统。

3）GLONASS 全球卫星定位系统。GLONASS 由俄罗斯政府建设，由 21 颗工作星和 3 颗备份星组成。

4）北斗卫星导航系统。中国在2003 年完成了具有区域导航功能的北斗卫星导航试验系统，之后开始构建服务全球的北斗卫星导航系统，于 2012 年起向亚洲及太平洋大部分地区正式提供服务。

四大卫星定位系统参数的比较具体见表 6-1。

表 6-1　四大卫星定位系统参数比较

卫星定位系统 \ 系统参数	卫星数量（建成后）	轨道高度/km	位置精度/m	授时精度/ns	速度精度/（m/s）
GPS（美国）	24 颗以上	20，200	6	20	0.1
伽利略（欧盟）	30 颗以上	24，126	1	20	0.1
GLONASS（俄罗斯）	24 颗以上	19，100	12	25	0.1
北斗卫星导航（中国）	30 颗以上	21，500	10	50	0.2

目前在我国范围内使用的卫星定位系统只有 GPS 和北斗系统，GPS 已经被广泛应用在

各种车载定位导航系统中，北斗系统在不断推进民用系统的应用。北斗不仅提供定位信号，且具有一定的通信功能。

（2）基于无线基站的定位

车辆也可以通过与已知坐标的固定基站的关系进行定位。小区识别码（Cell ID）定位通过识别网络中哪一个小区的用户呼叫并根据识别码与坐标的关系确定用户位置。Cell ID实现定位的基本原理是无线网络上报终端所处的小区号，服务的基站确定所处区号，位置业务平台把小区号转换成经纬度坐标。Wi－Fi AP定位方式中，设备侦听附近都有哪些热点，检测热点的信号强弱，然后把这些信息发送给网络上的服务端。服务器根据这些信息，查询每个热点在数据库里记录的坐标，然后进行运算，确定车辆的具体位置。这种定位要求车上终端有热点坐标数据库。

（3）FRID与二维码定位

通过设置一定数量的读卡器和天线，根据读卡器接收信号的强弱、到达时间、角度来定位。

（4）推算定位

推算定位是最古老的一种定位方式，基于车辆的行驶速度和方向，由已知出发点计算出当前位置。在车载定位中，往往用在没有信号的地方，在短距离范围内定位，这种方式的积累误差较大。

（5）行驶道路特征点定位

行驶道路特征点定位是根据行驶道路的特征，确定所处的位置，不能单独用于一般的定位过程，往往作为定位信号的校正或补偿。

为了提高定位的可靠性，车载定位往往是一个综合的定位方式。目前多以卫星定位为基础，采用推算定位和道路特征定位作为定位信号校正的定位方法。在收不到卫星定位信号时，使用推算定位确定位置；当在地图上已知一些确定坐标的道路位置时，用这个坐标点和定位计算的坐标比较，矫正定位误差。

基于车辆的定位信息，可以实现车辆的自动导航、周边信息服务、车辆的追踪及约束行驶等。定位信息也可应用于汽车控制，如自动驾驶、智能巡航控制、行车安全控制系统；与通信结合，也被广泛应用于智能交通系统，如道路状态信息获取和物流监控等；也可在一些商业行为中应用，如贷款购车、车辆抵押、车辆保险等。

2. 导航

导航是基于位置信息的一项服务，车辆的导航可为车辆的行驶过程自动指引路线。导航是定位的一个自然的最基本的应用，是定位信息加上地图实现的一项功能。

导航算法根据当前位置、目标位置和路网数据规划出行车路线。车载导航系统通过车载定位装置获得当前位置信息，再通过电子地图位置坐标匹配，指示车辆不断沿着规划路线行驶，这就是导航系统定位功能。车载导航系统可以通过语音提示或图形界面指示行驶路线。

一个导航系统一般具有以下基本功能：

1）车辆定位。确定出车辆当前所在位置的坐标，并且可以在电子地图中匹配该位置信息。

2）车辆行驶路线规划。根据用户提供的目的地信息、优化目标信息和当前车辆位置，规划出一条最佳的行驶路线。

3）路径引导。在行驶过程中，为驾驶人提供语音提示以及图形指示信息，指引驾驶人按照规划出的最优行车路线行驶。

4）信息服务。为导航系统的使用者提供位置查询等信息服务。

图 6-7 所示是一个导航系统的基本功能模块构成。

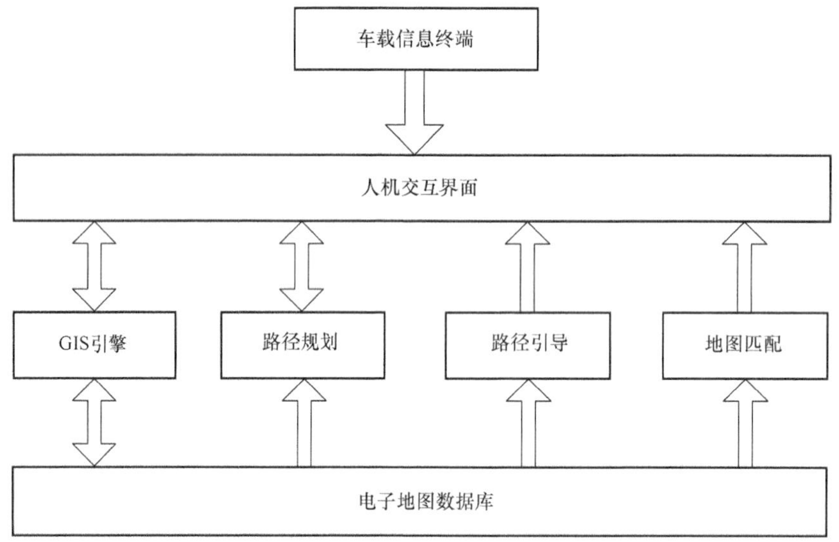

图 6-7　车载导航功能模块

按照导航地图以及计算过程的实现方式，可以将车辆导航分为本地导航和中心导航。

（1）本地导航

本地导航或称自主式导航，是传统的较基本的导航方式，其所有导航功能都在车载终端上实现，车载终端自身完成定位、电子地图库、路径规划计算以及导引。

如果能实时获取交通信息并用于导航及路径规划，又称为自主式动态车载导航系统。该系统根据实时交通信息，在车载导航终端上进行路径规划和导航。

自主式动态车载导航系统由交通控制信息中心、车载终端及支持两者联系的无线通信平台构成。控制信息中心提供接收目标车辆的定位信息、对路况信息数据进行融合、判断并发布实时交通信息和提供信息咨询服务。车载导航子系统主要由电子地图数据库、定位、路径规划、路径引导、无线通信等模块组成，根据实时交通信息和电子地图数据进行路径规划；路径引导模块根据已规划的路径实现导航。无线通信实现控制信息中心与车载导航子系统间的信息交互。

（2）中心导航

中心导航是车载定位与通信技术结合的导航方式，导航系统的结构如图 6-8 所示。其中，车载终端通过车载定位功能模块完成有关定位信号的采集分析，并不断计算位置数据，通过无线网络通信与导航服务中心进行通信。当行车过程需要导航服务时，车载终端上传导航服务请求以及位置等信息，服务中心根据服务请求规划导航路线，并不断返回导航信息，指引车辆行驶路线。

车载端接收到当前位置导航信息及局部电子地图，不断更新存储与绘制显示，将可视化

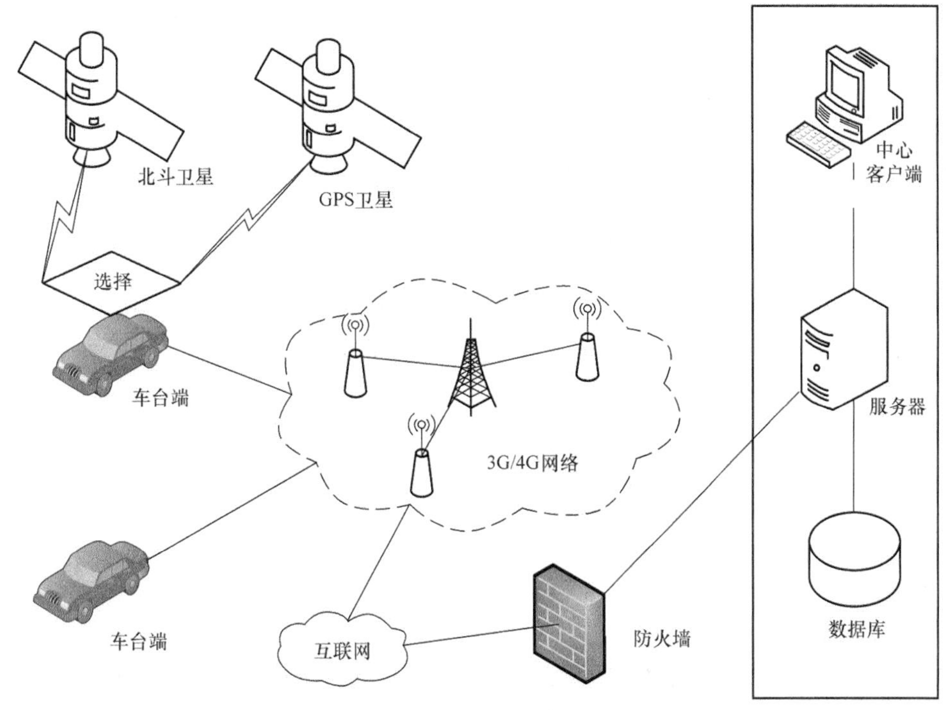

图 6-8　中心导航系统

地显示定位点周边地图和规划的路径，完成人机交互。

服务中心端包括服务器、数据库和客户端，服务器负责车台用户端的身份验证、路径规划、数据通信、数据更新维护等功能；数据库主要保存车台用户信息、中心客户端客户信息以及电子地图等信息；而中心客户端完成车台特定的服务，如车辆监控和故障诊断等，也可以对服务器进行维护等工作。

传统的自主式车载导航系统不具备实时路况信息，道路情况发生变化时，不能自动进行地图刷新，导致地图更新不及时，有时路网数据不能与当前状态一致。与自主式车载导航方式相比，中心式导航具有以下特性：

1）地图更新及时、数据准确，尤其对于道路状态发展快的地区，地图数据的实时更新是非常重要的指标。

2）可提供实时路况信息，中心导航服务器更新地图数据具有及时性，道路信息和交通情况都可以在电子地图的交通层实时刷新。用户可以得到道路的当前实际状况和实时交通情况。

3）路径规划的合理性，基于实时的道路层数据和交通状况，路径规划可以计算出适合当前状态的最佳路径。由于道路规划不是在车载终端上完成的，不受车载终端计算和存储能力的约束，中心式导航的路径规划可以使用更复杂的算法和更复杂的数据，更适合云计算模式的使用。

中心式导航与传统车载导航的最大区别就是基于网络通信的地图等数据远程存储和路径规划计算的远程计算。

(3) 动态导航

导航确定行驶路线时，可以按照不同的优化目标，如时间最短、道路最短等。导航路线的确定依赖于道路状态。道路通行状态以及交通状态是不断变化的，到达目的地的最优路径也可能需要动态调整。与传统的使用静态数据，不能提供实时信息服务的导航相比，把能根据道路交通状态动态确定导航路径，能为用户提供动态的实时信息服务的导航，称为动态导航。

(4) 路径规划

路径规划是导航的核心任务之一，根据一定的目标和约束来确定行车路径。一般都是把道路网看作一个由边和连接点构成的图，通过求解两个结点（始发地和目的地）间的最短路径确定出规划道路。典型最短路径算法：

1）Dijkstra 算法，是一种典型的最短路径算法。它是以从出发点为中心向外层层扩展，直到达到终点，遍历所有结点的最短路径求解方法。缺点是当需要遍历的道路结点较多时效率低。此外，Dijkstra 算法也不能处理有负边的问题。

2）启发式搜索（Heuristic Search）算法，设定合适的启发函数，评估各搜索结点的代价值，比较各扩展结点价值的大小，选择最优的点进行扩展，直到达到目标结点为止。优点是搜寻的扩展结点少。

3）Floyd 算法（弗洛伊德算法），是一种用于寻找加权路径网络中顶点间最短路径的算法。它先把道路网络转换为权值矩阵，然后在权值矩阵中求任意两点间的最短路径。它对处理稠密图效果较好，边的权值可正可负，起始点和终点的变化对算法影响不大；但时间复杂度高，不适合数据量大的情况。

3. 基于车辆定位的服务及应用

车辆的定位信息应用越来越广泛，除导航之外主要包括：

1）车辆位置及行驶路线监控、电子围栏等。

2）道路及周边环境状态信息的获取，车辆把当前位置的道路及获取的其他信息状态回传给交通信息中心。

3）车辆行驶安全辅助信息服务，不同道路位置对车辆行驶状态的约束提示等。

4）周边车位查询及停车位导引。

5）在发动机、自动变速器等车辆控制中的道路信息获取，通过定位从电子地图上获取道路参数（坡度、弯度、等级等）信息。

6）车辆使用特征等数据获取及分析。

三、基于互联网络平台的远程服务

基于车载信息系统的远程服务，是基于车载系统与互联网络的链接实现的，是车联网的一个典型应用。

1. 远程服务系统构成

如图 6-9 所示，要实现对车辆的远程服务，车载部分要能够支持网络连接，还要有服务中心或网络化的服务平台。在服务中心，或通过网络平台，连接到客户端。客户端要有支持相应服务的软硬件支持环境，包括通信支持、车载端的访问控制、客户数据库及服务支撑数据库、客户端各种服务功能的交互界面。

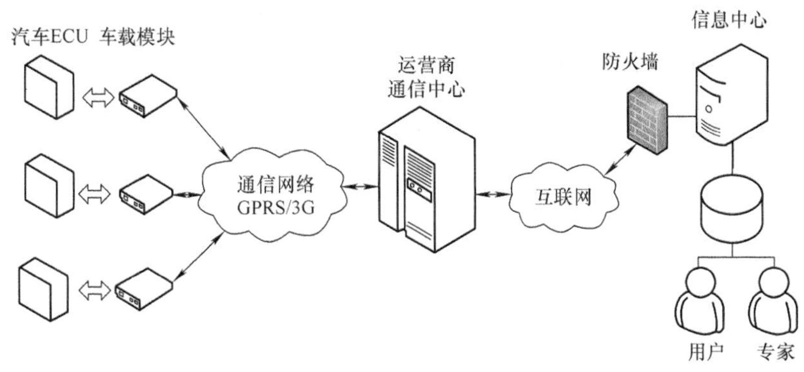

图 6-9　远程服务系统构成

2. 远程故障诊断

汽车故障诊断及维护是汽车运用的一个不可缺少的技术。汽车的监控和故障诊断技术一直随着电子和信息技术在不断发展。从车上大量使用电子控制开始，就引入了故障自检测自诊断，以及故障状态记录及读出等技术。随着信息通信技术在车上的应用，也体现在监控故障诊断及维护方面。基于车载无线网络通信可以实现车辆的远程诊断和监控。

如图 6-10 和图 6-11 所示，车辆的远程故障诊断包含车载故障诊断单元（往往是在汽车各个控制单元中包含的故障监控与诊断模块）、无线通信网络系统和远程车辆信息服务中心。客户端的用户可以是维修维护人员或车辆驾驶人员。

在进行远程诊断、异常处理指导服务时，远程服务中心通过无线网络发送诊断操作命令，车载故障诊断单元根据命令回送车辆状态信息或激活车上相应的控制操作。服务中心根据车载故障诊断单元发来的数据，分析车辆的运行参数和故障码，做出故障判断并通知车主，且提供必要的支持服务，给出保养或修理的建议。

远程故障诊断可以很方便地获取和应用各种与车辆有关的数据，包括制造商数据中心提供的数据、维修及使用的历史数据；还可以通过网络获得广泛的资讯以及同类车辆的维护维修案例等信息。

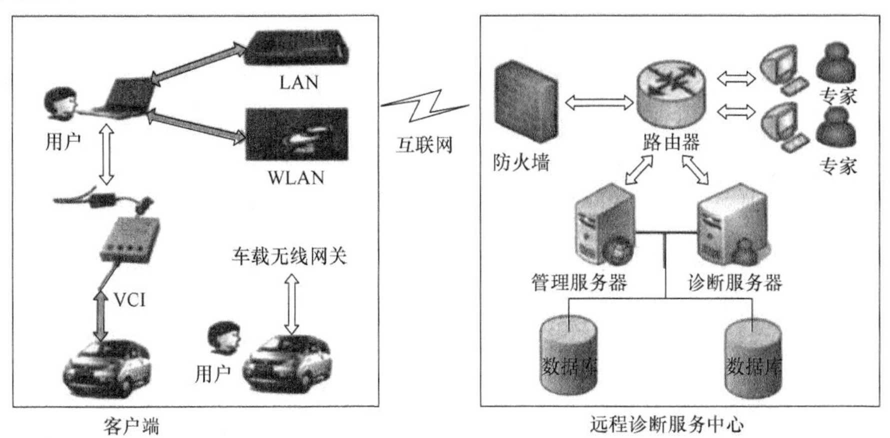

图 6-10　远程诊断系统总体结构

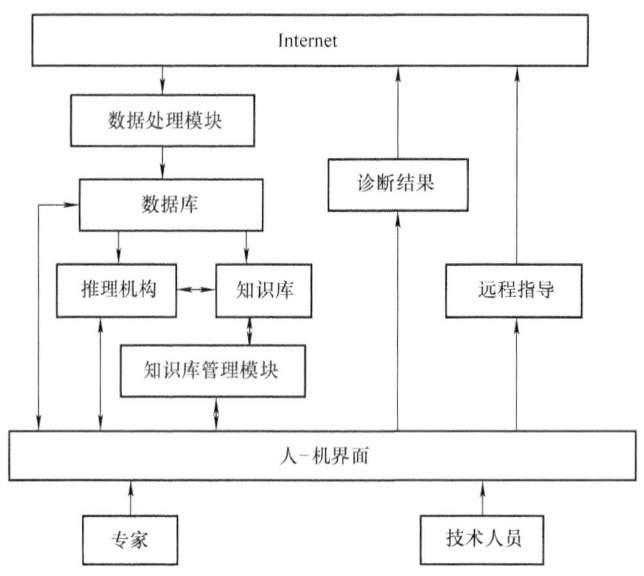

图 6-11　汽车远程故障诊断中心基本结构

基于车载和服务中心的信息系统，还可以把汽车生产厂家、经销商、售后服务商（4S店）以及车辆使用管理的数据综合应用。通过远程监控诊断系统，可以建立长期、大量、有效的车辆运行状态数据库，对评估车况，发现设计、工艺缺陷，对改进升级车型、新车型的设计研发提供数据依据。

3. 远程控制

基于车载无线网络的远程通信功能和各种汽车电子控制系统的功能，可以实现车辆的远程控制，如远程锁定发动机，远程控制车门锁，远程控制车载舒适娱乐系统，甚至远程操控车辆的驾驶。

（1）汽车空调远程控制

汽车空调作为提高汽车舒适性的车载电器，人们对其性能不断提出更高的要求。远程空调可以实现驾车之前的预热或预冷功能，使驾驶及乘坐人员在乘车的时候达到一个舒适的温度。虽然现在一些高配置车型的空调已经具备遥控的功能，但由于它是利用一定频率的无线电波进行无线遥控的，故会受到距离和障碍物的影响，基于网络的远程控制具有更好的性能。

（2）汽车远程控制防盗系统

汽车远程控制防盗报警系统的检测模块一旦检测到相应的外界干扰信号，系统便被触发，发出汽车警报声，记录并利用网络将相关信息发送至用户以及监控中心；还可以通过车载定位信息和无线基站搜索等来确定车辆的位置；通过远程控制发动机停机防盗装置可以远程发送命令锁定发动机。

4. 远程软件维护

随着车辆越来越多地使用信息技术，多个控制和信息单元结点经过车载网络连接，并接入互联网的信息系统。车载软件也越来越复杂，对于车辆的功能也越来越重要。和其他信息系统一样，会需要软件，包括数据及程序的维护和更新。车辆信息系统远程访问能力，为这样的更新提供了远程实现的基础，就像现在的台式计算机一样，通过网络而不一定需要到特定的维修点去下载更新。

第五节　数字化仪表及数据记录系统

一、数字化仪表

1. 数字化仪表概述

汽车仪表是安装在汽车上，指示或显示汽车行驶及发动机工作状况，向驾驶人提供汽车运行状态参数等信息的仪表，是汽车上最早的电子化装置，也是最重要的信息服务装置之一。

汽车仪表按其实现方式可分为机械式、电气式、电子式3类。而根据其发展历程，一般又将其分为4个发展阶段。第1代汽车仪表是机械机心表，它基于力学转换原理用指针来显示测量值；第2代汽车仪表是电气式仪表，利用电流的热效应或磁效应，或以电和磁的相互作用测量及指示信号；第3代为模拟电子式汽车仪表，它运用模拟电子技术，以指针形式显示测量值；第4代为数字汽车仪表，此类仪表的基本原理是将模拟量信号转换成数字信号，并以数字形式显示。

基于微处理器的数字仪表又称为智能汽车仪表。现在的汽车仪表都是基于微处理器的仪表。各类信息以数字、图标、图形以及虚拟指针显示。汽车仪表的网络化、人机交互方式的多样化、信息化是当前主流的发展方向。

2. 数字仪表的基本构成

汽车上的数字仪表一般由传感器、控制单元以及操作与显示等人机交互界面构成，逻辑上如图6-12所示。

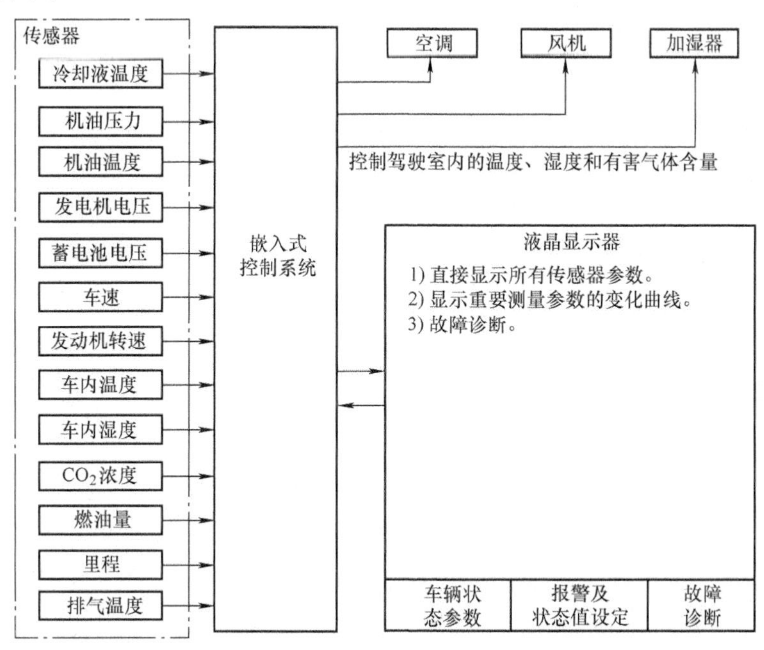

图6-12　数字仪表典型逻辑结构

现在汽车仪表显示的信息，一些是通过分布在汽车不同总成位置的传感器获取的各种运行状态参数，一些是通过车载网络或其他车载通信方式从车上各种控制单元获取的信息，一些是通过与外部通信的方式获得的相关信息。仪表主控单元对获取的信息进行处理，以得到适合输出的量纲数据及输出的形式，再通过各种显示屏或指示灯等各种输出方式输出这些信息数据。数字仪表的输出装置主要是液晶屏和指示灯；显示数值量有两种基本方式，一个是直接显示数字，一个是用屏幕上画出的虚拟表头指针指示数值量；指示灯一般为发光二极管，依照传感器获得的状态点亮或熄灭来指示某种状态的出现。

3. 数字仪表的安装布置及外观

数字汽车仪表的主界面有各种各样的形式，车速和发动机转速是最主要的显示参数，并占有最方便读取的位置，这和传统仪表是一致的，但输出的参数、指示的状态、提供的信息越来越丰富。

二、行车记录仪

行车记录仪是专门用于记录车辆行驶信息的车载电子设备，记录内容包括车辆状态参数（速度等）、控制参数（制动、方向盘和车灯等）、内外图像和声音，以及行驶轨迹信息等。

1. 行车记录仪概述

发生交通事故时，可通过记录的信息分析事故原因，所记录的信息可以作为交通事故处理的采信依据，让交通事故处理更客观、更公正、更合理、更快捷。

行车记录仪可用于辅助安全驾驶，驾驶人疲劳监视，前、后方测距雷达系统，碰撞分析，制动控制，安全报警系统以及辅助倒车后视系统。驾驶人监视器安置于方向盘下方，用于拍摄驾驶人的面部，并自动分析眼皮开度，经分析后如果发现有疲劳驾驶，会自动发出警报；同时，前方测距雷达和车后的测距雷达系统会自动测量前、后方车距，并将此信息发送至碰撞分析单元。如果有碰撞危险，会发出警报，同时自动制动或控制安全带的驱动电动机，使乘员在碰撞发生前处在一个提前设计的最佳姿势，使事故的危害降到最低。

其辅助倒车后视功能主要是挂上倒档，便可从高清晰液晶显示屏上看到车后的全彩影像，辅助倒车、后视摄像头具备防眩和夜视的功能，便于保证车主夜间倒车的安全。

2. 行车记录仪的构成

行车记录仪基本组成包括：

1）主机部分包括微处理器、数据存储器、实时时钟、显示器、镜头模组、操作键、打印机、数据通信接口等装置。如果主机本体上不包含显示器和打印机，则应留有相应的数据显示和打印输出接口。

2）系统控制及数据记录与分析软件。

3）车速、制动、方向盘等操作参数，以及车内外的音频信号传感器接口，用于记录周边交通环境的摄像头，其图像信号可以在屏幕上直接显示，并在主机中滚动存储。

第七章　车联网技术

汽车作为当今社会的一类重要工具，在物联网（The Internet of things）中占有重要位置。以车辆的生产制造、营销、运用、管理、维护、监控以及信息服务等为核心构成的物联网部分，就是所谓的车联网，是大物联网概念下的一个子集，或一个行业物联网。车联网技术可以大大提高车辆以及交通的工作效率、安全性、环保性、舒适性、经济性以及智能化水平。

第一节　物联网简介

一、物联网的概念

物联网的概念是在1999年提出的。物联网就是“物-物相连的互联网”，是嵌入式系统、计算机网络、信息技术发展的结果，其有两个方面的含义：第一，物联网的核心和基础仍然是互联网，是在传统互联网基础上的延伸和扩展的网络；第二，其用户端延伸和扩展到了任何物品与物品之间，实现物与物进行信息交换和通信。物联网技术更强调基于这样的互联平台之上的应用。

这里的“物”要满足一定的条件才能接入“物联网”：①要有相应信息的接收器；②要有数据传输通路；③要有一定的存储功能；④要有CPU；⑤要有操作系统；⑥要有专门的应用程序；⑦要有数据发送器；⑧遵循物联网的通信协议；⑨在互联网中有可被识别的编号，即一个嵌有支持网络通信功能计算机系统的“物”。物联网示意图如图7-1所示。

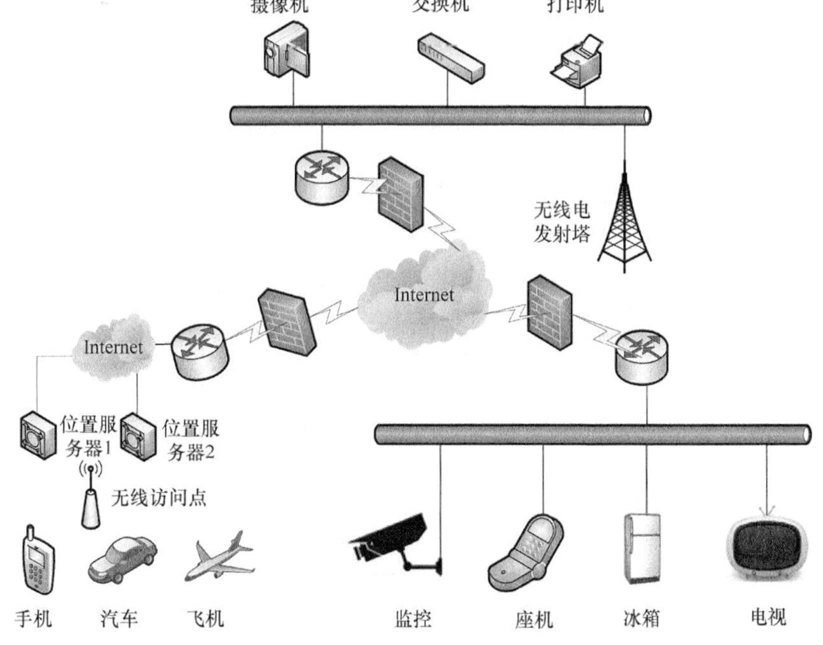

图7-1　物联网示意图

物联网有许多不同的定义形式，从物流角度下的定义是：通过射频识别（RFID）、红外感应器、全球定位系统、激光扫描器等信息传感设备，按约定的协议，把任何物品与互联网连接起来，进行信息交换和通信，以实现智能化识别、定位、跟踪、监控和管理的一种网络。

2009 年 9 月，欧盟委员会信息和社会媒体司 RFID 部门负责人 Lorent Ferderix 博士给出了欧盟对物联网的定义：物联网是一个动态的全球网络基础设施，它具有基于标准和互操作通信协议的自组织能力，其中物理的和虚拟的“物”具有身份标识、物理属性、虚拟的特性和智能的接口，并与信息网络无缝整合。

物联网将与媒体互联网、服务互联网和企业互联网一道，构成未来的互联网体系。

2005 年 11 月 17 日，国际电信联盟（ITU）发布了《ITU 互联网报告 2005：物联网》，正式提出了“物联网”的概念。报告指出，无所不在的“物联网”通信时代即将来临，世界上所有的物体从轮胎到牙刷、从房屋到纸巾都可以通过因特网主动进行信息交换。射频识别技术、传感器技术、纳米技术、智能嵌入技术将得到更加广泛的应用。

EPOSS 在《Internet of Things in 2020》报告中分析预测，未来物联网的发展将经历 4 个阶段，2010 年之前 RFID 被广泛应用于物流、零售和制药领域，2010 ~ 2015 年物体互联，2015 ~ 2020 年物体进入半智能化，2020 年之后物体进入全智能化，而汽车的网络化和智能化也将同步发展。

二、物联网的体系结构

美国弗吉尼亚大学的 Vicaire 等人针对多用户多环境下管理与规划异构传感和执行资源的问题，提出了一个分层物联网体系结构，见表 7-1。可见，该体系结构自底向上分别为服务提供层、网关层、协调层和应用层：

1）物联网由底层感知设备直接提供服务，并由网关层进行服务的收集和分发，从而将应用需求与资源分配分离开来，支持动态移动管理和实时应用配置。

2）通过协调层实现多个应用程序在同一资源上或跨网络和管理域并发运行。

3）通过一个细粒度访问控制和冲突解析机制来保护资源的共享，并支持在线权限分配。

4）采用一个通用的编程抽象模型来屏蔽底层细节，以便于编程实现。

表 7-1　物联网体系结构

<table>
<tr><td rowspan="2">应用层</td><td colspan="6">Bundle 管理器</td></tr>
<tr><td colspan="6">远程方法调用（RMI）</td></tr>
<tr><td rowspan="2">协调层</td><td>服务数据库</td><td colspan="2">需求表</td><td colspan="2">访问权限表</td><td>服务解析器</td></tr>
<tr><td colspan="6">远程方法调用</td></tr>
<tr><td rowspan="3">网关层</td><td colspan="6">转发器</td></tr>
<tr><td colspan="2">服务采集/分发器</td><td colspan="4">远程方法调用</td></tr>
<tr><td colspan="2">802. 15. 4</td><td colspan="2">Wi－Fi</td><td colspan="2">Ethernet</td></tr>
<tr><td rowspan="3">服务提供层</td><td colspan="6">服务实现</td></tr>
<tr><td colspan="6">组网协议</td></tr>
<tr><td colspan="2">802. 15. 4</td><td colspan="2">Wi－Fi</td><td colspan="2">Ethernet</td></tr>
</table>

三、物联网相关技术

“物联网技术”是在互联网技术基础上延伸和扩展的一种网络技术，其用户端延伸和扩展到了任何物品和物品之间，进行信息交换和通信。物联网主要涉及的关键技术包括射频识别（RFID）技术、传感器技术、传感器网络技术、网络通信技术、嵌入式系统技术、数据的挖掘与融合等。

1. 射频识别技术

RFID 技术是一种非接触式的自动识别技术，通过射频信号自动识别对象并获取相关数据。RFID 为物体贴上 RFID 标签，具有读取距离远（几米至几十米）、穿透能力强（可透过包装箱直接读取信息）、无磨损、非接触、抗污染、效率高（可同时处理多个标签）、信息量大等特点。

一个 RFID 系统一般由 RFID 电子标签、读写器和信息处理系统组成。当带有电子标签的物品通过信息读写器时，标签被读写器激活并通过无线传输方式将标签中存储的信息传送到读写器，进一步传送到信息处理系统，完成信息的自动采集工作。信息处理系统则根据应用需求完成相应的信息处理以及必要的控制操作。为了识别物品，每个 RFID 标签都有一个唯一的标准识别码。目前，可供射频卡使用的标准有 ISO 10536、ISO 14443、ISO 15693 和 ISO 18000，应用最多的是 ISO 14443 和 ISO 15693，这两个标准都由物理特性、射频功率和信号接口、初始化和反碰撞以及传输协议 4 部分组成。

2. 传感器技术

物联网中，传感器是信息采集的装置，是实现对现实环境感知的基础，是物联网服务和应用的基础。传感器的基本功能是按照一定的关系把各种物理量转换为电量。标志物理量值的电量再通过模数转换接口转换为数字量，传送给计算机。如果没有传感器对被测的原始信息进行准确可靠的捕获和转换，一切准确的测试与控制都将无法实现，即使最现代化的电子计算机，没有准确的信息或不失真的输入，也将无法充分发挥其应有的作用。

3. 传感器网络技术

传感器网络综合了传感器技术、嵌入式计算技术、无线通信网络技术、分布式信息处理技术等，能够通过各类集成化的传感器协同实时监测、感知和采集监测对象的信息，通过嵌入式系统对信息进行处理；这些系统通过网络进行连接，所有的传感器信息通过网络最终传送到用户终端。

一个典型的传感器网络结构通常由若干传感器结点和接收/发送器（Sink）构成。传感器结点散布在指定的感知区域内，实时感知、采集和处理网络覆盖区域中的信息，并通过互相连接的网络在结点间传送，把数据传送到 Sink，Sink 也可以用同样的方式将信息发送给各结点。Sink 可以与各种通信平台的基站、Internet 或通信卫星相连，通过这些通信平台实现任务管理结点与传感器之间的连接。在结点损坏失效等问题出现的情况下，系统能够自动调整，从而确保整个系统的通信正常。

4. 网络通信技术

传感器的网络通信技术为物联网数据提供传送通道，而如何在现有网络上进行增强，适应物联网业务需求，是现在物联网研究的重点。

物联网中，传感器层的网络通信技术分为两类：近距离通信技术和广域网络通信技术。

在近距离通信方面，以 IEEE 802.15.4 为代表的近距离通信技术是目前的主流技术，802.15.4 规范是 IEEE 制定的用于低速近距离通信的物理层和媒体介入控制层规范，工作在工业科学医疗（ISM）频段，免许可证的 2.4GHz ISM 频段全世界都可通用。在广域网路通信方面，IP 互联网、2G/3G 移动通信、卫星通信技术等实现了信息的远程传输，特别是以 IPv6 为核心的下一代互联网的发展，将为每个传感器分配 IP 地址创造可能，也为传感网的发展创造了良好的基础网络条件。对于像车辆这样的移动物体或系统，往往通过无线移动网络接入到 Internet。

5. 嵌入式系统技术

嵌入式系统技术是物联网的核心技术之一，是把“物”联入网络的基础。物联网络中的物体，通过其中的嵌入式系统获取存储处理信息，并实现与网络的通信。一个物体通过其嵌入式系统，具备了计算能力、智能的信息处理能力以及数字通信能力，也就是具备了基于数字通信网络实现互联，构成物联网络的能力。

6. 云计算技术

云计算是基于互联网络由软件、硬件、处理器加存储器构成的复杂系统。它按需进行动态部署、配置、重配置以及取消服务。在云计算平台中的服务器可以是物理的服务器或虚拟的服务器。云计算强调信息资源的聚集、优化和动态分配，充分利用信息技术资源，大大提高了数据中心的效率。物联网通过每个物体唯一的标识符识别物体以及连接使用其信息，因此需要一个海量的数据库和数据平台来存储数据信息以及调配使用这些信息。如果数据中心不能互联共享计算和存储能力，数据中心的大量有价值的信息就会形成信息孤岛，无法被有需求的用户有效使用。云计算模式为这些孤立的信息孤岛之间提供灵活、安全、协同的资源共享来构造一个大规模的、地理上分布的、异构的信息服务平台。

7. 大数据技术

从物联网的服务提供层到应用层，各种信息数据的类型和数量都是非常巨大的，而且，随着物联网建设和应用的发展，积累、获取和处理使用的数据量成级数增加。这些信息还涉及各种异构网络或多个系统之间数据的融合问题。如何存储、传输、使用这些数据，从中及时获取有效的信息等问题，是物联网面临的一个巨大挑战。这也是当前基于互联网络的信息技术面临的一个挑战。面对这些问题和需求，产生了研究并开发相关技术的大数据技术。对于大数据有各种不同的概念：

国际数据中心（IDC）在 2011 年的报告中的定义：大数据技术描述了一个技术和体系的新时代，被设计用于从大规模多样化的数据中通过高速捕获、发现和分析技术提取数据的价值。

2011 年，McKinsey 公司的研究报告将大数据定义为：超过了典型数据库软件工具捕获、存储、管理和分析数据能力的数据集。

美国国家标准和技术研究院（NIST）的定义：大数据是指数据的容量、数据的获取速度或数据的表示限制了使用传统关系方法对数据的分析处理能力，需要使用水平扩展的机制以提高处理效率。

从数据生成到应用，大数据技术要解决数据生成、数据获取、数据存储和数据分析各个阶段的技术问题。一个大数据系统结构上可包括以下内容。

1）基础设施层：基于网络通信平台，提供大数据技术完成各种功能的虚拟和物理的基础软硬件设施，如云计算平台以及大数据系统支撑软件。

2）计算层：运行于网络平台上的各种数据工具中间件，包括数据集成、数据管理和编程模型等。

3）应用层：利用编程模型提供的接口实现不同的数据分析应用功能，包括查询、统计分析、数据的聚类和分类等。

大数据技术也是车联网建设和应用的基础之一，包括大量车辆交通信息的车联网，必须能够处理从车辆等交通工具生产，一直到交通管理各个环节和领域的信息，这些信息数量巨大、结构各异，包括采集、存储、传输、分析、应用各个环节，是典型的大数据系统。

四、物联网的应用

时至今日，物联网应用已覆盖日常生活与工业生产的各个领域，且正以飞快的速度延伸到更宽、更深的领域。其应用领域主要包括智能交通系统（ITS）、智能家居、工业生产、医疗保健、防伪/食品安全、环境保护、水文监测等。

1. 智能交通系统

智能交通系统是指以现代信息技术为核心，利用先进的通信、计算机、自动控制、传感器技术，实现对交通的实时控制与指挥管理。交通信息采集被认为是 ITS 的关键子系统，是发展 ITS 的基础，成为交通智能化的前提。无论是交通控制还是交通违章管理系统，都涉及交通动态信息的采集，交通动态信息采集也就成为交通智能化的首要任务。

（1）实时监控系统

道路监控系统是公安指挥系统的重要组成部分，提供对现场情况最直观的反映，是实施准确调度的基本保障，重点场所和监测点的前端设备将视频图像以各种方式（光纤、专线等）传送至交通指挥中心，进行信息的存储、处理和发布，使交通指挥管理人员对交通违章、交通堵塞、交通事故及其他突发事件做出及时、准确的判断，并相应调整各项系统控制参数与指挥调度策略。系统基本组成部分有摄像部分，传输部分，控制部分，显示及记录部分，电子警察部分。

（2）自动收费系统

停车场计算机收费管理系统是现代化停车场车辆收费及设备自动化管理的统称，是将停车场完全置于计算机管理下的高科技机电一体化产品。在出入口处各放置一台验卡设备，每辆泊车在入口处刷卡，卡中存有一定的金额，刷卡器自动减去每次泊车费用。系统能有效地堵塞收费漏洞，降低操作成本，提高经济效益和减轻劳动强度，并提高工作效率。

（3）智能停车系统

智能停车场管理系统将停车场完全由计算机统一管理。它以感应卡 IC 卡或 ID 卡（最新技术有两卡兼容的停车场）为载体，通过智能设备使感应卡记录车辆及持卡人进出的相关信息，同时对其信息加以运算、传送，并通过字符显示、语音播报等人机界面转化成人工能够辨别和判断的信号，从而实现计时收费和车辆管理等目的。根据设计原理，智能停车场管理系统可分为三大部分：信息的采集与传输、信息的处理与人机界面、信息的储存与查询。

（4）公交系统

1）指挥监控系统。指挥监控系统包含运营、调度、监控（定位、录像、3G 视频）等系统功能，根据公交企业各部门管理应用职能和权限的不同，系统采用分级管理，一般分为公交集团、分公司、车队、线路或始发站4级应用。

2）车载公交智能终端系统。车载公交智能终端系统是公交公司信息化和智能化的基础，在这个系统中，公交智能终端是核心，是整辆公交车的智能心脏，能实现GPS定位、语音自动报站、录像存储、3G视频实时传输、四级考勤以及它与中心信息交互等功能。

3）电子站牌系统。电子站牌系统是一个面向乘客出行服务的系统，实时显示最近一班车辆的到达时间、离本站的距离等信息。形式有3种：站台现场实体电子站牌、网络电子站牌、手机电子站牌。通过实体电子站牌的LCD液晶屏或LED屏，可以观看时政新闻、娱乐节目、广告促销、气象信息、股市行情、旅游路线、日期、政府公告等，充实公众的候车时间。

2. 智能家居

智能家居是以住宅为平台，利用综合布线技术、网络通信技术、智能家居-系统设计方案安全防范技术、自动控制技术、音视频技术将与家居生活有关的设施进行集成，构建高效的住宅设施与家庭日程事务的管理系统，以提升家居安全性、便利性、舒适性、艺术性，并实现环保节能的居住环境。智能家居是目前国内物联网重要的应用途径之一。

（1）智能小区

智能小区总体构成包含用电信息采集、双向互动服务、小区配电自动化、用户侧分布式电源及储能、电动汽车有序充电、智能家居等多项新技术成果应用，综合了计算机技术、综合布线技术、通信技术、控制技术、测量技术等多学科技术领域，是一种多领域、多系统协调的集成应用。

（2）智能照明控制

智能照明控制系统应用广泛，可大批量、大范围地智能控制灯具及关联物品，系统可实现以下功能：照明的自动化控制、美化环境、延长灯具寿命、节约能源、照度及照度的一致性、综合控制。

（3）智能安防系统

就智能安防系统来说，一个完整的系统主要包括门禁、报警和监控三大部分。智能安防与传统安防的最大区别在于智能化，传统安防对人的依赖性比较强，非常耗费人力，而智能安防能够通过机器实现智能判断。

（4）智能遥控开关

智能遥控开关不止具有开关的功能，它在替代传统墙壁开关的同时，更具有对室内灯光进行控制的功能，如全开全关功能、遥控开关功能、调光功能、情景功能等，可以在家中任意位置控制灯光和电器，并具有节能、防火、防雷击、安装方便等特点，其取代传统手动式开关已逐渐成为潮流。智能遥控开关实用性强，智能性高，具有突出优点。

3. 工业生产

物联网利用网络把各种技术融于一体，大大缩减了生产环节，提高了生产效率。根据企业的生产特点、生产方式和生产过程衍生出若干不同的应用产品，以适应不同企业的不同需求，并采用模块化的设计理念，可根据企业的特殊要求定制相应的功能。

（1）生产设备互联

利用数字化生产设备提供的数据接口，将各生产设备从物理上连接成一个网络，利用协议转换软件将网络组成一个通用的 IP 网络。

（2）物品识别定位系统

利用 RFID 等识别定位技术来标识生产过程中使用的原材料、半成品和成品，并利用物联网技术将该系统接入计算机网络，完成对物品数量、所处位置、责任人员信息等的数字化管理。

（3）能耗自动检测系统

利用有关装置完成对电能、气能、热能消耗数据的自动采集，并将这些系统接入物联网，利用计算机网络提供的信息功能完成对这些数据的管理。

（4）生产设备状态检测和故障报警

利用生产设备（数字化）提供的数字接口获取该生产设备的内部参数和运行过程中的动态参数，可以利用无线传输技术与相应的集中控制装置连接成一个小型的物联网，并利用公众网络将人与设备连接起来，利用信息技术对这些数据进行管理，并根据企业生产管理的要求做出相应的处理。

（5）生产配件和产品防盗系统

对于生产原材料、配件、成品、半成品为固体个体的企业生产方式，利用 RFID 等识别定位技术将这些物品接入物联网，根据企业管理要求将物品管理人员的信息利用 IC 卡等技术接入物联网，实现物品的数字识别、区域定位、人员管理权限、物品与人员的管理区域等管理功能，实现物品流转的有序、有据和有责。

4. 医疗保健

依托医疗行业巨大的市场机遇，物联网有望成为远程医疗行业的又一个重要前沿。物联网能够使医疗设备在移动性、连续性、实时性方面做到更好，以满足远程医疗门诊管理解决方案，可以用于及时监测相关诊断信息，通过无线网的普及，提高效率、节省医院人手并提高医疗服务质量。

（1）身份确认系统

病人身份确认是指医务人员在医疗活动中对病人的身份进行查对、核实，以确保正确的治疗用于正确的病人的过程。病人身份的准确辨认是保证医疗护理安全的前提，正确的病人身份识别是医疗安全的保障。

（2）一卡通与就诊卡

数字化医院管理一卡通是智能卡在医院的综合应用，它涵盖员工、病人在医院工作生活的方方面面，包括人员信息管理、门/急诊管理、住院管理、消费/订餐管理、公寓管理等方面，既是持卡人信息管理的载体，也是医院后勤服务的重要设施。

（3）无线医疗监护

医疗监护是对人体生理和病理状态进行检测和监视，它能够实时、连续、长时间地监测病人的重要生命特征参数，并将这些生理参数传送给医生，医生根据检测结果对病人进行相应的诊疗。

（4）医疗垃圾处理

随着信息系统的普及化与信息化水平的提高，医院和专业废物处理公司的信息处理能力已大幅提高，可推广医疗废物的电子标签化管理、电子联单、电子监控和在线监测等信息管理技术。以 GPS 技术结合 GPRS 技术实现可视化医疗废物运输管理和以实时定位为基础的高速、高效的信息网络平台，以及医疗废物 RFID 监控系统，将为环保部门实现医疗废物处理过程的全程监管提供基础的信息支持和保障。

5. 防伪/食品安全

防伪与食品安全问题是生产生活中极需重视的一面。传统防伪与食品安全需投入大量的人力物力来完善整个系统环节，人工的全面监督及规范整理并没有将问题全面解决，细节的漏洞使产品质量及安全保障仍屡屡不能让人满意。物联网的出现大大简化了该类问题的环节，提高了效率，提升了准确率。

6. 环境保护

环保是集前期预测、中间控制、后期处理综合为一体的系统工程。利用信息反馈等即时技术能从源头发现污染信息，第一时间做出信号反馈，可大大提高环保效率。

7. 水文监控

水文监测系统适用于水文部门对江、河、湖泊、水库、渠道和地下水等水文参数进行实时监测。监测内容包括水位、流量、流速、降雨（雪）、蒸发、泥沙、冰凌、墒情、水质等。系统采用无线通信方式实时传送监测数据，可以大大提高水文部门的工作效率。

8. 其他领域

物联网应用到生产环节，将实现更加智能化、针对性的生产管理，使得整个人类社会的生产活动更加环保、智能、安全。物联网的影响正在逐渐渗透到人类社会的各个产业环节中，为人类的生产活动带来巨大的变革。目前，除以上所列领域，在以下一些领域也得到了不同程度的应用。

1）资产管理领域：主要用于贵重、危险性大、数量大且相似性高的各类资产管理。

2）身份识别领域：主要用于电子护照、身份证和学生证等各种电子证件。

3）食品领域：主要用于水果、蔬菜生长和生鲜食品保鲜等。

4）电力领域：主要用于自动抄表、应急处理、资产管理、虚拟电网、通信成本、输电线的监控、实时信息沟通等。

5）矿产领域：主要用于井下环境安全监测、井下人员管理、自动化控制管理等。

6）石油化工领域：主要用于生产管理、运输线路监控、设备管理、安全管理等。

7）展览展示领域：主要用于文物环境检测、博物馆智能分析安防、智能展览展示系统等。

8）地产及建筑领域：主要用于智能供暖、瓦斯报警、智能安防、远程抄表、建筑开发过程的控制管理等。

经过过去几年的技术和市场的培育，物联网即将进入高速发展期，它是继计算机、互联网与移动通信网之后的又一次信息产业浪潮，是一个全新的技术领域，同时也给 IT 和通信等领域带来了广阔的新市场。

第二节 车 联 网

一、车联网概述

车联网（Internet of Vehicles，IOV）概念引申自物联网，根据行业背景的不同，对车联网的定义也不尽相同。

传统的车联网定义是指装载在车辆上的电子标签通过无线射频等识别技术，实现在信息网络平台上对所有车辆的属性信息和静、动态信息进行提取和有效利用，并根据不同的功能需求对所有车辆的运行状态进行有效的监管和提供综合服务的系统。

随着车联网技术与产业的发展，上述定义已经不能涵盖车联网的全部内容。根据车联网产业技术创新战略联盟的定义，车联网是以车内网、车际网和车载移动互联网为基础，按照约定的通信协议和数据交互标准，在车 - X（X：车、路、行人及互联网等）之间，进行无线通信和信息交换的大系统网络，是能够实现智能化交通管理、智能动态信息服务和车辆智能化控制的一体化网络，是物联网技术在交通系统领域的典型应用。车联网示意图如图 7-2 所示。

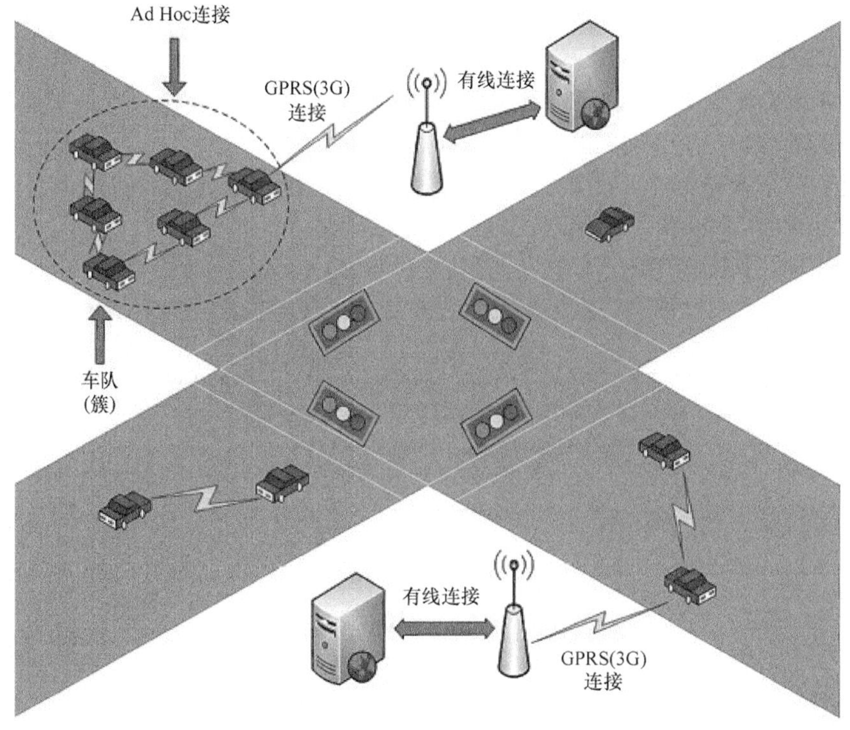

图 7-2　车联网示意图

根据中国物联网校企联盟的定义，车联网是由车辆位置、速度和路线等信息构成的巨大交互网络。通过 GPS、RFID、传感器、摄像头图像处理等装置，车辆可以完成自身环境和状态信息的采集；通过互联网技术，所有的车辆可以将自身的各种信息传输汇聚到中央处理器；通过计算机技术，这些车辆的信息可以被分析和处理，从而计算出不同车辆的最佳路线、及时汇报路况和安排信号灯周期。

车联网不仅是物联网的重要组成，而且是目前最能展示物联网含义的示范系统之一，汽车移动物联网（车联网）项目被列为国家重大专项第三专项中的重要项目。

2013 年，由中国汽车工程学会发起成立的“车联网产业技术创新战略联盟”在北京正式成立。该联盟的成员涵盖了汽车制造商、移动通信运营商、硬件设备制造商、软件服务提供商及有关科研院所。联盟旨在通过联合各相关行业的力量，协同攻关、协调发展，在推进

Telematics 车载应用服务之外，重点推动车联网技术对于汽车安全性与经济性等性能提升的应用。

二、车联网的基本结构

车联网体系从网络结构上看是一个“端管云”三层体系。

第一层“端系统”：端系统是汽车的智能传感器，负责采集与获取车辆的智能信息，感知行车状态与环境；是具有车内通信、车间通信、车网通信的泛在通信终端；同时还是让汽车具备 IOV 寻址和网络可信标识等能力的设备。

第二层“管系统”：解决车与车（V2V）、车与路（V2R）、车与网（V2I）、车与人（V2H）等的互联互通，实现车辆自组网及多种异构网络之间的通信与漫游，在功能和性能上保障实时性、可服务性与网络泛在性，同时它是公网与专网的统一体。

第三层“云系统”：车联网是一个云架构的车辆运行信息平台，它的生态链包含了 ITS、物流、客货运、危特车辆、汽修汽配、汽车租赁、企事业车辆管理、汽车制造商、4S 店、车管、保险、紧急救援、移动互联网等，是多源海量信息的汇聚，因此需要虚拟化、安全认证、实时交互、海量存储等云计算功能，其应用系统也是围绕车辆的数据汇聚、计算、调度、监控、管理与应用的复合体系。

车联网体系结构如图 7-3 所示。

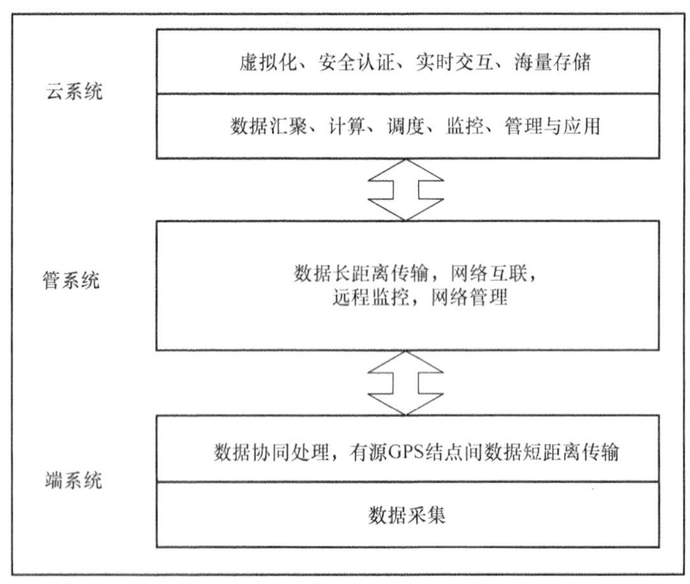

图 7-3　车联网体系结构

按照功能划分，车联网可分为感知层、网络层和应用层，见表 7-2 所示。

表 7-2　车联网功能分层结构

层级	描　述
应用层	人机接口：用户界面、车载通信终端、智能手机等
网络层	数据传输：卫星定位导航、2G 网络、3G 网络、互联网等
感知层	数据采集：RFID 技术、传感器技术、视频摄像头等

（1）感知层

车联网的感知层的主要功能是利用 RFID 电子标签和阅读器、各种传感器（检测温度、速度、路况等）、视频摄像头等进行数据采集，从而获得大量关于交通信息、天气状况、车辆信息的数据。

（2）网络层

网络层需要通过无线集群通信系统、卫星定位导航系统来实现和互联网的连接，完成大量数据的传输、分析和处理（云计算），实现远距离通信和远程控制的目的。

（3）应用层

车联网的应用层的主要作用是进行人机通信，如各种车载终端和车载计算机等。

车联网的最核心部分是由电子地图、卫星定位导航、汽车电子、语言识别和 3G 移动通信网络组成的移动通信导航信息系统，即车载通信系统。该系统可以通过 GPS 定位系统和无线通信网，向驾驶人和乘客提供详细的交通信息、汽车状况、生活或工作便捷服务以及互联网服务。目前，各国研究车联网的重点便是车载通信系统，都投入了大量的人力和物力。

第三节　车联网相关技术

随着物联网的发展，车联网也获得了越来越多的关注，欧美、日本等发达国家都投入了巨资用于研发车联网技术和建设车联网应用平台。车联网关键技术主要包括信息获取感知技术、车载嵌入式系统技术、无线通信技术、异构网络融合技术、云计算技术、智能化信息处理技术、移动计算技术、信息安全技术等。

一、车辆及道路信息获取感知技术

车联网想要为地面交通提供极限通行能力，必须依赖于全面的感知，包括对整个道路的感知和对车辆的感知，并结合道路和车辆获取相应的状态信息。各种不同类型的感知结点已经大量应用于地面交通系统及车辆上，如何将这些多元的感知结点进行有效的利用是一个非常关键的问题。它涉及感知结点的选择、功能定位（如汇聚结点）、布局、特征提取与分析，以及多元信息的融合。

车辆及交通信息获取感知技术是车联网的基础。信息获取感知技术主要有传感器技术、RFID 技术、卫星定位技术等，主要用于车况及控制系统感知、路况感知、环境感知、定位感知等。

二、车载嵌入式系统技术

车载嵌入式系统就是汽车上的各种用于控制以及信息服务功能的微型计算机，它们是车联网最基本的支撑环节。因为要实现的功能不同，所以这些嵌入式系统使用的处理器以及组织结构相差很大。

（1）面向控制的车载嵌入式系统

一类是用于车辆门窗、各种车上使用的车灯、座椅、空调等部分的控制单元，可靠性与实时性要求不高，一般计算速度和存储容量较低，相互之间通过 LIN 总线或低速 CAN 总线连接构成车身总线网络。

一类是用于车辆操纵系统、悬架系统、安全气囊等部分的控制单元，要求有高的可靠性以及实时性，一般计算速度较高，通过中高速 CAN 总线网络或 FlexRay 网络连接。

一类是用于动力总成部分的控制单元，就是用于发动机、变速器等传动系控制的控制单元，可靠性和实时性要求高，计算速度存储容量较大，通过中高速 CAN 总线或 FLexRay 网络连接。

传统上这些控制单元不使用操作系统，随着软件越来越复杂，也开始越来越多地使用操作系统，尤其是发动机和自动变速器控制单元，一般使用实时嵌入式操作系统构架，如OSEK。

（2）面向娱乐及信息服务的车载系统

车载信息娱乐系统的功能在现代汽车技术中的作用越来越重要。实现这些功能的车载嵌入式系统主要包括：

1）完成数字仪表以及各种汽车状态与参数的音视觉指示功能的系统，一般不需要很强的计算能力，要求较大存储容量和良好的人机交互界面。

2）定位导航系统，要求计算能力强、存储容量大，有较好的显示和操作人机交互界面。

3）完成多媒体播放以及车载信息服务功能的车载系统，要求计算能力强、存储容量大，有较好的显示和操作人机交互界面。

定位导航有时与多媒体以及车载网关合成在一起，构成车载一体机。这些系统一般都使用操作系统，如 Windows CE、Linux 、QNX 等。这一类车载嵌入式系统一般通过车载多媒体网络（MOST）或车载以太网连接，这个网络又作为车载数据骨干网，与车上的各类 CAN、LIN 总线网络互联，再通过车载无线移动互联网络网关与外网连接，使汽车成为互联网络上可以访问到的一个移动系统。

三、Telematics

字面上，Telematics 是电信（Telecommunications）与信息科学（Informatics）字头合成的词。其在车辆交通领域里蕴涵的意义，是通过内置在汽车等运输工具上的计算机系统、无线通信装置、定位导航装置和软件，以及互联网平台和服务中心而提供信息服务的技术和系统。其核心功能是实现了车辆等移动系统与整个互联网络的连接，并建立了从信息获取到应用的一系列信息服务的基础。

Telematics 系统在不同的阶段和不同的地域，运作模式也不相同。以往的发展模式，基本上可将其分为基于 GPS 的位置及导航类服务和信息资讯服务两部分。位置与导航服务，主要通过 GPS 与地理信息系统（GIS），以地形图（3D）或平面（2D）地图方式，提供定位、导航、路线监控跟踪等服务。资讯接收运作模式方面，主要通过 GSM、GPRS 或 3G 等无线通信网络平台，与客户服务中心或资讯运营商进行通信，完成车辆管理、调度、交通、旅馆、娱乐、气象、订票等服务。主要的 Telematics 平台有通用的 Onstar、丰田的 G－Book、福特的 SYNC 及国内厂商上汽 Inkanet 等。

随着基于计算机网络，尤其是无线网络应用技术的发展，车联网的概念系统以及应用在不断发展，传统的 Telematics 系统正在朝着车联网的方向发展并成为构建车联网的基础组成部分。由于车辆具有分布广，不断移动，存储计算需求多样，并且车载计算与存储能力相对较弱等特点，在互联网平台上的云计算技术、大数据技术是车联网络最基本的支撑，运作模式也将扩展到远程控制，包括远程故障诊断、远程锁定发动机、远程操控，并越来越多地实现基于无线网络通信的车辆智能化。

四、智能化信息处理

车联网（尤其是感知层与应用层）的实现需要大量数据的支持，而这些数据往往都是异构数据，如何利用数据处理技术完成这些数据的表达、传输、交换是又一关键性问题。目前，建立数据控制中心是一种普遍认可的做法，其中有以下几个关键问题：其一是如何将多源异构数据及时接入并进行安全有效的管理，从而为行驶车辆、道路基础设施、数据控制中心之间频繁进行的数据交换提供保障；其二是如何将采集到的数据进行深入分析，从而得到指定路段或指定区域的交通状况，同时根据已有数据进行近期交通态势预测；其三是如何宏观调控多结点交通信息，即如何高速、有效地完成综合指挥调度；其四是如何利用“云”计算手段完成大容量结点交通调控信息的分布计算；其五是如何实现大容量交通数据的存储。

车联网不仅涉及众多的结点，而且可能存在各种各样的业务在并发运行，因此车联网需要考虑云计算或并行处理以提高运算能力。车联网所收集到的交通信息量将非常巨大，如果不对这些数据进行有效的处理和利用，就会迅速被信息所湮没。因此需要采用数据挖掘、人工智能等方式提取有效信息，同时过滤无用信息。考虑到车辆行驶过程中需要依赖的信息具有很大的时间和空间关联性，因此有些信息的处理需要非常及时。另外，很多车联网的应用与车辆行驶的速度和当前的位置有密切的关系，因此如何基于速度和位置做移动预测，并建立业务自适应的触发机制显得非常必要。

五、移动计算技术

移动计算（Mobile Computing），顾名思义是一种即使被移动也能使用的计算设备，涉及移动通信、移动硬件和手机软件。移动计算使终端设备通过无线网络的连接实现了数据的传输及其资源共享，是当前计算机技术研究的热点领域。

车联网的移动结点车载计算平台安装在高速行驶的汽车上，因此需要研究移动计算环境下的数据挖掘与信息融合，使车载感知设备、各种路口信号设备可以无缝接入车车、车路、车到数据中心的网络系统中，通过车内数据库建立实现车内车外数据的传输和共享，通过对路口、路段汽车数量、车速等数据的分析，实施路口信号智能控制和路段拥堵的优化调整。另外，还需要进行移动计算环境下，数据存储技术、数据广播技术、数据同步机制和位置预测等技术的研究。

六、信息安全技术

车联网具有结点众多、信息繁杂等特点，所以在其应用过程中必然存在一定的安全隐患。如何借助信息安全技术来抵御网络攻击、保证数据的真实性和完整性、保护个人隐私也是车联网面临的难题之一。可以说，车联网的普及和应用在很大程度上依赖于此。分层密钥管理和身份认证技术是现阶段车联网解决信息安全问题的突破口。安全路由协议、接入认证技术、入侵检测技术、加解密技术、结点间协作通信等安全技术将在车联网范畴内广泛使用，以保障信息安全。

第四节　车与外部的连接技术

一、V2V 技术

所谓 V2V（Vehicle - to - Vehicle），即车辆之间的信息交换技术（也称作 Car - to - Car），它通过车载传感器等一系列设备，通过与周围的车辆分享车辆位置、车辆速度等基本信息，让驾驶人对于周围车辆的分布了然于心，在可能发生碰撞时，及时提醒驾驶人，避免交通事故的发生。

目前，V2V 技术已经在美国、德国和日本先后进行了路试。根据目前路试的结果来看，V2V 技术是有效的。美国交通部根据最新的数据进行分析，如果能够大面积地普及 V2V 以及相关的 V2I（Vehicle to Infrastructure）技术，就能在 75% 的交通事故发生之前提醒驾驶人。

V2V 通信需要一个无线网络，在这个网络上车辆之间互相传送信息，告诉周边车辆自己在做什么，这些信息包括速度、位置、驾驶方向、制动等。V2V 技术使用的是专用短程通信（DSRC），由类似 FCC 和 ISO 的机构设立的标准。有时候它会被描述成 Wi - Fi 网络，因为可能使用到的一个频率是 5.9GHz，这也是 Wi - Fi 使用的频率。不过更准确地说，DSRC 是类 Wi - Fi 网络，它的覆盖范围最高达 300m。

V2V 网络中的结点（汽车、智能交通灯等）可以发射、捕获并转发信号。网络上 5 ~ 10 个结点的跳跃就能收集 1mile（1mile = 1609.344m）外的交通状况，这对多数驾驶过程来说都有足够的应对时间。V2V 无线通信技术的原理如下：首先车辆要搭载拥有无线通信技术的终端（智能手机），车辆 Wi - Fi（无线局域网）在有限的距离之内通过带有无线通信功能的移动终端进行相关设置。移动终端会将车辆前、后、左、右正在行驶的其他车辆信息，如具体位置、行驶速度、移动方向等各种行驶信息反馈给驾驶者。同时把该车辆的行驶信息与四周其他车辆共享。这样车主就能提前预知四周车辆的行驶状况，有效避免交通事故。其实这项技术可以看作主动巡航系统或车道偏离辅助系统的升级版，相比于前者，V2V 的优势是双向通信，周围行驶的车辆也能知道自己的驾驶情况。当前的 V2V 系统可在每秒交换 10 次位置信息。收到的信息可以激活什么样的功能由汽车制造商在车辆上设定的功能决定。图 7-4 所示是 V2V 技术的一个示意图。

二、V2I 技术

所谓 V2I（Vehicle - to - Infrastructure），即车辆与基础设施的信息交换技术。通过这种技术，汽车可以从路标、路灯等处获得信息，避免驾驶意外的发生。同时也可从交通管理系统中获取路况信息和最佳路线。当驾驶人驾车接近十字路口时，在相隔多辆车之前的某辆车突然制动，通过肉眼显然是无法看到这一情况的，然而通过 V2V 信息交流，汽车比驾驶人先一步得知该信息，从而提醒驾驶人进行制动甚至自动采取制动措施，避免可能发生的追尾事故。

已有多家汽车企业已经开始进行 V2I 技术的研究开发和测试，并推动应用。V2I 技术允许车辆与道路标志、交通信号进行信息交流，从中获取信息，同时也可以从交通管理系统获

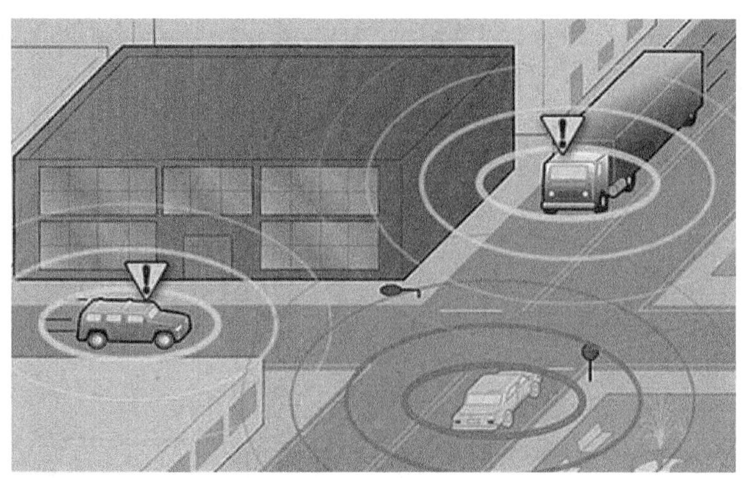

图 7-4　V2V 技术示意图

得宏观路况，并以此制订最合适的行车路线。美国公路交通安全局研究显示，这种技术结合 V2V，可以大大减少交通事故。

三、基于专用短波通信的 V2P/V2M 技术

V2P（车对行人）及 V2M（车对骑车者）技术的目的，是基于专用短波通信（Dedicated Short Range Communications，DSRC）方式进行信息交换，防止车辆与行人和骑车者之间发生碰撞。V2P 技术利用智能手机与周围车辆间的通信检测周边车辆和行人状态，并同时向车辆驾驶人和行人发出音视频警报。行人智能手机的 GPS 确定位置，周围车辆在 5.9GHz 的短程通信频带进行信息交互，通过实时信息交互获取的信息判断是否行人与车辆会发生碰撞。V2P 系统主要用于检测驾驶人视线无法感知的情景，如一辆车后或路边突然窜出的行人。智能手机应用检测行人位置、方向、速度，并通过短波通信技术，获取周围车辆的位置、方向及速度，若系统计算后认为两者或多者保持原有状态继续运动会发生碰撞，则会在手机屏幕上弹出警告消息。V2M 则是基于相似原理进行工作。这两项技术是继 V2V/V2I 后的拓展应用，此前的 V2X 概念主要是 V2V 和 V2I。

自动驾驶技术的最终目的之一是实现“零事故率”。车辆与所有的道路使用者之间都能形成有效快速的“沟通”，并能及时报警和采取有效措施，是信息技术提供的一个实现这个目标的有效手段。

四、车辆与车联网的连接

无线通信网络技术的迅速发展使车辆间通信（Inter - Vehicular Communications，IVC）和公路车辆通信（Road - Vehicle Communications，RVC）在移动 Ad hoc 网络（Mobile Ad Hoc Network，MANET）中成为现实，这促使了车载自组织网络（Vehicular Ad Hoc Network，VANET）的出现。VANET 最初的目标就是为了提升车辆行驶安全性和道路交通有效性，通过与移动互联网的连接，VANET 又成为 Internet 在道路交通环境下的一个组成部分。

VANET 是移动自组织网络在道路交通环境下的应用，它具有移动自组织网络自治性和无固定结构、多跳路由、网络拓扑的动态变化、网络容量有限、良好的可扩展性等各种特

点。由于特殊的应用环境，如狭窄的道路、高密度结点分布、结点高速移动等，直接影响VANET网络的信息传输能力，会使得丢包增加、延迟增大，同时又要求更高的可靠性。由于VANET特殊的网络环境、特殊的运动规律及特殊的应用背景，它的信息传输方法将有别于当前大多数的研究成果。VANET传输控制协议设计更具有挑战性和独创性。在VANET中，地理信息、信道质量、路径状态等都可以通过一定的方法和途径获得，它们对设计高效、可靠的传输控制协议具有重大意义。

VANET网络体系架构主要包含安全应用和非安全应用，安全应用主要用于传输与安全有关的通信指令等信息，非安全应用则传输与娱乐相关的数据。这一体系有多种实现形式，其中被广泛认可的一种形式是上层标准为IEEE 1609相关协议规定，下层标准则是IEEE 802. 11p，如图7-5所示。

<table>
<tr><td rowspan="6">安全性
IEEE
1609.2</td><td>安全应用</td><td colspan="3">非安全应用</td></tr>
<tr><td rowspan="2">WME
IEEE 1609.3</td><td rowspan="2">WSMP
IEEE
1609.3</td><td>UDP</td><td>TCP</td></tr>
<tr><td colspan="2">IP</td></tr>
<tr><td>LLC</td><td colspan="3">IEEE 802.2</td></tr>
<tr><td>MAC</td><td colspan="3">IEEE 1609.4
IEEE 802.11P</td></tr>
<tr><td>PHY</td><td colspan="3">IEEE 802.11P</td></tr>
</table>

图7-5　VANET网络体系架构

其中，IEEE 1609. 2主要负责安全服务，IEEE 1609. 3主要负责网络服务，IEEE 1609. 4主要负责IEEE 802. 11p的多信道操作，即上层MAC标准的制定，而IEEE 802. 11p则负责下层MAC标准和物理层（PHY）标准的制定。

第五节　车联网的应用

一、车联网的主要技术优势

车联网给车辆和交通领域带来了革命性的变化，是世界信息化在这一领域的一个集中体现，无论从原理构成、生产制造还是使用技术上，与传统的技术方法相比都有无法比拟的优势。

1. 方便对车辆的统一管理

在车联网中，通过安装在车辆里面的通信终端，可以对在线车辆进行实时监控和车辆调度，保证了车辆的通畅运行，能够有效避免交通拥堵。每辆机动车辆都有一个独特的电子标签，电子标签记录了车辆的基本信息，行驶、停车、收费等将变得简单快捷，可以提高车辆的行驶速度和运输效率，降低车辆空驾率和油耗，减少车辆对道路的无效占用和汽车废气的排放，进而可以改善整个城市的交通状况和空气质量，有助于打造和谐交通。

2. 出行更安全、更便捷

在公交行业应用车联网技术，可以对车辆进行监控和定位，人们可以通过智能手机、互联网或站牌了解公交车的相关信息，公交运行情况、交通状况、车内拥挤度等信息都可以通过互联网终端，如个人计算机和智能手机轻松获得。车联网还可以实时监控车辆状况，自动检测车辆速度，避免驾驶人疲劳驾驶或车辆因故障而发生事故。一旦车辆超速或车辆发生故障，系统会自动进行报警。如果遇上紧急情况，车载系统能够自动把信息上传至控制中心，请求援助，控制中心便能通过定位系统进行快速救援。因此，未来的车联网不仅能方便用户随时随地了解交通信息，而且还能为人们的出行提供安全保障。

3. 出行生活更丰富多彩

驾驶人或乘客可以通过车载终端连接到互联网，获得各种互联网服务（如聊天、炒股、网上购物、娱乐、视频会议等），实现工作娱乐两不误，让出行变得丰富多彩，能有效提高学习和工作的效率。

4. 加快相关产业的发展

车联网涉及的领域包括 IT、汽车、通信、电子、计算机等，要实现“零排放、零油耗、零污染、零事故、驾乘时尚有趣”的美好愿景，需要重点突破无线通信技术、卫星定位导航技术、传感器技术等，这必然会带动相关产业（如汽车、通信、电子、计算机等）的发展。

二、车联网的应用领域

随着我国传感器技术和卫星定位导航系统的快速发展，3G 网络基本已经覆盖全国，车联网和无线通信技术的融合，车联网构建和应用的环境以及技术和应用平台在快速发展。车联网有以下几类应用。

1）交通管理方面：智能停车场管理系统、智能收费系统、自动路径导航系统、智能车辆调度系统、车辆监控系统、智能交通信号灯管理系统等。

2）公共交通服务方面：智能公交车查询系统、智能收费系统等。

3）物流运输方面：物流监测系统、智能车辆管理系统、货物实时监测系统等。

4）公共安全方面：智能预警系统、疲劳驾驶监测系统、车辆状况监测系统、智能超速超载报警系统等。

5）商业增值服务方面：视频会议、网络游戏、在线影音、数据下载、网络学习、网络办公等。

6）生产制造营销方面：产品质量跟踪、客户分布、用户意见反馈等。

7）维护维修方面：远程故障诊断等。

第八章　车载信息安全技术

第一节　信息安全技术简介

一、信息安全

信息安全是指信息系统及网络的硬件、软件及其系统中的数据受到保护，不因意外或恶意的原因遭到破坏、更改、泄露、非法使用，系统连续可靠地按照预定的性能指标完成信息服务以及其他基于信息数据的功能。信息安全主要包括5个方面的内容，即需要保证信息的保密性、真实性、完整性、未授权复制和所寄生系统内的安全性。其根本目的就是使系统内的信息不受外部以及内部因素的威胁。

信息安全是一门涉及计算机科学、网络技术、通信技术、密码技术、应用数学、数论、信息论等多种学科的综合性学科。

1. 产生信息安全问题的因素

随着基于计算机和网络的系统应用越来越广泛和深入，信息安全也越来越重要。产生信息安全问题的主要因素如下：

1）使用广泛的微机安全结构不够完善。由于是个人使用的计算机，不是公用的计算机，为了降低成本，认为许多安全机制不必要，因此省略了一些安全机制。

2）随着微机技术功能和应用的发展，微机被广泛地作为个人计算机和公用计算机使用，微机不仅是单纯的个人计算机，而且几乎应用到了所有的社会领域，包括嵌入到像汽车、家电等机电系统中。面对现在的各种相互交流的公用应用环境，微机的安全防御能力就显得较弱了。

3）计算机网络把计算机变成网络中的一个组成部分。在连接上突破了地理隔离和直接接触的限制。信息的交互扩大到了整个网络。由于Internet网络缺少足够的安全设计，于是置于网络世界中的计算机，大大增加了计算机之间连接和交互信息的方便性，也产生了各种信息安全问题。

4）操作系统存在安全缺陷。操作系统是计算机最主要的系统软件，是信息安全的基础之一。然而，因为操作系统太庞大（如Windows操作系统就有上千万行代码），致使操作系统都不可能做到完全正确。操作系统是计算机最基础的部分，其安全隐患往往是各种信息安全问题的根源，而且很难在顶层防护。

5）随着嵌入式系统出现在各种各样的系统中，并且接入网络，使得信息安全问题正在成为所有直接或间接使用计算机的系统必须面临的问题。

2. 存在的威胁及目标

目前，信息安全主要面临如下安全威胁。

1）信息泄露：信息被泄露或透露给某个非授权的实体。

2）破坏信息的完整性：数据被非授权地进行增删、修改或破坏而受到损失。

3）拒绝服务：对信息或其他资源的合法访问被无条件地阻止。

4）非法使用（非授权访问）：某一资源被非授权的人或以非授权的方式使用。

5）窃听：用各种可能的合法或非法的手段窃取系统中的信息资源和敏感信息。

6）业务流分析：通过对系统进行长期监听，利用统计分析方法对诸如通信频度、通信的信息流向、通信总量的变化等参数进行研究，从中发现有价值的信息和规律。

7）假冒：通过欺骗通信系统（或用户）达到非法用户冒充成为合法用户，或特权小的用户冒充成为特权大的用户的目的。黑客大多采用假冒攻击。

8）旁路控制：攻击者利用系统的安全缺陷或安全性上的脆弱之处获得非授权的权利或特权。例如，攻击者通过各种攻击手段发现原本应保密，但是却又暴露出来的一些系统“特性”，利用这些“特性”，攻击者可以绕过防线守卫者侵入系统的内部。

9）授权侵犯：被授权以某一目的使用系统或资源的某个人，却将此权限用于其他非授权的目的，也称作“内部攻击”。

10）特洛伊木马：软件中含有一个觉察不出的有害程序段，当它被执行时，会破坏用户的安全。这种应用程序称为特洛伊木马（Trojan Horse）。

11）陷阱门：在系统或某个部件中设置的“机关”，使得在特定的数据输入时，允许违反安全策略。

12）抵赖：这是一种来自用户的攻击，如否认自己曾经发布过的消息、伪造一份对方来信等。

13）重放：出于非法目的，对所截获的某次合法的通信数据进行复制，而重新发送。

14）计算机病毒：一种在计算机系统运行过程中能够实现传染和侵害功能的程序。

15）人员不慎：一个授权的人为了某种利益，或由于粗心，将信息泄露给一个非授权的人。

16）媒体废弃：信息被从废弃的光盘或打印过的存储介质中获得。

17）物理侵入：侵入者绕过物理控制而获得对系统的访问。

18）窃取：重要的安全物品，如令牌或身份卡被盗。

19）业务欺骗：伪系统或部件欺骗合法的用户或系统自愿地放弃敏感信息。

20）影响、干预系统性能指标：使系统无法保障按照设计的性能指标完成功能。

3. 信息安全实现的主要目标

信息的产生、存储、传输以及应用的方式很多，并且越来越复杂。信息在这些过程中，都存在泄密或被截收、窃听、窜改和伪造的可能性。单一的保密措施已很难保证通信和信息以及信息系统的安全，应通过技术的、管理的、行政的、法律的手段，实现信源、信号、信息以及系统的保护，达到信息安全的目的。信息安全实现的主要目标如下。

1）真实性：对信息的来源进行判断，能对伪造来源的信息予以鉴别。

2）保密性：保证机密信息不被窃听，或窃听者不能了解信息的真实含义。

3）完整性：保证数据的一致性，防止数据被非法用户篡改。

4）可用性：保证合法用户对信息和资源的使用不会被不正当地拒绝。

5）不可抵赖性：建立有效的责任机制，防止用户否认其行为，这点在电子商务中是极其重要的。

6）可控制性：对信息的传播及内容具有控制能力。

7）可审查性：对出现的网络安全问题提供调查的依据和手段。

8）时效性：保证数据使用的实时性要求。

二、信息安全相关技术

1. 身份认证

身份认证是指计算机及网络系统确认操作者及信息访问者（包括人、系统、软件）身份的过程。在计算机系统以及计算机网络中，一切信息，包括用户的身份信息都是用一组特定的数据进行表示的，计算机只能识别用户的数字身份，所有对用户的授权也是针对用户数字身份的授权。怎样确保以这个数字身份进行访问的就是这个数字身份的合法拥有者，就成为一个很重要的问题。身份认证就是为了解决这个问题。总的说来，身份认证的任务可以概括成以下 4 个方面：

1）会话参与方身份的认证：保证参与者不是经过伪装的潜在威胁者。

2）会话内容的完整性：保证会话内容在传输过程中不被篡改。

3）会话的机密性：保证会话内容（明文）不会被潜在威胁者所窃听。

4）会话抗抵赖性：保证在会话后双方无法抵赖自己所发出过的信息。

信息系统中，对用户的身份认证方法可以按照不同的标准进行分类。仅通过一个条件来证明身份称为单因子认证，通过组合两种不同条件来证明身份，称为双因子认证。按照身份认证技术是否使用硬件，又分为软件认证和硬件认证。从认证信息来看，可以分为静态认证和动态认证。身份认证技术的发展，经历了从软件认证到硬件认证，从单因子认证到双因子认证，从静态认证到动态认证的过程。现在计算机及网络系统中常用的身份认证方式主要有以下几种：

（1）静态口令方式

用户名/静态口令是最简单也是最常用的身份认证方法。每个用户的静态口令是由这个用户自己设定的，只要能够正确输入口令，计算机就认为是合法用户。这种方式有容易遗忘和泄露等缺点。另外，由于口令是静态的数据，在验证过程中需要在计算机内存中和网络中传输，每次验证过程使用的验证信息都是相同的，很容易被驻留在计算机内存中的木马程序或网络中的监听设备所截获。因此静态口令方式是一种极不安全的身份认证方式。

（2）动态口令方式

动态口令技术是一种让用户的密码按照时间或使用次数不断动态变化，每个密码只使用一次的技术。它采用一种称为动态令牌的专用硬件，内置电源、密码生成芯片和显示屏，密码生成芯片运行专门的密码算法，根据当前时间或使用次数生成当前密码并显示在显示屏上。认证服务器采用相同的算法计算当前的有效密码。用户使用时只需要将动态令牌上显示的当前密码输入客户端计算机，即可实现身份的确认。由于每次使用的密码必须由动态令牌来产生，只有合法用户才持有该硬件，所以只要密码验证通过就可以认为该用户的身份是可靠的。而用户每次使用的密码都不相同，即使黑客截获了一次密码，也无法利用这个密码来仿冒合法用户的身份。

动态口令技术采用一次一密的方法，有效地保证了用户身份的安全性。但是如果客户端硬件与服务器端程序的时间或次数不能保持良好的同步，就可能发生合法用户无法登录的问题。并且用户每次登录时还需要通过键盘输入一长串无规律的密码，一旦看错或输错就要重新来过，用户的使用非常不方便。

（3）IC 卡方式

IC 卡是一种内置集成电路的卡片，卡片中存有与用户身份相关的数据，IC 卡由专门的厂商通过专门的设备生产，可以认为是不可复制的硬件。IC 卡由合法用户随身携带，登录时必须将 IC 卡插入专用的读卡器读取其中的信息，以验证用户的身份。通过 IC 卡硬件不可复制来保证用户身份不会被仿冒。由于每次从 IC 卡中读取的数据还是静态的，通过内存扫描或网络监听等技术还是很容易截取到用户的身份验证信息的。

（4）USB Key 认证

USB Key 身份认证是采用软硬件相结合、一次一密的强双因子认证模式。USB Key 是一种 USB 接口的硬件设备，它内置单片机或智能卡芯片，可以存储用户的密钥或数字证书，利用 USB Key 内置的密码算法实现对用户身份的认证。USB Key 是从智能卡技术上发展而来，是结合了现代密码学技术、智能卡技术和 USB 技术的新一代身份认证产品，是网络用户身份识别和数据保护的良好载体。其 USB 的通信方式成为其最大优势。USB Key 具有双重验证机制，即用户 PIN 码和 USB Key 硬件标识，用户丢了 USB Key，但只要 PIN 码没有被攻击者窃取，及时地将 USB 注销，攻击者窃得密钥但是没有 USB Key 硬件也无法进行认证。

（5）生物特征认证

生物特征认证是指采用每个人独一无二的生物特征来验证用户身份的技术。常见的有指纹识别、声音识别、虹膜识别等。理论上，生物特征认证是最可靠的身份认证方式，因为它直接使用人的物理特征来表示每一个人的数字身份，不同的人具有相同生物特征的可能性可以忽略不计，因此几乎不可能被仿冒。生物特征认证基于生物特征识别技术，受到现有的生物特征识别技术成熟度的影响，采用生物特征认证还具有较大的局限性。

2. 数据加密

一般人们把用通用的表达方式表示的信息文本称为明文（plaintext），将明文通过变换后的文本称为密文（ciphertext），把明文变换成密文的过程叫加密（encipher），其逆过程，即把密文变换成明文的过程叫解密（decipher）。用于加解密的一些特殊信息称为密钥（keyword），它是控制明文与密文之间变换的关键，它可以是数字、词汇或语句。密钥分为加密密钥（Encryption Key）和解密密钥（Decryption Key）。完成加密和解密的算法称为密码体制（Cipher System）。传统的密码体制所用的加密密钥和解密密钥相同，即所谓的对称式密钥加密技术；加密密钥和解密密钥不同称为非对称式密码加密技术。数据加密或解密的变换过程如图 8-1 所示。

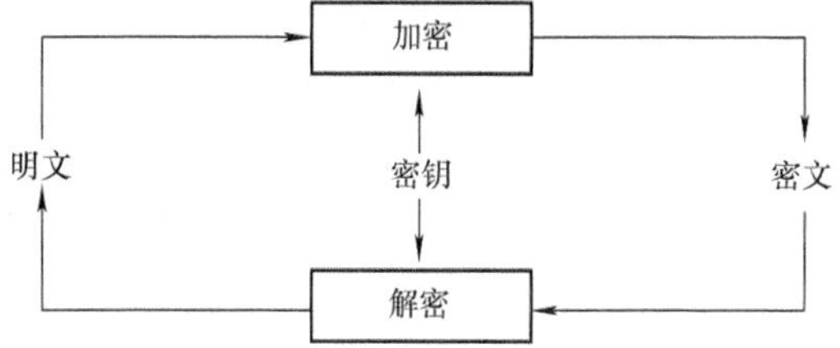

图 8-1　加密解密变换

实现数据加密的主要技术可以分为对称加密技术、公开密钥加密技术以及对称加密与公开加密相结合的技术。

（1）对称加密技术

对称式密钥加密技术是指加密和解密均采用同一把秘密钥匙，通信双方必须都要获得这把钥匙，并保持钥匙的秘密。当给对方发信息时，用加密密钥进行加密，接收方收到数据后，用对方所给的密钥进行解密，故也称为秘密钥匙加密法。实现对称式密钥加密技术的加密算法主要有以下两种：

① DES（Data Encryption Standard）算法。DES 即数据加密标准，它综合运用了置换、代替、代数多种密码技术，是一种把信息分成64位大小的块，使用56位密钥，迭代轮数为16轮的加密算法。

② IDEA（International Data Encryption Algorithm）算法。IDEA 是一种国际数据加密算法，是一个分组大小为64位，密钥为128位，迭代轮数为8轮的迭代型密码体制。此算法使用长达128位的密钥，有效地消除了任何试图穷尽搜索密钥的可能性。

对称式密钥加密技术具有加密速度快，保密度高等优点，但也有以下几个缺点：

① 密钥是保密通信安全的关键，发信方必须安全、妥善地把钥匙护送到收信方，不能泄露其内容，如何才能把密钥安全地送到收信方，是对称密钥加密技术的突出问题，此方法的密钥分发过程十分复杂，所花代价高。

② 多人通信时，密钥的组合数量会出现爆炸性的膨胀，使密钥分发更加复杂化，n 个人进行两两通信，总需要的密钥数为 $n(n-1)/2$。

③ 通信双方必须统一密钥，才能发送保密的信息。

（2）公钥加密技术

公开密钥加密技术要求密钥成对使用，即加密和解密分别由两个密钥来实现。每个用户都有一对选定的密钥，一个可以公开，即公共密钥，用于加密；另一个由用户安全拥有，即秘密密钥，用于解密。公共密钥和秘密密钥之间有密切的关系。当给对方发信息时，用对方的公开密钥进行加密，而在接收方收到数据后，用自己的秘密密钥进行解密，故此技术也称为非对称密码加密技术。

公开密钥加密算法主要是RSA加密算法。它是第一个成熟的、迄今为止理论上最为成功的公开密钥密码体制，RSA加密/解密过程由密钥生成、加密过程和解密过程组成。

公开密钥加密技术的优点如下：

① 密钥少，便于管理，网络中的每一用户只需保存自己的解密密钥，则 N 个用户仅需产生 N 对密钥。

② 密钥分配简单，加密密钥分发给用户，而解密密钥则由用户自己保管。

③ 不需要秘密的通道和复杂的协议来传送密钥。

④ 可以实现数字签名和数字鉴别。

公开密钥加密技术的缺点是加、解密速度慢。

（3）对称密钥和公开密钥相结合的加密技术

鉴于对称密钥和公开密钥加密技术的特点，在实际应用中将两种加密技术相结合，即结合使用DES/IDEA和RSA，对于网络中传输的数据用DES或IDEA加密，而加密用的密钥则用RSA加密传送，此方法既保证了数据安全，又提高了加密和解密的速度。DES/IDEA和RSA结合使用的原理示意图如图8-2所示。

首先发信者使用DES/IDEA算法用对称钥将明文原信息加密获得密文，然后使用接收者的RSA公开钥将对称钥加密获得加密的DES或IDEA密钥，将密文和加密的密钥一起通过网络传送给接收者。接收方接收到密文信息后，首先用自己的密钥解密而获得DES或IDEA密钥，再用这个密钥将密文解密，最后获得明文原信息。由此，起到了对明文信息保密的作

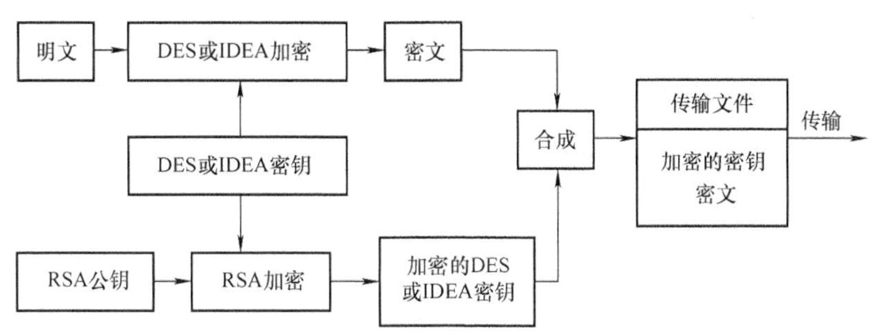

图 8-2　DES/IDEA 与 RSA 结合加密原理示意图

用。著名的 PGP（Pretty Good Privacy）软件就是使用 RSA 和 IDEA 相结合进行数据加密。另外，保密增强邮件（PRM）将 RSA 和 DES 结合起来，成为一种保密的 E - mail 通信标准。常用到的 SSL（Secure Sockets Layer，安全套层）安全措施也是利用两种加密技术对客户机和服务器之间所传输的信息进行加密的。

3. 网络防火墙

防火墙指的是一类计算机网络安全措施的总称。它主要通过将外部网络与内部网络隔离，对于网络互相访问进行限制，从而达到保护内部网络的目的。在网络安全技术中，防火墙是一种行之有效的方法。防火墙可以通过对进出网络的通信进行监控过滤，认为安全的信息才能进入到内部网络和计算机系统，可有效地抵制危险数据对于网络安全构成的威胁。

防火墙的功能主要体现在以下几个方面：

1）通过限制外部进入内部网络，将一些不安全的链接以及非法访问隔绝在外。

2）组织协调计算机系统的防御设施。

3）对于特殊站点的访问进行限制。

4）方便了网络安全的监督工作以及预警工作。

5）防止出现资源被滥用的现象。

从不同的应用目的或实现方式等，防火墙有以下几种分类：

1）按照软硬件形式来分类。防火墙的分类可以采用软硬件的形式来进行，分为软件防火墙与硬件防火墙。最早出现的防火墙属于硬件产品，它和平常的集线器与交换机是一样的。然而随着计算机软件技术的飞速发展以及防火墙应用的普及，许多的网络安全软件生产商开发出了一种基于纯软件的防火墙，一般是在主机上进行安装的，保护的对象只是一台主机而非整个的网络系统。

2）按技术分类。从整体上包括“包过滤型”和“应用代理型”两大类。前者相对来说是一种比较通用的安全手段，可以有效地对计算机网络系统进行保护；后者主要是通过编制专门的代理程序来分辨应用服务，达到监控应用层通信流的目的。

3）按结构分类。防火墙主要包括单一的主机防火墙、分布式防火墙以及集成式的防火墙 3 种类型。

4）按应用部署位置分类。防火墙主要包括个人防火墙、边界防火墙以及混合防火墙这 3 种类型。

5）按性能分类。主要包括两种类型，一种是百兆级防火墙，一种是千兆级防火墙。这里的分类主要是依据防火墙的带宽来决定的。对于那些性能高和带宽高的防火墙来说，对整个计算机网络系统的速度影响很小。

三、嵌入式系统信息安全

作为一类计算机系统，随着应用的普及以及网络化的发展，嵌入式系统信息安全问题越来越严重，也受到越来越多的关注。

1. 嵌入式系统信息安全面临的问题

嵌入式系统是嵌入到其他系统或装置中的计算机。嵌入式系统在社会生活中的应用越来越多，如车载电子与信息系统、可编程逻辑控制器（PLC）、智能传感器、智能家居、玩具等。嵌入式系统的信息安全问题，不仅会产生信息方面的问题，还可能产生物理上的效果。例如，车载电子系统一旦失效，将严重威胁乘车人的生命安全。

针对嵌入式系统的功能安全，国际电工委员会（IEC）制定了功能安全标准——IEC 61508，并衍生出了很多相关的行业标准，为保证嵌入式系统整个生命周期的功能安全发挥了巨大的作用。然而，IEC 61508 只是针对一些随机的、意外的故障导致的功能失效提出了解决方案，而对于恶意的信息安全攻击导致的功能失效没有提出相关的解决方法。

IEC 61508 的 Part 1 给出了对于功能安全的通用要求，其中定义了功能安全的生命周期是一个识别—分析—设计—验证的逻辑循环过程，同时定义了两种模式（即按需模式和连续模式）下的安全级别，一共分为 4 级。

IEC 61508 的 Part 2 给出了对硬件的功能安全要求。导致硬件故障的原因，可以分为随机错误、系统错误、环境影响、操作错误。对于这些因素，可以进行识别，建立概率模型进行分析，计算或测试相应的概率来验证是否达到相应的安全级别。

IEC 61508 的 Part 3 给出了对软件的功能安全要求。导致软件故障的原因，主要是在软件开发过程中产生的各种缺陷，通过嵌入式软件测试的方法，可以发现这些缺陷，从而修正缺陷，进而保证整个系统的功能安全。

然而由于嵌入式软件的多样性，基于的操作系统的不同，使用的开发环境不同，基于的硬件微控制器不同，这就给嵌入式软件的实际测试带来了很大的困难。而且，目前实际的嵌入式软件测试大多是功能测试，即测试嵌入式软件功能是否符合需求规格。如果嵌入式软件具有需求规格之外的功能，如嵌入式软件中留有后门程序，则在实际测试中很难测试出来。

随着嵌入式系统应用的普及，对嵌入式系统的信息安全攻击也越来越多，这些信息安全攻击往往利用嵌入式软件本身或基于的操作系统的某些缺陷，注入恶意代码，使得嵌入式系统失控。

嵌入式系统受到来自外部环境的信息安全攻击，导致系统本身受到损害，而这种系统损害可能会反过来影响人或环境，导致功能安全问题。因此，有必要对这个问题进行研究。除了随机的、意外的系统故障外，由于信息安全攻击导致的系统功能失控或许会对人或环境造成更大的伤害。

2. 嵌入式系统的安全需求

随着嵌入式系统应用技术的发展，越来越多的嵌入式系统通过总线网络互联，并与互联网连接，使嵌入式系统的信息安全问题更加凸显。

现代汽车的控制和信息系统采用了大量的微控制器，它们通过车载的内部网络，如 CAN 总线，进行相互通信和共享信息并协调完成对汽车的控制功能。虽然现代汽车的控制系统相对封闭，但随着车载计算机的配置与无线网络技术的发展，如车载 Adhoc 网络（VA-NET），车载电子系统逐渐成为一个开放的平台，因此对于来自外部的信息安全攻击，可以通过各种各样与外部联系的途径影响车载电子系统。

嵌入式系统的开发环境也是一个很重要的环节，恶意代码可能在开发阶段就已存在。这表明信息安全问题贯穿于嵌入式系统的整个生命周期，在生命周期的各个阶段都必须考虑由于信息安全攻击引起的功能安全问题。

在普适计算模式下，嵌入式系统所面临的安全威胁更为广泛。一个典型的嵌入式系统会涉及多个实体，包括系统制造商、服务提供商、终端用户等。不同实体对安全的要求不尽相同。嵌入式系统常常只限于部分授权用户使用（用户认证），或限制对网络、主机以及应用程序等资源的使用（访问控制）。这些都是由基本安全功能通过用户与主机间相互认证来实现的。可用性是嵌入式系统可被授权实体访问并按需求使用的特性，确保合法用户对信息和资源的使用不会被不正当的拒绝（DOS）。嵌入式系统安全经常需要在整个运行生命周期内保护关键敏感信息（代码或数据），并确保在运行生命周期结束时清除信息。安全存储功能保证了嵌入式系统内部或外部的存储介质只对合法用户开放，防止未经授权的访问。内容保护或数字版权管理保护嵌入式系统中媒体内容的合法版权，并为内容提供商提供追踪功能。防篡改是指如何有效地保证上述安全功能需求，即便恶意实体获取了整个嵌入式系统，也能对其进行物理或逻辑上的探测。

3. 嵌入式系统各阶段的信息安全考虑

嵌入式系统的信息安全问题应当在其生命周期的各个阶段都要关注，才能保障其信息获取使用的安全。需要在不同阶段都考虑信息安全目标。

在规划需求阶段，对于嵌入式系统来说，规划需求阶段应该明确系统对于功能安全的需求与规范，以此来识别和分析嵌入式系统可能受到的信息安全威胁，以及由这些威胁可能导致的系统功能受损，使系统设计人员意识到在设计开发阶段就必须考虑嵌入式系统的信息安全问题。

在设计开发阶段，设计人员应该根据识别出的信息安全威胁，设计相应的安全策略和保护措施，并且不仅是嵌入式系统本身，嵌入式系统的开发环境也需要考虑安全策略和保护措施。同时，还应该对嵌入式系统本身的脆弱性进行识别分析，如嵌入式系统所基于的操作系统的安全漏洞，分析其对系统功能的影响，并采取相应的安全措施。

在实施修改阶段，应该对嵌入式系统所可能遭受到的信息安全威胁、系统本身的脆弱性进行进一步的识别分析，可能会发现以前未识别的威胁或脆弱性，需要对系统的安全策略或措施进行修订完善。

在测试验证阶段，应该对嵌入式系统所采取的安全措施进行测试验证，以验证这些策略和措施的有效性，这需要考虑采用嵌入式软件的测试方法进行测试验证。

嵌入式系统受到信息安全攻击导致功能失效的问题，随着嵌入式系统的应用普及，特别是物联网技术的发展，将会越来越多、越来越严重，因此，随着技术的不断发展，这一问题也必将被越来越多的人关注。

第二节　汽车信息安全问题

经由互联网的外部攻击让汽车控制系统操作失误，这种惊险画面已然成为现实。近年来，汽车中不断嵌入各种基于计算机的系统，提高了信息化水平，但随之而来的信息安全问题也日益突出。

20 世纪 80 年代，电子控制单元（ECU）的软件源代码行数不到 2000 行。而近年来，汽车开始嵌入各种软件，不断地应用信息技术，有些汽车甚至安装有 100 多个 ECU，这些 ECU 的源代码接近 1000 万行，汽车正成为一个安装有大规模软件的信息系统，被称为“软件集成器”。各电控单元之间都是通过网络互联，且与外网也实现了连接。这些自然避免不了信息安全问题。而汽车以往的软硬件设计中基本没有考虑信息安全问题，外部介入车载系统的渠道和方式多样。汽车对信息安全问题敏感，使得车载信息安全问题也更为复杂。

一、外部可能接入车载系统的渠道

汽车与外部的信息通道及可能受到的攻击示例如图 8-3 和图 8-4 所示。在信息接入方式上，车载电子与信息系统和一般的基于计算机的系统不完全相同，具体归纳如下。

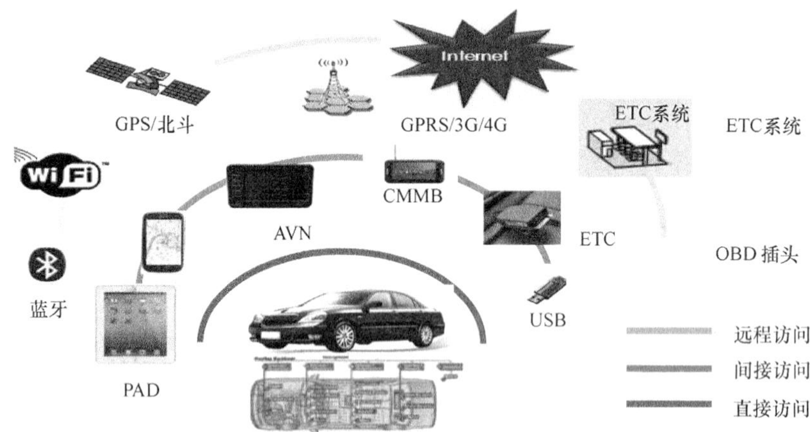

图 8-3　车载信息系统与外部信息的连接示例

1. 网络信息通信

网络信息通信主要是车辆通过无线移动网络与外部的信息链接通路。

随着汽车开始随时随地接入外部网络，攻击者无须靠近汽车，就可以通过网络攻击任何一辆汽车。汽车外围设备广泛采用通用系统为这类介入提供了方便。

车载软件、汽车局域网对于汽车的基本控制功能的影响正在增加。例如，汽车上使用通信或信息终端来提供门锁控制、调整发动机功率、更新应用软件等服务。这些功能一旦被攻击者成功入侵，将产生严重的危害。随着为汽车用户提供越来越方便的各种信息服务，越来越多通用的信息技术在汽车上应用，外部介入汽车信息系统的途径会越来越多，攻击汽车操作系统的难度也变得越来越低。

现在汽车局域网的通用性也在提高。例如，德国政府扶持的“基于 IP 的安全嵌入式系

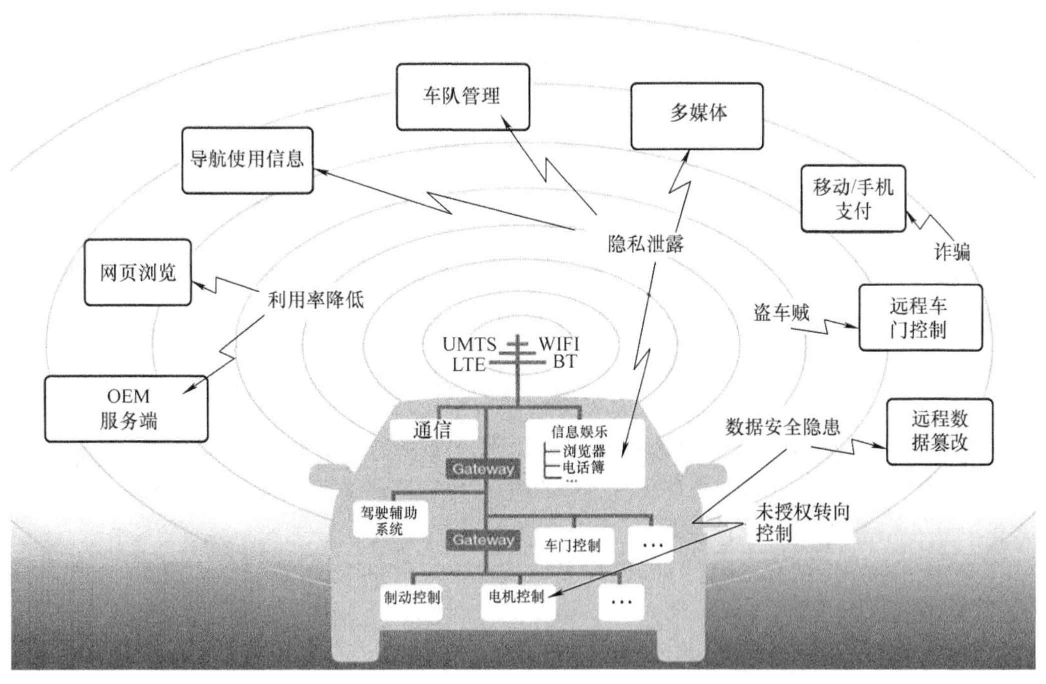

图 8-4 对车载信息系统介入的途径示例

统（SEIS）”项目，让汽车局域网采用 Ethernet 网协议，并使用标准通信协议“TCP/IP”。2008 年，宝马率先将 Ethernet 网作为车载诊断接口之一来调整软件内容。随着越来越多的汽车局域网采用互联网标准，车内外的众多设备和信息系统都将与汽车紧密连接。随着汽车局域网连接越来越简单，外界通过互联网络与车载信息系统的链接，突破汽车信息系统的“防火墙”也会越来越容易。

2. 车载系统与路基交通或其他专用设施间的通信

汽车与各种各样固定装置之间的信息交换也越来越多，包括道路监控、停车场管理系统、各种场所门禁系统、新能源汽车充电系统、智能交通系统等。车辆与这些系统之间通过无线通信或识别装置交互车辆以及所有人的信息。例如，智能停车场管理系统采用 RFID 技术与汽车通信，车辆感应 IC 卡可以存储持卡人的各种信息；新能源汽车，尤其是电动车，可以通过充电系统经车辆的能源管理系统接入，一些厂商也建立了能源管理系统与服务器的链接，以获取运行状态、充电状态与次数，以及各类用户使用特征等信息；智能交通系统也越来越多地连通了车辆以及车载装置与各种外部信息管理和服务系统。这些系统几乎都是通过互联网连接的。

3. 汽车智能遥控车钥匙和智能手机等方式的接入

智能车钥匙系统也提供了一个接入车载信息系统的通道，智能车钥匙的车上控制系统往往和车载总线网络连接，外部可以通过遥控车钥匙与车门锁控制系统的通信通道接入车载信息网络。智能手机与传统手机的最大差别在于用户可以广泛开发各种应用，并能自由发布、下载与安装软件。应用软件的种类很多，从娱乐应用软件到实用型软件，还有许多面向汽车的应用软件。在这些应用软件中，有些软件可靠性很低、不安全。攻击者通过其中的漏洞，借助智能手机，便能使车载设备和车载导航系统产生异常，或经智能手机泄露车内信息以及驾驶人的个人隐私信息。使用智能手机，就意味着汽车随时都与外部网络连接。经由外部网络和智能手机，攻击者就能对行驶中的汽车发起攻击。

4. 通过车载系统间无线信息通道的接入

一些车上的装置间可能采用无线通信方式，如轮胎压力检测器等，或短距离无线网络通信。此外，还有无线充电功能，实现移动设备（如手机、平板电脑等）无线充电。蓝牙技术将替代 DVD 播放器、立体声耳机等现有后座娱乐系统所需要的线缆和红外线技术。而且，蓝牙技术将支持无线汽车通信，如通过车内语音识别系统和音响系统拨打和接听电话、使用遥控钥匙打开车门、与车内检测系统交换数据等。

5. 通过生产制造或维护过程的信息接口的接入

汽车的很多总成都已实现电控，如发动机和自动变速器等，这些总成的控制单元都是要接入汽车车载通信网络的。在汽车生产过程中，要下载各种软件以及配置参数，以及检测车辆状态等，而完成这些过程都是直接与车载网络及各种控制系统连接的，完成这些操作的生产设备甚至可能与生产厂网络连接。

汽车维护过程往往可以通过诊断接口读取或设置车辆参数，这些接口也都是与整车的通信网络互联的。

6. 通过车载信息娱乐设备接口的接入

车载信息娱乐设备终端是用户可以直接使用的车载装置。现在的数字系统，数据都是读入终端后，解码播放的。如果这类设备具有信息载入存储的能力，则会提供一个外部接入车载系统的信息通路，这些终端在车上也都是与车载网络连接的。

二、对车载信息系统的攻击方式

对车载系统的恶意访问或攻击方式主要有以下几种。

1）非法利用：无正当权限者通过伪装和攻击产品漏洞，利用汽车系统功能。

2）非法设置：无正当权限者通过伪装和攻击产品漏洞，非法变更汽车系统设置数据。

3）窃听：对车载设备之间的通信、汽车与周边系统的通信进行窃听和截取。

4）信道拥塞（DoS 攻击）：通过非法或过多的连接请求消耗通信带宽或计算能力，造成系统瘫痪，使正常服务受阻。

5）虚假消息：攻击者通过发送虚假消息，使汽车系统执行非法动作和播放信息。

6）记录丢失：删除或篡改操作记录等，使用户无法查看和使用这些信息。

7）非法转播：通过控制通信途径，劫持正规通信、夹杂非法通信。

8）信息泄露：汽车系统中应当受到保护的信息泄露。

分析与汽车信息安全相关的攻击策略，如图 8-5 所以，可总结出以下 3 种攻击途径。

（1）直接攻击

汽车不同于个人计算机和手机，由于其较大的体积及某些特性，用户很难始终监视车辆。恶意攻击者比较容易直接接触到汽车。而且，在进行年检等检测时，汽车必须交由检查人员管理，有可能给装扮成检查人员的第三方留下可乘之机。而且，用户在自行改造时，也可能无意识地解除汽车的安全功能。

（2）从便携式产品入侵

除了汽车厂商提供的功能之外，用户通过汽配市场等途径购买并安装在车上的产品也种

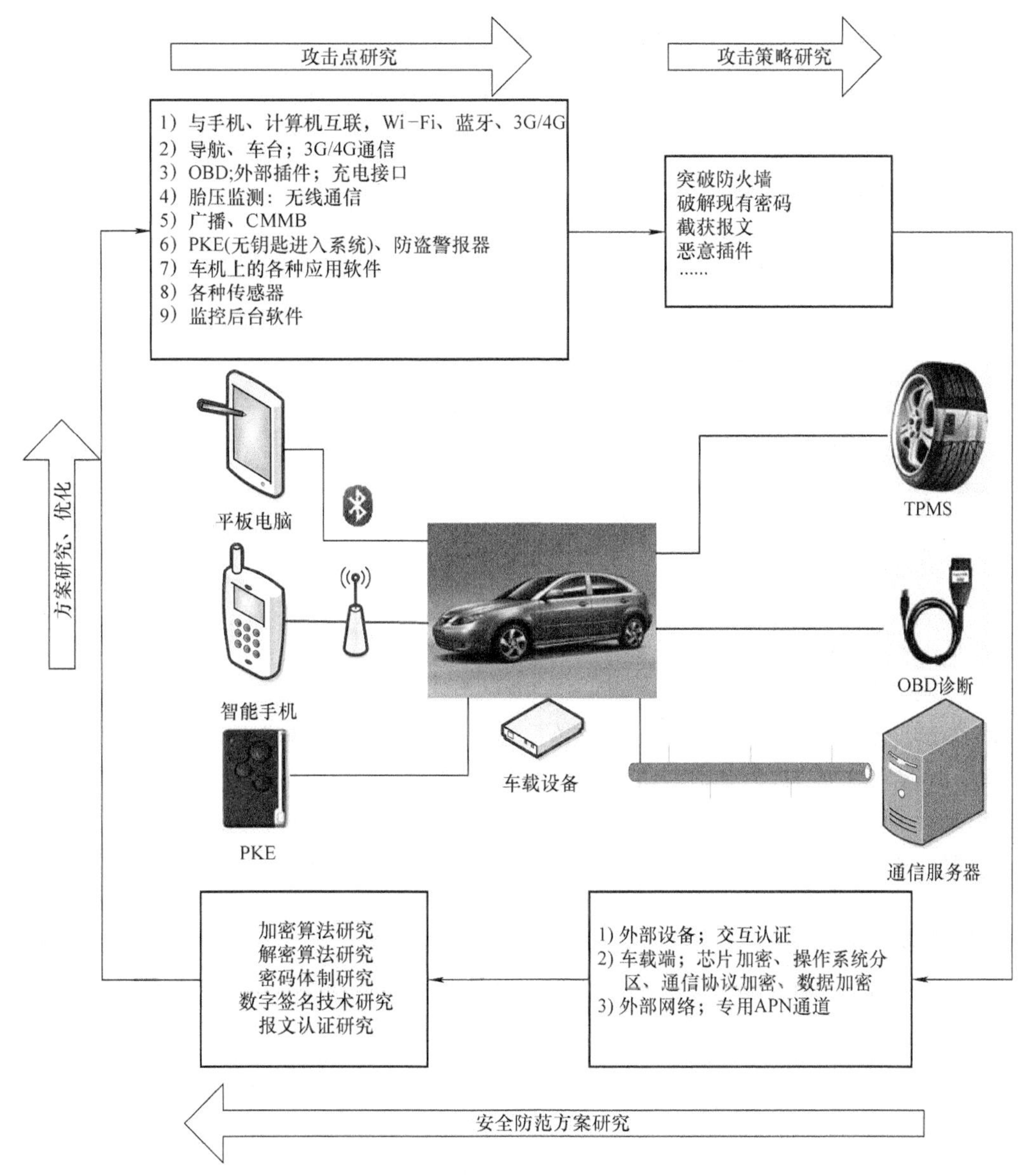

图 8-5　汽车信息安全攻击策略示例

类繁多。拆装这些产品时，来自外部的病毒等威胁有可能进入车内。

关于便携式产品，尤其是智能手机，一方面很容易就能获得面向汽车的通用应用，但另一方面，其中也掺杂着大量山寨应用和包含恶意代码的应用。在开发阶段就必须要考虑用户可能携带哪些产品进入车内，其中就包括智能手机。

（3）从外部网络攻击

为确保便利性和安全性，汽车上有很多使用通信的装置。例如，智能钥匙、轮胎压力监测系统（TPMS）、路车间通信等使用短距离无线通信的功能，就有可能受到通信被窃听和被恶意中断等威胁。

三、车载系统的信息类型及安全问题

汽车上，车载电子和信息系统主动或被动获取、传输、存储、使用的数字化信息可以归纳为以下几种类型。

(1) 汽车的信息

1) 汽车固有信息（车辆ID、设备ID等）、认证信息码、行驶及运行记录等。

2) 汽车状态信息：表示汽车运行状态的动态数据，如位置、车速、发动机转速、操纵状态等。

3) 软件：车载系统的系统及应用程序及数据。

4) 设置信息：硬件和软件的运行设置数据。

5) 使用保养等历史数据。

(2) 用户信息

用户（驾驶人和乘坐人员）的个人信息、认证信息、缴费信息、使用记录和操作记录等。

(3) 信息服务数据

视频、音乐、地图、天气等应用数据。

(4) 交通管理信息

年检、排放、道路区域行驶限制、车籍信息、保险、事故记录等。

各种数据或信息可能的信息安全的介入途径和影响是不同的。对安全影响最大的是第一类信息。这些信息直接影响汽车的工作状态，对这些信息的恶意访问将可能产生汽车非正常运行和操控，可以直接造成自身以及周边车辆损毁，以及乘员和路人的伤亡。

目前，其他几类信息一般不直接影响车辆的操纵及控制，信息安全的影响基本可以比照一般计算机信息安全考虑。但随着汽车智能化的提升，尤其是自动驾驶、智能化的主动安全技术等的使用，如道路信息、电子地图、驾驶人特征等可能会逐渐在控制算法中使用，进而会直接影响车辆的运行状态控制。

第三节　汽车信息安全架构

在电子和信息技术应用在汽车的初期，基本没有考虑过信息安全问题。近些年，随着汽车上应用电子与信息技术的不断深化，在一些有关汽车电控以及信息技术或产品的标准或设计规范中，越来越多地考虑了信息安全，并逐渐制定了一些有关设计和测试的规范，尤其是车载操作系统以及车载软件的标准或开放构架中，信息安全的内容在不断完善。

OSEK标准是在汽车行业中现今最广泛使用的标准之一，这个标准包含了AUTOSAR架构的基础。

OSEK/VDX规范从实时操作系统RTOS（Real Time Operating System）、软件接口、通信和网络管理等方面对汽车的电子控制软件开发平台做了较为全面的定义与规定。

AUTOSAR（AUTomotive Open System Architecture，汽车开放系统架构）是一些汽车OEM、供应商、工具提供商和半导体公司组成的组织，共同致力于开发和制定汽车电气/电子（E/E）架构实施的开放式行业软件标准。其目标之一是确定管理日益复杂的汽车电子装置的有效方法，提高可用性和安全性、软件 升级/更新和可维护性，以及提高可扩展性和灵活性，以便集成和转移功能。

ISO 26262 标准的目的则以功能安全性为中心，实质上是以避免或检测并处理故障为目的，从而减轻故障影响并防止出现对任何既有的系统安全目标的违反行为。随着全新的安全关键功能（如驾驶人辅助或动态控制）的推出，功能安全性已经成为汽车开发中的关键问题之一。ISO 26262 标准于 2011 年批准生效，可为软硬件的安全开发提供支持。

欧洲研究项目 OVERSEE（Open VEhiculaR SEcurE platform，网址：https://www.oversee-project.com/）研究开发了一个安全、标准化和通用的车辆通信与应用平台。OVERSEE 制定的目标是提供一个受保护的标准化的车内运行环境、车内的接入口和通信点，以满足智能汽车需要具备的安全性、通信能力和开放性。OVERSEE 中较全面地考虑了车载信息安全问题，并制定了车载信息安全的构架。

一、汽车信息安全架构概述

OVERSEE 平台构架如图 8-6 所示，其目标如下：

1）提供一个通用的、开放源码的、存在时间和空间隔离的平台，在一个 OVERSEE 控制单元上同时安全地执行多个汽车应用。

2）提供可靠、安全的运行环境。

3）建立开放的、标准化的、安全的单点访问车载网络。

4）为安全可靠的访问服务提供标准化的 API。

5）提供支持验证的性能和方法。

6）提供安全记录。

图 8-6　OVERSEE 平台构架

OVERSEE 按照结构，系统可以分为 3 个主层，如图 8-7 所示。

1）硬件层，硬件设备包括 CPU、存储器、外围设备、时钟和定时器、硬件支持的安全密钥存储和加密服务等。

2）系统层，虚拟化的硬件资源和提供虚拟化的运行环境服务，它保证了系统资源在时间和空间上的分离。

3）应用层，应用程序的运行环境（分区）。分区由操作系统和应用组成。根据应用需

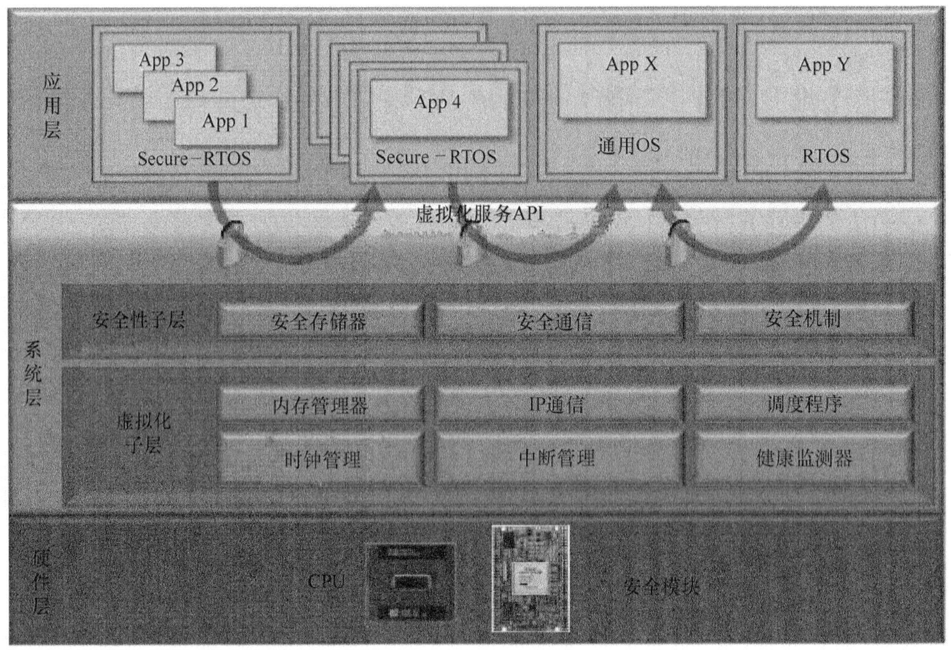

图 8-7　OVERSEE 系统分层结构

要（实时、安全实时、通用的操作系统），分区可由特定的操作系统创建。

在虚拟化子层，主要的虚拟资源有 CPU、存储器、中断、时钟、定时器和保护模块。这一层中包括健康监测，早期完成对可能的错误、事件或状态的异常反应的监测，试图解决或孤立子系统的错误，目的是避免或减少可能引起的后果。可靠安全的实时嵌入式系统是系统层设计的主要问题，应考虑如下问题。

1）空间分离：分区隔离，避免其他分区的访问。

2）时间分离：分区应该在实时调度的策略下运行，可以实现分区的实时约束性，保证分区的独立性。

3）资源虚拟化：基本的硬件组成是时钟、定时器、中断、存储器、CPU、时间、串行 I/O，需要虚拟化分区。

4）高效、确定性的系统服务。

5）高效、安全的分区内通信。

6）分区加密服务。

7）健康监测。

8）低开销和覆盖区。

二、OVERSEE 分区结构

如图 8-8 和图 8-9 所示，系统和应用是作为两个独立的平台存在的，依据功能用分区的方式实现，而不是集成到虚拟化子系统，这样可以提高整体的安全性与独立性，并为添加新的功能提供了便利。

1）安全 I/O 分区：将不同的通信方法限制在此分区内，可以提高通信安全，并限制通信方法，也可以进行信息的过滤。

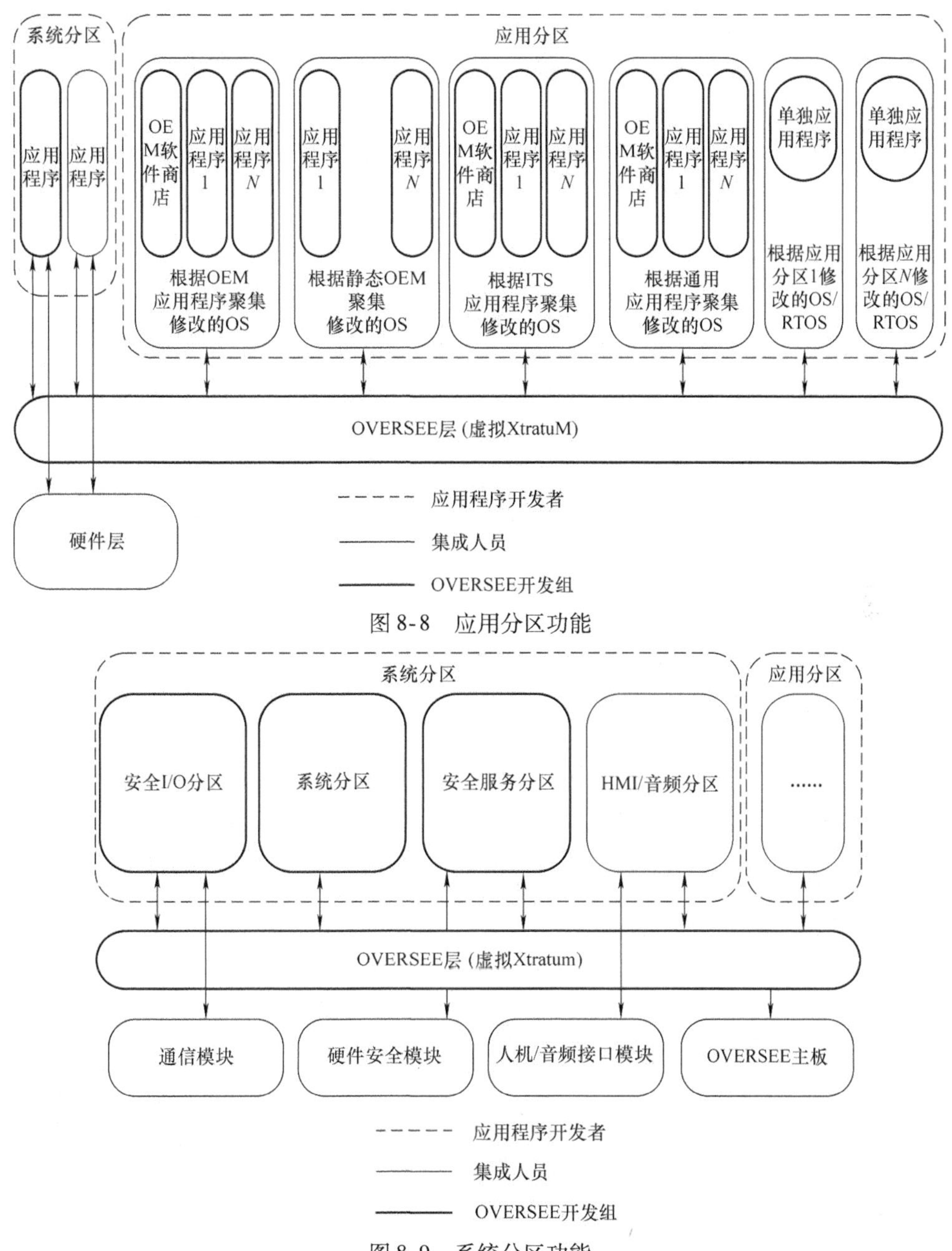

图 8-8　应用分区功能

图 8-9　系统分区功能

2）系统分区：系统分区管理 XtratuM 运行时环境，XtratuM 负责分区间通信。

3）安全服务分区：安全 I/O 分区将依靠这个分区提供的服务。

4）HMI（人机接口）/音频分区：OVERSEE 平台没有管理 HMI 和音频设备，这里仅作为一个概念来提出。

三、OVERSEE 接口

OVERSEE 与外界的交互通过接口来实现，如图 8-10 所示。

1. 物理层接口和设备

物理设备通过用抽象服务和虚拟化接口来隐藏分区，因此与物理层的绑定是透明的，主要包括以下几方面内容。

1）CAN 接口：OVERSEE 平台通过 CAN 与车上的相关 ECU 通信，由于不同原始设备制造商使用不同的标识符，如图 8-10 所示，需要一个面向分区的抽象层来完成“翻译”的工作。

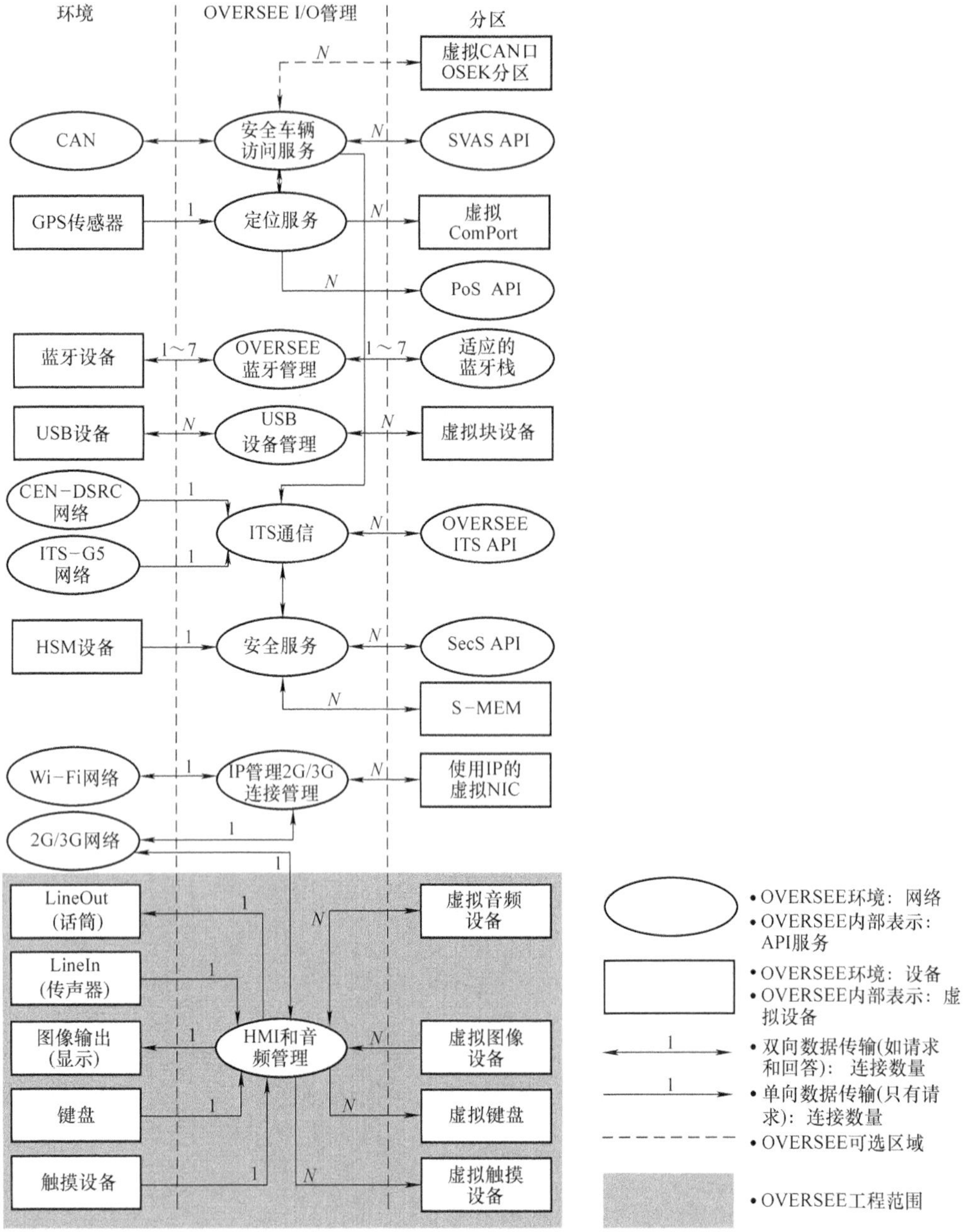

图 8-10　OVERSEE 接口

2）GPS（全球定位系统）：定位选择了 GPS 作为定位系统，但以后为了适应其他的定位系统，将使用一个抽象层，将应用开发和定位系统的选择分离开。正如前面介绍抽象层时所说的，OVERSEE 平台用了很多抽象的概念，为以后提供更多选择和修订提供了便利。

3）蓝牙：通过蓝牙，使个人移动设备与车载系统相连接。

4）USB（通用串行总线）：出于较少 USB 集成带来的安全隐患的考虑，现在 OVERSEE 的 USB 只支持大容量存储设备。

5）CEN DSRC（专用短程通信）：将可能用于用户身份识别和用户设备配对等相关方面。

6）ITS - G5（在 5.9GHz 频谱下的协作 ITS（智能交通）通信）：这个频段为安全相关的智能交通系统应用，但是目前还没有完整的标准。

7）HSM（硬件安全模块）：OVERSEE 通过 HSM 来提供可靠安全服务。

8）Wi - Fi：指一系列通过无线网络的连接技术，包括基于 802.11 标准的 WLAN。

9）2G/3G 语音和数据连接：OVERSEE 与外界的语音和数据连接将通过移动电话网络来实现，也就是现在常用的 2G/3G 网络（如在紧急呼叫中使用），这里也利用抽象来对细节进行了隐藏，也就是让开发者不关注细节上的实现，更加关注功能上的实现。

10）音频输入/输出及 HMI 人机接口：HMI 和音频不包括在 OVERSEE 中，但提供接口，以方便以后的集成。

2. 运行时环境接口和设备

1）SVAS（安全车辆访问服务）：通过汽车内部网络获得一些必要数据（如速度和行驶里程等），保证系统内部网络的安全，保证通信策略的正常执行。

2）PoS（定位服务）：定位在 OVERSEE 中定义为一个通用服务，在任何车辆中都要提供这样的一个服务。

3）BT（蓝牙）：OVERSEE 中支持使用蓝牙无线通信设备。蓝牙通信栈的上层在防御应用分区内实现协议与模块分离。

4）虚拟块设备（如 USB 通用串行总线）：只支持大容量存储设备，通过一个分区来使用大容量存储设备，但不能实现从 USB 到车内的控制。

5）ITS：智能交通系统的相关连接。

6）SecS（安全服务）：通过密文（加密、签名）和面向应用程序的高层次服务（鉴定）实现安全服务。

7）S - Mem（安全内存）：这里所说的安全内存类似可靠储存的结构，可以实现行车记录的功能，“黑匣子”也可以通过这个服务来实现。

8）IP（IP 连接）：OVERSEE 可以提供简单的分层通信，在一定程度上与 IP 的通信相同，一般的应用程序的通信可复用。

四、虚拟化安全服务与防火墙机制的规范

OVERSEE 规定的虚拟化安全服务与防火墙机制的规范如图 8-11 所示。

1）主要内容：OVERSEE 中安全方面的能力和所支持的各种服务，包括虚拟化整体概念、OVERSEE 防火墙、优先资源访问的安全保证和在虚拟化环境中的内部通信需求。

2）主要目的：提供 OVERSEE 中安全相关组成部分实现的整体描述。

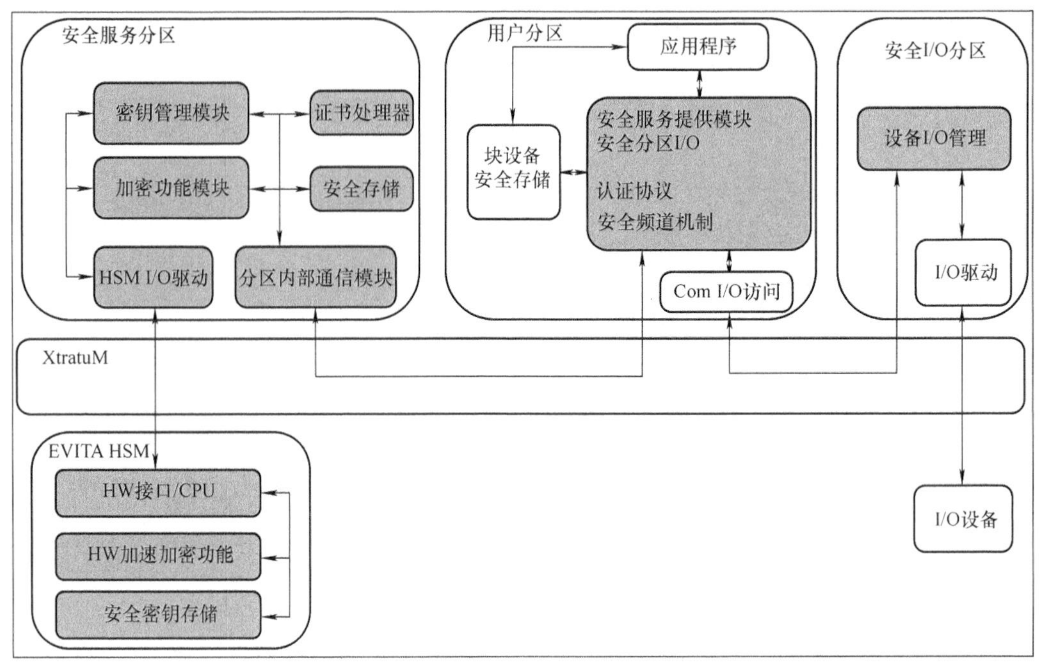

图 8-11　OVERSEE 规定的虚拟化安全服务与防火墙

3）OVERSEE 提供的安全服务：提供信息和通信技术的应用平台，需要一系列可靠的服务；提供多重隔离的运行环境。

OVERSEE 安全整体结构由 3 个部分组成，即硬件安全模块（HSM）、安全服务中的专用分区、安全服务提供模块（SSPM）。

五、安全构建集中设计

OVERSEE 安全框架基于以下目标：

1）保持安全相关的数据和功能在安全服务分区，如果可以，则保持在 HSM（硬件安全模块）中。

2）使 HSM 和进一步的安全功能只有通过安全服务分区才能使用。

3）需要的时候，在应用程序分区运行高级安全功能。通过专门的通信通道访问安全服务分区。

HSM（硬件安全模块）为 OVERSEE 平台的安全服务提供了安全支柱。HSM 最重要的功能就是安全密匙存储设施。安全服务提供者模块实现从应用程序分区到安全服务分区的连接。另外，高级的安全功能将会集成到这个模块。安全服务分区提供所有对安全服务访问的管理。为了增强 HSM 现有的安全措施以适应虚拟的多分区的平台，每一个来自于应用程序分区的请求都由这个分区控制，其涉及充分授权。基于 ITEA 2 TECOM 构建了隔离的全局架构。对可信性的支持包括以下内容。

1）安全性：把各种应用程序分类放到不同的分区，通过保护它们之间的通信来提高安全性和机密性。

2）可靠性：隔离内核需要一定的容错能力，必须能够划分时间分区。依靠分区的隔离性保证来保证错误不会导致系统瘫痪，并为每个独立分区分配相应的内存。

3）可维护性：根据安全需求、系统需求等多方面多层次划分集群（集群是 OVERSEE 平台上能够封装一组应用（1 ~ *N* 个）的分区。一个集群里的所有应用都享有和集群一样的权限，如相关的可用的通信手段将会在同样的运行时间内执行）。

4）分区技术：分区设置在 3 个不同的层面，导致有不同的体系结构。

5）资源层面：隔离层抽象硬件资源，并支配它。对分区来说，硬件资源的共享是无形的。

6）操作系统层面：隔离层抽象系统内核。在同样的内核上使用不同的操作系统。

7）应用层面：一个执行中间件充当组件间隔离层。假定中间件至少包含一个操作系统及其他基于它的应用程序中间件。

8）Hypervisor 虚拟技术：OVERSEE 中的 TECOM。

9）由分离的内核作为超级管理器实现隔离。在特权模式运行，有硬件保护机制，不能被用户层更改忽略，由内核控制分区通信。分区运行自己的操作系统。分区间通信由 XtratuM 管理，通过特定静态配置的 API。

图 8-12 所示给出了一个高层 TECOM 架构实例。

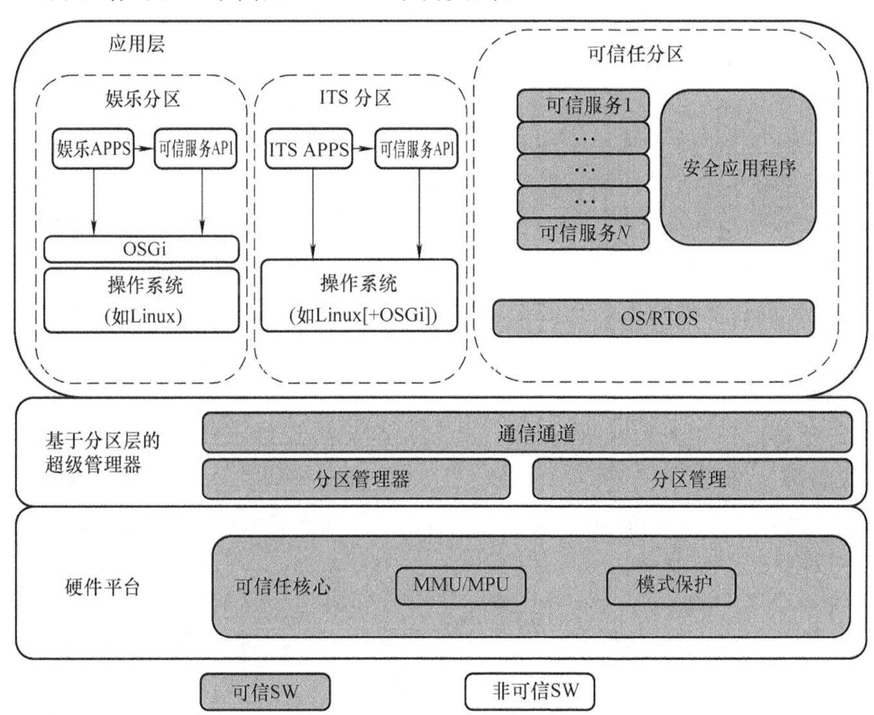

图 8-12　高层 TECOM 架构实例

六、OVERSEE 中 V2V 和 V2I 通信

OVERSEE 中 V2V 和 V2I 的通信基于图 8-13 所示的 SEVECOM 架构。

其中，安全通信模块旨在保障车辆网络的安全通信。不同的通信模式有专用的通信组件。目前的安全通信组件包括：

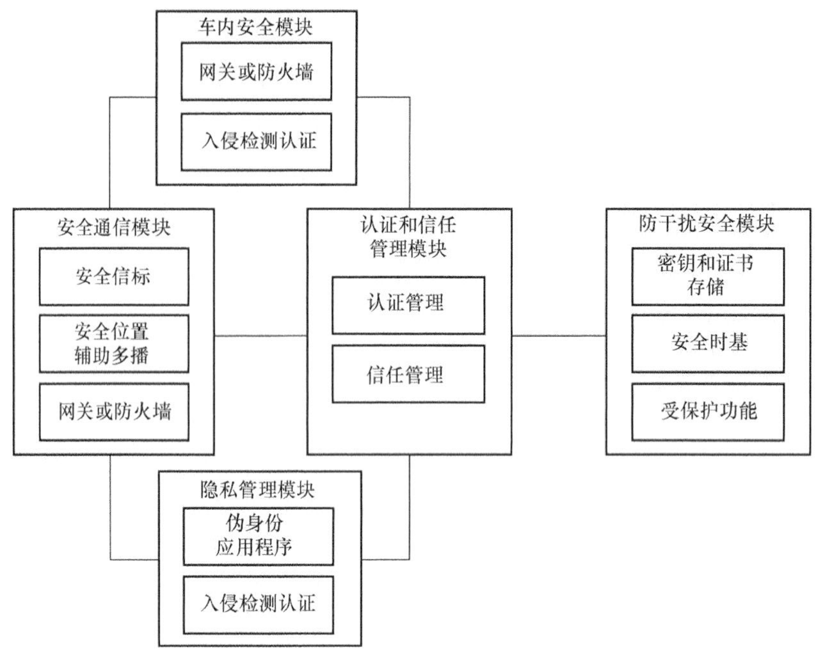

图 8-13　SEVECOM 架构

1）安全报警为接收者提供了一种方法，来核实其可靠性和报警的整体性。

2）安全位置辅助多播保证了位置辅助多播的可靠性和安全性。位置辅助多播是指信息交付到网络中的一组目的地，在网络中它们依靠地理位置进行彼此区分。这是一种特殊的多播寻址方式。

3）安全地理路由保证路由信息的可靠性和整体性，保护路由避免受到路由攻击（如回放、删除和制作等）。

识别与信任管理模块提供和管理所有直接参与车载通信的实体的身份和认证，即车辆和路边单元，包括：

1）身份管理。管理长期的标识符（类似于一个电子车牌），认证包括车辆的属性。

2）信任管理。描述幕后基础设施（如 PKI），它们（后端基础设施）提供像公共密钥注册、认证和撤销之类的服务。

隐私管理模块管理伪身份（即注册的公共密钥）来保证车联网中个人车辆一定程度的隐私。它可以看作识别和信任管理模块的一个延伸。因为它调整标识符的创建和应用。

车内安全模块确保了车载系统整体的安全（如传感器、总线、ECU 等），防止那些对车载系统关键部分未授权的访问。这个模块包含以下部分：

1）网关或防火墙保护车载系统的关键部分，防止在车载通信过程中的攻击。它监视和检查通信系统和车载系统之间数据流的一致性。

2）入侵检测或认证检测对车载系统的入侵，建立不同硬件组件之间的信任关系。

3）入侵检测安全模块为加密材料和安全数据的存储和处理提供入侵检测硬件。加强在车辆和其环境之间（即所有的 V2X 通信）通信的安全性。

七、车载通信及安全通信规范

通信安全包括软件和硬件两方面，硬件提供 HSM 设计，软件方面为应用程序提供特定接口。软件通过内核隔离建立可分离的运行时环境，保护 3 种不同的域，即系统域、用户域和 OEM 域；硬件包括加密构件和逻辑构件，其中硬件加密构件包括一系列的加密算法和构件。安全通信规范规定了 OVERSEE 框架下的内部和外部类型的通信，内部通信路径的分析，并提供适当的安全措施。安全参数管理方案考虑机动车应用以及 ITS 通信网络特殊需求的限制。为远程连接 OVERSEE 平台，设计远程诊断接口和远程连接设备。然而，安全引导程序不在本书介绍的范围之内，假设有个合适的技术能保证平台完整性，使其启动并保证运行。

1. 通信路径

OVERSEE 通信路径如图 8-14 所示，其中详细描述了车载环境下可能的通信关系和途径。

2. 应用程序间的通信（SVAS）

SVAS 通信路径如图 8-15 所示。

SVAS 是应用程序间的通信设备。在 OVERSEE 运行环境和车辆内部网络中执行。OVERSEE平台中的其他服务复用由 SVAS 收集信息，且 SVAS 也可提供由其他 OVERSEE 特征收集的信息。CAN 接口和 SVAS 的连接是双向的，这意味着控制器局域网络的消息被发送到 SVAS，反之亦然。该连接由 OEM（原始设备制造商）负责并由安全输入/输出分区执行，离开用户分区。SVAS 分为 SVAS 服务器（在输入/输出分区执行）和 SAVS 客户端（在应用程序分区执行）。SVAS 服务器和 SVAS 客户端之间的连接基于虚拟网络界面卡片和因特网协议。虚拟网络卡片之间的连接，利用 XtratuM 内部通信技术（共享存储器）加以执行。关于 SVAS 服务器分区中整个连接的可靠性由 OVERSEE 平台保证。

SVAS 和定位服务的联系：读取来自车载总线的位置信息和传感器数据。当定位传感器都不可用时，将由 SVAS 向定位服务提供位置信息。当然，这些适用性的提高无论如何都会降低系统的安全性。因此，服务间的接口应该最简、最小，不同位置间任何的数据交换必须被禁止，SVAS 或定位服务都不可向其副本写入任何数据，也不可读取除定位信息之外的其他信息。

八、安全服务

OVERSEE 框架下提供安全服务的模式如图 8-16 所示。HSM 和安全服务分区之间，安全服务分区为相关的安全服务功能提供可靠的分隔。HSM 负责安全服务分区，对其通信接口授权，虚拟层提供对 HSM 的访问，未经授权的分区不可访问 HSM。安全服务分区和用户分区之间，用户分区可以访问由安全服务分区提供的安全服务，只能由虚拟层提供的专用信道才可访问，安全分区根据用户分区的访问权限，来限制对安全服务和关键数据的访问。安全服务提供了以下功能：

1）安全记忆功能。首先是一个文件加密技术以及一个仿照的嵌入用户分区的文件系统。为文件创立的一个随机会话密钥完成文件的加密，在安全分区中完成密钥的创建，其他分区不可访问，之后特定的密钥来加密会话密钥，用户分区必须被授权来使用密钥，加密的

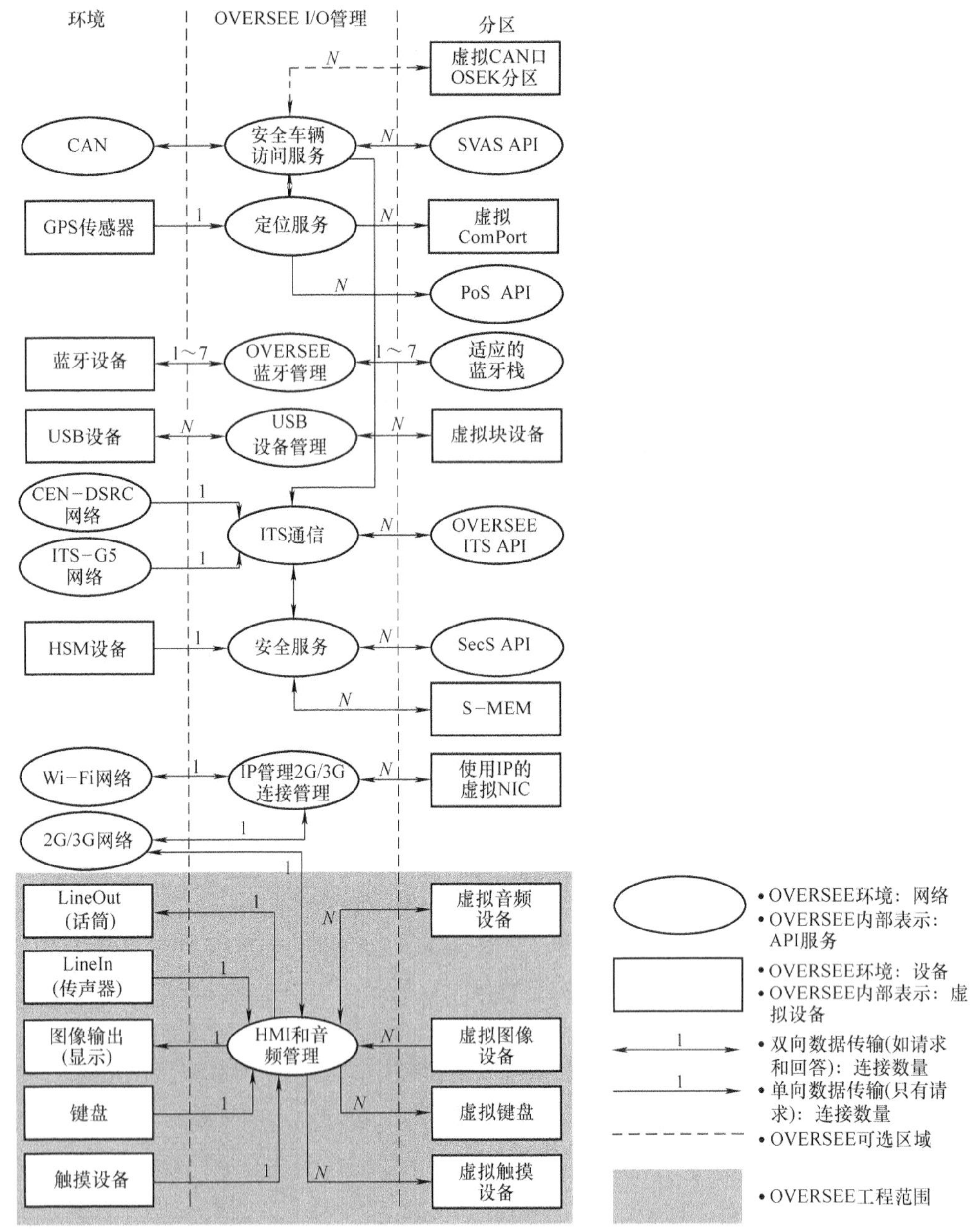

图 8-14 OVERSEE 通信路径图

文件和密钥被发送回用户分区，伪文件系统模仿一个额外的用户存储，加密文件在此存储，伪文件系统嵌入在与其他分区隔离的用户分区。

2）密钥管理。OVERSEE 包含存储安全密钥的 HSM，HSM 中存储的密钥数据不可在 HSM 接口或任何调试接口中被直接访问。当密钥被用作 HSM 中任何的加密功能时，即使用户有权使用密码数据，仍没有直接访问秘密文件的权限。为了直接访问密码数据，用户必须输出 HSM 中的密码，使用标识和授权，总而言之，HSM 确保秘密内容的安全存储，阻止用户直接访问 HSM。HSM 只可以通过安全服务分区访问，用户分区若想使用密钥则必须连接

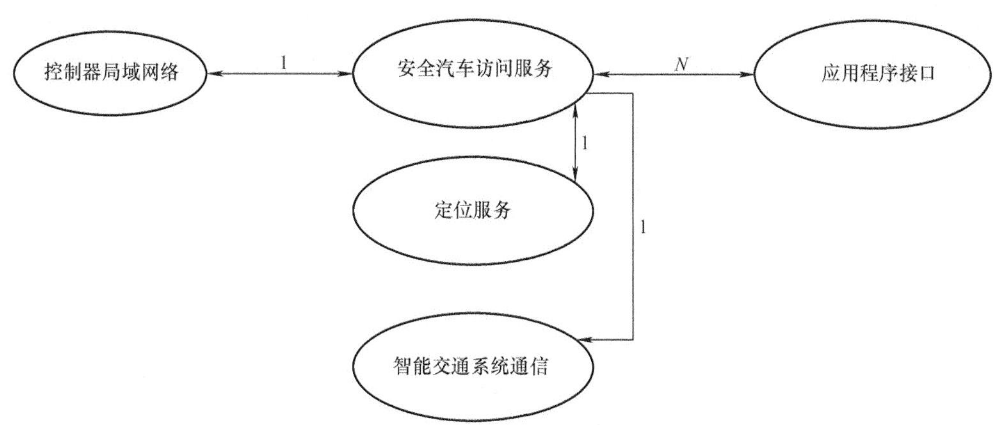

图 8-15　SVAS 通信路径

安全服务分区。OVERSEE 平台使用两个完整密钥，即 MVK（公共模块制造商识别密钥）和 OVK（OEM 识别密钥）。

3）远程连接：OVERSEE 连接通过 IP 连接完成，连接必须保证不被窃听或恶意通信。

4）分区远程诊断：该部分呈现了一个基于平台的安全诊断连接，处理用户分区的诊断设备分配。OVERSEE 为诊断服务提供两个基本方法：第一个是核心日志，分区可向其报告问题，通过由虚拟层提供的命令，另外，系统管理程序在日志中报告所有特殊事件；第二种方法是一条信道，由诊断服务和用户分区提供，通过此信道，用户分区开发者可以实行自己的诊断服务并为其协议使用安全诊断连接包装。

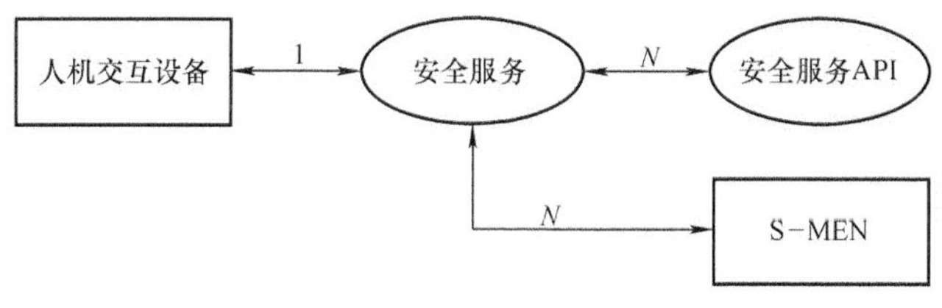

图 8-16　安全服务

第四节　车载总线信息安全

一、车载总线结构

汽车上使用了大量的嵌入式子系统，这些系统用于控制和信息处理。而这些电子控制单元和信息处理装置之间的连接是通过车载总线网络实现的。随着汽车行业的发展，诸如 USB、蓝牙、Wi-Fi、3G、OBD 等有线或无线的接口都会连接在总线上的电子控制单元上，与外部的设备进行通信。这些功能提高了汽车信息化程度和使用的方便性，也成为外部对车载网络攻击的入口。车载网络不同于当代计算机领域的网络通信，尽管计算机科学已经有很多安全通信的方法，但由于硬件计算能力、内存空间的限制以及高实时性的需求，现有的计算机安全通信技术很难在现有的车载系统中直接使用。

在汽车上，恶意攻击可能产生非常严重的后果，车载总线连接着汽车上执行各个功能的ECU，攻击者通过车载总线进行攻击会变得更加简单和容易。以往的车载网络协议以及通信支持软硬件没有或极少考虑到防御外部攻击的安全策略。

如图8-17所示，汽车上的通信网络，不仅存在各类总线网，并且这些总线网络之间也通过无线移动网关与互联网相连。连接在这些总线网络上的各种电子控制与信息系统又可能通过各种接口与外部交互信息。总线网络是车载信息网络的主体，是车载信息安全问题的核心。

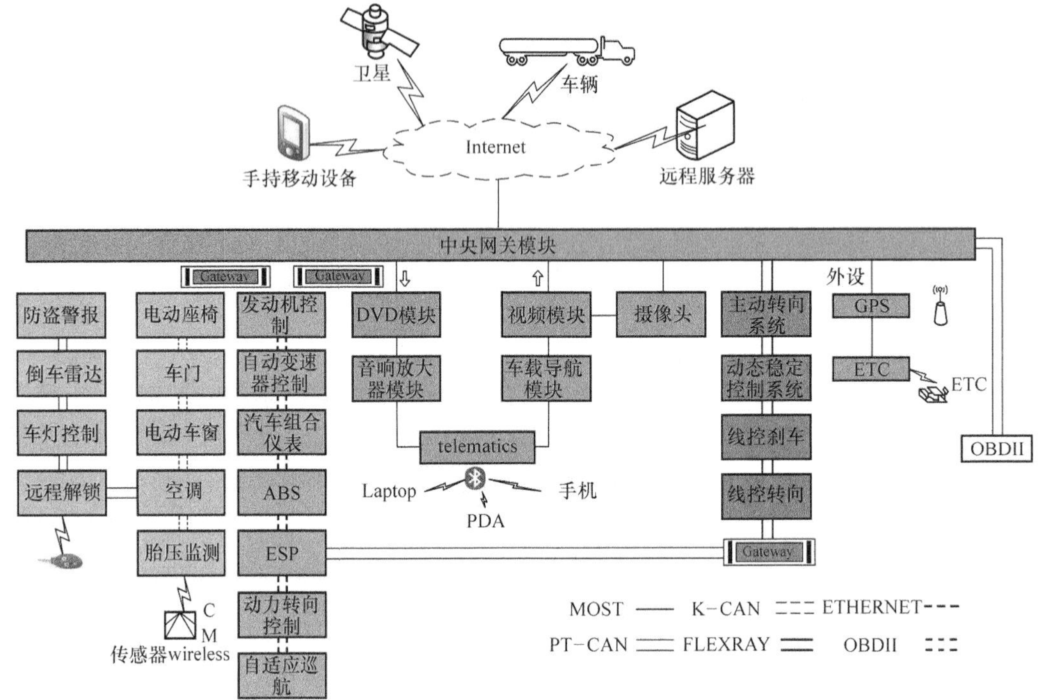

图8-17　车载总线架构图

二、CAN总线的信息安全

CAN是汽车上应用最广泛的总线网络标准之一。CAN总线在汽车中的应用非常广泛，包括车载动力CAN总线连接的发动机控制模块、仪表显示模块、自动变速器控制模块、ABS、ESP、自动巡航控制和车身CAN总线连接的座椅、车窗、空调控制模块等。CAN网络中的各结点都可根据总线访问优先权（取决于报文标识符）采用无损结构的逐位仲裁的方式竞争向总线发送数据。当总线上没有数据的时候，任何连接到CAN总线上的结点都可以发送消息；当总线冲突时（多个结点同时发送消息），CAN总线通过对比消息的标识符进行仲裁，帧标识大的消息优先级较低。

CAN总线协议有以下安全威胁。

1）机密性：每一个消息以广播的形式在总线上发送，总线上的消息缺乏机密性，因此连接在总线上的恶意结点能够非常容易地监听总线上的所有消息帧，读取每一个帧的内容。

2）真实性：任何结点都可以仿造其他结点给系统中执行重要功能的结点发送消息，总线协议没有关于发送端身份的任何规定。

3）有效性：当总线上有恶意结点一直发送高优先级的消息时，CAN总线没有相关策略保证其他消息的按时发送。

4）正确性：CAN 总线使用 CRC 检测消息是否已经被修改或存在发送错误，但任何连接到 CAN 总线上的恶意结点都可以制造虚假消息，计算和正确消息一样的 CRC，造成汽车功能的失效。

5）无否认性：CAN 总线当前没有任何方法能够使连接在总线上的正确结点证明是否发送或接收过一个给定的消息。

针对 CAN 总线的特点，为防护安全威胁应实现以下两类保护机制。

1）数据加密：每一个通信都采用加密和解密，保证通信数据的可靠性和机密性。由于车载网络的硬件限制，可以通过增加硬件安全模块进行加密操作。

2）异常检测：监管 ECU 之间的数据发送，保证它们的合法性。例如，检测一个 ECU 收到的两个帧的间隔时间长短。在外部接口（OBD－II）和车内 CAN 总线之间设置一个结点，检测总线上的活动，如果有异常，如高优先级消息一直发送，则屏蔽外部异常消息。

三、FlexRay 总线的信息安全

FlexRay 是一种用于汽车的高速、可确定性的，具备故障容错能力的总线技术，它将事件触发和时间触发两种方式相结合，具有高效的网络利用率和系统灵活性，可以作为新一代汽车内部网络的主干网络。

FlexRay 的应用领域包括：

1）x－by－wire 安全关键应用。

2）基于 FlexRay 的“数据主干网”通过网关与其他总线相连，如 CAN、LIN、MOST。

3）需要在不同的 ECU 间进行交叉计算的分布式控制系统，如动力系统和底盘系统。

相对于 CAN 总线，FlexRay 协议具有更好的容错性，如采用时分多址的静态段仲裁，保证了消息的确定性，位采样投票机制避免了故障发生时接收器的错误判断，但 FlexRay 总线仍然有自己的安全威胁。

1）机密性：当 FlexRay 总线上有一个恶意结点在每个时隙都设置为接收时，总线消息缺乏机密性，因此连接在总线上的这个恶意结点能够非常容易地监听总线上的所有消息帧，读取每一个帧的内容。

2）静态消息冲突：当攻击者修改 FlexRay 总线上任意结点的静态调度表导致修改后的发送时隙和其他结点冲突时，消息不能正常发送。

3）有效性：当总线上有恶意结点一直在 FlexRay 动态段发送高优先级的消息时，FlexRay 总线没有相关策略保证其他动态段消息的按时发送。

针对 FlexRay 总线的易攻击点，应实现以下几类保护机制。

1）数据加密：每一次通信都采用加密和解密，保证通信数据的可靠性和机密性。

2）采用中央总线监控器（Central Bus Guardian，CBG）：存储 FlexRay 总线所有的静态调度信息，对于比较大型的 FlexRay 系统，CBG 内存储重要功能的数据帧信息。CBG 能够保证监管重要数据的发送和接收，而且当总线上一个分支发生错误时，不会影响其他结点。

3）增加一个结点进行异常监听：由于 FlexRay 总线和外部的联系是通过网关进行的，网关如果出现错误，频繁在 FlexRay 动态段发送高优先级的消息，则可以在网关和内部 FlexRay 网络之间增加一个结点进行异常监听，通过检测来自网关的动态消息的发送间隔，

判断总线是否异常，一旦出现异常，则屏蔽这个消息。

四、MOST 总线的信息安全

安全平台设计中，MOST 网络连接包括 DVD 结点、数字电视结点、收音机结点、功放结点等。

可能存在的安全问题及解决方案介绍如下。

（1）MOST 网络安全问题

MOST 网络多采用环形网络结构，一旦环上某个结点遭到破坏断开，环网上的所有通信将被终止。如果想使 MOST 系统在发生错误的情况下保持高度的可用性，可以利用双环网来实现，如果两个结点之间出现问题，环网将通过冗余段重新构成环路，防止网络工作中断。

（2）数据传输安全性问题

MOST 网络数据传输主要包括 3 类：同步数据、异步数据、控制数据。同步数据主要有音频数据和视频数据，异步数据为包数据，控制数据是指控制信息等。MOST 数据传输是以帧格式实现的，每个 MOST 数据帧包含 3 个域，即同步数据域、异步数据域和控制数据域。

同步数据：在网络传输过程中蓄意破坏网络传输的流数据，导致音频信息或视频信息被截取或被破坏。

异步数据：异步数据主要是包数据的传输，如导航信息等。在数据打包过程中，如果受到恶意攻击，会导致用户导航信息受损或导航信息丢失等问题。

针对同步数据域解决方案，通过对 MOST 网络帧传输信息的加密实现数据保护。

针对异步数据域解决方案，在异步数据包打包过程中对打包数据进行数据加密，同时在接收结点处进行解密。

针对控制数据域解决方案，控制数据机制（Control Data mechanism）承担着系统管理和配置的全部通信功能，MOST 网络帧在设计过程中采用将控制数据分布在各个帧中，每帧分布两个控制字节，这种做法不仅将控制信息的负载降低到最小，还可避免控制信息被篡改。

五、车载网关的信息安全

车载网关是实现车载网络与 Internet 互联的部分，往往也兼作车载网络之间的网关并与车载信息终端集成于一体。这一部分应当有 Internet 与车载网络之间的防火墙，以及车载网络之间互联时的防火墙。

第五节　无线接入方式

一、胎压监测测量路径接入

轮胎压力检测部分装在轮胎上。轮胎压力控制装置上装有无线电频率发射器，实现与车上监测部分的通信，通过 CAN 向汽车中央计算机发送指令。通过车载自动诊断系统（OBD－II），触发汽车仪表板上的警告信息。但是这个系统通过信号干扰器就能够在相隔 40m 远、高速行驶的汽车内接入其通信路径。由于轮胎压力监测系统在设计的时候没有考虑到安全性的问题，这种看起来很简单的方法就可以有效地对其进行攻击。轮胎压力监测系统如果不能正常工作，将使驾驶人对车辆状况的判断和汽车的驾驶产生较大影响，如果驾驶人在特定的路面上不能得到胎压的准确数据，则会影响行车的安全。因此，可以对传感器发送的数据进行简单的加密和身份认证就可以有效防御攻击。

二、智能车钥匙

常见的无钥匙进入系统，也称为智能钥匙系统，是由发射器、遥控中央锁控制模块、驾驶授权系统控制模块 3 个接收器及相关线束组成的控制系统。遥控器和发射器集成在车钥匙上，车辆可根据智能钥匙发来的信号，进入锁止或不锁止状态，甚至可自动关闭车窗和天窗。这种系统采用 RFID（无线射频识别）技术。通常，当车主走近车辆约 1m 以内时，门锁就会自动打开并解除防盗；当离开车辆时，门锁会自动锁上并进入防盗状态。当车主进入车内时，车内检测系统会马上识别智能卡，这时只需轻轻按起动按钮（或旋钮），就可以正常起动车辆，整个过程，无须拿出车钥匙。无钥匙进入系统包含自动解锁、智能点火和识别车主 3 个基本功能。部分品牌车型还具备锁车后自动关闭车窗的功能。

但是这种车钥匙发出的信号会受到手机等电磁信号的干扰，同时也容易遭受到信号干扰器的攻击，使车辆无法收到钥匙发出的信号而无法做出反应，信号也会遭到监听而被破解，造成车辆失窃。因此车钥匙需要具备自动跳频功能，以便在受到电磁信号干扰的时候也能正常工作；同时还要对发出的信号进行加密，以防止信号被破解。

三、车载以太网

车载以太网由于使用标准通信协议 TCP/IP，从而使与互联网的连接变得更加容易，但是车辆也因此时刻受到网络上黑客和病毒攻击的威胁。接入外部网络无疑会为攻击创造入口；倘若通用系统普及，攻击的难度便会下降；服务的多样化则意味着汽车拥有大量的信息，只要窃取到有价值的信息，就能直接获利。

然而在以太网应用到车辆上后，已经出现了使用近距离无线通信“蓝牙”和 WLAN 等网络提供车载 LAN 通信内容的适配器。随着越来越多的车载 LAN 采用互联网标准，车内外的众多设备和信息系统都将与汽车紧密连接。连接车载 LAN 越来越简单，突破“防火墙”也就变得轻而易举。一旦车辆受到来自外部的攻击，汽车内部的所有电子控制系统就会暴露在攻击者的面前，任其改动，而如车道偏离监测系统、ABS、电子助力转向系统等对行车安全有重要作用的电子控制系统，一旦失去了作用就会造成重大的交通事故，造成车毁人亡的惨剧。所以，修复这道“防火墙”或在车辆内部通信间重新建立一道防火墙是必要的，可有效防止来自互联网的攻击。

第六节　汽车生命周期信息安全

一、汽车生命周期信息安全概述

汽车信息安全问题不仅涉及的内容广泛，而且时间上持续在整个生命周期，甚至延续到其零部件的整个生命周期中。表 8-1 所示是一个按照汽车的生命周期（管理、设计、开发、使用、废弃）整理出的相应的信息安全对策。为保证车载信息安全的要求，在每一个阶段都要有相应的精通信息安全的人员参与，制定贯穿整个开发体制的基本规则，不断收集与新型攻击方式相关的信息。制定整体方针，并按照这一方针，在各个阶段实施连贯的信息安全对策。如果每次开发产品和服务时都从零开始制定信息安全对策，则不仅会造成大量浪费，还有可能让组织的信息安全对策出现偏差。

汽车一般使用年限比较长，在这期间，可能会出现很多新的攻击技术，或像现在的计算机软硬件一样，在发布后发现漏洞。汽车上使用的都是专用嵌入式系统，系统的升级或打补丁等操作只有专业人员才能进行，并要有严格的测试才能完成，这些都将是车载信息安全的难题。

表 8-1　汽车生命周期各阶段的信息安全对策

生命周期	安全举措	概要
管理阶段	制定安全规则	设定安全相关组织的规定和规则
	实施安全教育	对参与开发和使用的人员，进行安全基础概念和安全技术的培训
	安全信息的收集和发布	收集可能与自己组织开发的系统有关的漏洞的信息、事件信息、标准化动向等，向相关人员发布
设计阶段	定义安全要件	对于将要开发的系统，结合其使用方法和使用的信息，定义安全要件
	确保安全相关预算	为开发阶段的安全对策、使用阶段实施的安全升级等制订预算
	外包开发时的安全措施	确定外包开发时的签约规则、担保人员和委托品的安全品质的规则及筛选方法
	应对与新技术相关的威胁	探讨今后汽车可能采用的新技术的威胁和风险
开发阶段	设计	结合安全功能的安装方式和日志收集方式等进行设计
	安装时的安全对策	利用可防止漏洞出现的安全编码和编码标准
	安全评估和调试	在测试环节利用源代码的复查和模糊测试等方式检验
	准备向用户提供信息所需内容	汇总有助于用户正确利用系统的信息
使用阶段	安全问题的应对	构筑发生事件时能快速采取应对措施的联络体制，实施训练等
	向用户和汽车相关人员提供信息	探讨在发现漏洞时向用户发布安全补丁和信息的方法
	充分利用漏洞相关信息	合理使用漏洞相关信息，防止已经发现的漏洞再发、减少漏洞对于相关系统的危害
废弃阶段	制订废弃方针等	在汽车废弃时提供信息删除功能，防止用户信息等落入他人之手，并公开删除方法

二、汽车生命周期各阶段的信息安全问题及策略

一款汽车从产生到报废，从信息安全角度看，可以划分为以下几个环节：

1）整车电子与信息系统的总体设计。

2）相关零部件以及具有电控单元的总成的设计与选配。

3）上线生产环节。

4）库存营销环节。

5）用户日常使用阶段。

6）维护保养以及故障检测维修环节。

7）车辆管理环节。

8）车主转换、用途转换环节。

9）车辆事故环节。

10）报废环节。

1. 总体设计阶段

在设计时，汽车的理念、配备的功能都将明确。此时，需要考虑各项功能安全性的重要程度。而且，在选择车辆配备的功能，然后转交给开发阶段的时候，一定要提交包括信息安全在内的需求。

2. 相关零部件以及具有电控单元的总成的设计与选配

零部件的设计选择、各种软硬件的设计选择、系统集成、零部件测试、系统测试以及整车测试过程，是采取信息安全对策的重要环节。在这些过程中必须按照需求定义和规范进行信息安全防护措施的设计与测试。因为这些装置或系统是整车信息系统的基础并承担着一定的功能，其中可能存在的安全隐患或携带的恶意信息功能，可能在其接入整车系统的时候对整车信息安全造成无法抵御的危害。

凡是具有信息功能的零部件和总成，其中的信息处理单元应能够支持整车信息安全的方案，并且按照安全可靠的信息交互方式和符合规范的接口与整车网络以及其他部分通信。零部件以及总成的配套商负责其信息安全规范和功能的落实以及相关责任。整车厂应有有效的测试和监控能力。

3. 线上生产过程

汽车在生产线上装配的时候，与信息安全有关的环节如下：

1）在一些流程中要对安装的零部件或总成进行测试，其中包括通过与其电控单元的信息接口连接，测试设备都是信息化设备，甚至是与互联网连接的。

2）在一些环节和整车下线前，为车载电控或信息系统装载软件和配置参数，并且形成整车数据档案。这些过程，直接与车载的信息系统连接并可能下载信息。完成这些过程的平台都是信息化平台并与互联网连接。

在这些环节中，可能使车载信息系统受到非合法的，或错误的信息影响，造成车载信息系统存在安全隐患，或被植入非法功能。

4. 营销及使用过程

汽车被用户买到并实际使用时，通过车辆提供的人机交互界面和接口，与车载信息系统交换信息；也可能加入各种汽车或信息服务平台。所有人机交互和车辆与外界的交互接口，或者存在信息通信可能合法或非法接入的渠道，都应当考虑信息安全问题。

在车辆使用期间，位置信息、用户下载的应用软件、用户的操作记录和行驶记录等大量信息将存储在车辆和数据中心之中。对于一些非私家车，还会有很多像汽车共享、租车、公司用车这种用户并非车主、用户会在短期内更替的情况。

车辆管理环节也涉及信息安全问题。车籍管理、汽车年检、汽车用户信息、汽车行驶轨迹记录等均涉及信息安全问题。其中，检车时可能存在检车线设备与车辆电子信息系统交互信息的过程，可能出现恶意访问。

汽车已经出现了因软件问题而召回的案例，将来在使用中，软件更新的过程也具有信息安全风险。

在车辆由于变卖等原因出现车主更换的时候，原车主的相应信息处理会涉及其私有信息的安全问题。

5. 维护保养以及故障检测维修过程

在汽车的维护保养以及检测维修环节，维修维护人员会通过 OBD 等接口访问到车上各种信息装置和控制单元，甚至对这些装置的软硬件进行更新和参数设置，而且这种访问是不可能完全回避的。在这个环节，可能的信息安全问题如下：

1）维修维护使用的信息设备本身的信息安全问题造成车载系统被感染或被异常访问。

2）维修维护人员的恶意下载、设置或建立的链接，维修维护人员的操作错误造成的信息安全问题。

3）维修时替换下来的电子信息部件可能存有信息，这些信息可能被读出并恶意使用。

4）维修维护时换上的电子信息部件可能存在的信息安全问题。

6. 报废及损毁过程

和很多存储了信息的各种设备一样，在汽车换购、报废、损毁的情况下，也存在信息安全问题，而往往这时容易忽视信息安全。这些情况下可能存在的信息安全问题主要有以下两个方面：

1）换购时，原有用户私人信息没有有效删除，汽车新用户可能获取并恶意使用。

2）报废或损毁的车辆在各个电控单元中可能存储有车辆以及用户等信息，报废后车上的电子信息单元，或替换下的损坏的电子信息装置里面存储的信息，可能被获得这些信息的人读取并恶意使用。

参考文献

[1] Charles M Kozierok，等. 车载以太网：权威指南［M］. 蔡仁君，译. 北京：人民邮电出版社，2014.

[2] 谢钧，谢希仁. 计算机网络教程［M］. 4 版. 北京：人民邮电出版社，2014.

[3] 秦贵和. 车上网络技术［M］. 北京：机械工业出版社，2003.

[4] Shibu K V. 嵌入式系统原理、设计及开发［M］. 伍微，译. 北京：清华大学出版社，2012.

[5] IEEE Computer Society. IEEE 802. 1Q Protocol Specification［M］. 2007.

[6] Bosch. CAN Specification Version. 2. 0［M］. 1991.

[7] 罗峰，孙泽昌. 汽车 CAN 总线系统原理、设计与应用［M］. 北京：电子工业出版社，2010.

[8] 牛跃听，周立功. CAN 总线嵌入式开发：从入门到实战［M］. 北京：北京航空航天大学出版社，2012.

[9] 李广鑫，秦贵和，刘文静，等. CAN 总线网关的设计与实现［J］. 吉林大学学报：信息学版，2010，28（2）.

[10] 李忠义. 基于 CAN 总线的嵌入式车载信息管理单元设计与实现［D］. 长春：吉林大学，2012.

[11] FlexRay Consortium. FlexRay Communications System Protocol Specification Version 3. 0. 1［M］. 2010.

[12] 吴宝新，郭永红，曹毅，等. 汽车 FlexRay 总线系统开发实战［M］. 北京：电子工业出版社，2012.

[13] 陈涛. 基于 FlexRay 的刹车节点实现［D］. 长春：吉林大学，2011.

[14] 陈涛，秦贵和. FlexRay 时钟同步分析［J］. 计算机工程，2010，36（14）：235－237.

[15] Zhao R，Qin G H，Liu J Q. Gateway System for CAN and FlexRay in Automotive ECU Networks［C］. Proceedings of the 2009 international conference on information，networking and automation，Changchun，China 2009.

[16] 闫天宇. 基于 uC/OS－III 的 CAN－F1exRay 网关的设计与实现［D］. 长春：吉林大学，2013.

[17] Andreas Grzemba. MOST－汽车多媒体网络［M］. 秦贵和，等译. 北京：北京理工大学出版社，2010.

[18] 王光耀. 基于 MOST50 音频源节点的设计与实现［D］. 长春：吉林大学，2013.

[19] 张永亮. 基于 INIC 的 MOST 音频网络的研究与设计［D］. 长春：吉林大学，2011.

[20] 南洋. MOST 网络管理与多信道连接管理的设计与实现［D］. 长春：吉林大学，2012.

[21] 仓晨阳，车载 MOST 网络异步数据通信的研究与应用［D］. 长春：吉林大学，2013.

[22] SAE A6802. Time－Triggered Ethernet［S］. SAE Aerospace Standard，2011.

[23] 常青. 车载 Ethernet AVB 节点设计与实现［D］. 吉林：吉林大学，2015.

[24] 杨浩，秦贵和，于赫，等. 车载时间敏感网络技术综述［J］. 计算机应用与软件，2015，8.

[25] ERIKMATZOLS. Ethernet in Automotive Networks—Design and evaluation of rate constrained Ethernet stack transporting J1939 messages［D］. Sweden：Sweden Royal Institute of Technology，2011.

[26] 易娟，熊华钢，何锋，等. TTE 网络流量转换策略及其延时性能保障调度算法研究［J］. 航空学报，2013，34.

[27] Tuohy S，Glavin M，Jones E，et al. Next Generation Wired Intra－Vehicle Networks：A Review［C］. Proceedings of the 2013 IEEE Intelligent Vehicles Symposium，Gold Coast，QLD，Australia，2013.

[28] Lim H T，Herrscher D，Volker L，et al. IEEE 802. 1AS Time Synchronization in a switched Ethernet based In－Car Network［C］. Proceedings of the 2011 IEEE Vehicular Netowking Conference，Amsterdam，Netherlands，2011.

[29] Kopetz H，Ademaj A，Grillinger P，et al. The Time－Triggered Ethernet（TTE）Design［C］. Proceedings of the Eighth IEEE International Symposium on Object－Oriented Real－Time Distributed Computing，Seattle，MA，United States，2005.

[30] B Autosar. AUTOSAR Technical Overview V2. 0. 1 [M]. Autosar Gbr, 2006.

[31] 马庆禄. 车辆定位与导航系统 [M]. 长沙：中南大学出版社，2014.

[32] 刘云浩. 物联网导论 [M]. 2 版. 北京：科学出版社，2013.

[33] 田大新. 车联网系统 [M]. 北京：机械工业出版社，2015.

[34] 杨涛，孔令波，胡建斌，等. 车辆自组网隐私保护研究综述 [J]. 计算机研究与发展. 2012，49 (S2)：178 - 185.

[35] 潘明惠. 网络信息安全工程原理与应用 [M]. 北京：清华大学出版社，2011.

[36] 于赫. 网联汽车信息安全问题及 CAN 总线异常检测研究 [D]. 长春：吉林大学，2016.

[37] Koscher K, Czeskis A, Roesner F, et al. Experimental Security Analysis of a Modern Automobile [C]. In Proceedings of 2010 IEEE Symposium on Security and Privacy, Oakland, California, US, 2010.

[38] 黄玥，秦贵和，刘通. Investigation into In - Vehicle Information Security [C]. Advanced Materials Research, 2014, 1003: 273 - 278.

[39] Paar C. Embedded Security in cars [M]. Berlin Heidelberg: Springer, 2006.

[40] Papadimitratos P, Gligor V, Hubaux J P. Securing Vehicular Communications Assumptions, Requirements, and Principles [C]. 4th Workshop on Embedded Security in Cars, Berlin, Germany, 2006.

[41] European Research Project: Open VEhicularR SEcurE platform (OVERSEE). https: //www. oversee - project. com/. 2016 年 11 月 28 日.

[42] European Research Project: E - safety Vehicle Intrusion Protected Applications (EVITA). www. evita - project. org/. 2016 年 11 月 28 日.

[43] André Groll, Jan Holle, Christoph Ruland, Marko Wolf, Thomas Wollinger, Frank Zweers. OVERSEE: A Secure and Open Communication and Runtime Platform for Innovative Automotive Applications. 7th Embedded Security in Cars, Düsseldorf, 2009.